U0910251

政协委员履职风采

为中医药发展鼓与呼

司富春　著

中国文史出版社

《政协委员履职风采》丛书
编辑委员会

司富春（2017 年）

2012 年 3 月 6 日，在全国政协十一届五次会议小组讨论中发言

2011 年 3 月 11 日，在全国政协十一届四次会议中，中国新闻网采访司富春委员

2016 年 7 月 15 日，就“应对人口老龄化进行养老产业发展模式”赴河南省郑州社会福利院调研

2017 年 7 月 22 日，参加驻豫全国政协委员视察团，就“推动中医药振兴发展”在甘肃定西中药材市场进行专题调研

2015 年 1 月 13 日，在河南中医药大学给研究生授课

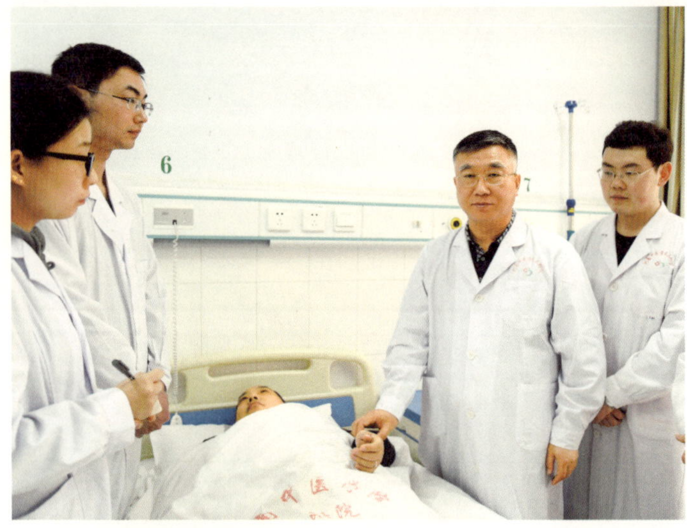

2015 年 1 月 13 日，在河南中医药大学第三附属医院给研究生示教

2017 年 2 月 23 日，在河南中医药大学实验室工作

2014 年 4 月 30 日，在河南中医学院第三附属医院诊治患者

2017 年 2 月 24 日，在河南省新郑市中医院康复中心与中医交流

2017 年 2 月 24 日，在河南省新郑市中心城区新区社区卫生服务中心与中医交流

2016 年 2 月 22 日，在河南省临颍县石桥乡桥南村义诊

2017 年 2 月 23 日，在郑州社区科普大学平等街分校授课后回答学员有关防治老年病、养生的问题

目录
contents

自述：饮冰二十载　热血报祖国

建言献策　尽责履职

政协第十届全国委员会

【提案】

政协第十一届全国委员会

【提案】

媒体报道

自述：饮冰二十载　热血报祖国

1979年我进入河南中医学院学习，并于1984年毕业获得医学学士学位。毕业工作一年后继续攻读硕士和博士学位，1988年获得内经专业硕士学位，1994年在上海中医药大学获得医学博士学位。在攻读博士学位期间进行的“二仙汤及其拆方对老龄大鼠下丘脑GnRH基因表达的调节”研究，被认为开辟了中医基础理论与分子遗传学结合研究的新领域，获国家自然科学基金资助，在中医药界产生了较大影响。

勤奋学习　留学报国

1995年我有幸被派到既有传统东方文化又兼具先进西方技术的韩国进行博士后研究工作。在国外，我更能感受到祖国富强的重要，因为个人的荣辱是与祖国的强盛紧密相连的，只有祖国富强了，华人才能不受欺侮，昂首挺胸。在外的留学生真真切切地体会到对祖国母亲的热爱，真真切切地懂得为什么把祖国称之为母亲。“把根留住”是我们常唱的一首歌，《神州学人》是我们常阅的一本杂志，我们每时每刻都在心里祝愿祖国繁荣昌盛。祖国在我心中更表现在我们为祖国所取得的每一个成就而自豪，我们用勤奋和真诚感动周围同事，热情地向他们介绍我们的祖国，广交朋友，就连年幼的儿子也能向朋友讲述中国的伟大，架起中外友谊的桥梁。

异乡不仅使我对祖国有了更深厚的感情，国外发达的科学技术也的确开阔了我的眼界。我们享用世界一流齐全的实验设备，感受一流科研队伍的团队精神，受益于国际著名导师的谆谆教诲。在韩国浦项科技大学生命科学院，我师从著名分子生物学家Pann-Ghill Suh、Sung Ho Ryu教授。这两位韩裔科学家1986年在美国国家卫生研究院首次发现了三种磷脂酶C（PLC-γ1、PLC-γ2、PLC-β），在分子生物学界领导了磷脂酶细胞信号转导研究的潮流，并带动了其他相关研究。磷脂酶C（PLC）是存在于细胞浆膜上的一种关键酶，有9种异构体，分为α、β、γ和δ四组。有关研究发现，磷脂酶在肿瘤细胞中有高度表达，其产量和活性的增加可引起肿瘤的发生和转移。

我非常感谢祖国所给予的珍贵的学习机会，只有学到这些先进的科学技术才能更好地报效祖国，才能为祖国的强盛做出贡献。在博士后工作期间，我全身心地投入到知识的海洋、研究的乐趣之中，在夜深人静时进行实验，在别人娱乐时学习语言和新知识，还要在繁忙中抽时间查阅资料写论文。四年的刻苦努力，让我在PLC介导的细胞信号研究领域做了许多重要的开创性研究工作，取得了一个个突破，并被世界上多位著名科学家赞誉为磷脂酶信号转导研究的优秀科学家，用勤奋证明了中国人的智慧和能力。在韩期间我参加了韩国G7项目、韩国首创和创意研究工程等韩国国家级科研项目10余项，在生物高新技术领域得到了严格训练，并获得了韩国博士后基金奖。我还利用相关技术从肽文库和草药中研制出抗癌、抗增生和降血脂新药、乙肝病毒复制抑制剂和多种生物活性分子，克隆出PLC结合蛋白基因和Dioxin诱导基因，鉴定出PLC和PLD结合蛋白及PLC-γ1结构区域的功能作用；在世界上首次研制出多种单克隆抗体，建立了中风、癫痫和痴呆发生分子机理的动物模型。尽管科研上的一个个突破给我带来了荣誉和优厚的待遇，但我明白“要做出贡献，还是回国好”。

“我所热爱的中医药事业根在祖国，研究中医药没有哪个地方比中国资源更丰富、条件更好。”这是我回国后接受记者采访时常说的一句话。

1999年初，我放弃国外优厚待遇，婉拒导师的一再挽留和朋友的劝说，带着妻儿，还有特意购置的仪器、书籍和试剂，毅然回到祖国的怀抱，回到有着深厚中医药底蕴的医圣故里，回到曾学习和工作过的河南中医学院，成为河南省中医药界最早回国的博士后，在河南中医学院从事中医药和分子生物学的教学、科研和临床工作。

1999年归国后，在河南省各级领导及河南中医学院领导班子的亲切关怀和大力支持下，我积极发挥自己的专业特长，立即投入到中医药分子生物学实验室的筹备建设中。学院划拨了实验大楼的一层13间房子作为实验室的建设场地，但实验室建设需要很专业的装修改造，当时学院没有人熟悉这项工作，于是我一个人肩负设计、安装、施工、验收等多工种的工作。按照有关实验室要求，严格把关，从每一个房间的结构布局、材料选择，到仪器的摆放位置、照明通风等，都要细心设计、反复琢磨；房间建设符合要求了，但仪器设备的购置也花费了不少时间。虽然从学院领导到各个有关部门都给予极大的帮助和支持，自己也从国外带来了一部分仪器设备，但其中还缺不少东西，我通过多种途径收集信息，到多个地方考察采购经济实用的仪器，购置了许多科研试剂、书籍，将在国外学习的多项生物高新技术引入实验室，组建成国内中医界一流水平的中医药分子生物学实验室。但这也使我错失了大量与家人相处的时间，每当看着已建成的细菌培养室、细胞培养室、抗病毒室、核酸研究室、蛋白质研究室、离心机室、暗室、低温工作室、分析测定室等，心中既有由衷的高兴，也有对妻儿的深深内疚。

刻苦钻研、努力拼搏、勇于创新是每一位科研工作者必备的科研素质。在国外的留学工作经历，使我养成了全天候工作的习惯。实验室建成后，为了抓紧一切时间在中医药与分子生物学结合领域做出尽可能多的创新性工作，我制定了实验室管理规范和工作制度，导师和学生都实行全天候工作制。每天除了上课、开会外，其他时间都在实验室，有的学生开始时叫苦直喊受不了，然而，没有时间的付出、辛勤的努力、刻苦钻研的精神是无法取得科研上的创新与突破的。每当一项实验开始，十几个小时不能离人，我常常和学生轮班工作，不分昼夜，不分节假日，饿着肚子也要把实验完成，有时一段实验结束，我累得站着都能睡着。回国后近二十年长期紧张的实验操作，造成我全身多处重度劳损疼痛。整日不分昼夜的长久站立，使我出现严重的下肢足踝沉重肿胀，行走不便，尤其上楼梯时都显吃力，中间每上一层都需要停下休息一会；连续8个小时以上的精细地手指操作，导致颈肩胳膊剧疼，常常不得不转换姿势把手背到后面来缓解疼痛，同时又需要忍着疼痛坚持实验操作。实验大楼每晚10点半关门，但经常因为做实验到凌晨两三点钟才离开，实验大楼门已锁，只能敲门叫醒门卫帮我开门，开始时值班门卫总抱怨，后来时间长了，他们都知道我在实验室的工作习惯，对科研工作产生了敬意，就给予我特殊的照顾，无论多晚进出，喊他们一声就给开门了。我很少在周末、节假日休息，经常利用周末、节假日进行一些既耗费时间长又需要连续操作的大的实验。每年春节，学生都已放假回家，人们都在家中团圆、欢度节日，为了实验不中断，我常常大年初一继续到实验室做实验、查阅资料。而安静的实验室更能让我静下心来研究科研思路和实验设计、分析实验数据、思考研究中出现的问题并总结经验。记得2004年的大年初一，我清晨6点到实验室，9点半做完实验回到家属院，正遇上团拜的人们。虽然的确忙碌，身体上也很疲惫，但精神上却是充实和喜悦的。

对祖国、对家乡、对中医的眷眷深情，是近二十年来让我一直保持旺盛工作热情和勤勉不懈状态的动力。寒来暑往，春去秋来，不知有多少挑灯夜战，多少个了无人声的夜晚，我拖着疲惫的身子从实验室中走出来，骑着自行车匆匆穿行在行人稀少的街道上。有时太累了坐出租车回家，一上车就困得在车上睡着，时间长了出租车司机也熟悉了我家的地址，直接把我送到家门口。有时做实验、整理材料到早上六七点，在办公室简单洗漱一下，就提着包出去开会或者给学生上课。

当一个人将科技、祖国和未来紧密联系在一起时，这个人的价值才能得到最大的体现。多年的潜心研究，使我在中医药和分子生物学研究领域做出了许多开创性的研究工作，为中医药现代化研究和走向世界做出了自己力所能及的贡献。我先后主持完成国家自然科学基金（6项），国家优秀回国留学人员基金重点项目等科研项目50余项，获得省部级及以上奖项20余项，在国内外发表论文150多篇，出版专著20部。其中仅从2000年至2003年的3年间，我就获得了河南省杰出青年科学基金、首届河南省杰出人才创新基金、河南省高校创新人才培养工程、河南省科技攻关重点项目以及国家自然科学基金、国家优秀归国留学人员基金重点项目、国家中医药管理局基金等科研项目。我主持的“河南省杰出青年科学基金项目”和“河南省杰出人才创新基金项目”分别在2003年和2006年被河南省科技厅评为优秀成果；主持研究的从中药中研制出新型抗癌药物项目，在临床上治疗肝癌、乳腺癌等，取得癌块缩小和痊愈的显著疗效。回国后自2000年开始至今已承担完成国家留学人员基金、河南省、郑州市等国际合作项目18项，长期与韩国浦项科技大学、韩国建国大学、韩国蔚山国立科技大学、美国夏威夷大学等进行国际科技合作研究，跟踪分子生物学国际前沿理论和技术，创立中医方证研究新技术，在中医方证和抗癌药物研究方面取得创新性成果，为中医药走向世界做出积极贡献。另外，我多次应邀到韩国、美国、加拿大、英国、瑞典、丹麦、挪威、芬兰、澳大利亚等国家参加国际学术会议，进行大会报告，得到国内外专家的高度好评。河南电视台对我从最初《黄帝内经》阴阳五行经典中的学习到回国后运用分子生物学的理论技术研究中医理论、揭示中医分子基因奥秘进行了专题采访，以“从传统到现代”为题在国际频道播放。

承古拓新　探索中医

中医药是中华民族的瑰宝，数千年来为中华民族的繁衍昌盛和世界人民的医疗健康作出了巨大贡献。传承创新发展中医药，不仅要从中医传统典籍、名家医著、名老中医经验集萃中挖掘中医药精华，继承优秀传统，更要在国际视野、国际高度、国际技术、国际水平方面与国际前沿理论技术相结合，加强传统中医药和现代科技的交叉融合，创新发展中医药，推动中医药在重大新药创制、重大传染病和重大疾病防治等方面取得新进展，为人类健康事业做出更大贡献。

留学回国后，我通过对国内中医药科研、教学、医疗、学术水平等方面发展现状的了解，发现人类对自身的认知虽然在微观认识上已到了细胞、分子、基因水平，但对细胞、分子间的关系却知之不多，它们之间是如何表达信息和传递信息的，是当时医学界关注的重点。从分子生物学角度去探究中医证的本质、证候发生的信号转导机制、证与证和方与证之间的关系是一个全新的研究领域，当时在国内涉足者较少。因此，我利用自身掌握的坚实的中医基础理论知识，结合学习到的国际最前沿分子生物学理论和技术，建立中医药分子生物学实验室，在国内外最先从事中医基础理论与分子生物学结合研究，开辟中医基础理论分子遗传学研究新领域，率先开展中医药与磷脂酶细胞信号转导结合研究，提出磷脂酶信号分子多重复合物的独创性概念，并建立信号分子多重复合物分离技术，在磷脂酶信号转导、癌症发生机制、抗癌药物和中医方证相关性研究方面取得了创新性成果，研制出抗癌等药物。如利用先进的PLC

信号转导理论和方法，开展了“启膈散抑制食管癌细胞磷脂酶信号转导的作用”“右归饮及其拆方对老年大鼠下丘脑PLC-β介导的信号转导调节作用”等研究，并根据PLC-γ信号转导通路，采用高通量药物筛选技术，针对引起疾病的关键分子，从中药中研制抗癌药物、抑制乙肝病毒DNA复制的抑制剂等“信号分子药物”，以使中医方药的作用定位更准确，特异性更强，疗效更高，毒副作用也更少，用分子生物学理论和方法揭示中医理论的内涵和中医疗效的真谛，解读中医奥秘。

证候是中医学对疾病的独特认识和诊断技术，方剂是中医治疗疾病的重要手段，方证理论是中医学的核心内容，是联系中医基础理论和临床医学的桥梁，方证相应是提高临床疗效的途径，因此，中医方证研究是中医药研究的关键科技问题。信号传导研究一直是分子生物学领域研究的前沿和热点，并广泛应用于医学研究领域，主要用于深入认识疾病发生的病理机制，阐明药物作用信号传导机制，为新的诊断和治疗提供靶标、研制靶向分子药物等。针对中医药研究的关键科技问题——中医方证，我将其与信号传导理论和技术结合起来，开辟了中医药研究新领域，创立了方证信号分子多重复合物分析方法新技术，研制出20首中医抗癌有效方剂，在中医方证和抗癌药物研究方面取得创新性成果，为临床应用和药物研发提供了基础。研究成果获得河南省自然科学优秀学术论文一等奖3项、二等奖4项、三等奖1项，获得河南省自然科学学术奖三等奖1项。

学术交流是推动科技进步的重要动力和促进科技创新的重要源泉，是科技工作者学习交流国际前沿技术、研究方案、研究策略、最新研究成果，获得新的思想、知识、技能和研究信息的主要渠道。针对中医药的关键科技问题——中医方证，我在国内最先向中华中医药学会提交组织举办“全国中医方证基础研究与临床应用学术研讨会”的会议申请，以交流中医方剂和证候基础研究和临床应用成果和经验，探讨中医方证研究疑难和热点问题，开阔研究视野，启发研究思路与方法，促进中医方证学术研究和临床应用，凝练方证研究方向，培养方证学术研究队伍。先后于2006年在四川康定、2008年在河南郑州、2010年在吉林延吉、2011年在宁夏银川、2012年在广东广州、2013年在内蒙古海拉尔、2016年在新疆乌鲁木齐，组织举办了七届“中华中医药学会中医方证基础研究与临床应用学术研讨会”，吸引了国内外诸多中医药专家、学者、科研人员的参与，累计一千余人参加会议。通过建立这一全国中医方证学术交流平台，使专家们从不同角度阐述各自对中医方证研究与临床应用的认识和体会，把握方证研究的前沿与动态，展示方证研究的新成果，探讨方证研究中的疑难问题，探寻方证研究的新途径，对中医方证理论、实验、临床研究的深入开展起到了积极的推动作用，为促进中医学术发展做出了贡献。

作为河南省中医药界最早归国博士后，近二十年来承担国家、省部级等科研项目50余项，其中国家自然科学基金项目6项，国家人事部留学人员基金、河南省等国际科技合作项目18项，获省部级科研奖20余项、发表论文150篇、出版专著20部。是河南省杰出青年科学基金（2000年）和首届河南省杰出人才创新基金（2001年）获得者，其中杰出青年科学基金项目被专家认为在分子水平研究中医药取得新的突破，为中医药与分子生物学结合研究创立了新范例，达到国际领先水平。在世界上首次表明老龄动物GnRH基因表达，开辟中医基础理论分子遗传学研究新领域；在我国最先从事中医基础理论与分子生物学结合研究，在肾虚证方证相关研究方面取得了创新性成果；在磷脂酶信号传导领域做出许多重要的开创性和深入的研究工作，得到了世界上多位著名科学家的高度赞扬，被誉为磷脂酶信号传导研究的优秀科学家；在国内外率先开展中医药与磷脂酶细胞信号传导结合研究，发现磷脂酶结构域功能和相互作用蛋白及其在癌症、痴呆、中风、癫痫发生中的作用，已从中药中研制出多种磷脂酶C-γ1和磷脂酶D抑制剂，在临床上治疗肝癌、乳腺癌、结肠癌等肿瘤病人，取得癌块缩小和痊愈的疗效，受到了患者的好评；从肽文库和草药中研制出抗癌、抗增生和降血脂新药、HBV复制抑制剂、胰岛素信号传导激动剂及多种生物活性分子；在世界上首次研制成功了多种单克隆抗体；建立了中风癫痫和痴呆发生分子机理的动物模型。在实验室建设方面，自回国后组建河南中医学院中医药分子生物学重点开放实验室以来，开展和完成多项国家、省部级等科研项目，不断完善实验室建设，提升实验室团队科研实力和水平。2012年实验室升级改造成立分子生物学实验中心，并建设成为“河南省高校重点实验室培育基地——中医方证信号传导实验室”，也是国家中医药管理局和河南省重点学科中医基础理论学科、河南省特色优势学科实验基地。2016年被评审批准为河南省中医方证信号传导国际联合实验室，2017年被评审批准为河南省中医方证信号传导省级重点实验室。

医学科学研究的目的在于探索生命的奥秘、揭示人体健康与疾病的本质，研究疾病发生、发展、预防和治疗的规律，解决疾病和健康领域的诸多问题，产生应用于疾病诊断、治疗、预防中的新技术、新工艺、新方法、新材料、新配方、新药物等有价值的科技成果，以不断寻求维护人类健康和防治疾病的最佳途径和方法，不断提高医疗技术和疗效，满足人民对医疗健康日益增长的需要，延长寿命，提高劳动能力。多年来科研工作之余我还一直从事临床治疗工作，将科研与临床治疗紧密结合，科学阐明中医理论、揭示疾病发生发展的病理机制、研制相应的治疗药物，以科研成果指导临床实践，提高临床疗效。近二十年来，我带领的研究团队通过文献研究整理分析了临床治疗食管癌、肺癌、肝癌、黑色素瘤、卵巢癌、甲状腺癌、乳腺癌、胰腺癌、胃癌、宫颈癌、脑瘤、肾癌、糖尿病等20多种肿瘤和难治性疾病的证候和古今方药规律，总结出各种肿瘤常见证型和方药，运用多种肿瘤细胞模型大量筛选出对所有肿瘤治疗有效的共性药物和针对不同肿瘤的个性药物，组成有效方剂，进而运用中医方证信号传导技术和方法，研究方药的作用机制，更深层次认识肿瘤的分子发病机制，筛选研制高效抗癌药物，提高临床疗效。目前已从3000多种中药中筛选出抑制食管癌、肺癌、肝癌、甲状腺癌、胃癌、肾癌、乳腺癌、胰腺癌、结肠癌、黑色素瘤、脑瘤、淋巴瘤等20余种肿瘤细胞生长和信号传导方药，其中研究的治疗食管癌的方药获得了国家发明专利。我们还对医圣张仲景的经典著作《伤寒杂病论》中记载的269首方剂，运用食管癌EC-1、EC9706、EC109、TE-1细胞，甲状腺癌TPC-1、FTC-133、TT、SW579细胞，肺癌NCI-H292、NCI-H1650、NCI-H460细胞等多种细胞模型进行有效方药筛选，筛选出白头翁汤、大黄黄连泻心汤、小陷胸汤、瓜蒂散等十多首有效方剂。在我日常诊治疾病中，许多难治性疾病的用药指导来源于实验研究成果。如我治疗的一位71岁下肢黑色素瘤患者，肿瘤细胞已腹腔多处转移，到多家医院，经多次手术、各种西药抗癌药物治疗都不见好转，饱受病痛折磨，越来越感觉治疗无望，等待死神的宣判，经朋友介绍来这里就医，我通过中医望闻问切诊断，运用实验研究中筛选研制出的治疗黑色素瘤方药，结合病人体质、症状、病情的实际情况辨证论治，把这位患者从死亡边缘拉回来，目前已坚持服用中药7年，身体各项体征指标正常，享受晚年幸福生活，自此也非常关注我的中医药抗癌研究；又如一位卵巢癌46岁患者，是一家大型公司的财务总监，手术发现癌细胞腹腔扩散，手术后肿瘤压迫输尿管引起肾盂积水，家人极其担心着急，我运用实验研究筛选出的治疗卵巢癌的方药结合患者自身病情辨证治疗，用药两年检查指标正常，仍坚持服用中药，至今已8年，以此也带动全家人注重中医养生保健；还有位69岁小细胞肺癌患者，求诊于国内各大医院，各种抗癌药物治疗无望，通过对其辨证论治结合研究出的有效药物治疗，用药两年癌块消失，目前已坚持中药治疗5年半，检查一切正常。诸多实例表明，通过科学研究，用现代分子生物学技术揭示疾病的分子病机和方药作用的信号传导机制，提高证候病机和方药作用信号传导机理相应的精准度，对于更好地指导临床实践、提高临床疗效具有重要作用。多年来，我们在磷脂酶细胞信号传导、癌症发生机制和抗癌药物研究方面不断取得创新性成果，在肿瘤、肝病、糖尿病等疾病的治疗方面取得突出疗效，受到患者和同行专家的一致好评。

科学研究和学科建设互为依存，交叉联合。学科建设是科学研究的基础与动力，不断推进学科建设将显著提高科学研究实力和水平；科学研究是推动学科建设和发展的最活跃因素，有了高水平的科研，才会促使学科不断发展。我回国后担任河南中医学院中医基础理论学科带头人，学科建设发展中，通过制订学术研究规章制度，建立多种学术研究平台，制订人才引进和人才培养规划，针对学科后备负责人、骨干成员和青年教师制订相应的培养方案，鼓励学科人员进修学习和科学研究，督促、锻炼、培养、提高学科成员学术能力和水平，资助论文发表，支持学术交流等措施，将负责的中医基础理论学科建设成为国家中医药管理局重点学科、河南省重点学科、河南省特色优势学科方向，中医基础理论被评为河南省精品课程，中医学被评为省优秀教学团队和省博士后科研创新团队。我为国家中医药管理局和省重点学科、省特色优势学科方向、省博士后创新团队、省市校三级科研创新团队、省优秀教学团队带头人。

此外，在教学和人才培养方面，多年承担“中医基础理论”“中医诊断学”“中医学”“分子生物学”“分子生物学技术”“细胞信息与调控”“高级生化”“分子内分泌学”“医学遗传学”“中医药与分子生物学专题讲座”

国内外博士生、硕士生、本科生、留学生和教师的授课任务。用英语为留学生讲授中医学课程，深受留学生的欢迎。近十几年来为研究生开设“中医药分子生物学研究范例”“中医药分子生物学实验”等特色课程。在教学方法上选取中医药和生命科学研究中的前沿领域，采用知识要点与科研思路讲解、操作技术指导和兴趣问题讨论三步教学法，将科研与教学相结合，深受学生欢迎，提高了学生科研的理论水平和实际操作能力，加快了生物技术在中医药研究中的应用。在研究生培养方面，以为国家培养英才为目标，为研究生设计研究方向时，针对招收的每个学生学习经历、专业知识基础、具备的能力、特长等，因材施教，授之以渔，指导其充分发挥专业特长取得创新性成果。如对本科学习为临床医学专业的学生，在科研项目和实验设计中以临床研究课题为主；对本科学习为中药学、药物制剂、制药工程专业的学生，实验研究以药物制备、提取、纯化、药性检测等为主；对本科学习为医学英语专业的学生，针对其英语特长，指导其不断提高英文文献阅读能力、语言文字表达和论文写作能力等。在日常学生指导中，常讲述自己在国外的研究经历，告诫学生多阅读国际知名英文期刊文章，想办法让学生多接触世界前沿技术，鼓励学生出国开阔视野，安排学生多次参加国际国内学术会议；在出差过程中，通过电话、邮件了解学生学习、实验研究进展情况，帮助学生分析遇到的实验难题。近二十年来，作为博士后、博士生导师，培养博士后3人，博士生、硕士生60余名，有2人被评为河南省优秀毕业生，8人毕业论文被评为河南省优秀硕士学位论文，10人毕业论文被评为校优秀硕士学位论文，我多次被评为河南省优秀硕士生导师。此外，还指导大学生进行中医药科研实践，指导的学生先后获得大学生挑战杯课外学术科技作品竞赛全国二等奖1项、三等奖2项，河南省特等奖2项。

近二十年的科研、教学、医疗工作使我收获颇多，党和政府对我的工作给予了充分的肯定，也给予了我许多荣誉。1999年被评为河南省学术技术带头人，2003年被评为河南省文明教师，2004年被评为河南省留学回国人员先进个人和河南省留学青年回国创业之星，获河南省留学回国人员成就奖和河南青年科技创新杰出奖，2005年被聘为河南省特聘教授，2006年被评为河南省省管优秀专家、河南省自主创新十大杰出青年，2007年被共青团河南省委授予“时代先锋，青年典范”称号，2008年被评为享受国务院政府特殊津贴专家，2008

年被评为河南省教师培训年活动先进个人，2009年被评为河南中医学院优秀研究生导师；2010年被评为河南中医学院科研管理先进个人，2012年被评为河南省高校科研管理先进个人，2013年被评为“国家百千万人才工程”国家级人选和国家有突出贡献中青年专家，2012年、2013年、2015年、2017年被评为河南省优秀硕士学位论文指导教师，2017年被评为河南省杰出专业技术人才。2011年、2013年、2015年获河南省自然科学优秀学术论文一等奖3项、二等奖4项、三等奖1项。2013年获河南省科普成果奖一等奖；2012年、2014年、2016年分别获河南省发展研究奖二等奖1项、三等奖2项；2014年、2015年分别获河南省社会科学优秀成果奖二等奖、三等奖。2017年获河南省自然科学奖三等奖。

作为一位留学归国的中医药科研、教育、医疗工作者，要在党和政府的领导下，时刻心怀科技报国理想，开阔国际视野、立足国际高度勇攀医学高峰，运用国际前沿技术深入发掘中医药宝库中的精华，从传统中获取智慧，用创新开拓未来，加倍努力，勇于探索，致力于中医药传承创新发展，为国家和社会培养更多优秀专业人才，为科技进步、医疗健康事业发展做出更大贡献。

恪尽职守　建言献策

“积极参政、议政，向国家反映社情民意是每一位政协委员的基本职责。”2003年，我光荣地成为了一名全国政协委员，这是党和国家的信任，更是一份沉甸甸的责任。自2003年至今，作为十届、十一届、十二届连续三届的全国政协委员，我认真履职尽责，积极参政议政，始终围绕党和国家的中心工作、大政方针、群众关心的热点难点问题，结合自己长期从事的中医药、教育、医疗、科研工作实际，每年经常走访师生、部门、医院、学校、社区、农村、社区卫生服务中心、诊所、科普大学、养老机构、企业等，进行深入调查研究，广泛征求意见和建议，撰写了多篇有思考、有分析、有见地、有分量的优秀提案，十几年来不懈为中医药事业发展建言献策，多次受到全国政协、中央统战部和省委、省政府、省政协及有关部门的表彰。

中医药作为中华民族的瑰宝和医疗卫生事业发展的重要组成部分，在我国医疗保健和医药产业中的地位日益凸显。近年来中医药事业在国家政策的支持下进入了历史上发展的最好时期，在中医药教育、医疗、产业、文化、对外交流等方面均得到了快速的发展和提升。如何加速中医药事业发展，充分发挥中医药特色优势，使中医药在我国经济社会发展和对外交流中发挥更多更大的作用，既是党和国家高度关注的一个问题，也是作为一名中医药行业全国政协委员日常关心并一直反复思考的问题。

我作为第一提案人，自2003年至2017年向全国“两会”提交提案134件，书面发言46件，提案内容涉及中医药发展战略规划、中医药立法、疾病防治、养生保健、健康服务业、中医药产业、中医药文化、教育、人才发展、科技创新、对外交流、服务贸易、中医药学科建设和基础研究、基层中医药发展、中医药价格和中药材质量、医患关系等一系列中医药事业发展的多项内容和重点难点问题，全部得到立案，其中40余件被国家作为A类提案，所提建议得到国家多部门和有关部委的重视与采纳，为中医药事业发展建言献策作出了突出贡献。

2004年在全国政协十届二次会议上提交的“加强中医药研究，充分发挥中医药在感染性疾病防治中的作用的提案”，经大会审查立案后，被全国政协办公厅批转国家中医药管理局研究办理，受到中央有关部门高度重视，办理结果引起了广泛关注。该提案产生的背景正是2003年“非典”疫情肆虐全球、各地群众恐慌不安之时。在战胜“非典”疫情的过程中，中医药在预防和治疗“非典”中起到了非常重要的作用，一度引起了国际医学界的高度重视。凭借自己的职业敏感，我提出要更加重视和加强中医药研究，充分发挥中医药在防治感染性疾病中的独特作用。国家中医药管理局收到提案后，进行了认真研究，并及时给予了答复。他们表示，面对不断出现的疫情和感染性疾病的危害，必须进一步发挥中医药在感染性疾病防治中的作用。一方面，要将中医药防治传染性疾病的研究放在极其重要的位置，在科技攻关计划、“863”计划、“973”计划中，支持中医药针对艾滋病、肝炎、肺结核等感染性疾病的防治研究。在部署我国艾滋病防治科技工作中，将中医药防治艾滋病研究作为一项重点工作，拟在河南等高发地区建立若干研究基地。另一方面，在促进中医药重大科技专项的立项工作中，将全面考虑中医药基础、临床研究等各项工作，尤其重点加强中医药防治传染性疾病的系统研究。在国家传染性疾病预防控制体系工作中，国家中医药管理局与有关部门协商，努力在全国范围内建立几个中西医结合的临床、研究基地。同时，国家中医药管理局在设立中医药防治感染性疾病的学科和专业建设、加强中医药对防治感染性疾病研究等方面，也制定了明确措施和详细计划。时隔不久，该提案作为优秀提案被选录到由全国政协出版发行的《把握人民的意愿》一书中。2008年11月21日，十届全国政协优秀提案表彰会在北京全国政协礼堂隆重举行，从十届全国政协期间审查立案的四万多件提案中遴选出的262件优秀提案受到表彰，该提案位列其中。作为优秀提案者，我受到了贾庆林主席的亲切接见，多家中央新闻媒体和我省主流媒体对我进行专访，新华社、中央人民广播电台、中央电视台、《人民日报》《光明日报》《人民政协报》《中国中医药报》《河南日报》、河南人民广播电台、河南电视台、《大河报》等多家媒体和国内著名网站对我的提案和发言撷英进行了刊登、播发、播报、转载。

2008年提出的《大力加强中医药文化宣传》和《建议加强突发性自然灾害预测和救助机制》提案在全国政协十一届一次会议举行的以“加快公共卫生服务体系建设”和“促进生态文明建设，改善城乡人居环境”为主题的两次九部委提案办理协商会上得到高度重视和立案，受到国家卫生部和国家民政部领导点名表扬，并对提案进行现场办理。

2012年全国政协副主席林文漪所作的全国政协《提案工作情况的报告》中专门介绍了国家发展和改革委员会办理我的“关于建议国家加强对中药价格监管的提案”，就“完善价格政策，扶持中药材生产，促进中药材市场平稳发展、价格基本稳定的工作思路”进行充分交流、采纳建议的情况。

连续三届全国“两会”上提出的“进一步加强高校品德教育”“将中华民族传统美德作为加强和改进大学生思想政治教育的重要内容”“进一步加强大学生礼仪教育”“进一步加强大学生创新能力培养”“加强青少年学生情感意志教育，促进学生健康成长”“加强青少年优秀传统文化教育”“加强大学生孝文化教育”“建议国家大力加强家风建设”等有关传统文化教育的提案得到教育部、全国妇联等部门的重视和意见采纳，在提案办理中指出：“将积极吸纳建议，将中华民族传统美德教育融入学校思想道德建设；提高大学生包括礼仪素质在内的综合素质；完善青少年心理健康教育工作机制，加强情感意志教育；将孝文化作为中华优秀传统文化的重要内容纳入教育教学体系；加强家庭文明建设顶层设计，常态化推进优良家风建设。”

中医药是中华优秀传统文化的瑰宝，是打开中华文明宝库的钥匙。加强中医药文化建设，不仅为中医药事业发展提供强大的精神支撑和内在的文化驱动力，而且对于推动中华文化大发展大繁荣，提升人民群众健康文化素养，构建中华优秀传统文化传承体系具有重要作用。中医药博物馆是对中医药文化保护、展示和传承的很好形式，通过建立中医药博物馆可以很好地保护、展示和传承中医药蕴含的丰富的历史文化内涵和价值。2009年、2012年先后提出的“建立中医药博物馆加强保护中医药文化”“加强中医药文化建设充分发挥中医药在文化建设中的作用”提案得到国家中医药管理局的高度重视，指出“十分赞同并积极鼓励各地结合本地实际建立各具特色的中医药博物馆”，目前已建有北京中医药博物馆、上海中医药博物馆、广东中医药博物馆、河南中医药博物馆、云南中医药民族医药博物馆等多个省市博物馆和大宋中医药文化博物馆、岐黄中医药文化博物馆、华佗中医药文化博物馆等地方特色中医药博物馆，助推中国中医药民族文化的大发展和大繁荣。

中医院校更名为“大学”，是提升和保障人民健康水平的需要，对发展好发展强中医药高等教育，吸纳优秀学生，培养高水平中医药人才，保障人民的健康至关重要，是努力满足人民日益增长的医疗和健康需求、推动中医药产业发展和区域发展的需要，也是推进学科建设和人才培养、弘扬民族文化的需要；在世界各国对中医药认识的不断加深和提高、中医药对外交流和合作日趋活跃的国际潮流下，更是中医药走向世界的需要。在这些理念的推动下，我利用职业的便利，经过广泛深入的调研，又征求了中医药界、教育界以及中医院校学生等的意见和建议后，2010—2014年连续五年先后四次提交了建议国家优先考虑中医院校更名大学的提案，所提建议得到教育部的高度重视，并给予肯定和采纳。《中国中医药报》和《中国当代医药》分别以“优先考虑中医院校更名大学”和“一名老委员的五年提案和一批中医学院的更名历程——访全国政协委员、河南中医学院科技成果推广中心主任司富春教授”为题进行了报道，国家中医药管理局门户网站、世界中医药网等多家报刊、网站刊登播报了我提出的关于中医院校更名大学的建议。2010年至今，相继有福建、湖北、广西、安徽、江西、陕西、甘肃、河南、山西、云南中医学院被教育部批准更名为中医药大学，促进了中医高等教育的快速发展。至此，全国24所中医高等院校仅剩贵阳中医学院和新近成立的河北中医学院有待完成大学更名。

2015年提出《关于加快推进中医药法治体系建设的提案》，提出尽快出台“中医药法”，为促进中医药事业发展提供法律保障，国家中医药管理局给予提案答复：“国务院法制办已完成国务院各部门对《中医药法（草案）》的复核工作，并报送国务院提请常务会议审议。国家中医药管理局将积极配合国务院法制办，做好《中医药法（草案）》的国务院常务会议审议工作。”2016年12月25日，十二届全国人大常委会第二十五次会议审议通过了《中华人民共和国中医药法》，中医药界期盼多年的《中医药法》终于出台，是中医药行业的一件大事，更是一件喜事，将切实为中医药事业发展提供法治保障。

随着人口老龄化趋势越来越严峻，养老越来越成为重大民生问题。2014—2016年先后提出的“大力发展我国老年健康服务业、全方位发挥中医药在健康服务业中的作用、加快推进医养融合发展、加强养老服务专业人才培养、多措并举大力发展养老服务业、建议国家加快推进社区健康管理促进养老服务社会化”等提案，分别得到了国家民政部、教育部、人力资源和社会保障部、国家中医药管理局、全国老龄工作委员会办公室的意见采纳和答复。其中“加快推进医养融合发展提案”在2015年3月13日央视一套新闻和晚间新闻报道，获全国“点赞”第一。2015年11月18日国务院办公厅转发了卫生计生委、民政部、发展改革委、财政部、人力资源社会保障部、国土资源部、住房城乡建设部、全国老龄办、中医药局《关于推进医疗卫生与养老服务相结合的指导意见》，全面部署进一步推进医疗卫生与养老服务相结合，满足人民群众多层次、多样化的健康养老服务需求，大力推进养老服务业发展。我还先后承担了“河南省老年健康产业发展研究、中医药社区卫生服务实践”等项目课题研究，前往全国多个省份的养老院进行调研，为相关部门决策建议提供了重要参考。

新华社多次对我为中医药事业发展建言献策进行了连续报道，2017年全国“两会”之际，新华社记者专程到学校对我的教学科研工作，对我到社区科普大学、社区卫生服务中心、养老院、中医院和诊所的调研进行了实地跟踪专访，并以《司富春：为中医药事业发展建言献策》为题进行了文章和系列图片报道，人民网、和讯网、搜狐网等十余家媒体进行了转发，成为读者关注的热点，目前新华社客户端浏览量已超过463.5万次。

将中医药发展纳入国家战略规划，对于全面振兴中医药、加快医药卫生体制改革、构建中国特色医药卫生体系、推进健康中国建设具有重要意义。2014年提出了《建议国家尽快将中医药发展纳入国家战略的提案》，国家中医药管理局提案答复："对提出的建议高度重视，并根据管理职能分工，结合中医药工作的实际进行了深入研究，将会同有关方面，积极制定得当的扶持中医药发展的政策措施，并贯彻落实到位，为中医药发展创造良好的制度和政策环境。"2016年2月26日，国务院印发了《中医药发展战略规划纲要（2016—2030年）的通知》，把中医药发展上升为国家战略，并对新时期推进中医药事业发展作出系统部署，使中医药为深化医药卫生体制改革、推进健康中国建设、全面建成小康社会和实现"两个一百年"奋斗目标作出更多更大贡献。2015年提出了《关于将中医药纳入国家'一带一路'战略的提案》，国家中医药管理局提案答复："将重点推进中医药'一带一路'发展战略研究，为中医药参与'一带一路'建设提供有力战略指导。"2017年1月16日，国家中医药管理局、国家发展和改革委员会共同发布《中医药"一带一路"发展规划（2016—2020年）》，从完善政策机制、加大金融财税支持、强化人才队伍建设、加强组织实施等方面保障规划的有效实施，促进中医药与沿线合作实现更大范围、更高水平、更深层次的大开放、大交流、大融合。

高等中医药教育是中医药事业发展的基石，源源不断地为中医药发展提供智力支持和人才保障。针对中医药教育事业发展存在的问题，2012—2017年先后提出了"建议国家加大对高等医学院校教育投入、建议国家进一步加强中医药留学生教育促进中医药对外交流、建议国家多渠道加强对医学高等教育投入、突出中医教育特色加强中医药人才培养、建议国家进一步加强中医基础类研究生教育、建议中医药教育注重医针药并重"等提案，所提建议得到国家有关部委重视和意见采纳。同时，建设世界一流大学和一流学科是党中央、国务院在"十三五"新时期对教育事业发展作出的重大战略决策，对于提升我国教育发展水平、增强国家核心竞争力具有十分重要的意义。中医药学科作为最具中国特色的学科，建设世界一流中医药大学和一流中医药学科，对传承和弘扬中国优秀传统文化、推动取得世界领先的原创科技成果、保持中医药学的国际领先和主导地位、实现中医药国际化具有重要意义。在2016年、2017年全国“两会”上先后提出的“加快建设一流中医药学科”“建议国家大力支持中医药一流大学和一流学科建设”的提案得到教育部意见采纳和答复，对提出的打造一流中医药学科建议，“将会同财务部、国家发改委，在研究制定的‘双一流’建设具体实施中统筹考虑”，对提出的加强创新型中医药人才培养的建议，“教育部、国家中医药管理局正在联合制定《关于医教协同深化中医药教育改革与发展的指导意见》，推进中医药‘院校教育—毕业后教育—继续教育’有机衔接、师承教育贯穿始终的具有中医药特点的人才培养体系建设”。

在科普教育方面，我在十二届政协期间先后向全国政协提交了《建议加强国民健康教育》《加强农村健康知识普及降低恶性肿瘤发病率》《建议国家大力开展全民医学科普教育》《创新科普方式，着力提高公民科普素养》等提案均被立案采纳，《关于创新科普方式，着力提高公民科普素养的提案》获全国政协优秀提案奖。2017年9月6日上午，在全国政协礼堂隆重召开政协第十二届全国委员会优秀提案和先进承办单位表彰会，我受邀出席表彰会并接受表彰。

此外，我还承担了“中医药文化对中原经济区建设作用的战略研究”“完善河南省中医预防保健服务体系的研究”“华夏历史文明传承创新区建设研究”“河南省老年健康产业发展研究”“中医药社区卫生服务的实践路径研究”等多项河南省政府决策研究项目和河南省哲学社会科学规划项目，深入研究了中医药对中原经济建设的作用、华夏历史文明传承创新区建设、中医养生保健、老年健康产业发展、中医药社区卫生服务等关键问题，为中医药对经济社会发展作用研究做出更多贡献，为政府决策提供参考。研究项目获得河南省发展研究奖二等奖一项、三等奖二项。

中医药在健康中国建设中发挥着独特的重要作用，党和国家对中医药事业发展给予了更多更高的重视和期望，自2005年至今出台了一系列政策和措施扶持、促进中医药事业更好更快发展。十几年来我一直积极为中医药事业发展建言献策，得到了国家卫生部副部长、国家中医药管理局局长王国强的多次表扬。王国强部长说：“司富春委员多年来一直为中医药事业发展建言献策，每年提交的系列提案，数量多、质量高，参政议政，成绩突出。”

尽智竭力　同心协契

作为一名致公党党员，我热爱民主党派工作，并且积极参政议政。先后作为中国致公党郑州支部召集人、河南省工委副主委、河南省委筹委会副主委、河南省委副主委，把大量心血倾注到致公党郑州支部的自身建设上来，认真做好大量日常管理工作，积极推进致公党河南省组织建设、参政议政、社会服务等各项工作快速发展，多次受到致公党中央和河南省委统战部表扬。

自2011年4月成立致公党郑州支部以来，我把组织建设放在工作的重要位置，严格按照有关规定，严把入口关、质量关，初步建立了一支结构合理、素质优良的队伍。切实抓好思想建设，组织了报告会、读书会、培训、座谈会等十几次，用先进理论武装党员的头脑，打牢多党合作的思想基础。抓好参政议政，提出了一批有价值、有分量的意见建议，供党委政府决策参考。抓好社会服务，组织党员开展了医疗卫生下乡、健康知识讲座等活动，得到社会各界的广泛好评。

作为致公党中央医药卫生委员会副主任，我积极参加致公党中央参政议政年会、中央专委会骨干成员培训班、参政议政研讨会、党内监督工作研讨会，组织工作培训等相关会议，在参政议政培训班作了中医药文化专题讲座，在中国发展论坛作了《中小城市社区居家养老模式和实践路径研究》和《加强科技创新力度，推进民族地区大健康医药产业发展》的大会发言；积极参加致公党中央参政议政工作和关于基本卫生法立法、社区卫生服务、中医药立法、中药产业发展、民营医院发展、健康产业发展、少年儿童综合素质现状、促进互联网医疗健康发展、促进慢性病防治、基层医疗卫生现状、中国文化“走出去”、血吸虫病防治、长江经济带上游地区经济发展等专题调研，调研报告和建议得到中央领导批示有8件：《关于〈基本医疗卫生法〉立法的建议》《关于互联网医疗发展情况的建议》《中医药走进欧洲面临的挑战和建议》《关于贯彻落实全国卫生与健康大会精神促进我国慢性病防治的若干建议》《关于促进我国基层卫生发展的建议》得到刘延东副总理的批示；《关于促进我国社区卫生服务发展的建议》得到刘延东副总理、国务委员王勇的批示；《关于促进我国医疗卫生扶贫工作的建议》得到刘延东副总理、汪洋副总理的批示；《关于促进少年儿童综合素质发展的若干建议》得到李克强总理、刘延东副总理的批示。

作为致公党河南省委分管参政议政工作的负责人，我近年来组织向致公党中央和河南省政协提交一百余项提案，因数量多、质量高受到领导的高度赞扬。我向致公党中央提交的《关于加强中医药原始创新研究的提案》和《关于健全现代健康养老产业体系的提案》获致公党中央2016年度参政议政优秀成果。多次参加省委、省委统战部组织的政治协商活动和调研活动，深入基层、深入实际，加强调研，提出了一批有价值、有分量的意见建议，供党委政府决策参考。2006年，我被中央统战部评为“为全面建设小康社会作贡献全国先进个人”；担任中央统战部党外知识分子信息联络员表现突出，2010年4月受到中央统战部通报表扬。2012年9月被评为致公党社会服务工作先进个人并获致公党社会服务工作优秀成果。2014年被致公党中央表彰为参政议政先进单位和组织工作先进单位。

值得一提的是，省委统战部对党外专家学者给予了充分关心和培养。我先后多次参加了省委统战部组织的党外专家学者联谊活动，一次比一次体会深刻。省委拨专项经费让我们接受革命传统教育，在开阔眼界的同时，提高了自身的政治素质，激发了对祖国和党的热爱和干事创业的劲头。通过这些活动我们找到了统一战线与我省中心工作的结合点和自身优势与服务社会的着力点，方向更明了，信心更足了，力量更强了，工作更有奔头了。专家学者联谊活动是一个党联系专家学者非常好的载体和平台，在党外专家学者中引起了良好的反响，取得了积极的社会效益，充分体现了省委尊重知识、尊重人才、尊重创造、尊重劳动的一贯作风。

仁心仁术　服务大众

我的成长历程无时无刻不体现着党和国家对知识分子的关怀与培养教育。回国以来，我亲历了改革开放带来的翻天覆地的变化，亲身感受到河南省委省政府等各级领导真抓实干、求真务实的工作作风和对人才工作的突出重视。作为留学归国人员，要始终坚持国家至上、人民至上，用自己的真才实学服务广大群众。

除了科研和教学，我深知作为医疗工作者，必须承担起一个科学家应有的社会责任。我利用自身的中医技术，根据中医基础与临床难以分割的特点，将科研与临床治疗紧密结合，用科研成果指导临床实践，多年来在河南中医学院三附院坐诊和其他业余时间诊治了许多难治性疾病，在肿瘤、肝病、糖尿病等疾病的治疗方面取得突出疗效，受到患者和同行专家的一致好评。不论身在何处，不论刮风下雨、严寒酷暑，只要患者需要，随时随地都义无反顾地尽心尽力地为患者解除痛苦。有时在航班上，出于职业敏感和医家本怀，为乘客们“望闻问切”，诊治疾病。记得一次在从芬兰赫尔辛基飞往北京的航班上，十小时的飞行，五个小时在“义诊”。在工作中，办公室里也是经常挤满了患者，常常是一上完课即忙于应诊，满腔热情地为患者服务。正是因为这样的热情和责任感，我诊治了许多难治性疾病，为众多患者解除了痛苦。

从农村走出来的我，深知乡村缺医少药，村民们小病忍、大病扛，因病致贫、因病返贫时有发生，因此我经常深入到农村，亲自到病人家里为广大农民义务诊治疾病。每次到乡下义诊，通过与村民交流，都能深切感受到村民对城市专家、教授前来诊病的渴望，自己也坚持有时间就到村里为他们诊病。针对县乡医院高精技术问题难解、乡村诊所常用技术缺乏、社区卫生站适宜技术不足等情况，我多次到乡镇卫生院、社区服务站开讲座办培训班，讲授肝病、肿瘤、高血压、高血脂等疾病的诊疗技术，B超、医学检验技术、针灸推拿等，每次都有上百人听课，受到了广大基层医疗工作者的欢迎和好评。

全国“两会”期间，我利用会议休息时间，热情为政协委员、人大代表和工作人员义务诊病，用中医的显著疗效证明了祖国医学的伟大。我在“两会”中义务看病的事迹被新华社和中央电视台以《司富春委员开会看病两不误》为题播报，还被人民政协报、新京报、光明网等媒体专篇报道，我凭借自己的专业特长展示了祖国中医的博大精深，树立了中医人的良好形象。

在任职学校科技成果推广中心主任岗位上，我以身作则，认真做好本职工作，积极组织有经验的专家、老师到社区推广中医药技术，做好社会服务。与郑州市科协合作举办社区“科普大学”和“科普之声”，派出志愿者教师20多人，科普大学全年授课700余课时，听课群众4万余人，受到学员欢迎，作为郑州市惠民十大实事受到郑州市的表彰，被评为2014年和2015年郑州市科普之声优秀组织单位；学校作为河南省科学保健协会主要参加单位组织开展中医专业活动，参与编写了省科协科普丛书。我先后受邀到河南省政协、郑州市东区房管局、郑州市管城区、新郑市社区、职工学校等机关、社区、学校、企业开设健康知识讲座20余次，每场听众爆满，累计有2000余人，尤其定点定时到社区进行健康知识和常见疾病防治知识咨询，受到了广大群众的欢迎和好评。2014年还应邀到澳门理工学院做“中医养生”讲座，逾百人参加，受到众多学生欢迎，并在《澳门日报》《华侨报》上刊登报道。在日常诊治疾病中，时常遇到身边一些朋友由于缺乏科学的养生保健知识，长期不注意生活方式导致高血脂、高血压疾病的发生，甚至突发心脑血管病而死亡，就经常为他们普及中医健康养生知识和简便的治疗技术。我还经常为研究人员、医生、研究生、学生解答技术上的疑难问题，多次为校外做学术讲座。

作为一个中医药工作者，应当时刻思考我们的国家、专业、民生和未来，把为祖国富强、民族复兴、人民幸福贡献力量作为毕生追求，立足本职工作，不断增加知识积累，刻苦钻研、勇于创新，传承发展中医药事业，服务人民群众健康，为中医药振兴发展、为健康中国建设、为医学教育科研医疗事业做出更多更大的贡献。

建言献策　尽责履职

政协第十届全国委员会

【提案】

关于发挥中医药优势，培育中部地区新的经济增长点的提案

党的十六大确定了坚持以经济建设为中心，全面建设小康社会的奋斗目标。对中部地区，明确指出了要加大结构调整力度，推进农业产业化，改造传统产业，培育新的经济增长点的具体方针。如何寻找中部地区新的经济增长点，加快地区的经济发展？我认为，发挥中医药优势，促进中医药产业化的形成和发展，可以成为中部地区新的经济生长点之一。

中医药是我们民族的国粹，千百年来为中华民族的繁衍医疗保健做出了不灭的贡献，如今在人民群众健康生活、经济发展中显示越来越明显的作用，也为世界上越来越多国家所接受，已逐渐成为具有活力的民族朝阳产业。中国加入WTO以后，中医药也日益成为国外研究机构企业关注的目标。我国一些地区已将中医药列为地区支柱产业加以重视。中部地区具有较好的中医药人才教育院校、科研机构，丰富的中药资源、大量的中医药从业人员、普及的中医医疗机构和众多的药厂等，具有作为产业化发展的基础和优势。就河南省来说，全省有中药材品种2300多种，药用植物1963种；栽培养植药材100多种，年种植面积18万亩，千亩以上中药材种植基地30多个，年产量1000万公斤；收购药材500多种，年收购量1800万公斤。有禹州、百泉两大中药材市场。中药厂120多家，医院3024个，床位数19.99万张，医疗卫生技术人员38.3万名。有

中医学院、中医研究院、中药研究所等中医药教学科研机构。这些例证表明中医药已具有产业化的要素。但如何在中部地区形成以高校、科研单位、医院、药厂、药材种植、贸易等为组成的医、教、研、产、加、销的产业链，作为新的经济生长点。为此，我们提出如下建议：

一、国家和地方应加大资金投入力度，改善中医药教育科研设施，扩大中药种植规模，建设现代化中药材生产基地和中药生产工厂。

二、国家应加紧制定有关政策，保护中医药知识产权，合理规划种植标准、品种、区域，使中药种植、加工、供应、销售、出口各个环节协调发展。

三、加强中医药教育科研创新能力，培养适合中医药产业需要的各个层次的人才，特别是培养高层次人才；利用高新技术进行中医药研究，获得具有自主知识产权的原创性科研成果。

四、严格规范中药生产，不断推出新的品种，扩大内需外销，在获得社会效益的过程中取得经济效益。

总之，我们应当发挥中医药的地域优势，注重科研创新，不断研究开发新的药物品种，实行标准化规范化生产，扩大内需外销，形成医、教、研、产、销的产业链，这样，中医药产业一定会促进中部地区经济的发展。

2003年

关于加强中医药研究
充分发挥中医药在感染性疾病防治中作用的提案

感染性疾病，尤其是流行性感染性疾病严重危害人民健康和生命，进而影响社会经济的发展，因此，感染性疾病的预防和治疗一直是医学研究的焦点和难点。去年上半年，我国遭受了一场突如其来的“非典”疫情，党和政府采用多种综合防治措施取得了抗击“非典”的重大胜利，在此过程中，中医药起到了重要作用，引起了国际医学界的重视，这一事实告诉我们，应当进一步重视和加强中医药的研究，以充分发挥中医药在防治感染性疾病中的作用。

感染性疾病是我国和世界各国共同面临的一个严重的公共卫生问题。例如艾滋病在我国流行呈快速上升，波及范围广泛，至2002年底感染人数已达100万，发病人数约8万；我国结核病患病人数位居世界第二，现有肺结核病人450万，每年新发肺结核病人145万，每年因结核病死亡人数13万，近十年来传染性肺结核人数基本没有减少；病毒性肝炎在我国流行形势严峻，位居我国传染病之首，乙肝病毒携带率为9.8%，即目前我国有1.2亿乙肝病毒携带者，现有慢性病毒性肝炎患者2000万，每年约有28万死于乙肝病毒感染相关疾病，全国每年用于肝炎和肝病的直接医疗费用高达1000亿元。由于感染性疾病医疗费用昂贵，很多患病家庭因病致贫。这些已有的感染性疾病和新发的感染性疾病不仅是公共卫生防疫的难题，而且成为日益严重的社会问题。如不及时有效控制，必将给经济社会发展和社会稳定带来严重影响。因此，感染性疾病的防治关系民族兴衰、社会稳定、经济发展和国家安全的战略问题。国家已经成立疾病控制机构，对感染性疾病预防控制工作给予了重视和支持。但是，面对感染性疾病流行的严重现实和防治的实际困难，仍应广开思路，寻求有效的防治措施和方法。

感染性疾病多以发病急、传染快、病情重、群体发病为其特点，并且，由于病菌病毒随着环境改变而进化变异，又不断引起新的感染性疾病，这样往往使已有的药物和疫苗不能发挥有效的防治作用，加之对于新生的疫病不可能在短期内研制出特效的疫苗和药物，况且随着时间的推移，细菌病毒又发生新的变异，使我们研究出的药物或疫苗失去了疗效。因此，考虑感染性疾病流行状况和防治方法的缺陷，我们必须开拓新的思路和方法。中医药在防治感染性疾病中具有独特的优势，数千年来在与疫病斗争中中医学已形成一套独特的理论体系和行之有效的防治药物。中医辨证理论能诊断出即时发生的疾病的证候，并且提出相应的治疗方药。中医学早在两千年前已有防治疫病理论和药物记载，历代医家针对当时每次疫病流行，创立了新理论，积累了丰富的防治经验，至今行之有效，这是一笔宝贵的防治疫病的财富。新中国成立以后，中医药在流脑、病毒性肝炎等感染性疾病防治中起到了很大作用，已成为我国公共卫生防疫体系中的一大特色。中医药为中华民族的繁衍、医疗保健做出了不灭的贡献。近年对中医药治疗某些病毒性疾病的现代研究也证实了它的有效性，越来越受到世界医学和医药厂家的关注。因此，党和政府已制订了发展中医的政策和实施计划。然而，面对不断出现的疫情和感染性疾病严重危害，我们仍需进一步加强中医药研究，使之更有效地发挥防治作用。为此，我们提出如下建议：

一、国家应制定中医药防治感染性疾病专项研究计划和项目，扩大研究疾病的种类，既重视研究突出的传染性疾病，又注意常见感染性疾病的研究。

二、重视传统中医药理论的基础和临床研究，探索中医药防治感染性疾病的规律，提供有效的防治方案；注重用现代科学技术对中医药的创新性研究，进一步提高中医药防治感染性疾病的疗效，研制出高效安全药物。

三、突出中医药防治感染性疾病的地域特点和优势，在高发区建立中医药防治感染性疾病研究基地，加快中医药防治地域性感染性疾病的研究。

四、加强中医药教育事业，设立中医药防治感染疾病的学科和专业，加快中医药防治感染性疾病的人才培养，为中医药防治感染性疾病的科研、医疗、产业提供有力的高素质的人才保证。

总之，各级领导部门要高度重视中医药在防治感染性疾病中的独特作用，将中医药作为我国公共卫生防疫体系建设的重要组成部分，采取有力综合措施，加强中医药研究，充分发挥中医药在感染性疾病防治中的作用。

2004年

关于进一步加强中医药在对外交流与合作中作用的提案

中医药是国之瑰宝，是中华民族的优秀传统文化，几千年来为中华民族的繁衍医疗保健做出了巨大贡献，近年来，随着中医药事业的发展，已逐渐成为最有活力的民族朝阳产业，在经济社会发展全面建设社会主义小康社会的进程中起着越来越明显的作用，尤其是在中外交流合作中，显示出越来越多的作用。

从20世纪70年代初出现世界性中医热潮，已30多年，其势头始终未成，特别是改革开放以来，随着我国对外开放政策的实施，中医药国际交流与合作日益活跃，在政府间的交流与合作、中医药国际教育、贸易等方面取得了新的进展。目前，我国已与61个国家签订了含有医药条款的卫生合作协议，与17个国家签订了专门的中医药合作协议，每年与我国进行中医药合作交流的国家数量均维持在50个以上，近5年来，共对外开展中医药合作项目274项，年均增长超过30%，我国中药产品出口总额总体上呈上升趋势，2003年达到7.2亿美元，年均增长率为5.49%。多年来，来华学习中医药的留学生一直居来华学习自然科学的留学人数的首位，2003年全国27所中医院校在校留学生3221名，主要来自亚洲各国和大洋洲、欧洲和北美洲。中医药国际交流已由原来分散、自发的劳务和产品输出逐步向中医药教育培训、科研开发和医疗服务合作转变。我国加强了与世界卫生组织（WHO）在传统医药方面的合作并取得了良好的成效，WHO在亚洲设立的15个“世界卫生组织传统医学合作中心”中，有13个与中医有关，其中7个设在中国，在WHO 2003年制定的《全球传统医学发展战略》中采纳了我国政府提出的建议，明确指出针灸、中药等传统医药正在全球获得广泛重视，在人类保健中发挥着日益重要的作用。随着中外交流，中医药在国外得到较快发展。在中医药技术传播方面，目前在世界上130多个国家的中医医疗机构已达5万多家，针灸师超过10万人，注册中医师超过2万人，每年约有30%的当地人，超过70%的华人接受过中医药医疗保健服务，可以说，全世界采用中医治疗疾病的人数，已占世界总人数的三分之一以上。国际性中医药正规学历教育已经起步，如在日本、韩国、英国、德国、法国、澳大利亚、美国都建立了政府承认的中医药高等医学院校；对中医药的研究早已成为国外许多研究机构的重点，目前至少有170多家大型制药公司、40多个国际知名研究机构，从事中药研究和开发；在中医学术活动方面，国外成立了许多国际性和地域性的中医药学术组织，创办了许多中医药杂志和经常举办学术活动；在泰国、新加坡、澳大利亚的维多利亚省中医已得到立法保护，中药已在古巴、越南、阿联酋和俄罗斯获得批准以治疗药品进行注册。

考察中医药对外交流与合作及其在国外发展的现状，中医药已在中外交流与合作中显示出明显作用，主要表现在以下几个方面：中医药学术在世界上得到较快传播，其疗效得到当地政府和群众的信任；已形成中医药国际医疗药物市场，为中药对外贸易提供了基地；为国外了解中国提供了较好的窗口，宣传了中国优秀的传统文化；中医药国际教育规模日益扩大，为当地培养出中医药医疗、教学和科学研究的本土骨干；中医药国际教学、医疗、科研合作项目数量增长较快。但分析目前中医药对外传播的现状，中医药对外交流合作仍需扩展，在中外交流与合作中的作用发挥不够。其原因和表现如：中医药立法国家极少，限制了中医药在国外的发展，无法进入国际医药主流市场；中药占国际天然药物市场份额很小，在欧美、非洲和阿拉伯国家还有很大市场空间，全球天然药物每年贸易额已高达600亿美元，而我国63年仅出口7.12亿美元，我国中药在品牌、质量、包装等方面竞争力很弱；中医药国际教育质量还有待提高；对中医药特点、优势、文化宣传不够，许多国家卫生部门、学术机构和群众，对中医药不了解，某些海外媒体不了解中医药，片面宣传中药毒副作用，误导了国外民众；对外合作的项目的学术水平、技术含量和实效性还不高；还没有充分利用中医药这个窗口，促进旅游等相关产业的发展。因此，我们建议国家加强中医药的对外交流与合作，进一步发挥中医药在中外交流合作中的作用。因此提出建议如下：

一、加强对世界传统医学和中医药在国外的动态研究。建立一支研究世界传统医学和中医药在国外的动态信息的专业队伍，广泛收集信息，研究中医药在国外动态变化，为中医药对外工作的决策提供可靠依据。

二、拓宽中医药对外交流合作的渠道。通过政府间、民间、私人团体间等多种途径，进行与各国政府、国际组织和民间的中医药交流和合作，促使中医药在更多的国家立法，加快中医药在世界上传播，规范中医药国际市场、维护中医药从业人员的利益。

三、提高中医药产品的质量和包装。加强中医药基础研究，进行中药规范化种植，改进中药材和中成药的质量、疗效、包装、说明和外销管理，根据市场需要，研制多样适时的中医药名牌产品，提高市场竞争能力。

四、建立中医药的技术规范和评定标准。主要是制定中医药的安全性、有效性和质量等方面的标准，促使我国标准成为国际标准，使从业人员有法可依，保证中医药运营中的安全和质量。

五、提高中医药留学生的教育质量。中医留学生来自不同国家，文化背景各异，素质不齐，应当精心编写适合留学生教育的中医药教材，采取易于理解接受的授课方式，切实使他们能掌握中医药的知识和技能，培养出能担当起中医药工作的国外本土骨干人才。

六、加强中医药涉外人员的培养。中医药走向世界关键是人才，需要培养一大批既懂中医药又熟悉外语和外贸业务的各种专业人才。用确切的疗效、优质的服务，建立坚实的国外群众基础。

七、大力开展中医药医教研的国际合作。通过项目合作，取得突破性科研成果，提升中医药在国际上的学术地位和影响力。

八、加大中医药对外宣传力度。通过行医、教学、贸易、媒体等多种途径宣传中医药，使国外民众全面、准确地了解中医药。

九、发挥中医药在对外产业文化交流中的作用。中医药技术和文化的传播会促进旅游、文化等行业的发展，同时，积极发挥中医药在增强在外华人民族凝聚力的作用。

总之，我们一定要积极发展中医药事业，在加快中医药的国际化进程中，进一步发挥中医药在中外交流合作中的更大作用。

2005年

关于将发展中医药作为社会主义新农村建设重要内容的提案

2006年2月22日，中共中央、国务院发布《中共中央国务院关于推进社会主义新农村建设的若干意见》。该意见强调要坚持以人为本，不仅要发展农村的经济，提高人民生活，同时要关注发展农村的公共事业，加快农村的教育、文化、医疗、社会保障等各项事业的发展。其中突出强调要大力发展农村公共卫生和基本医疗服务体系建设，建立新型农村合作医疗制度，建立健全农村三级医疗卫生服务和医疗救助体系。

目前，我国农村医疗卫生保障问题已成为我国奔小康的主要障碍之一。据2005年对近两千个农户的调查（韩俊：《涉及农民切身利益的若干问题及政策建议——基于国务院发展研究中心农村部的调查》），70%左右农户每年都有部分医疗开支，农户每年的医疗支出约占全部支出的10%。一旦患大病支出比重就更高，几乎花掉家庭全部年收入，由此给农民带来沉重的生活负担。目前，我国农村人口众多，医疗基础力量薄弱，靠大量的资金投入和高水平医疗卫生人才来解决农民“看病难、看病贵”的问题是不现实的，只有建立以中医为主、中西医并重的医疗卫生保健体系，才适合中国广大农村的需要。

中医药是在人民生活实践中创造发展起来的，其简、便、验、廉的特点非常适宜我国普通百姓，尤其是广大农民。中医药临床效验显著，不需要贵重的仪器设备，便于在农村推广。“一根针、一株草”不仅可有效防治疾病，而且能很好地减轻患者负担，减少国家财政支出，缓解医疗机构压力，有利于解决农村缺医少药问题。此外许多中药材广泛分布于我国农村各地，积极引导农民种植中药材，也给农民提供良好的创收途径。因此，在农村进一步推广中医并进行中医药理论知识的科普宣传，对社会主义新农村的建设具有特殊意义。

目前，农村中医药发展和建设存在较多突出问题：

一、农村中医药经费不足。近年来农村中医药经费与我国GDP、财政支出比较呈相对下降趋势；越是基层，中医投入越低；同时，地方政府对中医重视不够，财政投入较少，欠发达地区尤其明显。

二、中医药从业人员减少。传统中医诊疗手段和方法决定了中医药工作者很难在短时间内为医院创造巨额收益。“中医院西医化”实际上是农村中医机构在经济利益驱动下的一种“功利”行为。所以中医院转变服务内容、中医从业技术人员转岗普遍，成为中医药人才流失的主要原因。而这些又加重中医药建设的缓慢或停止，使农民对中医药了解更少，接受诊疗机会更少，从而形成恶性循环。

三、中医药诊疗的不规范行为。目前社会上存在的中医药诊疗不规范问题（如夸大中医药疗效宣传、遍地开花的医疗诊所和特效治疗等）影响了群众对中医药的信心，同时假医假药也严重影响群众身体健康。

因此，为在社会主义新农村的建设中更好地发挥中医药的作用和优势，我们建议：

1. 增加对农村中医的投入，提高其在医疗服务体系中的地位

在农村公共卫生和基本医疗服务体系建设过程中，充分考虑中医药在农村中的优势作用，切实增加对中医医疗设施建设的资金投入，提高其在农村医疗服务体系中的重要地位。

2. 加强农村中医人才培养，发挥民间乡村医生技术优势

结构合理、素质良好的中医人才是农村医疗卫生事业的基本保证。要加强对乡镇卫生院及村级医疗点中医人员的培养，既要照顾人才的实用性，又要考虑到中医人才长远稳定性；县级综合医院应定期对乡村中医进行业务培训和考核，要有计划地选拔个体诊所医生到中医院校进修深造，使他们系统掌握全科医生的本领，提高临床疗效。师承教育是中医行之有效的教育形式，对一些有绝技的名老中医，应鼓励其讲学或带徒，使之学有传人，并充分发挥其技术优势。

3. 在农村医疗卫生机构中突出中医特色

农村医疗机构设置中须突出中医，可以建立村、乡（镇）、县三级中医

机构体系。村级医疗点积极应用中医药技术防治疾病，乡镇卫生院应以中医为主西医为辅，开展具有中医特色的服务项目，把纯医疗型医院转成医疗、预防、保健、康复相结合的新型医院。加强基层卫生人员中医药知识普及。县中心卫生院要据当地常见病、多发病，突出发展中医药专科（专病）特色并逐步形成中、西并重的优势。

4. 加强农村中医药行业管理，制定行医规范

有效控制农村中医药行业中普遍存在的鱼龙混杂现象，通过科学管理手段规范中医准入和服务标准体系，有效控制中医药诊疗中假冒伪劣行为，提高农村中医药卫生服务的信誉。增加农民需求，使中医药在农村走上良性发展轨道。

5. 科学指导农民种植中药材，增加农民收入

中药材广泛分布于我国乡村，各地均有其道地药材，尤其是边远山区更适合中药栽培。可通过办夜校、培训班等形式，普及种植技术，大力开展技术指导，扩大种植面积，保证收购价格及渠道畅通，不仅丰富药材市场，而且为农民增收提供有利途径。

6. 普及中医药宣传，增加行业需求

进行可靠有效的中医药科普和营销宣传，逐步扩大农民的中医认知度，通过真实有效的诊疗服务，增加农民对中医药的需求。

总之通过多渠道、多形式，充分发挥中医药所长，为广大农民的卫生健康事业发挥积极作用，促进社会主义新农村的建设。

2006年

关于坚决禁止在中药中乱加西药保障人民群众用药安全的提案

近年来，中药产品不断被发现乱加西药，如在宣称为纯中药的糖尿病药品中常非法添加多种西药成分。由于纯中药产品毒副作用较小，使用较安全，深受广大群众欢迎，尤其对于需要长期服用药物的慢性常见病患者，更偏重选择中药产品。医药市场的不法分子为获得销售市场，宣称产品为纯中药制剂，但通常纯中药疗效较弱，起效较慢，而西药起效快，因此出现了在中药中乱加西药的严重不法行为。因西药毒副作用相对较大，中药产品非法加入西药而不标明，使药物成分和剂量不明，无法预知和掌握引起毒副作用的剂量和时间，极易导致患者出现不良反应，加剧病情，甚至危及患者生命。

这种现象不仅损害中药产品的声誉，而且危害患者的生命安全，因此建议国家有关部门予以重视，坚决加以禁止。具体建议如下：

1. 出台相关规定，禁止中药产品中乱加西药

针对目前中药产品中乱加西药的不法现象，国家应保护中药产品市场，维护中药产品的声誉。有关部门应制定相关规定和法规，以禁止为获得市场利益的乱加西药行为；对中药产品中加入西药的药物应按照新药研究规范进行研究，标明药物的组成成分，使医生和消费者清楚中药产品成分，保障患者的生命安全，对中药产品中乱加西药的违法行为坚决予以制裁。

2. 加强监管力度，防止不法行为的发生

国家的卫生监督部门应根据有关规定，采取一定措施和方法，加大对药品市场的规范和监督，对中药产品把好检测关，及时发现中药产品中乱加西药的不法行为，惩戒不法厂家和企业的行为。

2007年

关于加强农村实用型医药人才培养，解决农民看病难问题的提案

近年，党中央、国务院高度重视“三农”问题，农村卫生服务体系建设取得初步成效，卫生基础设施明显改善，新型农村合作医疗对于解决农民无钱看病起到有效作用，但是农民看病难现状仍是比较严重。分析其原因，在农村卫生服务体系中应着重解决常见病、多发病的治疗问题，而目前现有的农村医药从业人员存在数量不足、技术水平很低的问题，不能有效地解决农村常见病、多发病，不能满足农村医疗最基本的需要，尤其是乡村中医药人才匮乏问题比较普遍。所以在现阶段应重点解决农村卫生从业人员短缺、技术水平低的问题，使常见病、多发病能在农村有效就治，方便农民就医。因此，我们建议国家加强对农村实用型医药人才的培养，来解决农民看病难的问题，具体建议如下：

1. 国家免费培训现有农村医药从业人员

由国家投资，高等医药院校和医疗机构承担，编写适合农村医药人员使用的教材，对现有的乡村医生进行培训，培养农村基层医药骨干，提高乡村医生的学历层次，丰富西医人员中医药知识。借助多种形式，大力培养农村医药人才。在现有医药院校毕业生较少到农村就业的情况下，培训农村医药从业人员是提高农村医疗水平的可行办法。

2. 医药院校为农村培养实用型医药人才

医药院校应根据农村医药人才的实际需要，调整教育层次和专业结构，突出全科、实用的特点，培养适合农村的医药实用型人才。同时国家要给予相应的政策和待遇鼓励其走向基层、进入农村，补充到县、乡、镇、村医疗卫生机构。

3. 安排市级以上医院人员下乡指导农村医疗工作

充分运用市级以上医院人才资源，提倡城市医务工作者走进农村，指导农村的基层医疗工作，培训农村医药人员。由于农村病源多，病种复杂，走向农村也使城市医疗人员获得对常见病、多发病处理的锻炼，提高医疗技能水平，增强为广大农民服务的意识。

4. 重点加强农村实用型中医药人才培养

中医药具有简、便、验、廉的特点，适合目前农村医疗实际。充分利用农村中医药资源，筛选推广农村中医药适宜技术，利用中医药诊断治疗疾病的优势和特色，降低农民诊治疾病的成本。因此，在农村医药从业人员的培训中要将中医药作为重点，一是加强农村卫生技术人员和乡村医生的中医药知识技能培训，提高他们的中医素质，培养一批掌握中西医药的实用型乡村医生；二是通过培训班、职业教育、成人教育等形式培养一大批农村专门中医药实用型人才，使中医药在农村卫生服务中发挥更大的作用。

2007年

关于将医德教育作为改善医疗服务的重要内容的提案

党中央、国务院非常重视改善民生问题，把提高医疗服务质量，解决看病难、看病贵作为重要内容。改善医疗服务应从医德教育抓起。医学的使命是救死扶伤，医生是治病救人的神圣职业，医务人员的服务态度是医疗服务体系的主要组成部分，甚至是影响医疗技术水平和效果的重要因素。古代医家将医德作为行医的首要条件，唐代名医孙思邈的《大医精诚论》就是讲作为医生首先要有良好的医德；新中国成立后，许多具有优秀医德的医务人员作为榜样影响了一代又一代医务工作者。近年来由于市场经济的发展，受国内外不良因素的影响，出现了医院因仅仅追求经济效益而忽视医德修养的现象，使看病难成为群众不满意的问题；从医学院校毕业的学生医德意识也较淡漠。在医疗服务问题中医务人员职业道德起着很重要的作用，是医疗服务的第一站，医疗服务关系着民生问题。国家除了进行卫生基础设施的建设以外，改善医疗服务也是一个系统工程。如何树立良好的医德是提高医疗服务质量的第一步，因此，我们建议国家将加强医德教育作为提高医疗服务质量的重要内容。

1. 高度重视医德教育在医疗服务中的作用

良好的医德是医疗质量、医疗安全的保证。工作中大量事实证明具有良好医德的医务人员，责任心强、服务态度好，虚心求教，对病人采用的每项治疗措施深思熟虑，治疗效果好，漏诊、误诊少，医疗纠纷少，甚至没有。反之，医德不良的医务人员责任心不强，服务态度差，敷衍塞责，即使技术水平较高，也常常出现责任性差错和事故，给病人增加痛苦，甚至造成伤残、死亡。因此国家应把医德教育作为医疗工作的重要部分，放在医疗工作的首位。

2. 医德教育从医学院校学生抓起

由于医学院校学生处于思想观、人生观和价值观形成时期，他们是未来的医务工作者，将医德作为职业道德教育进行，可以使学生认识到具备良好的道德和工作作风是社会对医生基本的要求，对自己将来从事的职业有一个正确的价值观和道德认识，树立良好医生职业道德，形成人道主义和仁爱精神。因此，对医学院校学生的医德教育是提高整个社会医德的重要措施。

3. 加强医务工作者的医德意识

医务工作者的医德意识决定着其医德行为。医院在市场经济下，要加强医务工作者的医德意识，使医生在面临社会各种诱惑时，能保持内心的良好医德信念，热爱本职工作，以病人利益为重，对事业忠诚和主动。以仁爱之心，高尚的医德为群众服务。

4. 大力宣传优秀医德典范

国家应通过各种媒体大力宣传古今中外具有良好医德、致力于医学事业的名人，树立学习榜样，用正确的舆论引导医务工作者，培养医德情感，使优秀医德榜样和典范影响医务工作者的言行举止，约束其不良的行为。

5. 制定医德规范，使医德教育成为一种制度

通过相关卫生部门，制定医疗行业的道德规范，使医德形成一种制度和规定，使良好的医德不单纯靠医生的内心责任感和义务感及内心的良好信念来保证，而要有相关的规章制度和法规来约束，从而使保持良好的医德有标准遵循、有目标追求。

2007年

建议加大对中部地区高层次人才队伍建设支持力度的提案

党的十六大制订了全面建设小康社会的宏伟目标，提出了坚持以经济建设为中心，实施科教兴国、人才强国的战略措施。最近党中央在进一步加强人才工作会议上明确提出人才资源是第一资源的科学论断。经济社会要发展，人才是关键，高层次人才在人才队伍建设中起带头作用，在科技进步和经济发展中起着重要作用。

中部地区是我国人口密集地区，历来被视为军事、经济、政治战略要地，中部地区在社会主义现代化建设和全面建设小康社会中具有十分重要的战略地位。中部地区的发展不但促进局部经济社会的繁荣，而且可辐射支持西部地区的发展，起着沟通东西部地区的桥梁作用，对西部大开发战略的实施具有重要意义。近年来，国家已采取向中西部地区倾斜政策，促进了中西部的发展。但总体上，中部地区还远远落后于东部沿海发达地区。如何促进中部地区的发展？人才是关键，高层次人才尤为重要。但从目前和长远情况来看，中部地区高层次人才的数量、结构和质量及高层次人才培养的机构仍是明显不足。如河南省人口多达9600多万，有本科院校24所，18—22周岁人口的高等教育毛入学率明显低于全国水平，高校和科研机构共有研究生培养单位22处，2001年研究生毕业人数962人，研究生扩招后预计每年毕业2000余人。其中培养博士研究生单位仅4所，每年毕业博士生数十人。显然，这样人才总量、结构和素质和人才教育培养能力不能适应当地经济社会发展的需要，更无法形成结构合理的高素质人才队伍促进地区经济的发展。由于高等教育发展缓慢，高层次人才研究生教育培养单位数量不足，严重制约着中部地区高层次人才培养，许多本地区本科生、硕士研究生流向发达地区求学，继而流向沿海等发达地区。因此，我们建议国家加大力度支持中部地区高层次人才队伍建设。

一、建议国家对中部地区高层次人才教育、引进、留用等方面在政策和资金方面加大支持力度，建议国家对中部地区高层次人才队伍和高校教育状况进行全面调研和科学评估，在教育、引进人才、留住人才方面在政策和资金上加大对中部地区支持的力度，扶持具有地方优势和带动地方经济发展的急需学科和专业，加强人才教育和培养的能力，扩大中部地区高层人才队伍数量。

二、增加中部地区研究生培养单位、专业和招生规模，尤其是博士学位研究生教育，以培养更多的适合地域经济发展的高学历人才，优化中部地区高层次人才结构。

三、支持中部地区高等院校与发达地区科研院所和高等院校联合培养高学历人才，以解决中部地区急需人才。

四、运用中部地区专项计划和项目培养中部地区高层次人才，设立具有中部地区区域优势和经济优势的项目，鼓励发达地区高层次人才与中部地区人才合作服务中部地区建设，培养中部地区高层次管理人才、经营人才和科技人才，提高中部地区高层次人才总体素质水平。

总之，国家应加大对中部地区高层次人才教育和培养支持的力度，加快中部地区高层次人才队伍建设，促使中部地区的崛起，实现区域经济社会的协调发展。

2003年

关于进一步加强高校品德教育的提案

党的十六大制订了全面建设小康社会的宏伟目标，提出坚持以经济建设为中心，实施科教兴国、人才强国的战略措施。最近，党中央和国务院关于进一步加强人才工作的决定更加强调实施人才强国战略，建设宏大的高素质人才队伍是关系党和国家事业发展的重大问题，把品德、知识、能力等要素作为人才评价指标。小康大业，人才为本，素质教育，德育为基，高等学校是培养德才兼备高素质人才的重要基地。

改革开放20多年来，我国高等学校品德教育取得了长足的进步，但与预期目标相比仍有较大距离，尤其近年扩招以后学生数量剧增和素质的良莠不齐使高校品德教育出现新的问题，甚至出现滑坡现象。总结高校学生道德素质滑坡突出表现有：日常行为失去规范，如随手扔垃圾，就餐插队拥挤，乘车争先恐后，不爱护公物，浪费现象严重，不遵守学校纪律，敬业精神差，责任心差，团体意识差，缺乏恋爱道德，违纪现象；人际情感多元化，个人利益价值取向强化，以自我为中心，缺乏爱心，不尊重他人；诚信缺失，如考试作弊，投机取巧，恶意拖欠学费、贷款不还，制造虚假履历、充当枪手赚取利益，网络道德虚拟，请客送礼、酗酒现象等等。分析造成学生道德素质滑坡的因素很多，概括来说，主要有社会环境影响、学生个人素质和学校教育等。社会因素如政治领域的腐败、经济领域的制假贩假，人际交往中的不信任影响学生政治思想和诚信意识，社会的诚信危机是导致学生诚信缺失的根源；另如封建主义残余影响、资本主义腐朽思想的侵蚀、敌对势力的渗透的影响。家庭原因，家长只关心孩子的学习成绩和日常生活起居，忽视或根本不进行品德方面的引导，少数家长将错误思潮带回家中，对孩子产生负面影响。学校原因，高校品德教育一直在搞，但高校品德教育的实效性却是个问题，仅是满足老师课堂灌输、轻视实践，远离生活，缺乏开放性；学术腐败、科研浮躁、老师到处兼职，招生、就业、评估虚假行为都对学生品德教育产生负面影响；办学条件不足、师资缺乏等等。高等学校是人才培养的源泉，品德教育是高素质人才培养的基础，优秀品德的人才是全面建设小康社会的保证，高素质的人才是关系着党和国家事业发展的百年大计。因此，国家正在高等教育中制订政治思想品德教育政策和课程，并不断加强德育设施。但是，根据目前高校品德教育的问题，我们认为必须进一步加强高校品德教育，这样才能为全面建设小康社会提供坚强的人才保证和智力支持。为此，我们提出如下建议：

一、建议国家研究目前高校品德教育出现的新情况，研究在市场经济下对高等学校学生思想品德教育的影响；加大品德教育的投入，改善德育教学条件，制订具有实效的高校品德教育方案，切实提高高校学生道德素质，为社会经济建设和全面建设小康社会提供合格人才。

二、重视高校师德教育，加强品德教育教师队伍建设；加大品德教育课程改革力度，使之更适合高校品德教育需要；培养高素质的高校品德教育人才，保证高校品德教育的设施。

三、进行制度性品德教育建设，完善道德约束与引导机制，制订完善的德育制度、设施和考评体系，使品德教育制度化，与对学生奖励、就业挂钩，成为约束和引导学生的道德规范。

四、加强校园文化的舆论监督作用，规范校园公共道德秩序，加强诚信教育，弘扬正气，反对邪气，培养学生养成良好的人格道德习惯。

总之，各级教育部门应当将高校品德教育放在重要位置，不断研究新情况，解决新问题，实现德育、智育的协调发展，为社会主义现代化建设和全面建设小康社会提供高素质的合格人才。

2004年

关于将中华民族传统美德作为加强和改进大学生思想政治教育的重要内容的提案

最近，全国加强和改进大学生思想政治教育工作会议隆重召开，胡锦涛总书记发表重要讲话。这是继中共中央国务院去年10月颁发《关于进一步加强和改进大学生思想政治教育的意见》（中发〔2004〕16号）之后，中央为部署大学生思想政治教育工作专门召开的一次非常重要的会议，充分体现了以胡锦涛总书记为代表的党中央对大学生的亲切关怀、殷切希望和对大学生思想政治教育工作的高度重视。大学生是国家的未来和希望，他们的思想道德状况如何，直接关系到中华民族的整体素质，关系到国家前途和民族命运。

我国当代大学生是在我国改革、开放的大潮中生活和成长起来的一代。当前大学生思想政治状况主流是好的，呈现积极、健康、向上的态势，但由于目前国内国际形势的深刻变化使大学生思想政治教育面临着严峻挑战，一些大学生不同程度地存在着有关思想政治方面的问题，总结其突出表现如下：

国家观念、集体观念、社会的主人翁精神较为淡漠，对国家前途、民族命运、社会理想等重大人生课题缺乏思考，闭门读书，不问国事，常常以自我为中心，团体意识差，社会责任感不强。

享乐主义、拜金主义滋生，如为了一些小事，同伴间可以反目为仇的有之，为了一点小利，牺牲别人利益的有之，更有甚者，为了获取一些本来不属于自己的利益，而采取卑劣的手段以取之的亦有之。

见死不救，见危不扶，见贫不济，缺乏爱心；诚信意识淡薄，如制造虚假履历，考试作弊，充当枪手赚钱，恶意拖欠学费，贷款不还等。

文明礼仪匮乏，如为小事争吵不休，见师长不理不睬，待父母如同仆人，满口脏话，随地吐痰，乱丢废物。

艰苦奋斗精神淡化，劳动意识淡漠，饭来张口，衣来伸手，不以俭为荣，怕过苦日子。

分析大学生产生如上思想道德问题的原因，主要有社会环境影响，家庭教育失误，学校教育欠缺等。社会因素如适应社会主义市场经济体制新的思想道德规范尚未健全，外来文化的冲击，资本主义腐朽思想的侵蚀。家庭因素：过度溺爱；家庭教育中轻传统道德灌输和思想素质培养，重智力、技能培训和物质追求引导。学校教育方面：思想政治教育仅满足课堂理论灌输，轻视生活实践，学校品德教育内容理论与实际脱节，教学内容陈旧；校园不良现象对学生造成负面影响，如学术腐败、科研浮躁、办学条件不足、师资缺乏等。

小康大业，人才为本，素质教育，德育为基。高等学校是开展思想政治教育的基地，是培养高素质人才的源泉。因此加强和改进大学生思想政治教育工作至关重要，势在必行。

中华民族传统美德是中华民族优秀的道德品质、优良的民族精神、崇高的民族气节、高尚民族情感以及良好民族习惯的总和。千百年来，它哺育了无数的中华民族杰出的人物，并且在促进社会的进步方面产生了巨大的积极作用。它源于生活、贴近生活，朴素自然，易于为人们理解和接纳，同时，它内涵丰富、蕴意深刻，中华民族传统美德教育是“中华根”“中华魂”的教育，是有中国特色社会主义精神文明建设的重要内容。它不仅是学校德育内容的基础，而且也是我国现代学校德育的源流。在市场经济条件下，弘扬中华民族传统美德，发挥其对大学生进行思想政治教育的德育功能，是培养社会主义合格建设者和可靠接班人的关键环节，因此，我们建议将中华民族传统美德作为加强和改进大学生思想政治教育的重要内容。具体来讲，可以分为以下几个方面：

一、加强中华民族传统美德内涵的研究，将中华民族传统美德与精神文明建设结合起来，将中华民族传统美德与公民道德建设结合起来。

二、加强中华民族传统美德的宣传，通过学校、家庭、社会多种途径，采用课堂教学、社会实践和网络教育等多种形式进行宣传。

三、充分发挥中华民族传统美德典型教育的作用，利用典型教育具有形象、具体、生动的特点，通过古代、现代、周围典型的人或事进行示范，使抽象的道理变成活生生的典型人物或事，使教育具有说服力和感染力。尤其是在校园里要善于发现、培育、宣传和运用典型，树立道德楷模，加强示范引导，使学生学有榜样和目标，从感人事迹和优秀品质中受到鼓舞、汲取力量。

四、将中华民族传统美德教育的知和行统一起来，编写中华民族传统美德教育教材，制定中华民族传统美德行为规范，切实使中华民族传统美德教育能落实在学生的日常行为之中。

五、制定中华民族传统美德教育的评估体系，不断发现新问题，改进教育的内容和形式，使传统美德教育取得实效。

要大力发挥大众媒介的宣传功能，宣传中华民族优良道德传统和文化；要充分运用榜样的示范作用，激励大学生向先进人物学习；发动各行业、各企业、各系统，协调有关部门和社会各方面的力量，齐抓共管，形成良好的社会风尚，为高校传统美德教育实践活动创设一个良好的社会环境。

总之，全社会应齐心协力，大力弘扬中华民族传统美德。高校更应将传统美德教育放在重要位置，进一步加强和改进大学生思想政治教育，拓展思路，锐意创新，为社会主义现代化建设和全面建设小康社会提供高素质的合格人才。

2005年

关于进一步加强大学生礼仪教育的提案

礼仪是人们在共同生活和长期交往中约定俗成的社会规范，是人们相互尊重、联络感情、增进友谊、调整或协调人与人之间关系的一种行为，它不单是个人思想道德水平、文化修养、交际能力的外在表现，同时还是社会文明程度、道德风尚和生活习俗的反映，在现代社会中占有极其重要的位置。中国自古就是礼仪之邦，注重礼仪是中华民族的传统美德。中共中央颁布的《公民道德建设实施纲要》明确指出："开展必要的礼仪、礼节、礼貌活动，对规范人们的言行举止，有着重要的作用。"礼仪行为是大学生思想品德素质修养表现之一，重视和加强对大学生进行礼仪教育，培养大学生成为高素质的社会主义事业合格建设者和可靠接班人，是关系到国家前途和民族命运的大事。

礼仪作为人们日常生活之中具体行为规范和准则，是思想道德理论转化为实践的必要环节，是思想道德文明素质的体现。大学生是当代较高文化层次的青年人，是社会主义精神文明的实践者、建设者和传播者，肩负着国家的未来和希望。知书达礼、待人以礼应当是大学生的一个基本素养，培养高素质大学生人才是党和国家事业发达、民族昌盛的保证。因此，党和国家高度重视大学生的政治思想道德素质教育，礼仪教育不仅是素质教育的重要组成，教育界的有识之士已积极倡导和践行大学生礼仪教育。我国当代大学生是在我国改革开放大潮中生活和成长起来的一代，当前大学生思想政治道德素养状况主流是好的，呈现积极、健康、向上的态势，学生注重学礼、守礼和行礼，礼仪行为修养不断提高，使大学校园呈现生机勃勃、和谐愉快的气象。但由于目前国内外形势的变化、市场经济的冲击、家庭环境的影响、个人素质修养的差异及学校礼仪教育的不足等因素使某些大学生礼仪行为有不文明的现象。主要表现有不知礼、不守礼、不行礼、不尚礼等不文明的行为。不知礼表现在对礼仪规范内容不知或知之不多，在人际交往、公众场合语言、行为、表情表现礼仪失当，或不知行何礼；不守礼如不遵守校园和其他公共场所规则；不行礼如不尊敬师长，和家庭成员、同学关系处理不当；不尚礼表现在对礼仪规范认识不清，对礼仪做得好的同学不推崇。针对这些情况，我们必须加强大学生礼仪教育，规范大学生的社会行为与举止，提升大学生的社会形象，提高大学生的道德素质，促进大学生身心健康发展，使大学生成为高素质的建设者和接班人。大学生礼仪教育需要有良好的措施和途径，有效的途径和措施有助于大学生礼仪教育的良好开展和预期目标的实现。我们认为大学生礼仪教育应从以下几方面着手。

1. 制定礼仪规范，纳入品德考核内容

有关部门齐抓共管，制定系统的大学生礼仪规范。使学生有章可学，有章可循，老师有章可教。采取措施，逐渐内化为学生的习惯。学校加强礼仪教育和管理，将学生礼仪行为表现纳入学生综合素质评价。

2. 开设礼仪教育课程

学校在人文素养选修课中开设大学生礼仪修养课程，或根据不同专业，适当设置礼仪修养课程，开设礼仪专题讲座，使学生掌握礼仪基本知识。

3. 加强礼仪宣传，形成行礼尚礼的风尚

学校可通过校园广播、报刊、宣传栏等媒介形式，将礼仪文化融入校园活动之中，教师要有良好礼仪修养影响学生，宣传中华民族优秀礼仪传统，宣传礼仪修养的先进典型，作为学习和践行礼仪的榜样。从而形成良好氛围，使同学们在潜移默化中受到教育和启迪，并落实到行动中。

4. 积极开展礼仪实践活动

礼仪教育除了课堂讲授外，还应加强礼仪模拟训练和礼仪社会实践，让学生在社会活动交际中亲自体验到拥有礼仪知识、技能的成功感受，提高自身的礼仪修养。

当前我国正在进行全面建设社会主义小康社会，和建设社会主义和谐社会，礼仪教育更显重要，各有关部门应研究大学生当前礼仪现状和礼仪教育规律，全面加强大学生思想政治道德素质教育，为社会主义建设培养高素质的建设者和接班人。

2006年

关于进一步加强大学生创新能力培养的提案

创新是一个国家、民族发展的动力，我国的发展要靠走自主创新的道路。一个创新型国家需要持续不断的大批各层次创新人才，高等学校是培养创新人才的基地和摇篮，因此高校对大学生创新能力的培养是高校教育的重点。目前我国大学生创新能力较低，高校对学生的创新能力培养存在以下问题：

1. 课程设置结构不合理，缺乏创新能力的课程

高校的课程设置内容太多，很多理论性课程大量占用学生的学习时间，使得实践性课程、动手性课程比例较少，学生不能自主调动一种学习积极性和主动性，缺乏创新能力的培养。

2. 高校教师不能充分提供创新教育

许多高校教师的课堂讲授知识陈旧，不能吸纳新知识，缺乏一种对学生创新能力的培养意识，不注重创新所需要的观察力、思维能力的培养等，使学生缺少必要的教育和锻炼。

3. 大学生缺乏创新能力、意识、毅力和兴趣

与国外学生比较，我国大学生的知识接受能力强，但是创新能力明显缺乏。很多大学生没有一种献身科学研究和追求真理的精神，缺乏创新观念和创新欲望；有些大学生虽然不满足于现状，但往往只是牢骚满腹，而自己缺乏行动的信心，没有创新的毅力；有些大学生虽然能认识到毅力在创新活动中的重要性，但在实际工作过程中往往虎头蛇尾，见异思迁，放弃追求，而且大学生的兴趣往往随着时间、环境、心情经常变化，缺乏深度和广度。

4. 大学生缺乏动手能力的条件

目前很多高校的实践课程条件有限，实验教学条件差，很多学校的实验

设备陈旧，实践教学的经费投入不足等。诸多因素影响着学生实践类课程的开展，束缚了学生的动手意识，形成了动手能力较差的现象。

大学生是具有创新潜能的群体，针对以上问题，如何切实提高他们的创新能力，进行创新教育，重视创新型人才的培养，将创新教育思想落到实处，有效地培养创新型人才？对此我们提出以下建议：

1. 根据创新理念，建立可行的创新教育体系

国家教育等有关部门应对国内高校创新教育的现状进行调查研究，参考国外大学创新教育好的经验，转变教育理念，高度重视高等院校的创新教育，建立切实可行的高校创新教育体系。设立创新教育专项基金，增加创新教育投入，切实使创新能力培养作为高等教育的重要内容。

2. 建立合理的课程体系

创新能力来源于宽厚的基础知识和良好的素质。首先要优化课程结构，要按照“少而精”的原则设置必修课，减少讲授内容，改变中学式的大学教学方法，增加启发性、思考性和前沿性的内容，给学生较多的自学时间，培养学生的创新意识；增加选修课比重，开展综合性较强的跨学科训练，培养和发展学生的特殊兴趣，提高创新的积极性。

3. 培养创新型教师

更新高校教师的教育观念，提高他们的教学创新意识，使他们在学生创新教育中担当策划者，在学生创新活动中担当指导者。这需要教师善于将本专业中最新的教育科研成果运用到教学当中，开展创造性教学活动，营造民主、宽松的创新氛围，激发学生独立思考。因此培养高校有创新意识和创新能力的教师是提高高校创新教育水平的前提。

4. 通过大学生创新活动提供创新实践平台

高校可以通过多种方式加强实践环节，强化学生的实际动手能力和实践技能的培养。学校可鼓励学生参加科技活动，或教师的科研课题，或由学校资助的学生自拟课题等；鼓励学生成立“创新协会”，使学生主动参与科技创新活动。学校通过为大学生提供较多的实践机会，进一步培养、锻炼和提高学生的创新意识、创新能力。

5. 将大学生创新性能力作为评价学生和学校的重要指标

国家可将大学生的创新性能力作为考核学生知识能力的一项内容，并将其作为研究生招生考核的一个方面，使创新性能力在考核内容中占一定比例，为选拔高层次的创新型人才把关。同时国家在对高校教育评估工作中，通过设立创新性能力的培养考察指标，加强高校创新意识和创新教育工作。

2007年

关于尽快出台《国民营养条例》的提案

近十年来，我国社会经济得到了快速发展，一方面为消除营养缺乏和改善居民健康提供了经济、物质基础，另一方面也导致了膳食结构、生活方式和疾病谱的变化。2004年10月国务院新闻办等部门公布的我国第四次“中国居民营养与健康现状”调查结果显示，虽然中国城乡居民的膳食、营养状况与十几年前相比有了明显改善，但仍面临着营养缺乏与营养结构失衡的双重挑战。报告指出目前中国居民食物与营养所存在的营养不足与营养过剩并存、贫困农村营养不良状况堪忧、与膳食营养结构相关的慢性非传染性疾病发展迅速等问题。

目前，全国有1400多万5岁以下儿童生长迟缓、2亿多人贫血、1.6亿多人血脂异常、6000多万人肥胖、1.6亿多人患高血压、2000多万人患糖尿病等。我国与膳食营养有关的一系列疾病发展速度，已超过发达国家曾经面临的重大社会问题与经济威胁，目前正面临着营养缺乏与结构失衡双重挑战的严峻形势。我国目前肥胖症已与世界发达国家一样，成为严重的社会问题；高血压病人越来越多，病死率位居世界第二；糖尿病的发病人数已位居世界之首；心脑血管疾病的发病率和死亡率位居各类慢性疾病榜首，死亡人数已达全球的五分之一；脂肪肝已成为我国居民又一个严重健康问题；与膳食有关癌症已占所有癌症的60％以上。由于营养结构不合理，缺少适当的体育活动和锻炼，使肥胖儿和过瘦学生数量增加，贫血及缺乏维生素现象呈现增长，学生体能呈下降趋势，身高增长缓慢或停滞。国家公众营养改善项目办公室公众营养与发展中心提供的中国2000年营养监测数据显示：内地民众营养不良发生率为20％—30％，西部贫困地区高达50％；与膳食营养相关的慢性病已占死亡原因的七成以上，营养缺乏和营养失衡的状况在内地居民中同时存在。因营养不良而患佝偻病、缺铁性贫血的儿童约有近两千万，因营养过剩造成的肥胖以及相关的高血压、高血脂、心脑血管病和糖尿病在十六至六十四岁的劳动人口中的发生率已超过一半。

国家“九五”攻关课题研究表明，在疾病预防工作上每投资1元，就可以节省85元的医疗费和100元的抢救费用。依次分析，就对目前肥胖症、高血压、血脂异常、糖尿病的4亿患者，如通过膳食营养科学指导，初步估算可节省食物费用2000亿元左右，减少医药费用4000亿元左右，以及减少环境资源浪费1000亿元左右。同时由于营养增进健康，从中可以多产出10000亿元以上。这一减一增，将为我国全面建设小康社会增加数百万亿元的资金保障。严峻的现实表明国内开展公众的营养干预和指导已成当务之急。因此解决合理营养问题是关系到民族发展的根本大计，国民营养条例的出台是势在必行。

欧美许多国家已制定了相关营养法规。美国在1946年通过了《学校午餐法》，此后《儿童营养法》等相继出台。日本1947年通过《营养师法》，1952年就制定了《营养改善法》，1954年颁布了《学校供餐法》，这些法案都根据社会进程的发展及时修订。如今，日本的国民营养状况普遍提高，平均身高和智力明显改善，被西方学者誉为“人类体质发展的奇迹”。

国民营养状况的改善必须有法可依。当前中国膳食营养结构正处于迅速变化的关键时期，迫切需要正确的营养指导。因此我们认为应通过立法，出台国民营养条例。有如下建议：

一、建立国民营养与国家农业、教育、扶贫、卫生政策以及社会经济科学的协调关系；通过立法将国民营养改善和营养产业发展工作纳入国家长期可持续发展的战略目标。

二、了解居民膳食结构、营养和健康状况及其变化规律，揭示社会经济发展对居民营养和健康状况的影响，为国家制定相关政策、引导农业及食品产业发展、指导居民采纳健康生活方式提供科学依据。

三、重视抓好少年儿童、妇女和婴幼儿、老年人等三个重点人群的营养改善工作；加强学校与家庭对幼儿教育和青少年健康营养的重视，树立科学的观念，要用科学合理的教育和营养方法来培养孩子。

四、抓好贫困地区人口、最低生活保障人群的营养扶贫与营养脱病工作；抓好城市和经济发达地区人口，肥胖、高血压、糖尿病等“富贵病”人群的食物减负与营养改善工作。

五、指导开拓食品工业发展的新领域，重视营养强化食品、富营养食品、营养补充剂等营养产业发展。

总之，通过立法来改善国民的营养缺乏与结构失衡的状况，可提升我国综合国力，提高国民素质，促进经济发展等各项工作开展，从而为建设和谐社会提供有力保证。

2006年

政协第十一届全国委员会

【提案】

关于加强防病保健工作　缓解医疗卫生压力的提案

随着我国经济的迅速发展，人民生活水平显著提高，医疗卫生条件逐步改善，诸多变化影响了医学疾病谱的改变。目前我国疾病谱已经从感染性疾病为主转变到代谢性疾病为主，我国心脑血管疾病和癌症的发生率逐年上升，占据疾病发生率首位。

研究显示在诸多疾病发生前期人体处于亚健康状态，而亚健康的产生与机体的生理、心理状态改变有关。紧张的精神心理压力、过度的体力脑力疲劳、不良的饮食习惯和生活方式成为亚健康产生的突出三大原因，干预亚健康可以扭转机体健康状态的恶化。

目前我国医疗卫生服务中矛盾突出，居民的医药费用负担重，医院诊疗任务矛盾突出，医患关系紧张，这些日益成为社会关注的热点。尽管政府已经通过积极的医疗改革措施进行城乡居民基本医疗覆盖，但由于中国人口基数多，政府加大医疗卫生费用投入并不能有效解决矛盾。结合中国实际国情，不照搬国外模式，针对健康—亚健康—疾病的发生规律，建立一个医疗防病保健体系，从提高全民健康水平入手，大大减轻医院诊疗压力，减少居民医疗费用开支，减轻百姓医疗负担，缓解医疗卫生矛盾。

一、加强全民防病保健意识

建立医疗卫生防病保健机构，开展健康讲座、宣传，增强居民健康自我关注意识，使城乡居民掌握生活中自我防病保健常识。

二、开展社区防病保健服务

建立社区防病保健服务站，完善社区防病保健设施，定期对居民进行保健检查，开展社区健康活动，如组织健康锻炼、健康养生方法讲授和指导。

三、充分利用中医药优势和资源

中医学包含着广博的“治未病”和养生保健理论，运用中医学的四季、情志、饮食起居养生，突出食疗保健和推拿按摩针灸保健作用，发挥中医药辨证调养亚健康状态的优势。

四、加大中医药“治未病”的研究

由于中医药整体调控机体，综合运用中医药方法能有效调养亚健康状态，保证机体健康水平，因此应加大中医药“治未病”的研究，突出中医药理论和产品在调理机体亚健康状态的应用。

将防病作为医疗工作的重点，可以将最少限度的医疗卫生资金投入转化为最大限度的居民健康保证，使闪烁东方智慧光芒的中医药资源充分利用，有利于缓解医疗卫生工作中的矛盾，促进经济社会和谐发展。

2008年

关于建立中医特色的“治未病”卫生预防保健体系的提案

随着我国经济的迅速发展，人民生活水平显著提高，医疗卫生条件逐步改善，诸多变化影响了医学疾病谱的改变。目前我国疾病谱已经从感染性疾病为主转变到代谢性疾病为主，我国心脑血管疾病和癌症的发生率逐年上升，占据疾病发生率首位。

研究显示在诸多疾病发生前期人体处于亚健康状态，而亚健康的产生与机体的生理、心理状态改变有关。紧张的精神心理压力、过度的体力脑力疲劳、不良的饮食习惯和生活方式成为亚健康产生的突出三大原因，干预亚健康可以扭转机体健康状态的恶化。

目前我国医疗卫生服务中矛盾突出，居民的医药费用负担重，医院诊疗任务矛盾突出，医患关系紧张，这些日益成为社会关注的热点。尽管政府已经通过积极的医疗改革措施进行城乡居民基本医疗覆盖，但由于中国人口基数多，政府加大医疗卫生费用投入并不能有效解决矛盾。结合中国实际国情，不照搬国外模式，针对健康—亚健康—疾病的发生规律，建立一个医疗防病保健体系，从提高全民健康水平入手，大大减轻医院诊疗压力，减少居民医疗费用开支，减轻百姓医疗负担，缓解医疗卫生矛盾。

中医学对于疾病预防的思想集中表现为“治未病”理论，亚健康状态即疾病前状态，这相当于中医学中的“治未病”的阶段。早在两千年前，现存最早的中医经典《黄帝内经》就已提出了“治未病”的思想，“圣人不治已病治未病，不治已乱治未乱，此之谓也。……夫病已成而后药之，乱已成而后治之，譬犹渴而穿井，斗而铸锥，不亦晚乎”，“上工救其萌芽，下工救起已成”。“上工治未病，不治已病”是《内经》论治的一条重要理论法则。此后经过历代医家两千多年的发展与完善，逐步构成了“未病先防、已病防变、瘥后防复”的理论体系，并形成了独具特色、丰富多样的技术方法，其思想价值在于将“治未病”作为奠定医学理论的基础和医学的崇高目标，倡导人们珍惜生命，注重养生，防患于未然。开展“治未病”工作，对于减轻医疗卫生负担，提高人们的生活质量和生命质量具有重要的现实意义，同时对中医药自身发展来说，既是继承中医药学术、彰显中医药特色的重要体现，也是拓展中医药服务领域的重要途径。

为此建议国家充分发挥中医药“治未病”的优势，努力构建和完善“治未病”预防保健服务体系，具体如下：

1. 加强国家政策引导

建立中医预防保健服务体系，是一项社会工程，需要多学科、多部门、多领域的合作。建议国家相关部门研究制定有效的政策措施，系统整合各种社会资源，形成构建中医预防保健服务体系的合力，将中医预防保健服务体系建设纳入国家卫生发展规划，纳入公共卫生服务体系建设，将“治未病”服务纳入公共卫生服务项目。

2. 积极稳妥扩大试点

在目前开展“治未病”试点工作的基础上，应进一步扩大试点的范围，除中医医院外，将在社区卫生服务机构、综合医院等其他卫生机构纳入，形成“治未病”预防保健服务的网络。建立社区防病保健服务站，完善社区防病保健设施，开展社区“治未病”健康活动和养生讲授、指导。

3. 加大宣传普及力度

建议通过各种形式，加强中医健康文化的宣传，普及“治未病”理念，提高社会的认知与认可程度。加强“治未病”预防保健知识与方法的宣传，提高群众增进和维护健康的自主行为能力。加强“治未病”服务信息及服务效果的宣传，更好地引导和开发群众的需求。

4. 加强科学研究

建议国家组织开展“治未病”相关科学研究，特别应加强“治未病”预防保健服务技术方法的研发与推广、服务规范、技术标准和产品的研究、服务效果的评价研究等。通过科学研究，进一步完善“治未病”的理论体系，进一

步完善“治未病”的理论体系，进一步提升“治未病”的科技含量，为“治未病”提供科技支撑。

5. 加快人才培养

加紧培养一批中医药基本功扎实、具有丰富实践经验、掌握中医养生保健知识和技能的医师队伍，培养一批具有养生保健康复基本知识、掌握中医特色技术方法等中医“治未病”职业技能的实用型人才，为“治未病”预防保健服务的开展提供人才支撑。

将中医预防保健服务体系建设纳入国家卫生发展规划，纳入公共卫生服务体系建设，将“治未病”服务纳入公共卫生服务项目，将防病作为医疗工作的重点，可以将最少限度的医疗卫生资金投入转化为最大限度的居民健康保证，使闪烁东方智慧光芒的中医药资源充分利用，有利于缓解医疗卫生工作中的矛盾，促进社会和谐发展。

2008年

关于通过加强中医药文化宣传推进中医药建设的提案

我国中医药作为国之瑰宝，中华民族智慧的结晶，几千年来为中华民族繁衍和医疗保健做出了巨大贡献。中医药学是我国人民长期同疾病做斗争的经验总结和理论概括，蕴含了中华民族思想、文化、技术的精华，有着与现代医学不同的对生命、健康、疾病、治疗、预防和保健的认识，数千年的医疗实践已经证明其肯定的疗效，至今在我国医疗卫生事业中具有独特的重要性，是我国医疗体系中的重要力量。近年来国家进一步加大了对中医药建设的投入，从基础理论、产品创新、生产技术、资源保护、重大疾病防治等方面对中医药进行深入挖掘和发展。“名老中医临床经验、学术思想传承研究”等中医药传承方法、中药资源可持续利用、中药产业关键技术研究、中药科技产业基地建设等工作也纳入了相关计划；“重大新药创制”和“艾滋病和病毒性肝炎等重大传染病防治研究”两个国家科技重大专项启动实施。目前中医药已成为当今世界范围内可持续开发、利用的重要文化与经济资源。

中医药学无论在历史上还是在现代，从阴阳互动的平衡观、脏腑经络的整体观、天人合一的生态观、以人为本的生命观、三因治宜的辨证观对疾病的预防控制上，还是在人类生育、健康、衰老、疾病、死亡等生命现象全过程的科学认识方面，尤其是在提高人类生活质量、延长人类生存寿命，防治慢性病和老年病，对目前现代医学病因不清、疗效不佳的各种疑难杂症及高死亡疾病如心脑血管疾病、糖尿病、癌症、肾病综合征、慢性阻塞性肺病等疾病以及新型的高致病性传染病，都显示出了中医药的独特疗效和显著优势。对于患有现代社会文明病及占世界城市人口70%—80%的亚健康人群，传统医药学及中医养生学对于我国人民的卫生保健事业方面具有重要的战略地位及独特优势。

中医药有着数千年的历史积淀和广博的文化知识。在历史上，中医药有着深厚的群众基础。中医药具有简、便、验、廉的特点，深受广大群众特别是农村群众的欢迎。人民群众喜爱中医药、信赖中医药，需要中医药。随着社会现代化快速的发展，当代人同历史、同传统文化相隔甚远，中医药文化在广大群众中的基础变得薄弱，用民间验方治疗感冒等日常小病的知识知者和用者甚少，现代年轻人对中医药的了解甚至是从热衷韩剧开始的，不少人看完《大长今》后才引发了对中医药的兴趣。中医药文化出现了“墙里开花墙外红”的现象，在国外中医药日益受到追捧，我们不能使中国人通过看韩剧来了解中医文化知识。由于西方国家医药体系日益突出的药物毒副作用、耐药性以及不堪重负的医疗费用等问题，使得许多国家将目光转向中医药医疗体系。随着人类健康观念的改变、疾病谱的变化以及医学模式的转变，人类对于生活质量和健康水平的需求日益提高。在世界范围内，回归自然、重视传统医药已经成为潮流，中医药在防治疾病、保健、康复中的作用和优势正适应了这一潮流。目前中医药在许多国家得到进一步普及，如拥有5000万人口的英国共有中医诊所3000个；中医药学术交流在欧洲、美国、东南亚经常举办；很多国家政府开始关注中医药并和我国卫生部商谈合作；一些国家对中医药立法，使中医药合法化等等。

近日，“2008年全国中医药工作会议”在北京召开。会上国务院副总理吴仪表示：“在我分管中医药工作的五年里，接触了不少老中医、老专家以及中医药工作者，看到了祖国传统中医药在广大农村、社区发挥的突出作用，感受到国际社会对于中医药的日益关注和认同，更体会到中医药的博大精深。”国家自2005年开始启动传统中医药申报国家非物质文化遗产工作，这既是中医药自身可持续传承发展的需要，也是完整地展现、弘扬中医药文化；既是对中国传统文化多样性的尊重和保护，也是促进中医药的发展。中医药文化是中华文化的重要内容，是中医学的思想理论基础和核心价值内容。无论是在我国充分发挥中医药在防治疾病、保健、康复中的作用和优势，为群众提供价格合理、质量优良的中医药服务，还是使中医药走向国际，都必须实现中医药本土化发展的最大化，建立更广泛的中医药文化群众基础，加强中医药文化的宣传力度。

一、通过各种媒体加大对中医药文化的宣传力度

借助报纸、杂志、电台广播、电视、电影等媒体，进行中医药文化的宣传。通过策划和挖掘，利用各种新闻体裁，报道中医药先进典型，竖立正面形象，抵制一切败坏中医药声誉的行为。将做好中医药的宣传工作视为新闻工作者的责任与义务，按照党的大政方针，为中医药事业发展做好宣传。

二、通过各级医院开展面向群众的中医药文化宣传

省市各级中医院要将宣传中医药文化视为己任，通过举办专题健康讲座，介绍中医药防病治病和养生保健知识；开展中医药义诊咨询和科普宣传，展示中医药在卫生领域中的服务优势和特色，弘扬中医药文化。

三、通过社区开展深入社区居民的中医药文化宣传

建立社区中医药服务站，组织面向社区居民的中医药科普知识讲座；以中医药在亚健康状态防治中的独特作用为突破口，建立社区防病保健设施，定期对居民进行保健检查，开展社区健康活动，如组织健康锻炼、健康养生方法讲授和指导。

四、通过走向农村开展深入农村基层的中医药文化宣传

中医药工作者要走向农村，建立农村中医药医生，把中医药服务深入推向农村基层，充分发挥中医药简、便、验、廉的特点，通过疗效说话，实实在在解决农村百姓疾病痛苦，把中医药文化精髓传播下去，加强中医药社会服务。

五、通过加强中医药科普写作推广中医药知识

加强中医药科普健康知识的写作力量，鼓励中医药教育工作者写作中医药科普文章和书籍，开展中医药健康教育，培养一支中医药科普知识写作队伍，使中医药知识和文化贴近百姓，融入百姓生活。

六、通过对外窗口加大宣传中医药文化知识

中医药文化博大精深，针灸、推拿也只是其中一朵奇葩。加大对国外的中医药全面文化宣传，不仅使国外认识到中医药疗效的神奇，而且通过了解中医药文化，看到一个整体的中医药面貌，认识中医药的精髓所在。同时也通过了解中医药文化，产生对中国传统文化的兴趣，更多地了解认识中国。

总之，大力宣传中医药优秀文化，不断促进中医药事业向前发展。传承中医国粹，让更多的人了解中医、感受中医、认识中医，使中医药走进基层、走进社区、走进农村，服务百姓，惠及千家万户，为人民群众的身体健康保驾护航，为构建和谐社会贡献力量。

2008年

关于建立中医药博物馆　加强保护中医药文化的提案

中医学是我国传统医学，也是中国传统文化的结晶。它不仅是中国古代人民留下来的优秀、宝贵遗产，也是世界医药百花园中的奇葩，是我国具有自主知识产权的瑰宝。这门中国土生土长的医药技术，不仅数千年来为中华民族的繁衍昌盛提供了保障，现在也在为世界人们的健康做出重要贡献。中医药文化在东南亚开花结果，而且在欧美国家也生根发展。然而非常痛心的是中医药文化在本土面临种种窘境，如技术萎缩、阵地缩小、人才外流等，并没有得到本土国人的重视。

对于民族的东西，只有我们自己先重视、珍爱，才能谈得上使之发扬光大。中医药文化属于传统文化，目前我国主要是中老年人群对于中医药文化热爱，但是这种热情还不足以唤起我们对中医药文化的重视。对于传统文化的热爱必须基于对该文化的充分了解和认识。由于历史的原因，我国年青一代对于传统文化存在文脉断裂现象，文化的流传是个耳濡目染的过程，需要一定的环境和条件。文脉一断，青年一代没有机会接触传统文化，没有机会去体会传统文化的优美，他们与传统文化的陌生感就会越来越强烈。所以要连续文脉，首要的是创造环境和条件，来唤起百姓尤其是年青一代对传统文化的自觉意识。因此建议国家建立中医药博物馆，传播中医药渊源文化，使广大国民和年青一代了解它，走进它并热爱它，使中医药文化在本土根大叶茂。

1. 借鉴他国对于民族文化保护的经验

对于民族文化的保护，国外就有建立博物馆的经验。如有的国家建立公立的、私人的、民间社团等形式的博物馆，所涉及的内容繁杂，五花八门，甚至为一部书、一幅画、一种民间小吃都能建立博物馆。这些博物馆不仅作为了民族文化的载体，更对传统文化的传承起到了很好的保护作用。

2. 针对中医药文化的特色，建立地方特色的博物馆

我国幅员辽阔，各省市都有着自己的中医药文化特色。每省市可以考虑建立不同形式内容的中医药文化博物馆，或综合性，或专题性。专题性的内容可以围绕本省市的历史中医药名人，或中医药技术展现等特色性东西。如河南可以通过政府和有关企业联合建立张仲景博物馆，弘扬中原医药文化。

3. 结合中医药文化活动，吸引更多人走入博物馆

国家或者各省市可以推出中医药文化节，结合中医药文化宣传，走入基层和社区，可以免费提供参观。也可以和中医院、社区医疗服务点结合，组织服务辖区人员走入博物馆。

中医药博物馆是对中医药文化保护、展示和传承的很好形式，通过这种形式可以展示中医药蕴含的丰富的历史文化内涵和价值。使百姓更深入了解中医药的渊源，感受中医药文化氛围，培养对中医药文化的深厚感情，使中医药借助文化链接在本土发展根深叶茂。

2009年

关于在新医改中充分发挥中医药优势和作用的提案

2008年10月14日国家通过网络发布了《关于深化医药卫生体制改革的意见》（征求意见稿），广泛征求社会各界人士的意见，引发了社会极大的关注。2009年是深化医药卫生体制改革全面启动和整体推进的一年。“新医改”方案围绕我国百姓“看病难、看病贵”的问题，坚持以人为本，把维护人民健康权益放在第一位；坚持立足国情，提出四个坚持的指导思想，即坚持公共医疗卫生的公益性质，坚持预防为主，坚持以农村为重点，坚持中西医并重；建立有中国特色的医药卫生体制，把完善制度体系与解决当前突出问题结合起来；以建立覆盖城乡居民的基本医疗卫生制度，为群众提供安全、有效、方便、价廉的医疗卫生服务，实现人人享有基本医疗卫生服务为最终医改目标。

医疗资源下沉，提高城乡基层医疗卫生服务能力，及时方便群众就医，降低医疗成本，惠及患者是此次改革的重要趋势。卫生部部长陈竺把大力加强城乡基层医疗卫生服务机构建设视为2009年五项重点工作之一。我国目前在全国启动的城镇职工基本医疗保险制度、城镇居民基本医疗保险制度和在农村建立的新型农村合作医疗制度，使得一直以来被排斥在“医保”之外的城镇非从业居民与城镇职工一样享受医疗保险，形成医疗保障制度体系基本框架。

进一步改善医疗卫生资源布局，缩小城乡医疗设施技术水平差距，加快推进覆盖城乡的基本医疗保障制度建设，建立国家基本药物制度，健全基层医疗卫生服务体系，促进基本公共卫生服务均等化，推进公立医院改革试点等工作重点仍然十分艰巨。

为此建议国家在新医改中充分发挥中医药的优势和作用，给予中医药更广阔的应用天地，使得我国传统医学的优势在为全民卫生服务中得到更好的展现。

1. 发挥中医药“治未病”的作用

让国民不生病、少生病、晚生病、少生大病是医疗卫生服务的基本目标。“13亿人的健康不能光靠看病吃药。”（陈竺）中医药的预防保健功能是西医无法比拟的，在中国也是有深厚基础的。传统中医药贯穿了养生保健思想，“治未病”源自中医学经典理论，有着深厚的国民文化背景，既着眼于未雨绸缪，又着力于阻截传变，扶助正气，强身健体。“治未病”思想是预防医学的体现，解决医疗负担问题需要通过积极预防疾病，和治疗相比预防更积极主动，具有良好的成本效果。从预防医学角度看，有70%的疾病是可以通过预防而避免或降低风险的。在新医改中，重视中医药的预防保健功能，积极完善疾病预防机制，建立公民中医药保健模式，是非常重要的环节。建议国家进一步发挥中医药“治未病”作用，建立更完善的“治未病”的预防保健服务试点单位。

2. 建立基层医疗服务机构中的中医预防保健服务体系

在目前开展“治未病”试点工作的基础上，在社区卫生服务机构、乡镇卫生院等卫生机构中建立“治未病”预防保健服务体系。建立基层防病保健服务站，完善基层防病保健设施，开展基层“治未病”健康活动和养生讲授、指导。

3. 完善基层医疗服务机构中的中医治疗服务体系

中西医对于同样的疾病，其不同的诊疗所消耗的经济成本相差较大，几乎几倍甚至更多，对于我国这样的发展中国家，在医疗中投入较大资金用于昂贵的检查治疗设备和医药是不适合的。立足于中医药的基层医疗服务机构，对于建立适合我国国情的医疗保障体制是必需的。在国家对基层医疗服务机构重点帮持下，发挥中医药简便验廉的优势，将中医药治疗和预防环节紧密结合，连贯并行，发挥中医学的药物、针灸、推拿等特色治疗，降低医疗投入成本。

4. 扶持农村中医药事业

在新医改中，国家应在相关政策、措施中体现对农村中医药的扶持。加强县镇村等基层中医院建设，研究开发县中医院与乡镇卫院的中医药业务技术合作的方式和途径，发挥好县中医院的龙头作用。探索、建立新机制，积极向农村推广中医药适宜技术，学习、推广县中医院中医网络经验，巩固发展农村中医阵地。

5. 加强基层中医医疗机构内涵建设

对基层中医院要加强中医重点专科（专病）建设，提高防病治病能力；加强急救工作；切实加强中医医院的基础设施建设，改善设施和就医条件。加强中医药继承发展工作，鼓励和支持中医特色优势明显的中医医疗机构，在继承和发展中医药工作中发挥示范带头作用。

6. 普及中医药文化知识，加强全民防病保健意识

应该通过媒体途径开展中医药文化的宣传，加大对中医药文化的宣传力度；全国各级医院应积极开展面向群众的中医药文化宣传，通过举办专题健康讲座，介绍中医药防病治病和养生保健知识；开展中医药义诊咨询和科普宣传，展示中医药在卫生领域中的服务优势和特色，弘扬中医药文化；建立社区中医药服务站，组织面向社区居民的中医药科普知识讲座；以中医药在亚健康状态防治中的独特作用为突破口，对社区的亚健康人群提供干预服务，建立社区防病保健服务站；培训农村中医药医生，把中医药服务深入推向农村基层，充分发挥中医药简、便、验、廉的特点，通过疗效说话，加强中医药社会服务。

2009年

关于加强农村中医药人才培养的提案

2009年是深化医药卫生体制改革全面启动和整体推进的一年。“新医改”方案围绕我国百姓“看病难、看病贵”的问题，坚持以人为本，把维护人民健康权益放在第一位；坚持立足国情，提出四个坚持的指导思想，即坚持公共医疗卫生的公益性质，坚持预防为主，坚持以农村为重点，坚持中西医并重。我国是农业大国，十亿农民的健康保障是卫生事业中的重点；但实际上城乡卫生资源配置的差距非常大，占全国总人口80%的农村仅有不到20%的卫生资源。农村由于交通、经济等因素，医疗资源配备不可能达到城市水平，对于农村的乡镇村级的卫生院和卫生所建设，不能通过提高设备资金投入来提高医疗水平，而必须着眼于农村卫生人才的培养。

中医药是植根于我国广大农村的医学，中医药一直作为主要手段，为解决广大农村的医疗问题做出了贡献。由于我国农村经济落后，要解决农民群众的医疗问题，中医药是独具特色和优势，仍然是解决广大农村看病难、看病贵的重要力量。近年来我国农村县、乡、村中医药队伍不断发展壮大，已经成为农村医疗保健服务的重要力量，为保护农民群众的身体健康发挥了重要作用。但是，目前农村中医药队伍的总量、结构和素质还不能适应农民群众不断增长的中医药服务需求；队伍的整体素质还不高，技术骨干匮乏，整体学历较低，尤其是村卫生室低学历、低职称人员比例更高；地区间发展也不平衡，特别是边远、贫困地区中医药人员缺乏。这些问题，严重影响了农村的中医药服务质量和水平。建议国家加强对农村中医药人才的培养和建设，推进农村医疗卫生事业发展。

1. 城市支援医疗人才下乡

选派一些城市医院的医务人员到偏远的乡村医疗机构中去，并把下乡锻炼的表现作为评定职称、晋职加薪的硬件；还可以与毕业生签订协议，规定在乡村医疗服务一年后才能到考取的工作单位就职。当然，政府也要加强服务意识，对农村医疗机构实施有效监管，对农村医疗服务人员加强培训，并有效减轻农村医疗费用负担。

2. 培养农村需要的中医全科医生

目前中医院校在专业设置上越来越细化，但对于乡镇卫生院等医疗机构来讲并不适合。在西部，既可以通过定向招生方式，让学生进行系统的学习和进修，也可以对现有乡村医生进行转型培训，让他们成为全科医生。这样可以缓解农村卫生资源缺乏，也可以提高乡村医生素质。使农民能够就近就医，进而解决“看病难、看病贵”的问题。

3. 办好面向农村培养人才的中医药专科学校

鼓励农村中医药人员，就地取材，自采自制，降低医疗费用；采取适当办法，解决现有部分从业人员的准入问题，特别是在偏远农村，应对现有从业人员进行适当培训，关键要解决其执业资格，允许其在当地合法行医。

2009年

关于充分发挥中医药在非传染性慢性疾病防治中作用的提案

随着社会环境的恶化和医疗条件的进步，人们行为、生活习惯的改变及人口老龄化因素的影响，以往威胁我国居民健康的主要疾病由外部损伤、传染病等急性病转变为慢性非传染性疾病，慢性非传染性疾病是一类起病隐匿，病程长且病情迁延不愈，缺乏确切的传染性生物病因证据，病因复杂，且有些尚未完全被确认的疾病的概括性总称，如肿瘤、心脑血管疾病等慢性病，且随着生存环境的恶化，医源性、药源性疾病明显增加，新的病种不断出现，演变趋势也发生新的改变。

对我国城乡居民1995—2009年主要死亡排位及构成的调查研究显示，排在前四位的疾病始终是恶性肿瘤、脑血管病、呼吸系统疾病及心脏病，慢性病已成为21世纪危害人们健康的主要问题。由于慢性病病程长，病情反复，难以在短时间内治愈，不仅严重影响了国民的生活质量，也给国家财政带来了沉重负担，日益成为我国的公共卫生问题。加强慢性病的防治工作，已成为当今卫生防病的主要任务之一，也是我国人民健康和经济发展的迫切需要。

但是到目前为止，对慢性病如心脑血管病、癌症、糖尿病等的治疗尚无突破性进展，治疗常伴随终生，并且治愈率低、病死率高。慢性病患者，由于要长期接受西药治疗，常出现对肝肾等脏器毒副作用及产生耐受性，使疗临床效降低，或者对药物产生依赖成瘾性，如镇静安眠剂等。而通过中医望闻问切全面考查病情，又结合中医理论，因人而异，辨证论治，开出更有针对性、个体化的中药方剂，常取得满意的疗效。

在我国民间历来就有“急病看西医，慢病看中医”的传统，中医学对慢性病的认识有着系统的理论支持，在长期的实践中积累了丰富的诊疗经验，如老年人高血压用降压药效果不理想，但病人无明显自觉症状，舌脉亦似正常；而某些慢性病病机复杂，如长期失眠患者，既有健忘心悸、面色萎黄等血虚症状，又有情志抑郁善太息等肝郁症状，观其舌苔薄黄腻，又知夹有痰热，通过中医的辨证论治，形成了中药、针灸、推拿等多种方法并行的综合治疗手段，对于慢性病的防治，患者生活质量的改善都具有积极的作用。

党和国家高度重视非传染性慢性疾病的防治工作，为充分发挥中医药在慢性病的防控作用，组织实施了“十五”“十一五”重点专科专病项目建设，其中涉及脑病、心血管病、肿瘤、肺病、老年病等常见慢性非传染性疾病。这些重点专科建设，提高了中医药防治常见慢性病的能力，并在总结既往防治经验的基础上，对中医药治疗有优势的病种的诊疗方案进行梳理和验证。开展了中医药重大疾病防治研究，将提高恶性肿瘤患者的生存质量；有效控制心脑血管疾病、糖尿病等发生和病程进展等作为主要目标，加大中医药适宜技术的推广和应用力度。实施了“治未病”工程，加强了慢性病的预防工作。

尽管中医药在非传染性慢性疾病的防治过程中显示出广阔的应用前景，但由于缺乏统一、安全、有效、简便、规范的防治方案，限制着中医药的临床推广；国家有关慢性病防控的规划、计划中未充分体现中医药防治慢性病的政策；中医预防保健体系还未建立，“治未病”服务还需要进一步扩大。因此，我们建议应充分发挥中医药在非传染性慢性疾病防治中的作用和优势。为此提出建议如下：

一、把中医药服务纳入公共卫生服务项目，将中医药防控慢性病工作纳入国家和地方慢性病防控工作的规划、行动计划及慢性病防控体系建设之中。各级领导部门要高度重视中医药在防治慢性病中的独特作用和优势，将中医药防治慢性病作为公共卫生服务体系建设的重要组成部分，提高防治慢性病的水平，使人民群众得到更多的福利。

二、加大对中医药防治慢性病科学研究投入和支持的力度。加强中医药防治慢性病的基础科研和临床科研体系建设，分别设立中医药防治慢性病基础研究专项计划和临床研究专项计划，获得创新性成果，提高临床疗效。

三、推进中医专科专病专药的发展，研究制定推广有效防治方案和技术。调查整理中医药防治慢性病的技术方法和药物，进一步推广中医传统适宜技术在慢性病中的应用。充分发挥中西医结合的优势，提高我国防治慢性病的水平。

四、加大对“治未病”服务提供体系、技术产品体系和支撑体系建设的支持和投入，加快中医药防治慢性病人才培养，加快中医预防保健服务体系的建立。

五、加强中医治疗慢性病知识的宣传、教育及预防保健工作。

2010年

关于充分发挥中医药在农村医疗中作用的提案

新型农村合作医疗制度，简称“新农合”，是指2003年由政府组织、引导、支持，农民自愿参加，政府、集体与个人多方筹资，以大病统筹为主的农民医疗互助共济制度。新农合制度的全面实施，极大地改善了农民的基本医疗保障，提高了农民的健康水平。但是随着新农合的快速发展，其制度本身的深层次问题逐渐显露出来，影响着新农合的运行效率和可持续发展。新农合制度以大病统筹为主，由于合作医疗筹资水平有限，只能集中财力解决主要矛盾，医疗需求和支付能力之间、社会效益与经济效益的矛盾就凸显出来。

中医学是我国人民长期与疾病做斗争的经验总结，其简、便、廉、验的诊疗和康复保健技术具有广泛深厚的群众基础，为我国人民的保健事业和中华民族的繁衍昌盛作出了不灭的贡献。近年来，在各级党委政府的高度重视和相关部门的大力支持下，经过广大中医药工作者的共同努力，农村中医药工作取得了长足进展。截至2008年底，全国有县级中医院1509所，实有床位13.9万张。2009年全国农村中医药工作检测显示，76%的乡镇卫生院设置了中医科、中药房。此外，近30%的村卫生室以提供中医药为主或能够提供中西医两法服务。在《关于巩固和发展新型农村合作医疗的意见》中，明确提出提高中医药使用的补偿比例，为充分发挥中医药在新农合中的优势，有效减轻农民群众的医疗费用的负担，振兴和发展中医药事业奠定了基础，对建设社会主义新农村和构建社会主义和谐社会起着巨大的推动作用。

我国是农业大国，农村人口占大多数，农村经济社会发展水平还比较低，农民看病难、看病贵问题还比较突出，中医药在防治疾病中“简、便、验、廉”的独特优势，在农村地区拥有广大的群众基础。因此，解决农村医疗卫生问题离不开中医药，加强农村中医药工作，能够有效减轻农民的就医费用负担，满足广大农民不同层次的医疗保健服务需求。但是，由于农村中医药基础设施建设和服务能力比较薄弱，中医药服务网络不健全，中医药人员数量不足，素质普遍不高，全国24%的乡镇卫生院没有中医科和中医药人员，70%的村卫生室不提供中医药服务。农村中医药总体投入不足，服务项目收费偏低，补偿政策不到位。管理体系不健全也是限制中医药在农村发展的因素之一。

因此，为了充分发挥中医药在新农合制度建设中的作用，我们提出如下建议：

1. 加大宣传力度，努力提高中医药的使用率

为充分发挥中医药在防治疾病特色优势，通过多种媒体进一步加大中医药在治疗常见病和多发病等有关知识方面的宣传力度，使广大人民群众有意识应用中医药防治疾病，提升中医药在新农合的应用率。

2. 加强农村医疗机构的基础建设。加大政府投入

加强乡镇卫生院和村卫生室中医药条件建设，使所有乡镇卫生院、村卫生室均能提供中医药服务。进一步深化县乡村三级网络协作，强化县级中医院与乡镇卫生院中医药卫生协作，探索实行乡镇卫生院和村卫生室中医药卫生一体化管理。

3. 加强人才培养，普及推广中医药服务

培养中医药人才是发展农村中医事业的重点，也是提高中医药服务水平的关键。采取相应激励措施吸引优秀中医类的大学生深入基层工作，并组织基层医生参加中医药知识和技能系统化培训，切实提高农村中医药人员的服务能力和服务水平。为农民群众享受质优质价廉的中医药服务提供人才保证，切实提高基层医疗机构的诊疗水平，充分发挥中医药在新型农村合作医疗工作中的作用。

4. 大力推广农村中医适宜技术

积极引导、鼓励基层医生运用针灸、推拿、拔火罐等非药物疗法和中医药适宜技术防治疾病，确保让农民群众少花钱、多看病，享受到中医适宜技术服务。充分发挥中医药在预防、保健、养生、康复等方面的作用，降低医疗成本，有效减轻农民群众的医疗费用负担。

5. 加大中医专科专病建设力度

加大中医专科建设力度，加强科学化管理，不断发展、完善、提高，努力将重点专科做大、做强，打造中医品牌，充分发挥重点专科、专病的辐射带动作用。根据各地常见病、多发病，不断收集积累民间验方，引进适宜技术，突出中医专科专病特色，逐步形成特色和优势。

6. 进一步提高中医药服务补偿比例

切实落实国家“提高中医药有关费用的补偿比例，引导农民应用中医药适宜技术”政策，充分利用中医治疗防治常见病、多发病和慢性病临床疗效确切、价格相对低廉的优势，积极引导农民选择运用中医药诊治疾病，体现参加新型农村合作医疗的优越性，将中医药诊疗服务的补偿比例进一步提高。

7. 加强服务，提高农民群众应用中医药的积极性

为方便农民群众应用中医药服务，进一步加大投入，配置开展中医药服务的基本设施，如配备煎药器材，免费煎中医汤剂，疾病流行季节，群众应用中草药预防相关疾病，享受新型农村合作医疗报销。

2010年

关于充分发挥中医药在深化医药卫生体制改革中作用的提案

中医药是中国人民几千年生产生活实践和与疾病做斗争中逐步并不断丰富发展的医学科学，为中华民族的繁衍昌盛做出了重要贡献，对世界文明进步产生了积极影响。长期以来，中医与西医相互补充，协调发展，共同担负着人民群众的医疗保健的任务，这是我国医药卫生事业的重要特征和显著优势。中医药疗效确切、预防保健作用独特、治疗方式灵活、费用比较低廉，特别是随着健康观念变化和医学模式转变，中医药越来越显示其独特优势。中医药作为中华民族的瑰宝，蕴含着丰富的哲学思想和人文精神，是我国文化软实力的重要体现。扶持和促进中医药事业发展，对于深化医药卫生体制改革，提高人民群众健康水平，弘扬中国文化，促进经济发展和社会和谐，都具有十分重要的意义。

去年4月，我国正式启动了深化医药卫生体制改革，党中央、国务院在关于深化医药卫生体制改革的意见中强调，要坚持中西医并重的方针，充分发挥中医药的作用。5月7日国务院发布的《关于扶持和促进中医药事业发展的若干意见》，强调了在深化医药卫生体制改革中充分发挥中医药作用的任务和政策措施，尤其在医药卫生体制改革的五项重点工作中要鼓励和引导使用中医药，这充分体现了党中央、国务院对发展中医药事业的高度重视。但是在深化医药卫生体制改革过程中，特别是在五项重点工作的具体实施中，如何更好地发挥中医药的作用，为此提出如下建议：

1. 在基本医疗保障制度建设方面

在基本医疗保障制度建设中，要充分发挥中医药经济学优势，研究制定引导参保人员有效利用中医药服务的具体政策措施，适当提高中医药服务报销的比率。

2. 在基本药物制度方面

1. 鉴于现行的药物招标制度仅仅根据价格招标，不能完全保证中成药的质量，建议药物招标不能仅仅根据价格招标。同时要考虑药品的质量、企业的规模、含量等因素。

2. 鉴于目前尚未建立符合中药特点的中药饮片采购配送、配备使用、价格形成等制度。建立尽快探索建立中药饮片的采购配送，配备使用和价格形成等制度。

3. 在促进基本公共卫生服务逐步均等化方面

充分发挥中医药在预防保健中的特色优势，建立中医预防保健服务体系，并将其纳入公共卫生服务体系中建设。将更多的中医药预防保健服务纳入公共卫生服务项目，将中医预防保健服务项目纳入收费项目，在公共卫生服务体系中推广运用中医药适宜技术。

4. 在健全基层医疗服务体系方面

建立健全农村三级中医药服务网络，加大县级中医院基础建设支持力度，加快镇医院的中医科和中药房建设，提高以中医为主，或能运用中西两法为群众服务的乡村医生比例，完善新型城市中医药服务网络，重点要加快社区卫生服务中心中医药科室建设，在社区卫生服务站配备中医药人才。

5. 在公立医院改革试点工作中

1. 各试点城市在公立医院改革中，统筹将中医医院纳入试点范围，做好公立医院的试点改革工作。加强对公立中医院的组织领导。

2. 试点城市要按照“中西医并重”的原则将公立医院纳入卫生资源配置标准、区域卫生规划和区域医疗机构设置规划中；落实对中医医院在投入政策上给予倾斜的政策，建立有利于充分发挥中医药特色优势的补偿政策；建立完善和鼓励应用中医药诊疗技术和方法的分配机制和绩效考核管理制度。

2010年

关于加大投入力度
进一步加强中医基础类学科建设的提案

中医基础类学科包括中医基础理论、中医经典著作、中医诊断、中医临床基础、中药、方剂、中医医史文献等学科，是中医教学、临床、科研、学术发展的基础，中医基础类学科建设包括人才队伍、科学研究、条件设施、人才培养、学术交流等内容，中医基础类学科建设是中医高校、科研和医疗机构的重点工作，肩负着中医学继承和发展的历史使命，在中医药的整体发展中具有举足轻重的地位，其建设好坏，直接关系到中医药学的生存和发展。

党和政府高度重视中医药学科建设，使中医药学从分散的学科内容到系统的学科体系建立，进而发展到重点学科建设。近十几年来，教育部、国家中医药管理局和各省教育管理部门设立了中医药学重点学科，设立了多种中医药人才项目，在国家重点基础研究发展规划（973计划）设立中医理论专项，带动了中医学学术的整体发展。但是，在看到中医基础类学科建设取得显著成效的同时，我们感到中医基础类学科建设与其他学科建设相比，显得非常薄弱和滞后。具体表现在：科学研究薄弱，中医基础类科研研究投入多、时间长，其成果为新的认识，为应用提供指导和依据，转化周期长，不像应用研究成果获得时间短而易见。长期的经费不足，科研支持力度小、范围小，严重制约着中医基础类学科科学研究的水平和发展；人才队伍不足，中医基础科研队伍中缺乏多学科复合型人才，师资科研队伍不稳定，学术梯队断层，造成教学质量下降，学术内涵萎缩，人才队伍的质和量成为制约中医基础学科发展基本因素；条件建设不足，由于经费投入有限，基础学科的实验室建设、临床基础建设、信息网络建设还比较薄弱，缺乏必需的科研实验和学术交流平台，限制着基础类学科的发展；人才培养困境，在当今市场经济的影响下，大多数学生不愿从事枯燥无味、收入较低的基础研究工作，研究生导师队伍也受到一定的影响，造成基础类研究生的培养陷入了低谷，生源下降，培养质量不高，就业形势严峻，严重影响着中医基础的传承和发展。这些问题已成为中医基础类学科建设发展的障碍。分析中医基础类学科建设现状的成因，长期的投入欠账、经费不足是其基本和关键的因素。据统计现代科技革命90%的成果都来自基础理论研究，现代医学近50年来的主要成就亦是来自基础医学。在中医药发展史上，中医药学的快速发展，也是得益于基础理论突破和创新，重视和加快中医基础类学科建设，充分发挥其在中医药学中的基础性、指导性，强化其战略性地位显得尤为重要。因此，我们建议国家加大投入力度，进一步加强中医基础类学科建设以促进中医药学的整体发展。此建议如下：

一、加大政府投入力度，提高项目支持强度。国家有关部门对中医基础类学科建设和科研工作需要长久大力的扶持，加大经费投入。设立中医基础类专项科研计划，扩大基础类立项支持的广度，设立中医经典理论研究项目，使更多的教师科研人员参与到中医基础的科学研究当中，提高整体研究水平。

二、优先建设一批中医基础类国家级重点学科，形成国家级、国家中医药管理局级、省级、厅级等不同层次的学科建设体系，逐步形成学科优势，增强其示范带动辐射作用。通过重点带动一般，分层建设、统筹发展，整体推进，汇聚优秀中医人才，构建创新科研团队，促进中医学术发展，为学科的可持续发展带来生机。

三、加强中医基础类学科教学科研队伍建立和人才培养。采取有效措施，引进和培养中医基础类学科建设领军人才，组成高素质结构合理的学科建设团队；制定和实施优惠政策，吸收优秀学生就读中医基础类研究生，为中医基础类学科的发展提供人才保障。

四、加强基础条件设施建设。国家、地方和单位投入专项经费，加强中医基础类学科的教学条件、实验室和研究基地建设，满足中医基础类学科建设的需要，逐渐形成中医基础类学科发展的技术积累，促使学科走上良性持续的发展。

关于加强高层次中医药科技创新人才队伍建设的提案

党中央国务院历来高度重视中医药工作，明确提出要“扶持和促进中医药事业发展”。而高层次中医药科技创新人才队伍作为中医药创新发展的关键因素，面对当前医学科学呈现为多学科交叉融合和多种新技术综合应用的研究现状，必须要把中医药的研究与现代医学和最新科学技术有机结合起来，才能保持和发展中医药优势，提高中医在世界医学领域的地位，实现中医药现代化。

培养高层次创新型中医药科技人才是医疗保健和国际化发展的需要。随着医学模式的转变、疾病谱的变化、医源性和药源性疾病以及老年病的增多、预防保健需求的增长，国际范围内对天然药物和非药物疗法的推崇和大规模开发利用，给中医药提供了广阔的发展空间，但是我国中医药人才远远不能满足市场的需求，尤其是高层次优秀中医药人才更是匮乏。

近年来，中医药人才队伍建设不断加强，通过加大人才引进和培养力度，如国家中医药管理局开展的全国优秀中医临床研修、名老中医学术思想的传承等项目，优化人才队伍结构，人才队伍建设取得了长足的发展。

但是目前还存在着人才结构不合理，尤其是高层次科研领军人物的缺乏，团队建设不足，已经成为制约中医药科研水平的提高和创新发展的瓶颈；造成中医药总体科研水平不高，成果转化率较低，科技创新潜力难以充分发挥，影响着中医药科研发展的整体水平；中青年科技创新人才相对匮乏，人才队伍不稳定，人才流失严重，造成了新的人才梯队的断层，影响了中医药事业的可持续发展；科研投入支持力度不足，实验工作条件落后，也制约着高层次创新型中医药科技人才的培养和成长。因此，我们提出加强高层次中医药科技创新人才队伍建设的建议：

一、着力培养高层次中医药科技领军人物。采取优惠待遇和工作条件，引进海外高层次人员，运用现代最新科学技术开展中医药的研究；注重国内优秀人才的选拔和培养，把握学术方向，凝聚学术人才，带动学术队伍，快速推进中医药的创新和发展。

二、加强高层次创新科研团队建设。建设一支具有重要影响的、高水平的、充满活力、能够迎接世界科学技术迅速发展的高层次创新型中医药科技人才队伍，集中解决中医科技发展关键学术问题。

三、加大资助力度，用科技项目培育中医药科技创新团队。针对中医药科技的关键问题、核心问题、深层问题进行研究，开发中医药研究的核心技术、前沿技术，形成中医研究的前沿领域，不断推进中医药科技研究的进展。

四、加大资金投入，搭建中医科技研究平台。改善科研工作条件，提供中医科技研究有效平台，营造有利于中医药科学研究的氛围，调动中医科技人员的创造能力。

2010年

关于进一步加强中医基础类专业研究生教育的提案

中医基础类专业包括中医基础理论、中医经典著作、中医诊断、中医临床基础、中药、方剂、中医医史文献等专业，是中医教学、临床、科研、学术发展的基础和根源。中医基础类专业研究生教育是培养中医基础高层次人才的摇篮，是中医研究生教育的重要组成部分，中医基础专业研究生肩负着中医继承与创新的重任，是中医学术发展的生力军，其培养的质量直接关系到中医药学的生存和发展。但近年中医基础类专业研究生教育中存在生源不足、质量下滑等诸多问题，已成为研究生教育的突出薄弱环节，因此，亟须研究中医基础类专业研究生培养中的问题，提出对策，制定有效措施，加快提高中医基础类专业研究生的培养质量。

中医基础类研究生培养有其显著的特点，与中医临床专业、西医各专业研究生存在一定的不同，它除了要求具备文献整理、科研技术操作能力，还应具有一定的诊疗实践和教学能力，这就要求加强中医基础类研究生复合能力的培养。第一，实验能力的培养，中医理论和技术的发展需要借助现代科学技术，利用先进的实验技术，采用定性定量的方法，揭示理论技术现代科学内涵，提高其精准性。这就要求基础类研究生必须掌握相关的实验技术，深入研究中医理论。第二，临床能力的培养，中医理论与诊疗技术源于临床、用于临床，结合直接而紧密，这就要求中医基础类研究生必须在临床实践中理解、研究和运用中医理论和技术。第三，文献能力的培养，经典医著是中医理论的本源，这就要求基础类研究生必须掌握文献学研究的基本方法，在能读懂、能校对的基础上深入理解其中蕴含的深意，才能更好地挖掘中医著作的精华。另外，由于中医药文化受中国古代哲学思想的影响和指导，还要广泛研读中国古典文化，从而加深对中医理论的理解。

党和政府高度重视中医研究生教育，经过30年的努力，中医研究生教育从无到有，已发展成为学科门类齐全。学历层次系统的研究生教育体系，培养了大批高学历人才，带动了中医学学术的整体发展。但是，在总结中医研究生教育取得显著成效的同时，我们也要看到中医基础类研究生培养中存在的诸多不足。具体表现在：

1. 基础类研究生生源不足。当前基础类研究生存在生源不足的现象，尤其是大规模扩招以后，报考基础类的研究生并没有相应增多，生源不足的问题更为凸显，许多导师无学生可带。究其原因，首先，在当今市场经济的影响下，大多数学生心理浮躁，急功近利，不愿从事枯燥无味的研究工作。其次，基础类研究生临床时间较短，在医疗技术方面较临床专业研究生相对薄弱，故各医院更倾向接受临床类研究生。随着研究生扩招力度的加大，中医高校和科研院所进人数量有限，造成了基础类研究生的就业形势严峻。另外，因为经费限制，读书期间和就业后，基础研究生待遇较低，使大部分学生不愿报考基础类专业。

2. 学生基础参差不齐，缺少优秀生源。由于第一志愿报考基础类研究生的生源太少，录取时常采取调剂的方式，许多学生甚至存在跨专业调剂的问题，造成生源水平参差不齐。具体来说，存在以下几方面的问题：学历层次的不同造成基础知识的薄弱；各高校本科阶段实验课程开设不足造成实验技能的欠缺；许多学生实习时期忙于考研造成临床技能不足，诸种原因造成了基础类研究生优秀生源不足。

3. 中医基础科研经费不足，难以支撑研究生培养。参加科研活动是提高研究生质量的基本保证，长期历来，中医基础科研经费不足，科题经费支持力度小、课题覆盖面范围小，严重制约了中医基础类学科科学研究的水平和发展，无法为研究生培养提供良好的支撑。

4. 条件建设不足，缺少研究生培养平台。由于经费投入有限，基础学科的实验室建设、临床基础建设、信息网络建设还比较薄弱，缺乏必需的学科建设和研究生培养的平台，影响了研究生培养的质量。另外，一些研究生导师带教水平不高、课程设置不合理与本科生课程重叠，培养模式相单一，没有调动学生的能动性等因素也直接影响了研究生培养的质量。上述内外原因造成近年中医基础类专业研究生的培养陷入了低谷，生源下降，培养质量不高，就业形势严峻，严重影响了中医基础的传承和发展。据统计，现代科技革命90%的成果来自基础理论研究，现代医学近50年来的主要成就亦来自基础医学，在中医药发展史上，中医药学的快速发展也是得益于基础理论突破和创新，中医基础研究生是中医基础学术的开拓者，担当着中医振兴和发展的使命。因此，进一步加强中医基础类专业研究生教育是当务之急。我们建议国家在政策和经费等方面加大支持力度，加快提高中医基础类专业研究生培养质量。此建议如下：

1. 制定和实施优惠政策，吸收优秀学生

基础类专业研究生需要扎实掌握基础理论，又有创新思维能力，有志于基础研究工作的优秀学生。政府部门和招生单位在对中医基础研究生招生和待遇上应提供优惠政策，免除学费，提供生活费用，全额公费培养，提供设立奖学基金，解除经济负担，鼓励学生树立牢固专业思想、潜心学习，切实为中医基础专业培养出优秀人才。

2. 加大经费投入，提供培养支撑

近年来，国家已设立973计划、科技支撑计划、自然基金项目等科研计划涉及中医基础项目，但与其他学科相比，中医基础研究起步较晚、基础薄弱、项目覆盖面小、经验积累较少，经费明显不足。因此，国家和地方政府仍需加大投入，对中医基础类学科建设和科研工作需要长久大力的扶持，加大经费投入，提高项目支持强度。设立中医基础类专项科研计划，扩大基础类立项支持的广度，设立中医经典理论研究项目，使更多的教师科研人员参与到中医基础的科学研究当中，提高整体研究水平。

3. 加强条件建设，提供培养平台

国家、地方和单位投入专项经费，加强中医基础类学科的教学条件、实验室和研究基地建设，满足中医基础类学科建设、科学研究和研究生培养的需要，为研究生培养提供条件支撑。

4. 加强过程管理，培养继承和创新能力

在研究生培养过程中，学校、学科和导师要针对培养的各个环节，采取多项措施，注重过程管理，增强学生的紧迫感、责任心。课程设置尽量合理化，在保证学位课程课时的基础上，多增加一些涉及交叉学科和边缘学科课程的选修课，以活跃研究生的思维；鼓励研究生参加各种学术报告和科研活动，定期举办专家讲座，开阔研究生的视野，启迪创新思维，丰富理论知识，加强综合素质培养，着力提高研究生的继承和创新能力。

5. 加强导师培训，提高带教水平

导师执教水平的高低与研究生的培养质量有着直接的联系。要严格导师评选标准，定期培训学习，增加带教时间投入，增强责任心，制定有效的考核措施，不断提高带教水平。

6. 拓宽就业渠道，解除后顾之忧

基础类研究生招生规模萎缩，生源质量滑坡，其中一个很关键的问题是就业问题。首先在学生的综合素质培养上做足功夫，培养出全方位发展的复合型人才，尽量使学生分流就业，研究所将不再是他们唯一的选择，医院、高校、杂志社、各企业均应有一席之地。在招生之初和培养过程中，搜集就业信息，创造就业机会，让研究生所学有用武之地，解除报考时的后顾之忧。

2010年

关于进一步加强中医药原始创新性研究的提案

原始创新能力是一个国家竞争力的核心，是国家兴旺发达的不竭动力。我国科学技术在原始创新方面的不足近年越来越突出，我国经济社会的发展急迫呼唤着科学技术原始创新。

中医药学是我国原创的医学科学。中医药作为我国医学的特色和重要的医药卫生资源，它和西医药相互补充、相互促进，协调发展，共同担负着维护和增进人民健康的任务，已成为我国医药卫生事业的重要特征和显著优势。中医药作为我国独有的医学科学，具有丰富的原创思想。数千年来，历代医家通过不断深入观察和反复的临床实践，采用与其他医学不同的视角和思维方式，全面总结了对人的健康与疾病的认识，形成了系统的理论与技术方法，建立了独特的医学体系。

中医药是原始创新的沃土。中国传统医学也对世界各国产生了深刻的影响，在欧洲等国家，中医药治病的武器——植物药也被投入应用防病治病，多用植物药品有效成分、有效部位或浸出物，加工成片剂、颗粒剂、胶囊剂、针剂或栓剂等，实现药物研制上的创新。下面举出原始创新的两个例子：一个是陈竺院士用三氧化二砷和硫化砷治疗白血病的例子，这是源于中医以毒攻毒治疗药物砒霜而得来的；另一个是美国排名第二的高等学府耶鲁大学Yung-ChiCheng教授发现黄芩汤在肿瘤化疗中具有保护胃肠作用，并且已经完成1期临床。黄芩汤是伤寒论中的常用方，而它对化疗后胃肠道保护作用是新的发现。诸如此类的例子说明了中医是原始创新的源泉。

中医药原始创新性包括医学理论的原始创新技术方法的原始创新。近百年来，从中医学的先驱者、领导人到医学家、科学家都在追求中西医理论的会通结合，创造全新的医学理论，这些实践已经积累大量的经验。例如瘀血理论、肾虚理论就是典范；技术方法是科学研究的探针和钥匙，可以说，分子生物学理论快速发展都得力于技术方法不断创新。如基因重组技术、基因扩增技术、动物克隆技术、组学分析技术等。药物的原始创新，当今大量难治性疾病、慢性疾病都是复杂性疾病，由复杂病因引发，由复杂病理造成，药物研制不但是技术层面的问题，更需要思想思路创新，中医药目前已成为国内外医药研发最热的领地之一。

纵观中医发展的历史，每一步创新都是中医与同时代先进科学技术相结合的结晶。但是，中医的理论体系过于宏观、模糊的特性在一定程度上影响并制约了自身的发展。所以我们要对中医进行创新，不能坐吃山空，创新是推进中医药事业发展的动力源泉。要在保持中医药优势特色的基础上，切实加强自主创新，挖掘中医药的科学内涵。

近几年虽设立研究计划，投入较原来增加，取得了一定的进展，但原始创新成果较少，覆盖面小，没有充分调动一线科研人员的积极性，尤其是青年科研人员的作用没有得到充分发挥。

因此我们认为国家应重点支持中医药的原始创新性研究，具体建议如下：

1. 培养创新型基础研究人才，建立结构合理的研究梯队。

人才是中医药研究创新与发展的关键，建立良性的人才激励和培养机制，创造有利于发挥其才能的宽松和谐的环境，鼓励中医药基础研究灵与欲的创新，培育一批具有良好科学素养、创新能力、科学献身精神和站在学科前沿的学术带头人，建立结构合理的研究梯队，重奖有突出贡献的专业人员，采取各种有效措施防止中医药基础研究人才的流失。做好中医药创新型人才培养，激励优秀人才脱颖而出。

2. 加大政府投入力度，合理使用经费，提高中医药原始创新项目的支持强度，制定科学合理的考核监管机制。

国家有关部门对中医药原始创新性研究需要长久大力的扶持，加大经费投入。设立中医药原始创新性专项，支持各种类型的中医药原始创新性研究，使更多的教师科研人员参与到中医基础的科学研究当中，提高整体研究水平。

3. 分类设立基础研究专项。设立文献整理、理论探讨、名老中医经验总结、实验研究、临床研究等国家中医基础研究专项，加大对中医原始创新性的研究。

4. 加强中医研究技术方法学研究，建立符合中医药研究的核心技术。中医药创新性的研究要大力发展与国际上科研机构、高等院校的合作研究与学术交流，通过提高原始创新能力、集成创新能力和引进新的研究方法，消化吸收后建立符合中医药研究的核心技术，提高原始创新水平。

5. 加快基础到应用的效率，研发出原始创新的药物和相关产品成果运用，形成中医药创新的良性循环。中医药原始创新性研究是提高临床疗效、中医药产业改造与升级的先导和支撑，要不断将原始创新性研究的成果运用到医疗和产业中去，检验和深化原始性创新研究，使原始创新性研究与应用和产业密切结合，使社会对认识到中医药的优势，形成中医药创新的良性循环。

总之，中医药各项事业的创新与发展依赖于原始性创新研究的进展，党和国家高度重视中医药在经济社会发展中的作用，这就对中医药创新有更高更快的要求，国家有关部门应当加紧研究原始创新性研究的规律和措施，加快原始创新性研究，促进中医药的发展。

2011年

关于在中医药高校更名大学中重视专业优势的提案

数千年来，中医药以独特的诊疗方法、确切的疗效、低廉的费用以及用药的安全性等优势，深受广大群众的欢迎。党中央国务院历来高度重视中医药工作，并于2009年4月专门下发了《国务院关于扶持和促进中医药事业发展的若干意见》。在科学技术突飞猛进，新兴学科、边缘学科层出不穷并出现高度综合、高度分化的趋势下，经济体制的巨大变革和社会的迅猛发展带来了医学模式和疾病谱等的改变，出现了人才需求多样化、学生就业多元化、职业更换经常化。如何适应科学技术和医学科学发展的趋势，满足社会对医疗卫生事业的需求，培养高层次医学人才，成为中医院校长远发展的关键问题。为更好地发挥中医药优势，培养中医药人才，促进中医药事业的发展，中医药院校更名大学成为必要。更名大学有利于促进中医药文化的弘扬和传承，推动文化建设的发展，有利于助推中医药更好更快地走向世界，有利于完善中医高等教育结构，促进中医教育发展需要。

中医药是中国的国宝，民族智慧的结晶，自主知识产权，更名大学有利于国际交流，有利于学校发展，不宜照搬其他大学标准，应该支持中医学院更名大学，应该优先支持民族的东西。

中医院校更名大学标准应与其他学校不同，否则影响办学。更名大学需要三个专业类型，医、管、理、文，很多新的专业办学条件不足，师资不够，以牺牲学生培养质量为代价，使已有的专业特色丧失。最主要的是因其专业特点，本身理论的限制，使中医院校这样一个专科性较强的高等院校，如果设立同一标准升格大学，显然在很多方面不能与其他高等院校相比。比如在科研经费的争取、国际学术影响、国家级奖励方面，中医院校与其他高校相比，都无优势可言，而这些指标又都是现行升格大学的硬性指标，导致与其他院校同台竞技，中医院校在升格大学方面稍逊一筹。而不能升格大学就意味着政府投入不如其他高校，社会认可度不高，这些因素必将影响中医院校的发展，使我国中医事业，及至关系人民健康的医疗事业都会受到影响，甚至中医这一我国宝贵的中华文化瑰宝将会面临传承问题。鉴于此种不容乐观的现实情况，特提出如下建议：

鉴于中医院校的特殊性，制定符合中医药高等院校的大学标准，应有别于其他特色不强的院校，在大学更名上给予政策上的倾斜，增加中医药高校的招生生源数量，提高生源质量，有效于高等中医药院校的发展，促进中医药更好的传承和发展。

考虑中医院校专业的特殊性，加大对中医院校的投入力度，有效发挥中医院校特色专业优势，完善其硬件建设，加强师资队伍建设，提高中医药人才的培养质量，提高软件水平，为中医药的传承发展打下坚实的基础。

2011年

关于充分发挥中医养生保健作用的提案

中医养生是中医学的重要组成部分，它以古代哲学思想为指导，自然科学为主体，多学科知识相交融，是中华民族认识生命、维护健康、战胜疾病的智慧结晶和文化瑰宝。伴随着社会的发展，人民生活水平的提高，当今人们的健康理念已更新，对养生的需求日益强烈，更对中医养生寄托了期盼。

中医的养生保健已逐步形成了完整的理论体系和丰富多样的养生保健方法，主要包括精神养生、饮食养生、药物养生、运动养生、按摩养生、房事养生和娱乐养生等方面。如在精神养生方面就有怡养心神、调摄情志、调剂生活等方法；在饮食养生方面有调整饮食结构、注意饮食宜忌以及根据气候与体质合理摄取食物等方法；在药物养生方面有众多的预防疾病、强身健体和延年益寿的方剂与药物；在运动养生方面有太极拳、八段锦、五禽戏及行气导引等；在按摩养生方面有保健按摩、足底按摩、美容按摩等。由于这些方法简便易行，效果显著，无毒副作用，不仅在我国得到广泛应用，而且还逐步传播到世界各地。

目前，我国的医疗卫生工作存在着中医药预防保健与医疗服务体系尚不健全的现状，近年来中医养生宣传不够，宣传环境较乱，主要存在以下问题：

一、养生专家无医学背景，很多所谓的“养生专家”却非医学出身，国内养生保健畅销书的作者许多是非专业人士，没有行医资格，甚至连医学背景都没有。在一个完整的养生体系中，专家会将正确的养生保健信息传达给民众，引导其自我保健，发挥领路人的作用。

二、媒体宣传引导不到位。媒体片面宣传一些个性养生方法，过分夸张某种养生方法或食物，使国内民众对保健无所适从，歪曲中医养生。

三、养生产品混乱。保健品种类繁多，各种养生美容品、抗衰老产品都打着中医药的幌子，厂家夸大宣传其保健作用，有的甚至出现影响身体健康问题，都给中医养生产品的使用造成了不良的影响。

发挥中医药优势，构建具有中国特色的医疗卫生保健体系，是满足人民群众健康需求不断增加的需要。针对目前中医养生保健存在的问题，建议如下：

1. 政府高度重视，将中医养生保健纳入预防医学体系

通过政策制订，加快中医养生保健体系建设，统筹协调，将中医药养生保健纳入国家疾病预防医学体系，形成具有中医特色的预防保健服务体系。

2. 加强宣传，充分发挥高校、医院、研究机构专家作用，正确引导

利用中医药研究相关机构的专家资源，开展各种形式的宣传活动，宣传中医养生基本知识和方法。通过熟悉报刊、影视音像、举办讲座、科普宣传等方式，让社会了解中医养生的理念和知识，让人民群众认识中医，了解养生知识，正确养生，提高国民身体健康水平。

3. 加强养生保健市场监管，加强从业人员培训，确定准入资格职业技能考试

加强对传媒的监管力度。尽快制定健康养生类书籍、电视节目的准入机制，并对中医养生相关讲座专家、内容等认真把好关，保证传播知识的正确性；加强养生行业准入标准，明确规定进入保健行业的审批程序；制定保健养生行业人员进入标准，制定详细的行业标准和考核指标，确定准入资格职业技能考试，加强培训机构的管理，使养生保健市场进一步规范化、标准化。

4. 医院增设中医养生保健专科门诊

依靠中医医院技术力量，增设中医养生保健专科，设置体质辨识门诊、食疗营养门诊、中药保健咨询门诊等，为群众提供治病防病、饮食养生等咨询服务。

5. 院校增设养生保健专业，培养专业人才

随着医疗卫生、营养保健、健身休闲、旅游、体育康复等健康服务类产业的兴起，健康产业已成为可持续发展的朝阳产业，传统中医药学将发挥独特的作用。中医院校应按市场需求设置和调整专业。增设养生保健专业，培养专门的养生保健人才，为我国养生保健专业的发展提供人力资源。

6. 加强中医养生保健理论技术方法研究和产品研发

开展中医药养生保健方法技术研究，建立中医养生保健技术与产品研发平台，加大对养生保健技术或产品的研发，推广简便易行的中医养生方法。

2011年

关于充分发挥中医药在社区医疗服务中作用的提案

中医药是中华民族几千年生产生活实践，以及在与疾病斗争中逐步发展起来的医学科学，为中华民族的繁衍昌盛做出了重要贡献，对世界文明进步产生了积极影响。长期以来，中医与西医相互补充、协调发展，共同担负着人民群众的医疗保健任务，这是我国医药卫生事业的重要特征和显著优势。

中医药疗效确切、预防保健作用独特、治疗方式灵活、费用低廉，特别是随着健康观念和医学模式的转变，中医药越来越显示出其独特的优势：第一，历史悠久，具有广泛的需求人群。中医药在社区颇受群众欢迎，尤其是中老年人，对中医药的接受性强、信任度高，开展社区卫生服务有着深厚的社会基础。第二，符合社区服务所要达到的目的。中医对于社区开展常见病、多发病的防治和健康教育、心理咨询，尤其是对60岁以上老人提供预防、保健、医疗、康复、健康教育等综合性卫生服务非常适宜。这与社区医疗卫生保健服务有着许多相似之处，即以个人为中心，以家庭为单位，以社区为范围的基层卫生服务方式。第三，中医药疗效独特，与将来疾病谱相一致。随着社会经济的发展和人口老龄化的进展，我国目前的疾病谱逐渐向以肿瘤、高血压、糖尿病等老年病、慢性病衍变。第四，使用简便，药价低廉。中医治疗方法具有简单、方便、效果肯定、价廉等优点，能够方便快捷地向患者提供医疗保健服务，且服务成本低，药用安全、副作用小，特别是中医药采取综合性措施对慢性病控制的效用十分明显，适宜社区医疗服务推广利用，尤其适宜家庭病床和上门服务。第五，发展中医药社区卫生服务符合医改目标。中医药费用低廉的特点使中医药社区卫生服务投入少、成本低，对控制医药费用过快增长、减轻国家和群众负担、促进医疗保险制度改革的顺利实施，均有积极作用。

为大力发展中医药事业，满足社区居民对中医药服务的需求，充分发挥中医药在社区卫生服务中的作用，努力缓解群众“看病难、看病贵”问题，国家各级政府都制定了关于推进中医进社区的政策，积极推进中医药进社区工作，建立健全中医药服务网络，大力发展中医药事业，并采取各种形式付诸行动。但中医进社区仍存在许多问题，现代中医人才培养模式注重理论学习，缺乏临床实践经验指导，导致中医后继乏人；社会对中医药学理解与认同不够，不能认识中医的优势所在，政策支持不够等，主要存在机制问题和保障问题，医院运行机制与医疗服务的公益性质不相称，导致医疗机构过分追求经济利益，而拒绝疗效显著而收费低廉的中医适宜技术。针对存在的问题，提出如下建议：

1. 加快社区中医药全科医生的培养。必须重视适合于社区的中医药学生的培养。改革现有的培养模式：改革教学方法，体现特色，保证教学质量。注重临床与实践，抓好传帮带工作。加大对社区中医药人才的引进，并通过各种激励机制留住人才。

2. 建立良好的中医药运行机制，提供保障，中医的医疗才能很好发挥。在社区中应该把中医的科研成果转化，凸显中医简、便、廉、验的特点和优势，使符合社区医疗服务，可以解决常见病、多发病的中医药，能在目前社区医疗活动中得到加强和更好发挥。

3. 鼓励中医医生到社会进行中医诊疗活动，提高社区服务站中药的用量。通过一系列政策、措施在社区大力开展中医药服务，设立中医药人、财、物等硬性指标，规定每个社区服务站应具有的中药数量，日常医疗活动中中药的使用量应占有一定的比例。

4. 合理布局城市中医网点，让社区居民在家门口就能享受正规的、优质的中医药服务。

5. 加强宣传，开展多样活动。在社区内张贴海报、悬挂横幅，以展板形式宣传中医药知识；向居民发放中医中药保健知识宣传单，义务为社区居民教授太极拳，宣传推广刮痧、拔罐、艾灸、贴耳穴等治疗方法。赠送中医保健书籍等，使人民群众在日常生活中理解中医，运用中医，进而发挥中医药在社区医疗服务中的作用。

2011年

关于加强对中药价格监管的提案

2010年下半年九成中药材价格都在上涨，多数涨幅在30%以上，部分已经翻倍，其中最具代表性的是太子参，半年价格涨幅高达五倍。导致中药全线涨价主要有以下四个影响因素。

一、中草药种植面积减少。目前野生中草药越来越少，上山采药的机会越来越少，不少中草药都依赖人工种植。但近几年，由于粮食价格的提高，再加上中草药种植时间长、成本高，一些药农改种粮食，导致中草药供不应求。如白芷、黄芪等中药材，就是因为种植面积缩小导致产量减少，供货短缺。

二、自然因素的影响。倒春寒、暴雨和干旱等天气在今年频繁出现，两广和云贵川等西南地区是中药材的主要产地，而西南大旱导致当地的三七等药材价格大涨，当地出产的半夏的收成也减少了70%。而在山东临沂、潍坊等槐米产区，也因今年槐米坐果时气候反常，几近绝收。海南是白豆蔻、砂仁、槟榔等药材的主产区，但前段海南遭受暴雨，导致了这些药材因减产而价格上涨。

三、中药需求量增大。从甲流到手足口病，时发的疫情使得人们对中药的需求量不断增加，具有清热解毒、抗菌、提高免疫力等功效的金银花、板蓝根等需求量节节攀升。此外，随着公众对中草药保健效果认识的提升，中草药在饮料、食品、洗化等诸多领域的应用愈加广泛，需求量越来越大。而随着中药在国际市场的声名鹊起，至日本、韩国以及东南亚国家的出口量也越来越多，这些内外因素都导致中药需求量越来越大，在供货不足的情况下，更加剧了中草药价格上涨的势头。

四、游资炒作等不法行为的影响。中草药属农副产品，价格随行就市，再加上药材产地单一、收获季节集中，产量又不像小麦、玉米一样巨大，炒家不用耗费太多的资金就能控制单一药材的价格，这导致一些游资进入中草药领域，囤积药材，哄抬价格，严重扰乱了中草药的市场秩序。

中草药价格上涨的原因，除了上述四点，政府对中草药的价格监管薄弱、机制不健全，特别是对中药饮片生产经销企业定价不规范也是导致中草药价格失控的重要原因。

中医药具有“简、便、验、廉”的特点，是许多老百姓特别是农村和贫困边远地区百姓就医的首选，然而近几年价格的过快上扬，导致中药饮片价格过于昂贵，长期下去势必加重患者经济负担，导致老百姓看不起中医、不敢看中医，从而违背了国家扶持中医药政策的实施，阻碍中医药事业的发展。临床医生在给患者开药时也可能会因考虑患者的经济承受能力而减少应用中药剂量，如此一来降低了中医药的疗效，影响中医治疗水平的提高。而中药饮片价格上涨过快，也会导致中成药生产成本过高、价格上涨，不利于中药产业的发展。同时一些生产企业大量囤积药材，人为制造中草药紧缺局面，进而导致价格上涨，使中药饮片陷入了乱涨价的恶性循环，最终受伤害的还是广大患者和人民群众。

资料显示，全国中药饮片市场需求规模约为每年300亿元，如何遏制中药饮片价格上涨过快已成为目前急需解决的重要问题。

建议：

1. 政府应加大对中药价格的监管力度，规范定价机制。对中药饮片实行调控价格，物价部门对全省中药饮片生产和经销企业实行统一供货价格，严防乱涨价行为。建立健全控制中药饮片价格的长效机制，以保障基本中药饮片用药质量和供应价格，进一步实施食品药品安全工程，加大对药品生产企业的GMP检查和重新认证。

2. 加大扶植中药种植，实现中药产业化，扩大药品种植面积。由于种植药材利润偏低，不少药农不愿继续种植。这也成为中药材价格波动的重要原因之一。解决中药种植面积减少的手段，关键在于实现中药生产产业化、标准化。加强中药材种植基地建设工作，能为中药材市场提供稳定的药材来源，有利于稳定中药材的价格。

3. 加强检查，建立责任追究制度。各级卫生行政部门、中医药管理部门要依法履行监管职责，进一步加大监督检查力度，促使医药机构严格执行有关价格法律法规和政策规定。对违反有关规定的，要会同有关部门及时进行查处；问题严重的，除追究直接责任人的责任外，还要追究有关领导的责任。对典型案件要公开曝光。

政府应加大对中药饮片价格的监管力度，规范中药饮片定价机制；从政策层面掌控中药市场价格；政府有关部门应建立健全控制中药饮片价格的长效机制，以保障基本中药饮片用药质量和供应价格。在这个机制中，政府应扮演监督和调控者的角色，对中药材价格进行宏观调控和监管。

稳定中药价格事关改革发展的稳定大局，直接关系到群众生活和社会稳定。各级卫生行政部门、中医药管理部门要以对党和人民高度负责的态度，按照国务院的部署和要求，把稳定中药品和医疗服务价格过快上涨、实现中药价格的科学监管列入重要议事日程。

2011年

关于进一步加强中医药留学生教育促进中医药对外交流的提案

中医药学是我国几千年来医学和文化积淀的瑰宝，对中华民族的繁衍、医疗和健康做出了不灭的贡献，在历史上，尤其改革开放以后通过对外交流传播对世界医疗和健康也做出了瞩目的贡献。进入21世纪以来，随着人们健康观念的转变，中医崇尚与回归自然，整体治疗理念的临床优势在国际上得到了广泛认可，中医药的国际化交流日益频繁，合作层次向着高端化发展。我国的中医药教育也从传统的较为单一的国内发展转向现代的多元化的国际发展，建立国际中医药联合教育机构，中医药留学生教育快速发展。目前，我国32所高等中医药院校中，有20多所已经建立起“中医国际教育学院”留学生教育机构，中医药国际教育已经成为中医药高校教育中的重要组成部分。

近年来，随着中医药走向世界的步伐越来越强劲，国家和各地政府不断重视中医药事业和教育的国际化发展，出台多项政策法规加强中医药的对外交流与合作。卫生部和国家中医药管理局于2011年印发了《中医药对外交流与合作中长期规划纲要（2011—2020）》，明确了中医药对外交流与长期合作的发展目标和主要任务，并特别提及密切与港澳台交流合作。根据纲要，到2015年我国将初步建立起适应中医药对外交流与合作的保障体系，在对外医疗、教育、科研合作，中药产品出口，中医药国际标准制定，中医药民间对外交流合作方面进一步巩固和加强。

中医药在国际上的广泛接受，呈现出跨越国界、跨越民族和跨越文化的发展趋势，为中医药的对外教育提供了良好的机遇和国际环境。从中医药对外办学至今，我国已经招收了来自亚洲、非洲、欧洲、美洲、大洋洲几十个国家万余名长短期中医药留学生，初步建立起了较为广泛的中医药国际教育交流渠道和网络，基本形成了全方位、多层次、宽领域的对外交流与合作格局，为各国培养中医药人才做出了贡献。然而，近几年来，中医药对外教育的迅速发展与国内自身并不完善的留学生教育标准、教学管理模式、对外交流和发展机制等之间的差距，使我国高等中医药留学生教育的发展存在以下问题，在一定程度上制约了中医药国际化教育的发展和中医药走向世界新局面的开拓。

1. 对外教育规模偏小，培养层次偏低，国际化教育标准不一（包括学分认定标准、学制标准、学位认定标准等）。根据国家中医药管理局《全国中医药统计摘编2002—2011》十年来数据统计显示，目前我国中医药高等院校招收的留学生生源仍以亚洲为主，占总人数的83.88%，美洲仅约占4.2%，欧洲约占7.3%，非洲约占3.4%。而且每年的招生人数都有较大浮动，招生情况不稳定，尤其对于欧美和非洲国家。在培养层次中，参加长期学历教育的少，短期进修的多。由于缺乏统一的中医药国际化教育标准，使得来自各国不同的留学生教育层次差距较大，影响着人才培养质量的提高，影响着中医药对外教育事业的繁荣和发展。

2. 现有国内中医课程体系、专业设置、教学内容和教育培养组织形式已难以满足国外中医人才的需求，对留学生学习全科中医，学成回国后在执业行医范畴中掌握更多的中医药理论和熟练应运中医的各种技能，带来一定的局限，导致人才培养目标和市场针对性的不协调，削弱国际医药人才来华学习中医的发展潜力和普遍适应性。

3. 我国的国际中医药教育信息化程度不高，对外宣传的影响力不够强大，中医药学术交流的语言平台仍未建立，术语翻译标准极不统一，限制着中医药科普知识和文化的国际传播，也制约着中医一系列知识产权认证。

4. 中医药涉外人员培养力度尚且不足。部分高校师资水平不完善，留学生培养质量不高。目前，国内既深入懂得中医又精通外语的教师还不很多，不能完全满足国际留学生的需求，使得较发达国家的留学生输入率不高，不能建立坚实的国外中医群众基础。

5. 对国外先进的医学科研技术引进投入不够。在科技高速发展的今天，发达国家的著名学府、研究机构拥有更多先进的研究技术和手段，是我们用国外生物医学先进技术与中医相结合来开展高水平中医药研究所不可或缺的。

6. 国内中医药对外交流与合作地区间的发展不平衡，有些高校留学生生源严重不足、分布不均衡，地域性差异大，影响中医药国际教育的创新与发展。各地区高等中医药院校都有其自身的中医发展优势，但是由于地理环境、经济发展等因素的制约，使得中医对外交流与合作发展不足，不能快速、及时与国际中医药发展接轨，而不能提高教育教学水平，也影响着我国整体中医学的发展。

因此，在推动中医药对外交流与合作中，在着力加快中医药走出国门走向世界的同时，更需要加强中医药留学生教育，培养国际中医药人才，使中医药理论技术生根持久的传播，扩大加深中国传统文化的影响和持久传播，更大地增强中医药对外交流的影响。提出如下几点建议：

1. 强化中医药的国际宣传，尤其加强对欧美、非洲国家的宣传力度，扩大中医药对外教育规模，提高留学生培养层次重点是研究生教育层次；大力支持世界中医药学会联合会相关留学生教育管理部门加快制定最新统一的、适应各国中医药来华留学生教育的标准，包括学分、学制、学位认定标准等。有了统一的国际标准，中医药事业的国际交流与合作将更加顺利，中医药国际化事业将会更繁荣。

2. 加大对高等中医药院校留学生教育的投资，合理地引进国外优质的教育资源，在课程设置、教师教学方法、教学手段、管理模式、评估体系上，借助国外的教育经验，提高留学生教育水准。与此同时，加强远程教育技术的开发，在教育手段上与国际先进水平对接，充分利用现代通信技术，吸引更多的留学生学习中医，不仅能够传播博大精深的中医药文化，也为国家教育带来可观的经济效益。

3. 加快国际中医药各种国际标准的制定，维护中医学发展市场和对中医各项知识产权的认证。如中药、方剂名称术语标准、国际通用的中医基础和临床术语标准等，积极参与WHO国际疾病分类与代码传统医学部分的制定，积极推动WHO西太区制定实施《传统医学地区战略（2011—2020）》。

4. 推进中医药院校教育教学改革，加强中医教育的国际互动，与国外大学联合，有计划地选派专业课教师和研究人员到国外著名大学去留学、进修，同时聘请外籍教师担任西医课程授课任务，或开设选修课，这样不仅有利于本国教育的输出，而且也有利于借鉴国外成功的教育理念与管理经验，加强国际合作和交流，从而提升我国在国际教育市场上的综合竞争能力，提高国内师资水平。

5. 加强留学生中国传统文化教育，通过中国传统文化课的渗透，使留学生真正了解博大精深的中医药文化，使他们真正信赖中医药。学生们回国后发挥其宣传中医、扩大其影响的应有作用。既向世界传播有着几千年历史的传统医疗技术，又在传播中国传统文化，让世界人民更好地了解中医，接受中医，从而促进中医药的国际化推广。

6. 注重科学技术在中医药国际交流中的作用，加强国外先进的生物医学技术引进，实施海外交流、培训项目，推进交流合作基地建设；开放出国留学生市场，培养外向型人才，进一步提升中医药对外交流合作的能力和水平，为国家中医学前沿发展奠定基础。

7. 做好基础性调研工作，了解并掌握国内各地区高等中医药院校发展水平和地区性中医药发展情况，给予相关财政投入和政策扶持，先后制定合作办学、办医以及科技合作等方面的执行计划，促进各地区协调全面发展。进一步深化两岸四地联系，推进举办海峡两岸中医药论坛，充分发挥各自优势，推动产学研务实合作；支持民间中医药对外交流与合作，有序引导，形成合力，共同提升中医药的国际形象和影响力。

2012年

关于加强中医药文化建设
充分发挥中医药在文化建设中作用的提案

中共第十七届六中全会审议通过了《中共中央关于深化文化体制改革、推动社会主义文化大发展大繁荣若干重大问题的决定》，明确了把文化建设提升到国家战略。2009年，国务院下发《关于扶持和促进中医药事业发展的若干意见》，将中医药文化建设纳入国家文化发展规划，并强调“推进中医药机构文化建设，弘扬行业传统职业道德。开展中医药科学文化普及教育，加强宣传教育基地建设。加强中医药文化资源开发利用，打造中医药文化品牌”。

中医药文化作为我国优秀传统文化和社会主义先进文化的重要组成部分，是中华民族的原创文化，是具有民族特色的文化符号，是中华民族传统文化的瑰宝，是中医药学的灵魂和根基，蕴含着丰富的哲学思想和人文精神，是我国文化软实力的重要体现。加强中医药文化建设将对中华文化的复兴和社会主义文化大繁荣起到积极的推动作用，为中医药事业发展提供强大的精神支撑和内在的文化驱动力，促进中医药事业为人类健康服务。

加强中医药文化建设，是贯彻落实十七届六中全会精神，推动社会主义文化大发展大繁荣，努力建设社会主义文化强国的根本要求；是建设社会主义核心价值体系，建立中华民族共有精神家园的重要内容；是提高我国文化软实力，向世界推广中国文化的重要载体；是促进中医药事业科学发展的重要措施；是满足人民群众健康和文化需求的必然选择。为充分发挥中医药文化对中医药事业发展的引领作用，促进中华民族优秀文化的伟大复兴，现将加强中医药文化建设的必要性总结如下：

1. 是中医药走向世界的需要

中医药作为我国优秀传统文化的杰出代表，是对外交流的重要载体，是我国最具有国际竞争力和国家影响力的学科门类。通过国外民众介绍中医药知识和中医药文化，向世界展示中华民族的认知方式、价值取向和审美情趣，加大中医药文化的传播力度，中医药文化才能更快更好地走向世界，增强中医药文化的国际竞争力和吸引力，培养外国人对中医药文化的热情，不断扩大中医药文化在世界上的影响，从而提升国家软实力。

2. 是中医药继承和发展的需要

中医药文化是中国传统文化继承和发展的载体，积极开展中医药文化普及教育，深入挖掘、保护、传承与发展中医药文化，做好中医药非物质文化遗产保护传承工作，尤其是以我国历代名医、流派的学术特点和学术思想，发掘具有地方特色的诊疗技术，重视确有疗效的民间中医诊疗技术和方法的收集、整理、研究，为中医的继承、传播与发展做出积极的贡献，助推我国中医药民族文化的大发展和大繁荣。

3. 是保障人民健康的需要

中医药文化是中华民族几千年来认识生命、维护健康、防治疾病的思想和方法体系，是中医药服务的内在精神和思想基础。弘扬中医药文化有利于推动应用中医药整体思维和辨证论治的精髓和特色诊疗技术，拓展中医药服务范围，发挥中医药简便验廉的特色优势为人民群众健康服务。“上工治未病”思想也是中医药文化的重要体现。通过发展中医药预防保健服务、拓展中医药服务领域、继续实施“治未病”健康工程，让中医药的特色和精髓惠及更多的群众。

4. 是中医药产业化的需要

随着人们对健康认识的深化和对中医本质的正确认识，中医药文化中的养生思想、保健方术越来越为人们喜闻乐见和身体力行，因此中医药文化具有产业化的核心元素和社会基础。应大力发展中医药文化产业，开发中医药文化产业，形成中医药文化产业链，创造中医药文化新价值。

建议如下：

1. 投入专项资金，分地区建设中医药文化博物馆

国家和地方政府投入专项资金，根据各地区传统中医药文化特色，建

立地区中医药文化博物馆，如中原医药文化、闽南中医药文化、淮安中医药文化等具有显著地域特点和时代特征。地区博物馆形象地展示该地区中医药学从形成到繁荣、从继承到创新的轨迹，展示博大精深的中医药学和中医药文化的缩影，使之成为传播中医药文化的公共教育场所和弘扬中医药文化的窗口，搭建普及中医药科学知识的平台。使中医文化走进全民，升化其在民众中的文化认同感，向全民展示祖国传统中医药文化的风采和中医药治疗疾病的优势，向全国人民乃至世界人民推广中医药，打造世界中医药文化品牌。

2. 加大经费投入，设立中医药文化研究专项资金

加强中医传统文化研究和教育，是保持中医优势和特色的基础。具体措施有：第一，加强中医药文化源流及内涵研究。中医药的文化源流与我国传统古代哲学文化密切相关，也是中医学发展的重要理论基础，梳理中医药文化源流脉络，挖掘、整理、研究中医药文化内涵和原创思维，为搭建中医药理论构架提供资源和依据。第二，继续加强开展中医药文献、文物、古迹资源普查工作，系统搜集和整理中医药文化的精髓，加大资金投入，在国际上加强我国的中医药世界非物质文化遗产的保护。第三，加强系统研究中医药典籍、古今名医、各流派的学术思想及其文化素养，传承好中医药四大学术经典著作独特的学术思想，并不断创新和发展。

3. 加紧人才培养，造就一批中医药文化领军人才

中医药文化的传承与发展需要优秀的中医药文化人才，政府机构应当激发中医药文化人才建设的积极性和创造性，建立有利于中医药文化工作者潜心研究的政策和制度，对高水平中医药文化创新团队和个人给予大力支持；建立国家中医药文化工作者荣誉称号制度，表彰在中医药文化领域有突出贡献的单位与个人，加强高层次领军人才员的培养，为文化传承和优秀人才培养搭建重要平台。

4. 加强文化宣传，打造中医药文化品牌

建立中医药文化宣教基地，搭建中医药文化宣传平台，组建中医药文化传媒公司，通过创作包括图书、影视、电子读物、动漫等形式的中医药专题文化精品、整合中医药健康养生文化旅游资源，开发中医药文化科普创意产品、

富有特色的生态健康旅游产品，广泛传播中医药文化知识，扩大中医中药的影响，普遍提升群众对祖国传统医学和传统文化内涵的认识，促进全社会形成“信中医药、爱中医药、用中医药”的浓厚文化氛围，打造中医药文化产业链和中医药文化品牌。

2012年

关于加大对高等医学院校教育投入的提案

医学教育承担着保障人民医疗卫生的重要使命，其根本任务就是要以医疗卫生领域的人才需求为导向，以体现社会主义核心价值为灵魂，培养和造就一支为社会主义现代化建设服务的，具有人类健康职业素质、临床实践能力和创新精神的医学精英人才队伍，为经济社会的和谐发展提供强有力的保障，促进我国医疗卫生事业发展和社会全面进步。随着社会、经济、科技、文化的快速发展，人们对医疗卫生保健的需求也在快速地增长，并持续不断地提出新的要求，人们对医药卫生人才的需求也快速增长。加大对医学院校教育的投入，不仅能够保证医学教育事业更加持续稳定发展，而且能够促进医学领域的研究向着高端化、国际化发展，更好地为人类健康事业做出应有贡献。

医学教育具有专业化程度高、实践性强、成本昂贵、培养周期长、社会期望值高的特点。一方面，由于医学教育的实践性，导致了医学教育有大量的实践性教学环节，这就需要大量的实验和实践设备投入、实验用的标本以及实验用的试剂和药品的投入；在临床教学过程中所涉及的教学实践设备费用、病例使用费用等消耗性费用也是非常大的。另一方面，在医学教育过程中，特别是在临床实践环节的教学过程趋向于个体化教育，这样，所需要的教师、器材资源相对别的专业教育投入就要大得多。如美国的医学领域教育投入是其他领域的10倍，尤其在基础医学和生物医学方面。

我国也不断加大医学院校的投入，教育部、卫生部联合下发的“关于加强医学教育工作提高医学教育质量的若干意见”中指出“中央财政从2008年开始，将中央部委所属高校医学本科生的生均拨款定额标准予以大幅度提高，建议从目前的7100元提高到1万元以上”。随着国家财政性教育经费投入的不断加大，在实现教育财政性支出占国内生产总值4%的目标的同时，应继续提高高等医学教育投入比例。

随着我国高等教育大众化进程的不断发展和近年来连续扩招，高校学生人数大幅度增加，逐渐由英才教育进入大众化教育，进而向普及阶段发展，随着高等医学教育规模的不断扩大，加之教育的投入有限，造成医学教育的质量有所下降。同时，随着我国全面进入建设小康社会，人民的生活水平和医药卫生质量需求迅速提高，社会更加关注医生的层次、素质和水平。当前我国医学教育的层次结构与提升医生队伍学历层次需要不相适应，现在高等医学教育更为重要的任务逐渐转化为培养高质量的医师。

因此，通过提高医学高校的教育投入，改善教育环境、教学设施、科研设备，制定相关政策鼓励医学领域稳定快速发展，提高医学教育质量，培养临床实践能力强、有创新才能、能切实为广大人民生命健康服务的精英医学人才，不仅能够加速祖国医学事业发展，带动国家整体医疗水平的提高，而且能够更好地与国际前沿医学研究接轨，加快攻破困扰人类生命健康的多种疑难病症。

建议如下：

1. 增加对医学基础学科的投入

医学基础学科是其他各医学学科发展的基础，尤其是基础理论学科的研究，为临床学科的研究提供着重要的理论根基。长期以来，医学基础类学科投入不足，教学科研设备不足和老化，影响了医学基础学科建设、教育教学研究，尤其是地方院校和中医药基础类学科更为突出，因此，首先应该加大对各医学院校基础学科的投入，满足教育教学科研需要，打好医学的根基。

2. 加强高等医学院校师资队伍建设

随着我国高等医学教育事业的迅猛发展，高等医学院校师资队伍数量不足、教学效果不甚理想等问题日益凸显，成为制约高等医学院校发展的瓶颈。投入专项经费加强师资队伍建设，开展师资队伍培训，培养高层次人才，引进拔尖人才，优化师资结构，着重提高医学教育和人才培养质量，推动高等医学院校的发展。

3. 加强对医学院校基础条件的建设

采取国家中央部门、省建部门和地方政府层面共同增加财政投入，各级教育和卫生行政部门与同级财政部门积极协调，根据医学教育高成本的特点，加大对医学教育基础设施建设的支持力度，重点是加大对现代教学科研实验仪器设备的投入、对图书资料的添置、网络信息资源的配置以及对教材、教具的不断更新等，从提高医学教育教学质量，加快医学教育发展。

4. 推进医学教育的均衡发展

教育部、卫生部、财政部应当联合采取政策，对不同地区的医学院校教育情况定期深入考察，针对不同地区的经济发展水平，给予不同的相关政策支持，使全国医学水平基本达到同一高度，从而更加有效地开展不同地区的医疗卫生事业建设。

5. 加强医学教育的对外交流

随着现有医学教育模式逐步与国际化接轨，我们应当增加投入，加大财政支持，与国际医学院校合作，互换生源、相互学习，通过多种政策鼓励各级地方高校参加国际医学学术交流，搭建学术交流平台，了解和接触国际最新学术动态和实验设备，更新教师教育思想、教育观念与知识结构，提高教师教学水平的有效途径。同时加大投入发展国家传统中医学，优化医学教育结构、因需施教、严格控制、提高质量，不断探索适合本国医学教育发展的方向和制度。

6. 加大对中医院校的投入

随着中医药需求的日益增长，迫切需要大批优秀的中医药人才，作为中医药人才的培养基地，在中医院校建设上给予政策上倾斜；设立中医药继承与创新研究基金，加强中医药基础研究和应用开发研究，培养中医药高层次人才，推动中医药事业的发展，为广大人民群众的健康作出更大的贡献。

2012年

关于在公立医院改革中突出公益性的提案

近年，随着医药卫生事业改革的推进，公立医院改革试点工作的进行，公立医院改革的整体框架、改革的重点、改革的地方、加强的地方等已成为亟待探索解决的问题。我们认为公立医院的改革应首先突出公益性，在不断提高公立医院运行效率，提高技术服务水平，实现社会效益最大化的前提下，提高经济效益。目前，公立医院的公益性改革难点和问题主要体现在以下几个方面：

1. 公立医院在公益性改革上缺乏大量财政投入，这是当前制约公立医院公益性改革的重要问题。当前我国各级政府作为公立医院的最大投资者，从根本上决定着医院的公益性质和水平。

2. 公立医院改革相对统一完善的公益性评价机制尚未被建立，缺乏相互间的公益性竞争。公益性评价机制是促进公立医院公益性改革的重要动力，有竞争才会有发展动力。

3. 当前政府对医院的管理体制使医院难以彻底实行“政事分离、管办分开”，破除“以药养医”。彻底实行“政事分离、管办分开”对加强医院自身的自主式管理，建立现代医院管理制度、规范诊疗行为、充分发挥医院的公益性、调动医务人员积极性有极大的帮助。

4. 部分县市级医院和乡镇基层医院缺少高层次人才引进和培养；享受医保的人群资源分配不均，严重存在着一部分人在过度享受医疗资源，而另一部分人得不到医疗资源，影响着医院改革公益性的实现。

5. 缺乏疾病预防和健康保健意识，尤其对于大多数农村居民。很多农村、乡镇居民由于日常不注重常规体检，在有重大疾病时，常是难以治愈的、医药费用高的急慢性病、肿瘤或癌症，这在一定程度上加大了医院诊疗和国家财政的负担。

因此，国家在“十二五”发展期间，在深化医药卫生体制改革的同时，需要从根本上切实推进公立医院改革的公益性，建立健全国家医疗卫生制度，实现人人享有基本医疗卫生服务的目标。建议如下：

1. 增加资金投入，保障公立医院公益性作用的发挥。国家、各级政府和医院自身加大对公益性改革的资金投入，从增加供给、加大筹资、增强监管三方面共担疾病经济负担的方式来构建公益性的实现。建立激励机制，制定合理制度保障医院医生的待遇和平均收入，调动公立医院医务工作人员的积极性，提高技术服务水平。通过制度创新使不同保险制度可以进行交易，增加医疗保险的融资，加大医保的公益性投入，并且增加监督力度，让医保达到良性循环。

2. 建立公益性评价机制，提高服务水平。各医院间通过社会各阶层人员就医的满意度、技术水平及经济效益等进行双向评比；院内人员实行绩效考核制度，将医务人员的工资收入与医疗服务的数量、质量、技术难度、成本控制、群众满意度等挂钩，优绩优酬、奖惩分明。

3. 推进管办分开，提高公立医院运行效率。在维持公有制的前提下，使政府与医院建立明确规范的权责关系、监督与被监督关系；通过引进新的经营理念和管理方式，强化竞争、激励、监督和制约机制，提升公立医院的管理水平和运行效率。

4. 加强技术培训、引进和创新，提高技术水平，将技术作为考核的主要内容。建立医务人员规范化培训制度，提高整体技术服务能力，加强技术带头人，引进新技术，形成医院技术特色优势，不断提升公立医院的医疗技术水平，更好地为患者服务。

5. 采取多种有效措施，降低医疗费用。废除“以药养医”机制，在从源头上降低医疗费用，减免不必要的检查和重复检查，降低检查费用，采取多种有效措施，切实解决人民“看病贵”的问题。

6. 积极搞好公益性服务活动。加强医院公益性文化建设。公立医院承担着医疗公益性义诊活动和医疗保健宣传，做好医院文化建设，开展医疗健康、防病治病知识宣传，充分发挥公立医院公益服务的作用。

2012年

关于高度关注和解决高校新校区负债问题的提案

党的十七大指出，要优先发展教育，建设人力资源强国；强调要提高高等教育质量，努力造就世界一流科学家和科技领军人才，注重培养一线的创新人才。这对新时期教育工作提出了明确的要求。近年来，我国高等教育投入不断增加，办学资源迅速扩充，办学条件明显改善，为高等教育事业持续、协调、健康发展提供了有力保障。为保证高校扩招后的教育质量，教育部对本科教学水平实施了评估工作，高校的软硬件建设纳入了评估范围。全国诸多高校的基础建设势在必行，建设新校区成为解决办学条件的第一要务。由于高校的办学经费主要来源于政府的拨款和学生的学费，因此高校新区建设资金来源主要靠银行贷款；多数高校校办产业比较薄弱，对于巨大贷款利息偿还吃力，使新校区建设贷款债务问题日益成为影响高等教育发展的严重问题。

面对贷款利息偿还，有的高校资金周转困难，不惜花巨资高息拆借社会资金，有的学校财务到了几近崩盘的边沿，严重影响了学校正常的教学、科研、生活等。对此，国家应高度关注高校新校区负债问题，并采取一定措施帮助高校解决这一经济困境问题。建议可采取以下解决方案：

1. 给予适当政府贴息

国家和地方政府根据经济财力对高校新校区建设贷款进行适当的政府贴息；高校所纳税可作为还贷付息的专项经费部分返还高校。

2. 推出还贷优惠政策

国家出台相关政策，推出银行高校新校区建设贷款的还贷优惠政策，降低利率，帮助化解高校财务危机。

3. 整合学校现有资源

利用高校老校区土地的经济资源，进行老校区土地置换工作，合理有效利用资源，支援资金周转。

4. 建立高校贷款评估体系

根据高校实际情况，建立对高校财务评估分析体系，衡量高校最大负债能力，确定适度负债规模，规范高校贷款行为。

5. 重视高校软件建设

对于高校建设和教学评估指标，更多地纳入师资力量、教学思路等软件指标的评估，使高校将发展建设重点从校区硬件建设转移到软件建设中。

综上所述，通过多种渠道和方法缓解高校资金周转和贷款偿还问题，保证高校正常的教学科研工作和生活，使高校建设在社会整体经济建设发展中和谐进行。

2008年

关于促进大学生就业的提案

据统计，2009年全国高校毕业生将达到611万，加上前几年累积的未就业480万毕业生，2009年需要就业的大学生高达千万人，创下新高。目前受金融危机影响，就业形势更加严峻，大学生就业进入近年来最艰难时期。广东一家企业计划招聘15名卖猪肉的员工，竟然有1500名研究生投送简历，展开竞聘，最终脱颖而出的35人全都是名牌大学的研究生。这一现象也从侧面反映出大学生就业的困难程度。分析大学生就业困难，存在的主要问题有：

1. 大学生就业结构不合理

大学生就业受到经济发展的影响，经济相对较发达的地区，就业形势好，就业渠道也比较畅通；而西部欠发达地区，就业情况比较糟糕，缺乏人才，又留不住人才，造成人才流失。在专业上存在学校专业设置与市场需求之间的矛盾。有的学校追求短时效应，不顾本校的实力，盲目开办一些热门专业，造成人才供求过剩；有的高校市场灵敏性不够，对一些冷门专业，没有及时调整招生人数，导致学生未就业先失业。

2. 大学生就业市场不完善

目前我国高校就业工作是由教育部门管理，户口是由公安部门管理，而人才市场的管理又是由人事及劳动部门管理。而这些部门相互之间沟通不够，再加上一些地区还有地方保护主义，对生源是本地的毕业生大开绿灯，而对一些外地毕业生则加上各种条件加以限制。一个真正公平、竞争、择优、有序的就业市场尚未建立，服务保障体系还未健全，体制性障碍还未真正消除。

3. 用人单位盲目人才高消费

一些用人单位不从实际出发，对本单位的用人标准盲目提高，追求高学历，给毕业生就业带来难度。一些用人单位认为应届毕业生只是有书本上的理论知识，动手能力差，不太愿意接受应届毕业生，不想把时间花在对毕业生的培训上。

4. 高校就业指导滞后

高校缺乏有效的就业机制，就业指导体制不完善。许多高校的就业指导机构不完善，有些学校只是在毕业前期做一次就业指导的报告，没有将就业指导贯穿于大学全过程。

5. 大学生就业观念存在问题

毕业生就业期望值较高，理想与现实存在较大差距。毕业生对自己估计过高，眼高手低；不顾自身的条件，对薪水、福利待遇要求过高；片面追求大城市，不愿去一些小城市发展；看重国家机关、大单位等，对一些小企业不感兴趣。

6. 大学生本身的素质问题

近年来的高校扩招，大学生人数越来越多，学生的基础也有高有低，加上高校的软件和硬件设施都没有跟上，随之带来了学生质量的下降。

对此建议国家应予以高度关注，出台有关政策，拓宽渠道保就业，解决大学生就业困难问题。

1. 深化改革，完善就业市场

政府要加强经济调控手段，对去西部地区和条件艰苦的一些重点单位和行业就业的大学生，在工资、待遇和生活条件上给予较大的优惠，采取措施鼓励大学生去那些地方就业。

在完善就业市场方面，国家要采取有效措施扫除体制性障碍。通过深化改革，对于那些有碍于学生就业的政策、制度等要逐步取消；各级政府要开放毕业生就业过程中的种种政策限制，加强部门之间的协调与沟通，积极疏通就业渠道，不断完善就业市场。

鼓励有科研能力的毕业生到承担科研项目的单位从事科研工作；鼓励医学院校毕业生到农村、社区、边远地区工作，给予就业扶持政策；鼓励医学院校毕业生到医院、科研单位从事医疗或科研辅助工作，在待遇上给予政策上的保证。

2. 宏观加强对高校专业的调控

政府还应加强对高校办学的指导，在宏观上加强人才预测和对专业设置的调整，以及对各类人才培养规模的调控，指导高校的改革，避免高校盲目的专业设置。

3. 调整用人单位人才观

各用人单位改变自己的人才观，不要盲目追求人才的高消费。用人单位要从长远考虑，建立人才储备机制。

4. 强化高校内部改革

高校适应市场适时地调整专业结构，提高教学质量，培养出高素质的毕业生。同时还要根据市场需求，开设新专业，灵活地调整专业设置。建立大学生就业工作的有效机制，理顺就业指导工作的体制，建立相对独立的就业指导机构。将就业指导贯穿于大学生活的全过程，根据学生的自身情况，加强对大学生的职业生涯规划设计指导，让他们知道为实现自己的目标要做好哪些准备。将就业指导渗透到教学中去，强化学生自学成才的意识，也让学生了解所学领域的发展前景，从而提高学生的实践能力。

5. 更新大学生就业观念

就业市场的竞争是能力与素质的竞争，大学生要全面提高自己的综合素质，不断地塑造自己，完善自己；要更新自己的就业观念，对自己有正确的认识，合理地确定就业期望值。

6. 发展高科技产业和企业

加大投入，发展高科技产业和企业，加强企业内部研究机构，重视自身的研发能力，为大学生提供更多的能发挥作用的岗位，增强企业自主创新的能力；鼓励大学生创业，设立大学生创业基金，给予资金支持和政策上的保证，以创业带动就业，培育有创新性的大学生小型企业快速成长。

2009年

关于将大学生就业、创业纳入社会服务管理体系的提案

随着近年来高校扩招，毕业生人数骤增。目前需要就业的大学生高达千万人，创下新高。加上受金融危机影响，就业形势更加严峻。高校大学生就业、创业问题是当前社会关注的焦点问题，也是影响社会稳定的重要因素。一方面，首先大学生要转变就业、择业观念，增强创业意识、提高创业能力；另一方面，大学生的就业创业不仅是教育部门的责任，也是各级党委、政府及全社会的共同责任，都应当为大学生的就业创业，营造氛围，制定政策，提供条件。建议国家将大学生就业、创业纳入社会服务管理体系，纳入整个经济社会发展的规划，统筹协调，加强管理，抓好落实。建议：

1. 调整政策，加大对大学生创业的扶持力度

在扶持大学生创业方面，政府确实提出了一些扶持政策，但有些政策很难操作，尤其是在经营领域、融资渠道和税收优惠等关系到大学生创业的关键问题上，创业的大学生们并没有享受到真正的扶持。

2. 鼓励银行建立大学生创业贷款

国家的政策对大学生创业肯定有促进作用，但其中有关为学生创业公司提供创业小额贷款和担保的内容意义不大，因为银行不愿意贷款给学生创业的公司这样规模小、风险大、还贷能力弱的企业。据有关媒体调查显示，大学生创办的企业中超过九成是靠民间借贷起家的，65.3%的创业者认为在创业资金短缺时向银行贷款有困难。国家可以通过有关政策鼓励银行建立为大学生创业的小额创业贷款。

3. 设立大学生创业基金

高校毕业生由于没有积累，创业资本往往是最难解决的问题，因此，可通过设立优秀毕业生创业基金给予创业扶持。其资金来源应摆脱过去单一依靠政府基金的思路，改由三部分构成，即省级政府、地方政府、热心公益事业的优秀企业各出一部分，以低于市场贷款利率的形式借贷给毕业生用于创业，通过资金的循环积累基金。

4. 建立就业途径联络站

各高校可以拨出专门经费、制定优惠政策，支持在外省尤其是东南沿海地区，建立兼有实习和就业功能的复合型基地，以及就业工作联络站，形成覆盖面广的就业网络。

2009年

关于通过培育思想道德先进典型加强大学生思想政治教育的提案

中共中央、国务院在《关于进一步加强和改进大学生思想政治教育的意见》中指出：大学生是国家宝贵的人才资源，是祖国的未来，是民族的希望，大学生思想政治教育关系到大学生的整体素质，关系到国家和民族的兴旺发达。因此对大学生的思想政治教育，是确保中国特色社会主义事业兴旺发达、后继有人的基础，对于我国在激烈国际竞争中始终立于不败之地具有重大而深远的战略意义。

当今我国处于社会主义现代化建设时期，改革开放的深化和经济全球化使各种思想文化碰撞，各种新旧体制的转变改变着人们的思维方式、价值观念和生活态度，经济社会带来的收入差距、社会差别的扩大影响着意识形态领域。拜金主义、享乐主义、个人主义增长，腐败现象严重影响了党的形象和人们对社会共同价值取向的认同，这些都造成了当代大学生思想的困惑和道德信仰的迷失。因此加强和改进大学生政治思想教育是目前高校思想道德建设中的重点内容。

社会多元价值观使学生在确立理想信念时面临两难选择，艰难的就业之路使学生在实现鸿鹄大志中处于两难境地，经济上的依赖使学生在追求新生活中陷入尴尬境地，网络时代使学生在虚拟与现实之间迷惘和徘徊。如何有效地进行大学生政治思想教育？如何使学生在面对社会开放和价值多元的现实中解决道德困惑？如何帮助学生树立健康的思想和良好的道德观，正确分析社会现象，正确判断个人学习生活中面临的种种选择？

高校的思想政治工作是做人的工作，人是有理性的，人是有感情的。感情决定着思考的方向，理性决定着思考的结果。只有以情感人，才能以理服人。思想政治工作只有重视情感因素，从思想认识到理想信念、道德人格、伦理规范都融入情感，才能发挥人文关怀的巨大作用。在大学生中树立思想道德先进典型，进行思想道德优秀大学生事迹报告，是思想政治教育的有效载体，可以通过大学生身边人和身边事展开教育，使教育充满真情实感。花有百色千香，人有七情六欲。欧阳修曾说："喜怒哀乐，动人必深。"通过宣传大学生中的先进典型，将思想道德教育渗透入生活中实实在在的先进人物和感人事例中，榜样的力量是无穷的，身边的先进人物带给人们更多亲切感和亲和力，其教育效果更突出、更明显。

2007年5月由中宣部宣教局、教育部思政司、团中央学校部联合组织的"全国大学生先进事迹报告团"在全国高校巡回报告，北京大学施永辉、清华大学谷振丰、天津工业大学徐伟、武汉大学黄来女、河南中医学院王一硕、南京航空航天大学胡铃心等六位同学先后作了精彩报告。报告团成员结合自己的亲身经历，讲述了他们在平凡生活中所表现出的不平凡的生活态度和人生追求，展示了当代优秀大学生的群体形象，赢得了现场学生的阵阵掌声和由衷的赞叹。报告团成员中，有百折不挠、勇于挑战的北大学生施永辉，有携笔从戎、立志报国的清华大学学生谷振丰，有奋不顾身、见义勇为的天津工业大学学生徐伟，有面对困难、自强不息的武汉大学学生黄来女，有甘于奉献、乐于助人的河南中医学院学生王一硕，有刻苦钻研、勇于创新的南京航空航天大学学生胡铃心，他们都是当代优秀大学生的典型代表。同期河南省委宣传部、省委高校工委、省教育厅、团省委联合组织的"践行荣辱观　青春闪光彩——河南中医学院优秀大学生先进群体事迹报告团"全省巡回报告会在河南省各大高校推出。报告团成员以社会主义荣辱观引领了当代大学生的时代风尚，他们自强不息、诚信为本、回报社会、艰苦奋斗、救助他人等事迹精彩感人。

做好对大学生思想政治的教育，就要充分发挥先进典型的力量，将思想政治理论教育转变为实际生动感人事例，"动之以情"地做好此项工作。

一、国家相关部门加强对树立大学生思想道德先进典型的重视

国家和地方教育工作部门要将大学生思想政治先进人物纳入表彰奖励中，不断总结大学生思想道德先进典型，宣传他们的先进事迹。用感人事迹来

感动当代大学生，引导大学生形成正确人生观、价值观。

二、高校加强对大学生思想道德先进典型的树立

建立高等学校学生思想政治工作队伍，培养一批政治素质和思想作风好，具有较强组织管理能力，善于做群众工作的思想政治工作人员，深入学生中，发现基层大学生中的优秀人物和事迹，在大学生身边树立思想道德先进典型，予以宣传和表彰。

三、高校加强大学生对思想道德先进人物的学习

通过开展“学习先进、争当先进”活动，加强高校中对学习思想道德先进人物的学习，将“学习先进”活动贯穿到大学生日常生活和行为中，树立大学生学习先进人物意识，将良好思想道德意识切实融入生活中。

通过树立思想道德先进典型，开展向先进典型学习，使大学生感受身边人、身边事，通过学习可亲、可敬的先进人物和感人事迹，提高大学生思想道德水平，解决思想困惑；树立正确的世界观、人生观、价值观和良好的社会公德、职业道德、家庭美德、个人品德；使大学生把个人价值的实现和社会需要紧密结合，诚信为本，励志自强，感恩他人，奉献社会。

2008年

关于高度重视和加强情感意志教育培养学生健康成才的提案

情感是人在认知活动的基础上产生的对人、对己、对事、对物的态度和在内心产生的相应体验，健康情感是全面发展人才的支撑，是非智力因素中的核心。良好的情感能激励学生勤奋学习，立志成才，提高学习效率，保持身心的健康，做到喜而不狂，悲而不戚，胜而不骄，败而不馁，忧愁时能自我劝慰，焦急时能自我宽慰，从而避免心理疾病的发生，是获得成功的核心因素。意志是自觉地确定目的、根据目的支配调节行动从而实现预定目的的心理过程。意志是身体的主人、心智的统帅及学生勤奋学习和成才的精神支柱。学生必须具备坚强的学习意志，在学习上做到自觉、坚持、果断、勇敢并要有自制力。长久以来，我们学校的教育多偏重于认知教育，常忽视情感意志的教育，尤其是情感意志及创造性的培养和发展，影响着学生素质的全面提高，这样的教育模式不仅无助于学生情感的发展，就是理智的发展也难以取得应有的效果，更不利于学生的健康成长。

学生的情感意志普遍处于不稳定和欠缺成熟的阶段，如何在当前重知轻情的教育状态下培养学生良好的情感和坚强的意志是学生成长和成才的关键因素之一，关系着学生心理素质与思想道德素质、科学文化素质和身体素质的全面发展，对于提高学生的社会适应能力、承受挫折能力和情绪调节能力都具有十分重要的意义。

目前，一些学生出现情感脆弱，缺乏承受压力和挫折的能力，尤其是有的独生子女以自我为中心，自私，依赖性强，人际交往能力差，缺乏独立性，缺乏吃苦耐劳的精神日益突出。在现代社会工业文明和物质文明的高度发达和膨胀的同时，有的学生出现理想信念模糊、社会责任感和情感缺失，意志薄弱所引起的抑郁、自杀、犯罪一系列社会问题应引起国家的高度重视。因此，我们建议国家高度重视和加强学生情感意志的教育，以培养学生健康成才。为此提出建议如下：

一、加强对情感和意志教育的宣传。通过教材、报刊、媒体、文学、影视、新闻、网络等多种形式进行宣传，重视幼儿时期良好情感的培养，从青少年时期树立学习的榜样，通过多读好书，养成健康需要，激发学习动机，树立远大的理想，并引导学生学会自我教育，通过多元化的活动和实践来自我约束、自我控制、自我管理，培养高尚情操，从而提高情感的自我控制能力，培养学生积极健康的情感。

二、营造良好的外在环境。常言道："近朱者赤，近墨者黑。"学校、家庭和社会应共同担负培养和发展学生的情感的责任，在学校要充分发挥教师的积极性，增强教师情感教育意识，注重师生的情感交流，建立平等的师生关系，构筑和谐师生氛围，丰富学生的情感体验，始终体现学生的主体地位，充分发挥学生的主观能动性，以高度的责任心用自己的感染力去影响学生，促进学生良好情感品德的形成；家庭教育是情感培养的重要一环，家庭要具有良好情感的氛围，使父母和学生建立一种平等和谐的良性交流，增加感情投入，从而从小培养其良好的情感。此外，还要利用社会上的积极因素，组织学生参加社区服务，丰富学生的情感体验，为学生情感培养提供更多机会。

三、注重学生心理咨询。通过对学生不同阶段的心理普查，针对多发性心理问题，及时地提出解决方案，并予以推广，开展教师的情感教育培训，提高从事情感能力，使学生的整体情感和心理素质稳步提高。

四、锻炼坚强的意志。孟子曰："天将降大任于斯人也，必先苦其心志，劳其筋骨，饿其体肤，空乏其身，行拂乱其所为。所以动心忍性，增益其所不能。"要有意识、有计划地把整个教育教学活动变成锻炼学生意志的实践活动，让学生更多地在活动（如劳动实践、实训实习、身体锻炼等）中尝试成功与失败，在实践中形成其健康的意志品质，以培养学生坚忍不拔、勇于接受挑战、吃苦耐劳的精神，为学生成才成功提供保障。

2010年

关于将学前教育纳入义务教育范畴的提案

儿童是祖国的未来，社会的希望，为了培养祖国未来的栋梁之材、实现建设现代化宏伟目标，必须从儿童教育抓起。学前教育事关每个儿童的健康成长，事关千家万户的切身利益，是促进个体终身发展的奠基工程，是国民教育体系的重要组成部分，大力发展学前教育对于实现更高水平的普及教育、提高国民整体素质具有深远意义。

学前教育一直是我国各类教育中的薄弱环节，教育资源严重短缺，入园难问题突出，2010年全国学前三年毛入园率仅为56.6%（教育部发布2010年全国教育事业发展情况），远低于发达国家和巴西、墨西哥、巴基斯坦等发展中人口大国。随着经济社会的快速发展，加之人口流动大、阶段性生育高峰等问题的日益突出，使人民群众对学前教育的需求迅速增长，从而造成一些中心城市，频现“家长彻夜排队、一位难求”的现象。形成“入园难、入园贵”的现况。

当前，学前教育收费已高到让人无法承受的程度。在北京，月收费达5000元至6000元的幼儿园不在少数，幼儿学费已经超过了大学学费。有些大城市甚至出现了年收费达10万元的“天价幼儿园”，特别是一些幼儿园利用自身教育资源优势，非法收取赞助费、借读费、建校费等名目繁多、标准不一的额外费用，成为继大学教育之后压在年轻父母身上的又一座大山。另外，因公办园少、政府投入少等导致“入园难，入公办园更难”和收费超高的幼儿教育乱象。以郑州市为例，全市公办幼儿园的比例，仅占总数的23.8%（《郑州市“十二五”教育事业发展规划》），公办幼儿园明显不足。学前教育的发展现状中除天价入学费外还存在其他许多问题：部分幼儿园里存在虐待幼儿，降低幼儿的伙食标准，超班超额招生，减少教职员工的配职数量等现象；尤其在农村地区，由于办园条件、师资力量、教育理念、教育水平、监督管理等关键环节存在诸多亟待解决的情况，频现园舍设施设备简陋、师资力量薄弱、存在严重的安全隐患等问题，幼儿教育运行现状不容乐观。因此，从长远来看，把学前教育纳入义务教育体系，当成为未来教育改革与发展的大方向。

学前教育的成败关系着亿万家庭的幸福和国民素质的提高，将学前教育纳入义务教育具有现实和长远的重要性和紧迫性。学前教育是教育的发端、基础教育的第一环，深刻影响着一个人一生的成长和随后阶段教育的质量，直接对九年义务教育的质量和效益起着重要的基础性、全局性的影响，是国民素质大厦的奠基工程，因此，确立“社会发展，教育优先；人才培养，学前教育先行”的新观念是时代发展的需要。

学前教育问题已引起党和国家领导人的高度重视。胡锦涛总书记指出，在贯彻落实《教育规划纲要》时，“要专题研究学前教育问题，首先解决‘入托难’的问题”；国务院下发了《关于当前发展学前教育的若干意见》，提出了加快学前教育发展的十条政策措施，明确了学前教育的发展方向。

所以实施全面的素质教育必须从学前教育开始。为了确保每一个人都有接受教育的权利，为国家培养更多的高素质人才，应该让每个儿童都能接受高质量的学前教育。要实现这一目标，最根本的办法是把幼儿教育纳入义务教育的范畴。针对学前教育存在的问题，建议如下：

1. 制定学前教育法，规范全国的学前教育活动。2010年11月，温总理在就学前教育发展做专题调研时明确指出，要“通过立法把发展学前教育纳入法制轨道”。为使所有的儿童享受学前教育服务，国家应制定学前教育法，以法律的形式约束学前教育活动，是解决我国当前学前教育事业发展中诸多突出问题，促进学前教育事业健康可持续发展的迫切需要和根本保障。

2. 加大政府投入，实施幼儿义务教育免费政策。长期以来，政府投入不足是制约我国义务教育发展的瓶颈问题。近几年随着各级政府加大教育投入财政转移支付力度，教育经费匮乏问题有所缓解。如果将学前教育纳入义务教育体系，对适龄幼儿实行免费教育，其中所需资金可由中央、地方政府以及民办机构共同承担，集中多方力量推进幼儿教育义务化。另外，幼儿义务教育应分区域、分阶段推进。由于我国各地区之间、城乡之间在人口规模、经济发展水平、教育观念、基本办学条件等方面存在较大差异，因此，在全国范围内“一刀切”地推进幼儿教育义务化，目前看来并不适宜。幼儿教育义务化应该采取由东部向西部逐渐推进，由城市向城镇、乡村逐渐推进的策略，分区域、分阶段实施。可以考虑以国家立法的形式，授权各地政府根据本地实际采取适当的幼儿义务教育发展战略。

3. 加强学前教育的师资队伍建设。从人的成长发展规律及教育教学规律来看，越是起步阶段，学生对教师的依靠性越强，教师的作用越大，对教师综合素质的要求就越高。特别是幼儿教师，不仅要有良好的行为举止，还要有高尚的人格人品；不仅要掌握一般的教育教学方法，更要深入每一个儿童的心灵，实现分类指导，因材施教；不仅应该是学生的指导者，更要是儿童的朋友、亲人。因此必须要加强对幼儿教师的培养和培训，不仅要提升幼儿教师的学历，更要提升幼儿教师的能力、水平和素质，使他们真正成为能够培养人才的专业人才。同时对于从事幼儿教育一线工作的教育者，我们在政策与待遇上也要与现在的中学、大学教师一致，最大地保障幼儿教育者能在最佳的环境中从事幼儿教育。

4. 要强化督导，建立学前义务教育均衡发展有效机制。新一轮基础教育改革要在区分中小学教育和学前教育的前提下，构建一个符合素质教育要求的基础教育新体系，以达到建立中小学教育和学前义务教育均衡发展机制。这就要求进一步强化督导制度。除了建立对学前义务教育均衡发展的监测和评估制度，还要建立对学前义务教育方面科学正确的绩效政绩的考核制度，同时建立一个对各地学前义务教育均衡发展的公示制度并建立对学前义务教育发展的责任追究制度。加强完善督导队伍，进行学前义务教育的评估和检查，不断提高学前教育质量。以此形成有效机制，以使全社会都关心学前义务教育事业的发展。

5. 实行社会监督，促进幼儿园管理公开化。幼儿园的管理问题包括儿童的饮食、教育、住宿、安全等重要问题，是每一位家长选择幼儿园时首要考虑的问题。儿童的身体健康状况与饮食及锻炼密不可分，保证优质科学的饮食及和锻炼是促进儿童身心健康的基础。安全问题关系到千家万户的幸福、社会的安宁、国家的发展和民族的未来。因此，实现幼儿园管理的公开化、透明化，方便家长和社会对其进行监督，使幼儿园的管理更加人性化、切实保障每一位入园儿童的利益。

6. 加强幼儿园安全管理，切实保障每一个儿童的安全。幼儿园安全包括园区设备的检查维护、饮食安全和出行安全等。幼儿园安全管理不仅要从加强教职员工和儿童安全意识的培养，还要落实安全责任制度。此外，幼儿园安全保卫制度的完善，消防制度的落实，食品卫生安全的管理，水电等设施的维护及园区活动设备、校车的安全也是安全管理的重中之重。为幼儿提供安全的教育环境，让儿童在拥有知识的同时，能在安全的天空下自由发展，是我们全社会的共同职责。

2012年

关于加强高校教师队伍建设　发挥教师主导作用的提案

当今世界，随着社会经济的不断发展，“以人为本”的现代人本管理思想业已成为管理的一种价值取向、一种思维方式。大学管理最根本的对象都是“人”，学校的一切管理活动都应围绕如何识人、选人、用人、育人与留人而展开，高校的管理要围绕“人”而展开，实施“以人为本”的人本管理。高校建设不仅要把教师作为管理和服务工作的主要对象，而且要把教师视为学校发展不可或缺的资源，要紧紧依靠教师办学，科学地发掘教师的潜能，营造和谐的尊师重教氛围，最大限度地保护、调动和发挥好教师的积极性，从而为实现学校又好又快的发展提供强有力的人才支撑。在教师队伍建设和管理中，在强调教师的人格力量、学术魅力、奉献精神、自律意识的同时，也要考虑教师自身的发展与需求，真正把教师作为教育事业的第一资源，充分发挥教师在教育教学中的主导作用。努力为教师办实事，努力提高教师的福利待遇，努力改善教师的工作、生活环境，为教师创造学习、提高的机会和条件。学校事业的发展与教师个人的发展是互为因果的关系，科学、合理地用人本管理思想来认识和加强教师队伍建设不仅是教师自身的客观需要，而且是引导高校取得改革成功、能够持续发展的关键。一个学校的教师是否把全部精力和时间投入到工作中，已经越来越取决于学校本身能否最大限度地满足他们各方面的合理需求；教师在不断地追求高一级的需求中取得进步和激励，学校也在不断地满足他们的需求中得以发展。所以，当前的教师队伍建设以教师为主体的管理思想，能够充分地调动教师潜在的积极性和创造性。为此提出以下建议：

1. 采取有力措施，改善教师待遇

除了所在的单位外，教学、科研、组织、财务、后勤、学科建设等职能部门，以及医院、附属中小学等其他相关单位也要为教师队伍建设提供方便，让教师在生活中无后顾之忧。加强对教师队伍建设工作的统筹规划、政策研究和综合协调；牢固树立为教学、科研第一线服务和为教师服务的思想；充分发挥校学术委员会、学位委员会、教代会等在学校科学决策、政策咨询、民主管理和民主监督中的重要作用。只有通过全方位的力量组合，采取有力措施，才能保障教师的地位、维护教师权益，改善教师地位，从而调动并保护好教师参与学校建设与发展的积极性。

2. 提高高校教师业务水平，优化队伍结构

为了提高教师业务水平，要完善并严格实施教师准入制度，严把教师入口关，完善教师退出机制；加强学校岗位管理，创新聘用方式，完善激励机制，完善教师培养培训体系，通过研修培训等造就一批名师。除了自己培养外，高校可以通过引进人才，优化高校人才队伍结构，将大师、教授纳入教学规划内。二者互相促进，相得益彰。采取切实有效的措施，通过“内培”把“未来人才”的潜力尽快挖掘出来，注重“外引”人才，达到会聚创新人才、整合科技资源、营造竞争环境从而达到优化队伍结构的目的。总之，必须坚持引进和培养并举，加速提升教师的综合素质和学术水平。

3. 为高校教师的发展构筑更宽阔的平台

促进教师发展，关键还是要通过一系列人性化的制度设计营造好适合人才发挥作用的机制和环境。人性化的制度设计应当具有前瞻性、现实性、系统性和稳定性，确保制度最大限度地体现管理中的人文关怀，比如：允许教师参与学校的民主管理，使教师成为学校与学生之间的桥梁纽带。顺应高等教育改革潮流，通过改革创新，不断完善岗位聘用制度、收入分配制度和绩效考核制度，构建顺畅的运行机制，为教师的发展构筑宽阔的平台，充分发挥教师的主导作用。

2011年

关于坚持教育公平，实行分类指导，推进我国教育均衡发展的提案

我国幅员辽阔，各地经济社会发展水平存在较大差距。在推进教育事业改革和发展的进程中，应当把实现教育公平、实现教育均衡发展作为一个重要目标。特别是应充分考虑中西部地区、民族地区的实际，在教育投入、政策制定等方面给予重点倾斜，支持这些地区进一步加快教育事业的发展。以河南为例，河南省是一个人口大省、农业大省、教育大省，全省人口几乎占全国人口的1/10。但高等教育优质资源十分缺乏。到目前为止，全国“985”高校43所，河南没有一所，“211”高校仅一所。2008年全国高等教育毛入学率23%，河南省仅为20.5%，远远不能满足人民群众对高等教育的需求。2009年，国家安排河南省招生计划为36.95万人，经过努力，全省的生源计划将达到45万人左右，据此测算，全省普通高考录取率在46%左右，比全国平均水平至少低10个百分点。因此对于中西部地区，要区别对待、重点扶持，有具体措施促进快速发展。

一、教育公平为基本原则

教育公平是人的全面发展和社会公平正义的客观要求。党的教育方针明确规定，坚持教育为社会主义现代化建设服务、为人民服务，实际上，就是要通过大力发展教育，促进教育公平，保障每个人都有受教育的机会，最终促进人的全面发展和社会公平。改革开放以来，我国的教育事业取得了巨大成就，义务教育、高等教育快速发展，但有关教育公平的问题日益凸显。

二、立足国情促进教育公平

立足国情、因地制宜，让公共教育资源向中西部贫困地区、民族地区倾斜，推动农村同城镇、中西部同东部的教育协调发展，逐步实现基本公共教育服务均等化。健全学生资助制度，切实保障经济困难家庭、进城务工人员子女平等接受义务教育，让所有的城乡新增劳动力都能接受必要的职业教育培训。

三、合理分配教育资源

国家在教育公平原则基础上，对于教育资源的分配趋于更加公平合理化，对于教育经费、教育配额等应考虑教育的长期性和教育资源国民普遍享有的原则，消除教育发展的不平衡性，逐步消除由于地区经济发展水平不平衡而导致的受教育机会、程度和教育发展建设的不平衡。

2009年

关于树立良好学术风气　加强高校学术研究的提案

学术研究是大学三大功能之一。大学是研究高深学问的地方，自1816年洪堡创建柏林大学开始，学术开始进入大学的殿堂，科研在大学生活中占据着越来越重要的地位，崇高的学术声望已成为知名大学的招牌。

随着社会变革带来的价值观的变化，社会出现一些道德风气失坠的现象，诚信的社会问题也出现在高校，学术诚信问题已严重地损害高校的声誉，侵蚀着高等教育质量，危害社会环境，对高校及社会都有着意义深远的影响。向来被视为象牙塔的学术也不再是一块净土，近几年来中国学术界造假、剽窃、一稿多投等不端行为时有发生。据不完全统计，被点名或被质疑卷进学术造假或学术失范的学者教授不下百人。如井冈山大学学术造假事件、一些知名大学均有涉及，严重地损害了学术环境和声誉，破坏了学术风气，诋毁了学术诚信，挫伤了广大研究者的积极性和创造性，危及了学术研究的健康发展。

在2010年1月9日，国际权威医学刊物《柳叶刀》杂志以《学术造假：中国需要采取行动》为题撰文，1月12日，英国《自然》杂志在其在线版头条刊登《中国科研，发表还是出局》的文章，敦促中国学术界重振科研道德规范，健全处理学术投诉的制度，严重影响我国在世界学术界的良好形象。

由于偏颇的学术评价体系导致“论文崇拜症”。大学生毕业要论文答辩，教授、医生、记者等各行各业职工评职称要提交论文，这种机械的学术能力和职业能力考评体系，无疑是催生论文造假的原因之一。学术论文沦为商品现象日益严重，对学术造假起到了推波助澜的作用，更加剧了学术环境污染。

学术功利化倾向日益突出，侵蚀着整个学术的根基。在功利化的作用下，应用学科、实用技术为人们所竞相追逐，而基础性的理论探索却备受冷落，鲜有人问，造成学术研究日益世俗化、庸俗化、片面化。

另外在现在高校中，学术运作中官本位色彩过浓，干部任用、社会就业重文凭而轻才干，导致混文凭和论文买卖之风盛行。当今官本位的社会意识也造成学术界仕则学优的怪现状，行政权力可直接转化为学术资源，严重冲击着高校独立的学术精神，影响着学术的发展。

党和国家领导人多次强调要加强科学道德和学风建设，规范学术行为，提倡学术争鸣，营造自由平等、求真务实的学术氛围，建设和谐、诚信的学术环境。因此，应当树立高校良好学术风气，加强高校的学术研究，此建议如下：

一、采取得力措施大力表彰和宣传优秀学者、学风及其成果，建立有效的奖惩制度，造就全社会重视优良学风建设的健康局面。加强学风建设的过程中，要深刻认识学风建设与党风建设、政风建设和社会风气建设之间的内在相关性和互动关系。同时，加强舆论监督，开展有效的学术批评，大力惩戒学术不端行为，提高学术不端行为的成本与代价，加大对学术违规行为处置力度，形成严肃的学术风气。

二、建立科学学术评价体系。改变当前科研评价体系重数量、轻质量，重短期效应、轻长期积累的取向；同时建设相关制度规范，合理配置学术资源，建立切合实际的考核和晋升制度。倡导遵守国家的相关法律法规，依法治校，完善学校的规章制度，加强对学术失范的监控和惩处。

三、要按照科学管理的原理建构起科学的高校管理体制。致力于在高校建立以教师为本、以学术为本的现代大学制度，在观念上要淡化学术运作中的官本位意识，使政学分开，逐步实现学术自治和学术运作的独立，是保证学术良性发展，平衡行政权力和学术权力，形成良好的学术环境和学术生态，并处理好高校内部行政权力和学术权力的问题、教育行政管理部门和高校的关系。

四、加强高校教师学术道德和学术规范教育。建设高校的目的在于培养人才，造福社会，提高教师的职业和道德水准是提高建设层次重要途径。“学为人师，行为世范”，教师的道德践行起着重要的示范作用。不但学生们，古往今来整个社会对于人格高尚、学术精湛的老师都是十分崇敬的。所以，要在高校教师中加强学术道德和学术规范教育，进行道德建设，营造一个诚信的学术氛围，是学校贯彻始终的长久任务。

2010年

关于优先推荐太极拳申报世界非物质文化遗产的提案

太极拳是中华民族灿烂文化中的奇葩，是中国标志性的文化符号，包含着优秀的健身方法，积淀了丰富的中国传统文化，是武术、医学、哲学和艺术的完美结合，体现了中国传统文化的优秀内涵，是与京剧、国画、书法相媲美的国粹之一。2006年2月20日，国务院批准太极拳列入第一批国家级非物质文化遗产名录。

太极拳是集技击、强体、健身、益智和修性为一体的独特运动方式，其中蕴藏着东方哲学的深刻内涵。它将阴阳、动静、正反、有无、形神等对立统一的内容融入武术之中，以符合人体运动规律的演练形式强体健身，体现了中华民族生生不息的活力。在人们越来越重视身心健康的今天，太极拳已经受到世界许多国家和人民的关注。

但由于工业化、全球化及市场经济等多种因素的影响和冲击，太极拳的当代发展面临困境，其文化内涵日渐消亡，原文化生态环境遭到破坏，许多拳、械套路濒临失传。近年来，党和政府虽然在政策、资金投入、普及推广等方面采取了一系列保护措施，但如陈氏太极拳等数种太极拳的发展状况仍不容乐观，濒危的形势依然严峻，亟待进一步加强保护。

优先推荐太极拳申报世界非物质文化遗产的必要性和紧迫性如下：

1. 太极拳被称为“哲拳”，是中国传统文化的杰出代表，有着优美的技击、独特的思维和丰富的精神内涵。其以传统太极文化理念为指导，以逆向思维来指导技击术，结合传统道家的吐纳、导引和中医的阴阳、经络理论，以激发人体潜能为目的来实现修身御敌，同时又具备浓厚的哲学文化底蕴，把武术文化修习的理念发挥到了极致，使太极拳不仅是一种运动，一种武术，更是一种文化，实现了武术与传统太极文化的完美结合。保护太极拳就是保护中国传统武术文化。

2. 太极拳作为我国首批国家级非物质文化遗产，丰富的哲学思辨理念锻炼了人的心理素质，简便易行的技法锻炼了人的身体素质，有利于促进人们身心协调，有利于缓解人们生理和心理压力，构建和谐社会。在太极拳越来越受到世界人民重视的今天，成为继中医文化的“中国文化走出去”的另一先行者。优先申报太极拳为世界非物质文化遗产，可以向世界传扬我们的优秀民族文化，更加提升国家的文化软实力，同时为世界非物质文化发展做出贡献。

3. 在世界文化传播同化与异化竞争日益激烈的今天，太极拳作为我国文化对外传播的新载体，其未来的发展和传承趋势显得尤为重要。国外多个国家如美国、德国、日本等已经加大投入，把太极拳列为国家级学习、体育健身与竞技项目，建设多所太极拳馆和气功学院，太极拳作为人类最优秀的健康方法而受到了广泛关注，作为太极拳的故乡应首当重视。因此，加快推进保护我国的太极拳成为世界非物质文化遗产是当前文化大发展大繁荣的一项亟待解决的问题。

所以，为了使太极拳这一文化瑰宝为经济社会发展和身体健康做出更多更大的贡献，我们必须保护好发展好这一优秀武术保健文化项目，加大专项资金投入，列为国家文化发展和对外传播的重要项目，加速申报为世界非物质文化遗产的日程。据此提出以下建议：

1. 国家主管部门应高度重视太极拳申遗工作，将太极拳列入最前申报日程，在申报材料、信息提供、程序方法上都给予有力支持，确保太极拳申遗成功。

2. 在国家层面上，就太极拳推广普及进行立项，将太极拳列入全民健身计划。国家财政需拨付专项资金，用于全民健身太极拳基层教练和社会体育指导员的理论和技术培训，加大太极拳在各级各类学校教育教学体系中的比重和学时，特别是在大学和初、高级中学中的教学比重。这是保障进行太极拳保护的人才基础，并以此来弘扬国粹，提升国民健康水平和综合素养。

3. 大力培养师资，加强组织领导。太极拳的传承需要大量的师资人才，对于师资的培养，我们必须突破传统“拳师”式的培养模式，要用科学的、系统的太极理论做指导，培养新型的“太极拳传人”，这就需要专项资金用于组织专家研究太极拳标准化工作，制定专门的研发计划和普及计划，让太极拳这一杰出文化为人类的身心健康和社会和谐进步做出应有的贡献。

4. 国际武联于2000年7月决定，将每年的5月定为“世界太极拳月”，而我们国家可以根据太极拳的发展历史，确定某一天为“中国太极拳日”。同时，加强与国际接轨，加大对外宣传交流力度，制定并完善竞赛规则，对接国际惯例，力争早日让太极拳进入奥运会比赛项目。

5. 建立一套完善的太极拳文化传承人的评价和培养机制，专项资金用于组织专家编写相应的培训教材。将太极拳基础课程纳入九年义务制教育教学大纲，同时在大学公共体育课程中，纳入初、中级太极拳推广套路，这对从教育的根本上保护和宣传太极拳文化具有重要的作用和意义。

6. 设立专项资金用于扶持太极拳产业研发，组织专家进行太极拳与人类健康的科学研究。在深入研究的基础上，完成“太极拳国学化”的认识，也只有在完成将太极拳国学化认识的高度下，才能使太极拳真正的健康良性发展，更好地为人类健康事业做出应有贡献。

2012年

关于进一步加强突发性自然灾害预测和救助机制的提案

今年春节前夕，在我国南方广东、湖南、湖北省等十几个省市发生了严重的雨雪冰冻灾害，出现了断水、断电、交通堵塞等问题，部分省市甚至启动了最高级别的警示，并且灾害后续影响日益显著。由于这场灾害发生在春节前后，突出地影响了人们的正常生活。在党中央高度重视下，国家和地方政府积极采取一系列有关措施，兄弟省市也纷纷支援受灾省市，全国人民众志成城，抗击灾害取得了胜利。

近年来全球气候呈现异常变化，导致重大突发自然灾害明显增多。在此次突发雨雪冰冻灾害中，尽管我国政府和人民积极应对，抗击有力，但也反映出目前我国对突发性自然灾害的预测和应急救助机制非常薄弱。对此建议国家进一步加强突发性自然灾害预测和救助机制。

1. 加强预测自然灾害的能力

建议国家相关机构加强研究，提高对可能发生的自然灾害预测能力，开展对重大自然灾害的影响评估研究，为能尽早预测和评估出自然灾害影响提供依据。

2. 建立自然灾害救助机制

针对重大自然灾害，制定、完善灾害应急救助预案体系，建立快速反应和综合协调的救灾工作体制，提高自然灾害应急反应能力和紧急救助水平。

3. 建立多种灾害救助资金筹集途径

除了国家加大救灾经济资助力度外，可通过多种筹集救灾资金途径，建立企业、非政府组织、普通民众、国际社会等社会化救灾资金投入体系。

4. 开发和完善重大自然灾害救助设备

对于多种重大自然灾害，借鉴其他国家的抗击措施，研制和开发在重大自然灾害中实施抗击和救助的设备，提高救灾装备水平。

5. 提高群众性自主防灾救灾能力

充分认识到灾害中群众性自主防灾减灾的重大作用，建立群众性自主防灾减灾组织和灾害应急救助队伍，提高群众自我防灾能力，发挥基层群众救助力量。

6. 加强灾后疫情控制

在突发性自然灾害过后，积极预防灾后疫情的发生。相关卫生部门要及时掌握灾区疫情情况，及早采取措施控制疫情的扩散和流行，确保大灾之后无大疫。

总之，面对自然突发性灾害，只有我们具有一定应急能力，才能最大限度减少灾害所造成的损失，安定社会生活，保证经济社会建设发展的顺利进行。

2008年

关于妥善解决返乡农民工就业问题的提案

去年下半年以来，受全球金融危机影响，我国沿海等地一些出口外向型企业经营困难，部分企业停产或倒闭，不少地方出现了农民工提前返乡现象。农民工已成为我国产业工人的重要组成部分，对务工省份现代化建设做出了重要贡献，也直接关系到农村经济发展和农民收入，关系经济社会发展全局。大量返乡农民工不能及时重新就业将对输出省经济发展和社会稳定工作造成巨大压力。2009年大量返乡农民工的就业问题成为各主要输出省亟待解决的问题。一是农村劳动力转移就业压力增大。输出省就业容量有限，城乡经济发展难以承载大量农村劳动力的就业问题。同时沿海省份在产业升级转移过程中，为减轻公共服务负担和城市管理压力，着力安排本省农村劳动力转移就业。二是返乡农民工滞留农村或盲目外出将带来严重的社会问题。多数农民工尤其是“80后、90后”等新一代农民工长期在外务工，已经适应了城市生活，不愿再回到农村。调查显示大多数返乡农民工打算再次外出务工，但没有明确的就业岗位目标。如盲目外出或滞留将在土地使用、社会治安、社会保障、子女教育等方面带来一系列问题。三是农民工不能及时转移就业将严重影响农民增收。为此建议国家劳动保障等部门及时了解掌握返乡农民工现状及发展趋势，采取有效措施积极应对。

1. 调整对农民工的财政倾斜

农民工素质普遍偏低和新增岗位对技能要求日渐提高的矛盾已成为农民工就业面临的主要矛盾之一。建议中央财政加强对中西部地区农民工技能培训的财政支持，增加就业专项资金，着力提高农民工技能水平，从根本上解决农民工就业问题，为实现全国经济平稳快速发展做好技能人才储备。继续实施

“农村劳动力技能就业计划”“阳光工程”“雨露计划”等针对农村劳动力转移就业的培训项目，通过延长培训期限，切实帮助农民工学到一技之长。通过提高财政补贴标准，调动培训机构和农民工参加培训的积极性，扩大培训规模。对农村初高中毕业生开展劳动预备制培训，或进行一年以上的技工教育等职业培训。

2. 加强国家对农民工的政策倾斜

建议国家发改委及有关部门，按照统筹城乡就业的要求，加大项目扶持力度，在2008年试点的基础上，扩大建设规模，帮助中西部地区建立和完善县乡农村劳动力公共就业服务中心，开展农村劳动力资源管理和就业服务，免费向农村劳动力提供就业信息、政策咨询、职业指导、职业介绍等公共就业服务，提高转移就业组织化程度，实现有序转移。

3. 完善国家对农民工的社会保障制度

建议国家尽快制定出农民工养老保险办法和养老保险关系转移接续办法，切实解决农民工养老保险及社保关系的转移接续问题。

4. 强化劳务省对农民工的帮扶责任

大批中西部省份农民工长期在沿海等地务工，为输入地创造了巨大财富，促进了当地经济社会的繁荣发展，沿海等输入地政府也有义务积极做好失业农民工的各项服务；春节后大量农民工盲目外出，不能及时得到就业岗位，也将会对输入地的社会稳定产生一定的影响。建议沿海等输入地政府在稳定就业岗位的同时，要将外省农民工纳入当地就业扶持政策救助范围，组织已经失业的外省农民工尽量在当地进行技能、转岗培训，落实失业保险等救助政策，并在落户、子女教育、农民工居住等方面落实政策，提供公共服务，切实维护劳动者的合法权益。

2009年

政协第十二届全国委员会

【提案】

关于弘扬仲景医药文化　打造国际仲景医药品牌的提案

中医药是中华民族传统文化的瑰宝，医圣张仲景在中医药界有“经方之祖”和“万世医宗”之誉，作为中国古代十大圣人之一，具有中国中医药文化遗产的“神圣性”和“唯一性”，他创作的《伤寒杂病论》巨著跨越历史、跨越社会、跨越人群，被历代医家推崇备至，是后世传习中医的必读经典，至今仍是我国中医院校开设的主要临床基础课程之一，其医学价值内涵和文化价值魅力尤为彰显耀眼。张仲景医药文化根植于我国古代精气、阴阳、五行哲学思想，创立的辨证论治中医学诊疗体系，体现出东方医学思辨智慧，成为构建中国传统医学理论体系的重要基石，是中国中医药文化的优秀典范式代表，并有别于西方微观、逻辑、解剖、分析的医学思维文化体系。

由于张仲景在中医药学中的特殊地位，其著作、其人物、其学术已成为中医药文化的一面旗帜和典型代表，对振兴、促进、发展中医药学有着极其重要的象征意义和精神价值。仲景医药文化在很大程度上代表了传统中医药文化，体现了中华民族传统文化所具有的天人合一思想特征、博大兼容智慧特征、以人为本生命特征、一脉相承民族特征。

打造仲景文化品牌，实施仲景医药创新工程，对于增强传统中医药文化影响力，加速中医药事业的发展，促进地区经济发展、扩大中医药产品服务具有重大的现实意义。第一，弘扬仲景医药文化，打造仲景文化品牌，有利于推动中医整体思维、辩证思维、中和思维及特色诊疗技术的应用，培养仲景学术思想传承人才，发挥中医药简便廉验的特色优势，研发仲景方药，促进中医医疗产业快速发展。第二，通过打造仲景医药文化品牌，创新文化发展，能够以品牌效应不断增强中医药在国际的影响力和中国传统文化的国际交流。第三，打造仲景医药文化品牌，用文化创新带动医药、技术、管理等自主创新，对中医药企业发展和以文化品牌为核心的产品开发具有潜在的重要推动力，并能加快中医药产品走出国门，增强中医药服务贸易。第四，打造仲景文化品牌，对于高等中医药院校打造仲景特色精品课程、吸引更多海外中医人才、促进中医药教育国际化具有重要作用。第五，打造仲景医药品牌，打造中医院行业品牌、科室品牌、专家品牌，凸显中医院品牌优势，增强中医药医疗服务具有重要意义。

加强仲景医药文化弘扬和打造仲景文化品牌的具体建议：

一、加大人员和资金投入力度，挖掘和培育仲景文化。1.挖掘和凝练仲景医药文化的内涵、核心和精髓。制定政策，使各中医药高校、医院、医药企业以仲景文化为核心，使仲景文化挖掘成为一项组织性、条理性及经常性的系统工程，创立仲景医药品牌，长足带动各行业发展。2.找准着力点，在文化继承和创新中推动区域经济发展。要坚持从仲景文化地域实情出发，积极吸收借鉴西方现代文化包括医药文化的有益成果，以文化繁荣带动区域经济发展。3.建立有效的仲景医药文化培育体制和机制，制定培育规划，确定培育项目、目标、途径及步骤等，形成以政府规划为主导，以国家相关政策为依据和激励，以各单位、职能部门、组织团体及学术组织为主体，以企业扶持为补充，社会全员参与的机制，把仲景医药文化品牌做大做强。

二、加强仲景文化宣传和传播。1.要加强社会宣传，增强仲景文化的感召力和吸引力，提高仲景文化的社会影响力。2.大力发展仲景文化产业，建立仲景文化产业基地，强力扶持健康产业、生态产业和旅游产业发展，对国内外宣传仲景文化，让仲景文化旅游成为具有国际影响的服务产业。3.加强举办“仲景经方研讨会”“仲景学术思想研讨会”“仲景文化笔会”“医圣故里寻根”“仲景健康大讲堂”等学术及科普活动，让更多的人通过仲景医药文化更加深刻认识中医药、了解中医药、接受中医药。4.进一步加强仲景医药文化的国际传播，如创办海外仲景医药研修班、选派国内专业人员到海外讲学等，提高中医药国际影响力和渗透力。

三、加强仲景医药人才培养。1.在中医药高等院校开办“仲景学术传承实验班”，树立仲景医药品牌意识，弘扬仲景文化，培养仲景学术思想传承者。2.培养全国仲景文化名人、仲景学术带头人与知名文化企业带头人，积极参与国家有关医药问题的研讨与解决，并积极提供能够体现仲景文化精神智慧的解决方案。3.实施仲景文化品牌和文化名人战略，扩大市场效益。

四、打造仲景名牌医药产品。鼓励医药企业积极研发生产仲景医药产品，形成仲景医药诊疗、人才培养、研究开发、中药制药产业体系，在弘扬仲景医药文化的同时，创新医药科技，加强自主研发，突破中医药创新发展中的关键问题，以品牌突出地位，为中医药进入国际市场、走向世界奠定坚实的基础。

五、加强仲景医药对外交流与传播，打造仲景国际品牌。1.高等中医药院校内，借助中医药教育国际化交流与合作平台，发挥仲景医圣优势，建立高校仲景医学品牌，培养具有坚实的中、西医理论基础和继承张仲景学术思想特色的中医专门人才。2.举办国际仲景学术交流会，加强对外中医人才输出，让体现中医药精髓与特色的仲景文化走向国际，推动世界医学走向更大的辉煌。4.中药企业继续以仲景文化为企业的核心竞争力，做好、做强仲景医药品牌，积极申报中国驰名商标，并在国外多地区和国家注册“仲景”商标，打造国际医药行业的知名品牌。

2013年

关于保护中成药制剂GTW临床应用的提案

近期国家食品药品监督管理总局为控制药品使用风险，下发了修改雷公藤中成药制剂雷公藤多苷（GTW）说明书的指示，要求标识“儿童禁用”字样，此为国家对保护儿童健康和用药安全的高度重视的举措，对于保护儿童健康安全具有一定的积极作用。

但鉴于国内儿科使用GTW已历经近30年历史，经国内20余所国家、省级、高校附属医院长期使用过GTW的儿科专家沟通讨论，认为对于“儿童禁用”决策的提出，需要慎重，应进一步论证，扩大范围征求确实长期使用过GTW的全国中西医专家意见后再做定夺为宜。

临床使用GTW的现状：

一、GTW在中国儿童免疫性疾病的治疗中有时是西药不可替代的，“儿童禁用”将剥脱这部分患儿的用药权利。

GTW作为一种新的免疫抑制剂的中成药，确切的疗效使它广泛应用于治疗成人和小儿多种免疫性疾病，应用于儿科临床也已有近30年，治疗对象多为儿童期的结缔组织病的类风湿性关节炎、系统性红斑狼疮及狼疮性肾炎、过敏性紫癜及紫癜性肾炎（HSPN）、IgA肾病（IgAN）等，使它具有重要的药学地位。儿科临床曾对许多用西药各种免疫抑制剂不耐受或无效的患儿，采用GTW治疗而获得缓解，因此该药对儿童免疫性疾病的治疗作用是独特而不可替代的。另有少年类风湿性关节炎患儿中有部分表现为血白细胞持续增高的类型，恰好是使用GTW的最佳适应症。而说明书一旦有儿童“禁用”的标识，临床对西药无效或不耐受的儿童结缔组织病患儿将面临失去一种可供选用药物的困难境地，使他们甚至失去治疗的机会。

二、GTW使用方便、价格低廉，尤适用于中国广大民众的经济能力及国家儿童医疗保险改革政策需要。

目前临床使用的免疫抑制剂除皮质激素、CTX外，其余大多是进口药物，价格昂贵，致使许多基层百姓的孩子因经济不支而中断治疗。GTW的零售价格仅23元（50片），其使用方便、价格低廉，尤其适用于中国民众的经济需求，从而保证疾病的及时治疗。也符合目前国家儿童医疗保险改革政策的需要。

三、GTW的近期不良反应发生率并不高，且大多数副作用是可逆的。

近30年来国内使用GTW的儿童，仅在北京协和医院儿科、南京军总儿科、南京儿童医院、湖南大学湘雅医学院、江苏省中医院儿科、北京儿童医院、河南中医学院一附院儿科等20余家省级以上医院应用的患儿人次粗略估算就约达数十万人次以上，从长期的临床观察中，发现GTW虽有肝损、血液白细胞下降和血小板降等副作用，但发生率并不比环磷酰胺、来氟米特等其他免疫抑制剂高，而且是可逆的，减量或停药后即可恢复。以上单位在长期使用GTW的过程中均未见有严重不良反应事件发生。且国内至今尚无儿童使用GTW后有严重不良反应的报道，更未见GTW副作用专项药物流行病学数据。因此，据现有资料认为GTW对儿童近期副作用并不大，且是可逆可控的。GTW“儿童禁用”的决策有待进一步商定。

四、西药免疫抑制剂（包括抗肿瘤化疗药）很少在药物的说明书中规定儿童“禁用”。

环磷酰胺（CTX）是抗肿瘤最常用的药物之一，其对性腺的损害是不可逆的，对血液、肝脏及机体免疫力的损害也明显高于GTW，可该药目前在儿童的血液病、肾病等疾病的治疗中经常使用，说明书中仅对“有骨髓抑制、感染、肝肾功能损害者禁用或慎用”。对儿童未冠以“禁用”。相比之下中成药GTW的毒副作用远不及此类药物。何况，许多有独特疗效药物如抗痨药利福平、异烟肼的肝毒性、免疫抑制剂环孢霉素A的肾毒性等等，均早已被证实，因其受益与风险总是并存的，均未被规定儿童“禁用”。

五、GTW的不良反应与剂量、疗程虽有一定关系，与个体差异尤其是药品的不同制剂也有关系。

根据以上儿科多年持续用该药的经验认为，其副作用与剂量、疗程虽有一些关系，但与个体差异、药品的不同制剂关系更大。

国内生产GTW厂家较多，虽均有较好疗效，但不同产品或同一产品的不同批次，其副作用发生率常有区别，因此，GTW的不良反应有待进一步调研。

六、近25年来关于GTW的研究尚存在问题。

①动物实验造模大多采用近期性腺损害的观察，缺乏远期性腺损害尤其是生育能力的研究。②临床报道以性腺损害为远期副作用的观察，其监测指标基本上女性以月经周期、男性仅以一次精液的检查结果为准，能否以此下“生育障碍”的结论值得探讨。③至今尚未见大样本多中心的设计严谨的相关临床随访报道。

建议国家适当保护中成药制剂GTW的建议：

一、GTW是中国民族自主知识产权的中成药，希望加以保护。

在国际上中国自主研发的免疫抑制剂类药物较少的情况下，该药的研发成功是可贵的，该药在临床被广泛应用30余年经久未衰，其适应症仍在扩大，且大多为免疫性疾病中的疑难病症，足以证明其具独特疗效的存在。对如此少有的自主研发的中药免疫抑制剂，希望加以保护。

不可否认，临床医师对于GTW的认识上有很大差别，如对药效（疗效）方面的过高评价，或因毒性（不良反应）的存在而全盘否定（如性腺损害）。而造成认识上差别的原因除医生临床经验不同外，是否与生药的药源、取材部位、生产工艺等不同有关还有待于国家相关部门进一步调研。

二、建议对GTW“儿童禁用”概念进行详细界定，建议将GTW的禁用范围限定为婴幼儿禁用、儿童慎用。

据世界卫生组织界定，儿科范围是从出生到18岁，分为新生儿期、婴儿期、幼儿期、学龄前期、学龄期、青春期等6个阶段，“儿童期”通常有广义和狭义之分，广义是指18岁以下所有未成年人，狭义则为学龄前至14岁，不包括婴幼儿及新生儿（因婴幼儿以下的3个阶段组织器官发育尚不成熟）。学龄期以上的儿童发育多较好，用药特点基本同成人。药物一旦被标识“儿童禁用”将会导致这一庞大群体失去使用该药的机会。

三、GTW对儿童生育能力的影响还有待进一步研究证实。

性腺损害是家长及医生最关注的问题，据国内研究报道暨我们的经验，

GTW可导致部分女性月经紊乱、精液异常等近期性腺损伤，但国内的研究又表明其性腺损害大多是可逆的，因这些副作用基本上在停药以后较快恢复。此外，成年人月经不调、精液短期持续异常能否影响最终的生育能力也有待于进一步研究。此外，河南儿科曾遇3例年龄大于14岁男性患儿因未遵医嘱私自持续服GTW达7年之久，现已结婚生子，子代健康。据此，GTW对生育能力的影响还有待进一步研究证实。

四、不少厂家GTW产品的主要成分波动很大，造成其疗效不稳定、副作用发生率增加。建议制定相关政策要求各生产企业就采用原料、制剂工艺、质量标准、毒性试验（最好规定具体的毒性试验技术方法要求，如成人、儿童生殖毒性的可逆试验方法等）等技术资料重新申报，并起草新的说明书，经审批后，对于说明书按以上资料作出修改。

五、说明书中增加对儿童（包括成人）的严密监护措施的要求，如定期查血常规、肝功能等注意事项，以便临床在严密监控下使用GTW。

六、加强儿童使用GTW的科学研究。

①GTW对儿童远期副作用（生育能力影响）的药物流行病学的研究亟待开展。②中药干预其副作用的研究。为科学使用GTW治疗中国儿童免疫性疾病提供更多途径。

2013年

关于加快发展中医药服务贸易的提案

加强中医药国际合作与贸易是国家“十二五”时期的重点工作之一，在《中医药对外交流与合作中长期规划纲要（2011—2020）》《商务部、外交部、国家中医药管理局等十四部门关于促进中医药服务贸易发展的若干意见》等相关文件中，明确了中医药对外交流与合作工作在国家经济和中医药事业发展中的重要作用，对推动中医药走向世界发挥了积极作用。中医药服务贸易正是在此基础之上提出的新概念，把中医药服务作为我国发展服务贸易的一个重要资源，充分发掘其特色和优势，扶持中医药服务贸易做大做强，创立国际贸易品牌，对提升中医药和文化的国际影响力，促进我国服务贸易出口调整，成为我国服务贸易的新的生长点，有效带动经济增长具有积极作用。

目前，我国中医药服务贸易涉及中医药医疗服务贸易、中医药教育服务贸易、中医药产品开发与科技推广服务贸易、中医药旅游服务贸易、中医药文化服务贸易等，但都缺乏品牌影响力，在对外贸易市场中所占份额仍较低，尤其在欧美主流市场，这一情况更为明显。我们需要打造一批有影响力的中医药国际贸易品牌，加强国际性平台建设，研究贸易机制，在国际化、市场化、专业化等方面取得新突破。此外，中医药服务在国际《服务贸易总协定》中没有明确的分类表述，使我们在发展国际服务贸易时不能准确定位，相应的中医药服务贸易政策和标准尚未制定，在一定程度上减缓了中医药服务贸易和国际化进程。

加快发展中医药服务贸易对于增强中医药文化影响力，加快中医药教育国际化进程，促进国内高科技中医药产品开发，提高我国中医药产品国际竞争力和市场占有额，实现中医药行业从原材料出口为主到服务贸易为主的转变，推动中医药事业快速发展具有重要的现实意义和深远的历史意义。同时，加强对中医药服务贸易的组织、引导和规范，使中医药服务成为服务贸易的一分子，具有重要的战略性意义，未来将成为服务贸易业的一大重要资源。

加快发展中医药服务贸易的建议如下：

1. 加强高科技含量的中药产品贸易

中药、中成药等在国际医药市场中的份额和影响力远低于西药和其他药品，国家要加大扶持中药产品研发，培育中药品牌企业，建立以企业为主体、市场为导向、产学研结合的中药研发体系，形成中药种植、加工、营销系统完整的产业链，做大做强中医药产业，创立国际中药品牌，增强中药、中成药在国际医药市场中的竞争力和影响力，而不只是以保健品的形式进行贸易。

2. 积极发展中医对外医疗服务贸易

加强发掘传统医药在治疗疑难杂症方面的价值，提高传统中医学在世界医学疑难疾病防治中的贡献率；充分发挥中医治未病、养生保健和中药回归自然、安全健康的特色优势，输出中医药简便价廉的医疗保健服务；加强与各国交流，进一步扩大中医药医疗服务贸易国家范围，增强中医药在国外消费者中的影响力。

3. 加强中医药技术的输出和推广

不断提高我国中医药自主创新能力，深入开展高水平中医药国际科技合作；国家中医药科技交流和推广中心专项管理中医药科技开发基金，资助和组织新技术、新成果、新产品的研究开发和推广，开展中医药技术服务和技术转让，发展技术贸易；建立中医药成果信息网络系统，加强国际间的中医药科技合作交流；积极引进科学技术、设备和资金，努力开拓国际贸易市场。

四、大力发展中医药对外文化贸易

培育一批文化出口企业，积极创建中医药文化品牌和“对外文化贸易基地”，推动更多的具有中医药自主知识产权和品牌的文化企业和产品进入国际市场，提升我国中医药文化影响力。

五、全面推进中医药国际教育合作与发展

加大中医药在欧美国家的宣传推广和市场占有额；实现中医药学对外高等教育与境外的医疗、协作科研的有机结合，推动中医药学高等教育国际化；

及时吸收和消化现代科学技术，凝练出具有原创性的中医药关键技术，创新中医诊疗手段，广泛开展国际协作的科研工作。

6. 制定相应中医药服务贸易政策和国际准则

研究中医药服务贸易策略，在联合国贸易《中心产品分类》中明确中医药服务贸易的分类定位，以便在世界贸易组织中确定中医药服务贸易的国际地位，并据此进行国际谈判、贸易统计和市场分析，推动中医药服务贸易的健康有序发展；加快中医药各项国际标准的制定，加强对中医药服务贸易的组织、引导、规范，制定扩大出口政策。

2013年

关于加强国民健康教育的提案

健康作为人类全面发展的基础，既是国家经济和社会发展的重要标志，也是实现经济社会全面发展的基本保障。近年来，随着人民群众物质生活水平的提高和医药卫生体制改革的不断深入，广大人民群众的健康水平也不断得到提升。但由于健康意识、健康理念淡薄，导致各种慢性病、传染性疾病增多的现象十分突出，这不仅耗费了大量的医疗资源，同时增加了医保负担，给医保基金的安全性和抗风险能力也带来了威胁。据2012年最新公布的一份全球145个国家的健康排行榜中，中国仅排在第55名。目前，高血压、高血脂、肥胖、糖尿病、心脑血管病、癌症等慢性非传染性疾病已成为我国广大人民群众健康的主要威胁，并构成疾病社会负担的大部分（68.7%），且正在以18%的年增长率上升，而其中因生活方式不健康致病的占45%—47%，致死的占37.7%。除了不科学的生活方式对国民健康构成威胁外，对医学和健康知识缺乏了解、公民基本科学素养偏低、公共预防工作不到位也是影响国民健康的重要因素之一。据最近第八次中国公民基本科学素养调查报告，仅3.27%国民已具备基本科普知识，而被调查者对医学与健康知识的渴求率却高达82.66%。然而，有资料表明，公众对最基本健康知识知晓率只有1/3左右。我国国民健康教育亟待加强。

健康教育是一项传播卫生保健知识和技术，培养健康行为，促进公民健康的社会系统工程，也是一项重要的民生工程，它直接关系到民生的质量和水平的提升。健康教育也是国家确定的基本公共卫生服务项目之一，《我国国民经济和社会发展十二五规划纲要》明确提出“普及健康教育，实施国民健康行动计划”，切实减轻不良生活方式所造成的慢性疾病对人民健康的威胁，继续推进健康素养促进行动。

加强国民健康教育是树立健康理念，保护人民身心健康，提高国民生活质量和水平，增加国民幸福指数，促进人的全面发展的重要基础；是我国医疗卫生事业实现以治疗疾病为中心向以维护健康为中心的根本转变，让老百姓不生病、少生病、生小病，解决“看病难、看病贵”、降低全民基本医疗保障成本和促进全民医保的有效途径；是促进我国经济社会健康发展的必然要求；是预防当前各种“生活方式病”、全面提高国民健康水平的根本方法。

健康教育作为一项社会系统工程，任重而道远。但在我国健康教育事业发展中还存在一些问题：健康教育重视力度不够、承担健康教育人员能力不强，健康教育经费投入不足，政府健康教育监管缺失，健康教育网络不健全，当前健康教育服务只能就某些突出的健康问题和疾病预防知识做些狭隘的、片面的、宣传式的教育等。为此，提出如下建议：

一、加强领导，加快把国民健康教育提入重要议事日程，提出促进健康是一项国策性口号。提高国民健康素质，构建全民健身体系，是国务院确定的各级人民政府全面建设小康社会的奋斗目标之一，建议将全面提高国民健康水平和促进全民健身工作写入各级政府工作报告，进一步加强重视；将全民健康教育作为与深化医改同等重要的工作同步推进；教育、科技、文化、体育、卫生、疾病预防等部门共同加强重视、协调开展国民健康教育和健康促进工作。

二、加强对国民健康教育的宣传和引导。1.政府传媒机构制定相关规定，对各媒体单位、电台机构要求每年至少有一定量的公益广告、电视系列讲座、宣传片等形式的健康教育宣传节目，加大对国民健康教育知识普及，使人们树立疾病预防观念，改变不良的生活方式和行为，有效地预防、减少各种传染病、慢性病的发生。2.国家和各地区建立以图书资源库为专项，包括健康教育、健康促进和疾病预防的健康信息中心，供全民健康问题咨询。3.各级政府部门加大投入力度，加强政策制定，宣传和引导全民参与健康保健、膳食营养、健身训练，引导人们摒弃陋习，实现高质量的健康生活目标。针对在校学生，从幼儿学前教育到小学、初中、高中、大学，开展不同阶段的有针对性的医学知识健康教育、心理健康教育和体育锻炼必修课和课外活动，加强对学生身体素质和心理素质的全面培养，制定政策加强各级部门的监督工作，定期对学校健康教育进行考核，学校定期汇报针对提高健康教育质量所采取的合理措施；针对医院，加强疾病预防和养生保健宣传教育，开办各种对外开放的健康教育讲座，并将此项工作的开展纳入医院考核指标；针对农村和城镇居民，各级卫生部门和公共服务部门广泛开展定点定期健康义诊、健康知识讲座和健康技术传播活动，加强疾病传染、预防、健康保健知识普及和宣传，特别建立对农村和城镇居民慢性病的普查机制，提高国民健康水平。

三、加大投入，完善健康教育补偿机制。将全民健康教育经费增列为医保基金的支出项目，各省市根据自己具体情况制定政策按医保基金总量一定比例作为全民健康教育经费，专款专用；尝试将健康教育服务项目纳入医疗保险补偿范围，鼓励公民利用公费医疗、劳保医疗、合作医疗、居民基本医疗保险等医疗保障经费接受健康教育服务，充分保障人们能够公平地享受到基本的健康教育服务。

四、促进健康教育的系统化研究和健康教育人员培养。1.加强疾病预防基础医学研究。目前，越来越多的疾病病因诊断不明，难以开展预防和治疗相关工作，建议相关部门加强病因学及流行病学的研究，使疾病预防基础研究与健康教育联合实施，从根本上为多种无明显病因疾病的预防、治疗、康复工作提供解决路径，为人类预防医学、疾病监控事业做贡献。2.持续开展国民体质检测，有针对性地进行预防疾病、科学健身方法和手段的研究。把改善自然与社会环境、预防疾病、加强卫生与全民健身结合起来，形成系统的“健康促进”工作领域和研究领域。3. 加强健康教育专业人员培养。国民健康教育需要专业人员来指导，建议高校和社会团体加大培养各层次健康教育服务人员。

五、发挥传统中医学优势，加强治未病和全民健康保健普及。加强中医治未病知识的宣传和普及，从行为规范、衣、食、住、行、寝等方面增强人民群众养生保健和疾病预防意识；根据不同的受众，推广不同的养生保健技术和方法；采用网络、电视、广播等时效性强的媒体加强中医治未病与健康教育宣传，减少亚健康；建立一支中医治未病宣传健康教育的专家队伍，将传统中医保健与健康生活方式结合，指导人们日常保健。

2013年

关于加强基层中医药服务能力建设的提案

中医药事业是我国医药卫生事业的重要组成部分，对保障人民群众健康水平发挥着重要作用，有效缓解了人民群众的医疗需求压力，提高了生命质量。党中央、国务院高度重视中医药事业，制定了一系列发展中医药的政策措施，推动中医药事业快速发展。国务院“十二五”医改规划提出，到2015年力争95%以上的社区卫生服务中心和90%的乡镇卫生院、70%以上的社区卫生服务站和65%以上的村卫生室能够提供中医药服务等内容，充分体现了党中央、国务院对中医药工作的高度重视和殷切希望。

各级各类中医医院、中医科室、中医诊所是中医药事业传承和发展的主阵地。但是由于受政策落实不到位、医学模式转变、市场监管力度不足等因素影响，基层中医药发展薄弱，存在诸多制约中医药发展的瓶颈。因此需充分认识基层中医药发展现状，针对制约中医药发展的薄弱环节，制定及时的应对措施，使基层中医药服务能力得到有效提升，从而促进我国总体中医药事业的发展。当前我国基层中医药发展现状：目前尚有33.5%的乡镇卫生院和42.5%的村卫生室不能提供中医医疗服务，未设立标准的中医科、中药房或设立面积狭小，中医特色诊疗设备缺乏或老化，基层医院、乡镇卫生院、村卫生所中医药人才严重匮乏，中医药特色诊疗技术和方法失传，中医药特色优势逐渐淡化，中医药服务领域趋于缩水的现状。

基层中医药发展存在的问题：

一、政策扶持和落实力度不足，基层中医药服务的地位和作用未被充分认识和重视，各省市间有较大差异。第一，基层中医药服务开展率不高，“有形式、没内容”现象较普遍。部分乡镇卫生院仅在原有诊室门前多加一个“中医科”牌子，来应付上级要求，还有多数社区服务站、村卫生所没有中医服务治疗。第二，中医药管理机构设置、相关政策不同，省市区有较大差异，中医在各省市发展不平衡。据有关数据统计，到2010年，每万人中医类别执业（助理）医师数，最高的省（区、市）为5.65人，最低的仅为1.45人，最高是最低的3.9倍。每万人中医床位数最高的省（区、市）为6.87张，最低仅为2.30张，最高是最低的3倍。

二、基层中医院中医特色优势不明显，没有标准的中医科、中药房，部分西医化严重。第一，一些中医院把主要发展精力放在基础设施等硬件建设上，而传统的中医诊疗方法特色疗法没有得到充分发挥，舍本逐末。第二，中医药治疗的参与率偏低，西医治疗占70%以上，中医重点专科、特色专科建设难以形成。第三，中药房设置不标准，中药材质量不能得到有效保障，甚至出现中药饮片混淆使用、伪造冒充、掺假增重等现象，严重地影响着中医药事业的发展前景。

三、中医药服务技术在基层缺乏宣传和推广应用，中医药科研创新能力较低。第一，中医“治未病”理念和养生保健技术在基层宣传力度不够，没有相关专业人员进行技术推广和应用，广大乡镇居民缺乏预防保健意识。第二，基层中医院缺少科研项目和经费支持，科研人员缺少继续学习机会，科研能力有待提高。部分县市中医院没有科研机构。第三，适宜技术科研成果不能有效地在基层推广应用。如中药剂型改革、中药制剂、验方、秘方研发落后甚至空白，中药自制制剂申请注册批号困难。

四、基层中医院严重缺乏中医药优秀人才，中医药人才所占比例普遍偏低。第一，乡镇卫生院，尤其是农村基层，中医药人才严重匮乏，名老中医经验、技术继承出现断层，后继无人。第二，随着“中医医院西医化”现象严重，中医人员西医化也较普遍。现有中医药人才，特别是年轻中医药人员被西医化倾向越来越重，中医药人才队伍不稳定。第三，农村中医药服务能力较弱，绝大多数的本专科医学毕业生不愿意到基层工作。一方面是乡镇卫生院、村卫生室的待遇低、工作环境差、发展空间小，另一方面是动手能力不强，无法适应全科医生的工作。第四，对现有乡村中医或者全科医师进行中医药适宜技术的规范化培训不足。部分乡村医生的医学基础较差，对医学专科知识的理解与掌握有一定难度，此外，当前培训主要局限于学校的短期培训、函授，而更多的乡村医生希望接受临床进修和指导。

五、中医药服务体系不健全，基层中医院文化建设薄弱。第一，多数县、镇中医药管理体系不健全，专门的中医药管理机构和人员大多处于缺失状态。第二，基层中医院对医院中医药文化建设重视度不够，对中医药文化宣传力度不到位，不能有效弘扬我国优秀的中医药文化和促进中医药事业发展。

提升我国基层中医药服务能力的建议：

一、各地市加快制定扶持中医药发展政策，坚决落实到位，坚持中西医并重。第一，充分认识基层中医药服务能力提升工程是满足中华民族中医药治未病、提升全中华民族寿命、减轻国民负担、促进医保可持续发展的需要，积极采取有效措施，各省市自上而下加强中医药发展政策制定和落实，从根本上保证中医药基层服务不掉队。第二，鼓励有资质的中医专业技术人员特别是名老中医在基层开设中医诊所或个体行医；鼓励有条件的基层药品连锁企业开办中医堂医诊所，提升基层中医药服务。第三，建议将中医药科普教育纳入中小学教材，从基层提升中医药健康教育的服务能力。第四，进一步落实各地区基层中医药发展情况，加强区域交流，以地理位置优越、发展快的地方带动后发展的地方，同时确保在医药价格、税收、医保定点、土地、重点学科建设等方面政策平等，使各地区中医药平衡发展。

二、设置专门的中医药发展专项资金，加强中医院中医科、中药房标准化建设和特色疗法专科建设。第一，设置中医药发展专项资金，用于基层服务能力建设，加强医院特色专科发展，凸显中医特色，减少中医院西医化现象。第二，在县市中医院和乡镇卫生院设立标准的中医诊室、中医科、中药房，提升中医医院水平；在乡村卫生室专门设立中医诊疗中心。第三，加强医院中药房监管，由上级统一配送药材和标价，并建立社会监督和投诉中心。

三、加强基层中医医院和服务机构技术服务培训和推广。第一，加强组织各省市重点医院、三级医院专家、高校专家对基层县、乡镇医院和农村全科医师的帮扶和技能服务培训，向基层推广常见病、多发病中医药适宜技术，为当地居民提供集中医医疗、预防、保健、康复、养生、健康教育等为一体的中医药服务。第二，推动基层医疗卫生机构开展中医预防保健服务，组织中医专家和中医药技术培训师到基层讲学，推进基层医疗机构运用中医药技术方法对儿童、孕产妇、老年人和慢性病患者进行健康管理，逐年提高重点人群和慢病患者的健康水平。第三，政府部门设立针对基层医院的专项科研基金，医院自身提高创新能力，做好中医药科研。

四、切实加强基层中医药人才队伍建设，设立培养农村中医医生专项计划。第一，政府制定政策给予人才扶持，加强基层医院优秀中医药人才引进和培育，建立中医药师带徒传承体制，加强对社区和乡村医生的中医药知识和技能培训。第二，从专业课程设置、学生招生方面加强乡村医生培养，同时提高乡村医生待遇，建立长期人才引进机制。

五、加强基层中医药文化建设，健全基层中医药服务体系。第一，建立基层中医药文化宣教基地，搭建宣传平台，广泛传播中医药文化知识，扩大中医中药的影响，普遍提升人民群众对祖国传统医学和传统文化内涵的认识，促进全社会形成“信中医药、爱中医药、用中医药”的浓厚文化氛围，为提升基层中医药服务能力建设工程建立良好的民众基础。第二，建立基层医院文化建设监督机制，加强医院中医药文化建设，提升中医院影响力。第三，加强各级组织领导，建立目标责任制，强化目标管理，层层签订目标承诺书，多部门参与，各负其责，共同推进基层中医药服务能力提升工程。

2013年

关于进一步完善我国中医预防保健服务体系的提案

随着我国进入全面建设小康社会新阶段，人民生活水平显著提高，然而与此同时，过度的体力脑力疲劳、紧张的精神心理压力、不良的饮食习惯和工作生活方式使多数人处于亚健康状态。世界联合国卫生组织调查报告75%的人处于亚健康状态，中国医师协会和中国医院协会等医疗机构对我国主流城市健康状况调查显示我国城市工作人员中有76%处于亚健康状态。亚健康和慢性病越来越成为严重的医学和社会问题。

养生保健是中医学的重要组成部分和特色优势，具有系统的理论体系和丰富多样的养生保健方法，在治未病、防治亚健康、慢性病、病后康复等预防保健中发挥着无可比拟的作用。党和政府高度重视中医预防保健在我国医疗卫生中的重要作用，《国务院关于扶持和促进中医药事业发展的若干意见》明确提出“积极发展中医预防保健服务”，国家中医药管理局出台了《积极发展中医预防保健服务的实施意见》，中医药事业发展“十二五”规划重点任务之一是积极发展中医预防保健服务。近年，养生保健机构得到较快发展，各种足疗馆、针灸推拿馆、养生美容馆等多有可见，养生保健服务产业在自然出现，为人们养生保健提供了一定的服务。但考察目前我国中医预防保健服务体系建设中尚存在着诸多亟待研究和解决的问题：如具有明显特色的、适宜的养生保健技术挖掘不够、技术研究和推广环节薄弱；适合市场需求的高校养生保健专业人才不足，现有的保健服务人员缺少专业培训；保健产业对外交流不够，产品研发生产水平较低，国外保健产品不断充斥着国内市场；目前养生保健产业发展规模小，不能满足人民群众日益增长的、多层次、多样化的保健服务需求；有的养生保健场所卫生条件较差，甚至成为某些疾病的传播源；养生保健市场规范和准入制度不完善，监管力度较弱，没有形成产、学、研、管一体化的完善的预防保健服务体系。

我国中医药文化深厚，资源丰富，加快完善中医预防保健服务体系建设，对于充分发挥中医预防保健作用，提高人民群众健康水平，促进养生保健产业健康发展等方面具有重要的现实意义。为进一步完善我国中医预防保健服务体系建议如下：

1. 构建中医预防保健服务体系，加快养生保健服务发展

建议制定政策将中医药纳入公共卫生服务体系，加强发挥中医预防保健的优势，加快构建中医预防保健体系；建立中医预防保健理论、实验和临床应用研究体系，使医院从单一的疾病治疗模式，转变为融合预防保健、治疗、养生康复于一体的综合防治模式；加强养生保健技术在基层的推广，加大专项投入和养生保健基础硬件设施建设，建立定点预防保健卫生服务机构并配备专业技术推广人员，加快形成覆盖城市、社区、城镇、农村的预防保健服务网络；加强政府引导，积极利用市场各方面资源，形成构建中医预防保健服务体系的合力。政府部门制定政策采取多渠道积极扶持、鼓励、引导高校、企业参与中医养生保健技术与产品研发，研发科技含量高、使用价值高、满足人民群众需求的养生保健产品，推广简单易行的中医养生方法，培植相关企业与高校联合形成医、教、研、产的产业链，引领我国健康养生保健行业的快速发展。

2. 设立专项基金，加强中医养生保健技术的挖掘和研究

建议国家设立养生保健专项研究基金，挖掘中医养生保健技术，设立相关科研项目，研究技术操作规范及适应症，研发中医养生保健产品。

3. 加强中医预防保健服务的规范化管理和健康养生保健的宣传

首先，政府相关部门加强对伪科学的监管和处罚力度，尽快制订和完善中医药养生保健行业的相关标准和规范，并加强对各种足疗馆、针灸推拿馆、养生美容馆等保健机构的审批，实行养生保健机构准入制度；行业协会成立养生保健监管部门，保证保健服务场所的规范文明经营，保障消费者的权益。同时充分发挥媒体的监督作用，及时揭露骗局，促进市场净化。其次，深入广泛开展传统养生文化的科普宣传，制订养生类书籍、节目的“准入门槛”，针对养生保健类图书出版资质提出管理办法，规范市场养生保健产业发展。对面向

公众进行中医药养生、保健文化宣传的人员，要认真核实身份的真实性，杜绝商业炒作。再者，加快推进养生保健技术的挖掘，加强专业研究和推广，以科学研究为基础，建立标准的养生保健技术操作规范和行业准入制度。

4. 加强养生保健专业服务人才的培养和培训

各高等中医药院校根据市场需求，设立养生保健专业，开办中医养生保健的学历教育、继续学历教育和职业教育，加快培养一批高层次的养生保健专业实用型人才、研究型人才、管理型人才；制定养生保健技术标准和保健产品的产业标准，建立相关技能部门对养生保健从业人员进行资格认证；建立养生保健学会、协会，联合中医院校、医院成立养生保健从业人员培训基地，为广大保健行业从业人员开展岗位专业培训和技能操作培训。

5. 采取多种渠道多种形式加强中医预防保健服务对外交流与合作

建议加强对国外中医养生保健市场的调研，制定中医养生保健对外服务贸易策略，着重推广具有我国中医文化特色的实用的保健技术和产品，提高中医养生保健的国际影响力；中医养生保健组织机构和协会采取多种渠道开展多种形式的养生保健技术和方法对外交流学术会议和交流活动，与国内外科研机构协作研发新型的实用的养生保健技术；派出高素质、高能力的中医养生保健专家和人才到国外访问、讲学，将具有中医特色的养生保健技术对外传播、交流与合作，扩大中医养生技术和与其相关的传统文化的国际影响力，创建可持续的发展中医预防保健服务传播平台，以更加全面完善我国中医预防保健服务体系。

2013年

关于充分发挥中医药在防治环境相关疾病中作用的提案

随着经济的快速发展，科技的迅猛进步，人民的生活水平日益提高，自然环境的变化和严重污染也越来越成为威胁人类健康、导致疾病发生的重要因素。加强环境治理，防治环境相关疾病，是当前人类健康面临的重大问题和难点。中医学是以中国古代哲学为基础，以自然科学为主体，在几千年的生产生活实践和与疾病做斗争中逐步形成并不断丰富发展的医学科学。中医学“人与自然相统一”“治未病”等理论对环境引起的健康影响和疾病具有独特的认识，充分发挥中医特色优势，能够为预防、缓解和治疗环境相关疾病提供行之有效的方法，有助于解决环境污染造成的健康问题。

一、环境污染造成的健康影响和疾病危害日趋严重

大量的流行病学调查和毒理学研究证实，环境污染可引起人体急性中毒，也可导致慢性危害，甚至具有致突变、致癌、致畸、致生殖障碍等远期效应，危及当代及后代的身体健康、优生优育、生存与发展。据世界卫生组织有关报告，所监测的102种疾病中，有85种受到环境因素的影响。我国有关调查发现，环境因素相关疾病发病率呈不断增长趋势。无论在城市还是农村，与环境污染相关的呼吸系统疾病、恶性肿瘤、白血病和出生缺陷等问题日益凸显，其他由环境引起的食源性疾病、免疫系统疾病、过敏性疾病等的发生率也越来越高。环境污染已成为不容忽视的健康危险因素。

二、中医药在防治环境污染相关疾病中具有独特优势

针对由于环境污染而导致的医学健康问题，受西方哲学还原论、决定论思想影响的西医环境医学，更注重对环境污染进行病因标志物的寻找和病理改变的对症治疗。与之不同，中医学主要研究人体生理、病理，以及疾病的诊断和防治。中医学在中国传统哲学思想的影响下，历来重视人与自然、社会环境的关系，对环境与人类疾病和健康有着独特的认识，在防治环境造成的相关疾病中具有独特的优势。第一，中医学理论强调“人与天地相应”“天人合一”，重视人与自然、社会环境相统一以及自身阴阳的动态平衡，充分考虑多因素致病，运用中药、针灸、按摩等疗法多靶点、多途径地进行整体综合调节，治法简便验廉，对于防治环境污染相关疾病具有特色优势。第二，中医“正气存内，邪不可干”“虚邪贼风，避之有时”等养生疾病的理论，对人们在日常生活中预防自然六淫、疫疠、环境毒素的侵袭具有重要指导意义。第三，中医“未病先防，疾病防变”的治未病理论，强调整体预防和因时、因地、因人制宜，对指导人们顺应四时养生，养性调神，加强体育锻炼，增强对周围环境的适应能力，根据不同体质和儿童、老年人、孕产妇等特殊人群的需要采取适宜的防治措施具有重要意义。第四，已通过实验研究证实和研制出的多类中药和中药复方对防治环境疾病具有独特的疗效。如矮地茶、半夏、天门冬、黄芪、川芎、丹参等中药，玉屏风散、补肺液、麻杏甘石汤等中药复方能够有效预防和治疗二氧化硫、烟尘、氮氧化物、臭氧、酸雾、粉尘等环境污染物引起的疾病；延胡索、黄连、山药、白术、人参、刺五加等对放射线损伤有保护或修复作用。

我国首个《国家环境与健康行动计划（2007—2015）》提出，开展中医药对环境污染健康危害的干预研究，利用中医药古籍文献研究、养生康复及辨证论治等理论知识和经验积累，发挥中医药“简、便、验、廉”的特点，开展中医药对环境污染相关疾病及环境污染所致亚健康的干预研究，提出干预措施。推广中医保健养生方法，增强人体对环境污染的抵抗力，预防和延缓环境污染相关疾病的形成。因此，利用中医药的优势，充分发挥在防治环境相关疾病中的作用，对人类健康事业发展具有重要意义。

三、充分发挥中医药防治环境相关疾病的建议

（一）设立中医药防治环境相关疾病研究专项。中医在防治环境相关疾病中具有如上所述的独特优势，但目前我国关于中医防治环境污染健康影响、环境污染疾病的实验及临床研究数量少而且缺少系统性，在研究的方法和手段上，与同期西医环境医学比较也有一定差距。因此，建议国家设立专项研究，加强重视和投入力度，研究环境造成疾病的种类、发病机制，为中医药防治环境相关疾病提供依据，解决环境污染导致的健康难题。

（二）在中医院开设“环境疾病专科门诊”“健康调养咨询门诊”，给予中医养生理论指导，从危险环境因素的远离、情志调养、饮食调养、起居调养、运动调养、中药干预调养和非药物疗法调养等方面提供全面的咨询和治疗；政府组织专家研发针对环境相关疾病预防和治疗的中药，并在社会中推广应用。

（三）加强开展中医预防环境相关疾病的养生保健宣传。通过在媒体电台养生栏目中增设“中医与环境疾病防治”节目，在医院、机关单位、高校、社区、农村基层等地方开展“中医防治环境疾病”健康讲座，加强中医防环境相关疾病的科普知识宣传；组织中医专家研究制定预防环境相关疾病的方法，编写“环境疾病与健康养生”类书籍，讲述日常生活中的环境污染对健康的危害，解读中医防治环境相关疾病的理论和方法，提供常用养生方药、药膳、食谱，指导人们增强环保意识，加强自我保健意识，预防环境疾病发生。

（四）加强针对环境疾病的中药产品研发。发挥中医学的特点和优势，鼓励企业运用中医理论和现代科学新技术，通过经方、验方等临床有效处方，科研方和天然药物的挖掘整理，科学分析，研发具有保护呼吸系统、免疫系统，增强抵抗力等功能的，用于防治环境疾病的中药新药、功能性食品和保健产品。

2014年

关于大力促进中医药健康服务发展的提案

《国务院关于促进健康服务业发展的若干意见》作为我国首个指导健康服务业发展的纲领性文件，对中医药予以高度重视，将“全面发展中医医疗保健服务”作为八项主要任务之一，这是拓展中医药服务领域和范围的绝好时期，要紧紧围绕产业发展，紧紧围绕服务于我国经济发展，大力促进中医药健康服务发展。

一、大力发展中医药健康服务的战略意义

首先，发展中医药健康服务，有利于树立我国健康文化新理念。中医药以“和”为核心的价值取向，倡导并追求人与自然、人与人、人之身心和谐的健康观，这与近年来人们对“健康”的新认识相吻合，即健康不仅是没有疾病或不虚弱，而是身体、精神的健康和社会适应的完美状态。发展中医药健康服务，必将有利于人们更全面地认识健康，提高自身的健康素养，培养有益于自身健康的生活习惯和精神追求。

第二，发展中医药健康服务，有利于建立我国健康服务新模式。人类对医学核心价值的深刻反思，导致了医学目的调整和医学模式转变，引发了健康服务模式创新与革命。中医药注重社会、心理对健康的影响，注重从整体功能状态来判断健康状况，注重“治未病”而强调个人养生保健，与调整了的医学目的和转变了的医学模式相一致。发展中医药健康服务，必将促进我国健康服务模式的创新，更加注重以人为本，从关注疾病治疗转向关注健康维护，从注重局部病变转向注重人的整体功能状态。

第三，发展中医药健康服务，有利于构建我国健康服务新业态。众所周

知，中医药预防保健作用独特，有着深厚的群众基础，是我国健康服务业独有的特色和优势。可以预见，中医药保健服务的需求，会随着经济社会发展、人们健康观念转变等而日益增长。发展中医药健康服务，构建中医药保健服务提供体系、技术产品的研发生产体系，发展与中医药保健服务相关的职业培训、文化传播、商业保险等，必将形成新的产业体系，成为我国健康服务业发展的增长极。

第四，发展中医药健康服务，有利于拓宽我国健康服务贸易新领域。发展服务贸易，是加快我国健康服务业发展的重要举措。国际经验表明，价格、水平和独有性是健康服务贸易的主要竞争优势，而独有性更是核心竞争力，近年来实践也证明，我国中医药凭借其独具的优势，服务贸易得到了快速发展。可以说，服务贸易的发展，已成为中医药健康服务发展的重要内涵；中医药健康服务的发展，必将推动形成我国健康服务贸易发展的新格局。

二、科学谋划发展中医药健康服务的战略布局的建议

（一）明确中医药健康服务的外延内涵。中医药健康服务必然以维护和促进人民群众身心健康为目标，其基本内涵应当包括中医医疗服务、预防保健服务、养生保健文化传播以及相关服务，涉及与中医药有关的药品、医疗器械、保健用品、保健食品、健身产品等支撑产业。

（二）把握中医药健康服务发展的基本原则。发展中医药健康服务，不仅要把握《国务院关于促进健康服务业发展的若干意见》所明确的基本原则，还要体现中医药的特点和要求，一要坚持以人为本，以健康为中心，服务群众；二要坚持中医为体，继承创新，弘扬特色，彰显优势；三要坚持高起点，规范化，重实效；四要坚持试点示范，典型引路，稳步推进。

（三）突出中医药健康服务发展的优先领域。围绕《国务院关于促进健康服务业发展的若干意见》确定的主要任务，要进一步梳理分析中医药的优势和潜力，研究提出加快发展中医药健康服务的优先领域。从服务内容看，要在兼顾“治已病”“治未病”基础上，优先发展预防保健服务；从服务人群看，要在覆盖所有群体基础上，优先发展针对“一老一小”的服务；从服务需求看，要在满足多元化需求的基础上，优先发展高层次服务；从服务区域看，要在统筹城乡发展基础上，优先发展城市；从服务贸易看，要在统筹“走出去”“请进来”基础上，优先发展面向海外的服务。另外，从服务供给看，要在统筹政府和市场基础上，优先发展社会力量举办的服务机构。

（四）深入研究发展中医药健康服务的战略措施。应当紧紧围绕“改革和发展”这个主题，完善政策机制，一是加强政策引导，如社会资本进入中医预防保健服务领域的鼓励政策，中医预防保健服务消费引导政策，中医预防保健服务价格政策、税收政策。二是完善法律法规，如健全中医预防保健服务机构设置、执业等管理的相关规定。三是加强服务规范，加快服务技术产品的研发和服务项目的设计，建立服务标准体系，加大专业技术人员培养和职业技能人员培训，提高从业人员素质。四是强化服务监管，对于中医医疗服务的监管，我们有相对健全的法律法规和监管机制，但对于中医预防保健服务的监管，我们还面临不少困难和问题，对发展过程中出现的新情况新问题，要及时梳理、认真分析，创新思路、大胆探索，逐步建立健全监管制度，保障服务安全，促进服务发展。

2014年

关于尽快将中医药发展纳入国家战略的提案

中医药是中国各族人民在几千年生产生活实践和与疾病做斗争中逐步形成并不断丰富发展的医学科学，为中华民族繁衍昌盛做出了巨大贡献。近年来，在党中央、国务院的高度重视和正确领导下，国务院发布的《关于扶持和促进中医药事业发展的若干意见》确定了新时期发展中医药事业的指导思想，明确了扶持和促进中医药发展的主要任务和政策措施，强调了要在深化医药卫生体制改革中充分发挥中医药作用。在相关部门关心和大力支持下，中医药事业发展政策环境越来越好，服务体系进一步健全，服务能力进一步提高，服务量逐年提升，越来越受到老百姓的认同和欢迎，基本形成了中医药医疗、保健、科研、教育、产业、文化“六位一体”全面协调发展的新格局。

中国特色社会主义“五位一体”总布局和中国梦的提出，为中医药事业发展带来了历史性新机遇。《国务院扶持和促进中医药事业发展的若干意见》为中医药事业发展指明了方向，作出了部署。《国务院关于促进健康服务业发展的若干意见》将“全面发展中医医疗保健服务”列为第四项主要任务，为中医药事业发展提供了更加广阔的空间。特别是党的十八届三中全会通过的《中共中央关于全面深化改革若干问题的决定》，强调“完善中医药事业发展的政策和机制”，为中医药事业发展提供了更加有力的保障。作为我国独特的卫生资源、潜力巨大的经济资源、具有原创优势的科技资源、优秀的文化资源和重要的生态资源，中医药应该也能够为全面建成小康社会作出贡献。推动中医药发展纳入国家战略，将在新时期全面加快中医药事业发展。

一、加快将中医药发展纳入国家战略的必要性

一是中医药在深化医疗改革、维护人民健康、改善民生中的作用越来越重要。提高人民健康水平，促进身心健康，提高医疗卫生队伍服务能力，实现“人人享有基本医疗卫生服务”的目标，是改善和维护民生的重要方面。中医药临床疗效确切、预防保健作用独特、治疗方式灵活、费用比较低廉，具有供得起、重预防、可持续的优势，十分符合基本医疗卫生服务的要求，有助于建立政府承受得了、群众负担得起、财政可持续保障、中西医并重的中国特色医疗保障制度和医疗卫生发展模式，实现人人享有基本医疗卫生服务。

二是中医药在服务经济社会、转变经济发展方式、推动经济发展中的作用越来越凸显。中医药作为我国最具原始创新潜力的资源，推动其创新驱动发展，将资源优势转化为知识优势、技术优势、经济优势，最有可能成为展示我国实力的民族品牌、国家名片。中医药是发展潜力巨大的重要战略性新兴产业，有助于推进经济结构调整，提升经济发展水平。中医药健康产业，贯穿整个产业链，具有涉及领域广、吸纳就业人数多、拉动消费作用大的特点。同时，随着中医药更加广泛地走向世界，市场需求日益增长，有助于提高开放型经济水平。

三是中医药在弘扬中华文化、推进文化强国建设、促进国际文化交流中的作用越来越突出。文化是民族的灵魂，中医药文化是中华民族文化的杰出代表，正如习近平总书记所指出的，中医药学凝聚着深邃的哲学智慧和中华民族几千年的健康养生理念及其实践经验，是中国古代科学的瑰宝，也是打开中华文明宝库的钥匙。中医药以人为本，崇尚和谐，注重人文关怀，倡导大医精诚的职业道德，深刻体现了中华民族的认知方式和价值取向，是我国文化软实力的重要体现。繁荣发展中医药文化，有助于建设优秀传统文化传承体系，构建中国特色健康文化，增强中华民族凝聚力，提高中华文化国际影响力和竞争力。

四是中医药在保障节能环保、保护优良环境、推进生态文明建设中的作用，越来越密切。中医药源于自然，资源消耗低，环境污染少，具有环境友好型、资源节约型特征，是典型的绿色产业、生态产业、节约型产业；中药材的规范化、规模化种植，有助于生态维护和修复；中药产业的链条式发展，有助

于推进绿色环境、低碳环境的建设；中医非药物疗法的推广，有助于减少药物的负面影响，节约资源，创造良好的生产、生活环境，推进生态文明建设。

建议：

1. 进一步加强中医药事业发展政策完善和落实，积极创造中医药发展良好条件

第一，建议国家尽快启动编制实施国家中医药中长期发展规划，推动中医药全面参与经济建设、社会建设、文化建设和生态文明建设。第二，各省市要切实加强对中医药工作的组织领导。建立中医药工作协调小组，加强对中医药工作的宏观指导、政策制定、部门协调和组织推动，科学编制实施各省市中医药事业发展规划，及时研究解决中医药事业发展中的问题，积极创造中医药发展良好条件。第三，落实政府对公立中医医院发挥中医药特色优势的补助政策，完善公立中医医院补偿机制，并尽快将中医辨证诊治费、中医诊疗技术、中药饮片和中药制剂纳入医保支付范围，适当提高报销比例。第四，把中医药机构纳入城市和农村卫生服务体系项目建设，加快推进基层医疗卫生机构为患者提供中医药适宜技术与服务。第五，优化中医药基本医疗保险政策。扩大中医药报销范围，在现有基本医疗服务项目和药品目录基础上，将符合条件的、经有关部门批准的中医特色诊疗项目、中药品种、中药免煎颗粒和院内中药制剂纳入报销范围。

2. 加大对中医药事业的投入力度

第一，加大财政投入支持公立中医医院的基本建设和设备购置、重点学科发展，对公立中医医院承担的包括治未病、中医体质辨识与调养指导在内的公共卫生服务等任务给予专项补助。第二，各省市财政要设立中医药专项资金，并根据经济发展和财政收入逐渐加大投入力度，用于中医重点学科和专科建设，人才引进培养、科技研究推广和基础卫生机构中医药科室建设等。第三，根据中医药服务特点，逐步提高中医服务诊疗技术价格，鼓励发挥中医药服务的特色优势。第四，制定优惠政策，鼓励企事业单位、社会团体和个人捐资支持中医药事业。

3. 加强中医药特色优势建设

第一，加强中医药国家级重点学科和特色专科建设。增加中医药重点学

科和专科建设专项基金投入，加强基层医疗机构中医特色专科建设，着力提升学术水平和服务能力。第二，充分发挥中医特色优势，积极开展中医预防保健服务。强化中医“名院”“名科”“名中医”的“三名”战略，发挥中医药特色优势，加快发展中医预防保健服务体系建设；积极应用中医药方法和技术防治突发疾病、重大疾病和多发传染病，大力支持县级以上医院建立“治未病”中心；鼓励社会力量投资兴办中医药预防保健机构，开展药浴、药膳、保健按摩等传统养生保健服务项目。第三，加快建立中医药协同创新机制，建立产学研技术创新联盟以及区域特色产业创新集群，推动高等院校、科研院所、医疗机构、企业及金融机构之间深度合作，充分利用现代科学技术、方法和手段，不断促进中医药的理论创新和实践发展，提高防病治病能力。

4. 进一步加强中医药人才队伍建设

第一，加强中医药高等教育发展。在注重医学生基本实践技能培养的同时，强化中医药经典和基础理论教学；根据中医药事业发展需要，努力增加中医药硕士专业设置，扶持新的中医药博士单位建设。第二，推进高层次人才培养。加强实施中医药高级人才培养项目、国医大师“师带徒”项目；加快培育一批理论学术功底深厚、临床和科研能力强的学术学科带头人；加快提升中医药科技人员比例，积极提倡名中医学术经验继承带教工作，培养优秀临床中医师，壮大中西医结合人才队伍。第三，完善中医药职业教育和继续教育项目；建立农村医生中医药知识和技能培训制度，制定优惠政策，鼓励中医药高等院校毕业生和中医职业医师到基层医疗卫生机构工作，壮大和稳定基层中医药人才队伍。

5. 提高中医药科技创新能力

第一，推进中医药科技进步与创新。深化中医药科技体制改革，积极推进中医药科研资源整合，打造多地区中医药研究高地，力争新建多个科研技术前沿化、国际化、高水平的国家级中医药重点实验室。第二，支持开展中医基础理论、诊疗技术、疗效评价等系统研究，推动中药新药和中国诊疗仪器设备研发。第三，加强名古老中医学术思想、技术方法、诊疗经验研究和医案整理工作，积极研究传统中药制药技术和经验，挖掘整理民间医药知识和独特技术。

6. 深化国际交流合作，着力推动中医药海外发展

第一，积极拓展中医药服务贸易，在统筹“走出去”“请进来”基础上，优先发展面向海外的服务。第二，通过传播中医药健康文化，提高国际社会对中医药的认知和认同，着力培育海外市场。第三，加大力度扶持有条件的中医药企业、医疗机构、科研院所和高等院校开展对外交流合作。第四，通过打造国际知名品牌、促进产业集群，着力培育竞争优势；通过发展养生医疗旅游等多元服务，着力吸引境外消费。第五，通过高层推动和贸易谈判，把握中医药的主导权、话语权和标准制定权，着力为中医药海外发展创造政策和法律环境。第六，在我国对外援助、政府合作项目中增加中医药项目。

2014年

关于优先考虑中医院校更名大学促进中医药高等教育快速发展的提案

校名作为一所大学长久的文化符号和重要标志，往往承载着厚重的地域特色、文化特色和教育梦想。一所大学的校名，其实就是它的无形资产，既要传递出学校的办学理念、办学特色和治学风格，也要给公众积极的心理暗示，提升对学校的社会认同。为了在激烈的生源争夺中取得优势地位，高校越来越倾向于从扩大招生宣传和提高社会知名度上想办法，呈现出高校更名热的浪潮。据教育部统计数据显示，近八年来，全国共有320多所高等院校获得教育部批准而更名，其中从“学院”改为“大学”的有100余所。目前，全国中医院校已经更名为中医药大学的有17所，还有河南中医学院、陕西中医学院、云南中医学院、贵阳中医学院、甘肃中医学院、山西中医学院6所尚未更名。

近年来党中央和国务院高度重视中医药事业发展，制定了大力发展中医药的政策，出台了一系列落实各项扶持政策的具体措施，加快了中医药高等院校建设和中医药人才培养。为更好地发挥中医药优势，培养中医药人才，促进中医药事业发展，中医院校更名大学成为必要。更名大学对于提升中医院校办学水平和中医药科技创新水平，完善中医药高等教育区域布局，促进中医药文化的传承和弘扬，推动中医药产学研紧密结合全面发展，促进我国中医药高等教育快速发展具有重要的意义。现将更名大学的必要性总结如下：

1. *落实党和国家扶持中医药事业发展政策，促进中医药事业持续发展的需要*

振兴中医药事业是事关国计民生的战略抉择，培养中医药人才是中医药事业发展的关键。党和国家高度重视中医药工作，特别出台了《关于扶持和促进中医药事业发展的若干意见》，扶持和促进中医药事业发展。我国中医药院校大多都于1960年前建校，建校时间早，历史文化底蕴厚重，中药资源丰富，已成为各省市医疗卫生事业发展不可或缺的重要组成部分。将具有50余年本科教育、30余年硕士研究生教育历史的河南等中医学院更名为中医药大学，是全面贯彻落实国务院出台的《若干意见》精神，促进中医药高等教育发展，吸纳优秀学生，培养高水平中医药人才，推动我国医药卫生事业快速发展的需要。

2. 推动中医药产业发展和构建现代医疗保障体系的需要

中医药是中国具有原创优势的重要科技资源，也是我国具有独立自主知识产权的产业之一。更名大学有利于吸纳优秀学生，培养大批复合型高级中医药技术人才和管理人才，为推动各省市医疗卫生事业发展、构建现代医疗保障体系提供必要的智力支持和人才保障，对于促进中医药产学研紧密结合全面发展，建设中药产业基地，提升中医药产业的科技创新能力，加快区域经济发展具有重大战略意义。

3. 完善我国中医药高等教育布局，促进中医药教育快速发展的需要

从全国范围来看，23所独立设置的高等中医药院校，已更名为中医药大学的有17所，对于建校较早的除河南中医学院外，其他均已完成更名。更名后大学的发展空间更为广阔，有利于学科的交叉融合，能充分发挥大学学科综合，人才荟萃，教学与科研密切结合的优势，扩大了办学影响，为建设创新型国家，实现中医药现代化做出了更大的贡献。

4. 充分发挥中医药资源优势，扩大中医药国际影响，促进高校自身发展的客观需要

近年来我国中医药海外发展迅速，已传播到130多个国家和地区，中医学也成为我国接纳留学生最多的学科之一。河南作为中医药文化的重要发祥地和中医药资源大省，发展中医药对外交流有着得天独厚的优势。河南中医学院是教育部首批确定的有条件接收国外留学生和港澳台地区学生的高等院校之一，与美国、加拿大、韩国、奥地利等多个国家和地区的50多所院校及科研机构建立了友好合作交流关系，培养了百余名留学生和访问学者，为弘扬传统中医文化、传播中医药知识发挥了重要作用。更名中医药大学，有利于充分发挥我省资源优势，促进中医药国际交流与合作，扩大中医药国际影响。同时，也有利

于促进学校自身发展，进一步提高办学条件，全面提升学校人才培养、科学研究、服务社会和文化传承创新的综合实力。

中医院校更名大学存在的问题：（一）各个省份每年在申报大学更名时，符合审批条件的高校常有多个，而由于受更名大学指标的限制，一些已经符合更名标准的高校在申请当年常与大学更名擦肩而过，不得不等待下一次的更名申请；同时由于指标限制，造成同省份的大学之间产生不良竞争和申请中的不正之风。（二）由于中医专业特点和自身理论的限制，使中医门类的这样专科性较强的高等院校，在同样的升格大学标准的条件下很多方面不能与其他高等院校相比。比如在科研经费的争取、国际学术影响、国家级奖励方面，中医院校与其他高校相比，都无优势可言，而这些指标又都是现行升格大学的硬性指标，导致与其他院校同台竞技时，中医院校在升格大学方面稍逊一筹。（三）不能升格大学就意味着政府投入不如其他高校，社会认可度不高，这些因素必将影响中医药高等教育的发展，使我国中医事业，乃至关系人民健康的医疗事业都会受到影响。建议如下：

1. 教育部适当增加高校更名大学的指标。建议在审批大学更名时，按照大学更名的准入机制，对符合标准的高校不限制审批名额，应在当年给予审批，对不符合标准的不予批准。

2. 加大对中医高等院校的投入力度，在教学、科研上给予大力支持，充分发挥中医院校特色专业优势，完善其软件和硬件建设，增强师资队伍建设，提高中医药人才的培养质量，使其在高校发展中更具竞争力。

3. 鉴于中医院校的特殊性及中医药专业的特殊性，建议国家制定符合中医药高等院校的大学标准，应有别于其他理工、文管等性质的院校，在大学更名上给予政策上的倾斜，优先考虑符合条件的中医药院校，促使我国传统中医学更好地传承和发展。

2014年

关于将中医药文化纳入国家文化及相关产业目录的提案

中国国家统计局2012年《文化及相关产业分类》中对文化产业的定义是：为社会公众提供文化产品和文化相关产品生产活动的集合。共分为七大类内容，包括新闻出版发行服务、广播电视电影服务、文化艺术服务、文化信息传输服务、文化创意和设计服务、文化休闲娱乐服务、工艺美术品的生产。文化产业已经成为创造社会财富的一个新的源泉，成为国家国民经济发展的一个新的增长点。

中医药文化作为我国优秀传统文化和社会主义先进文化的重要组成部分，是中华民族的原创文化，是具有民族特色的文化符号，是中华民族传统文化的瑰宝，是中医药学的灵魂和根基，蕴含着丰富的哲学思想和人文精神，是我国文化软实力的重要体现。2009年，国务院下发《关于扶持和促进中医药事业发展的若干意见》，将中医药文化建设纳入国家文化发展规划。中医药文化产业是能对人类社会生活和生产日益产生巨大文化影响的民生产业，包括包装装饰设计、书刊音像制品、广播电影电视、动漫、新媒体、文化艺术、演出等中医药文化产品和养生文化服务机构、生态养生文化社区（庄园）、中医药博物馆、中医药文化会展等提高人的身心灵德健康水平的各种养生保健服务项目及服务平台，对文化产业的发展发挥着重要作用。而我国现在的《文化及相关产业分类》却没有将中医药文化及其相关产业纳入其中。随着中医药文化的发展越来越被重视，中医药文化在我国文化软实力建设中的作用越来越突出，将中医药文化纳入我国《文化及相关产业分类》中，无论对我国文化产业的发展还是对国家文化软实力的建设都将具有重要意义。

将中医药文化纳入国家文化及相关产业目录的必要性：

（一）激发民族文化创造活力，开发优秀的民族文化产品和文化服务的需要。

中医药文化为中国的文化产业提供中国独有文化资源——创意源，有利于产生优秀文化特色和市场竞争力的文化产品和文化服务，以扩大我国对外影响，扩大文化产业出口，使中国文化对世界产生巨大影响。不断增强中华民族文化的吸引力和感召力，提高国家软实力，树立国家新形象。

（二）中医药继承和发展的需要。

中医药文化是中国传统文化继承和发展的载体，深入挖掘、保护、传承与发展中医药文化，是做好中医药非物质文化遗产保护传承工作的重要基础，尤其是以我国历代名医、流派的学术特点和学术思想，发掘具有地方特色的诊疗技术，重视确有疗效的民间中医诊疗技术和方法的收集、整理、研究，将为中医的继承、传播与发展做出积极的贡献，助推我国中医药优秀传统文化的大发展和大繁荣。

（三）加快中医药文化走向国际的需要。

中医药作为我国优秀传统文化的杰出代表，是对外交流的重要载体，是我国最具有国际竞争力和国家影响力的学科门类。加快中医药文化的国际宣传，向世界展示中华民族的认知方式、价值取向和审美情趣，加大中医药文化的传播力度，能够不断增强中医药文化的国际竞争力和吸引力，培养外国人对中医药文化的热情，不断扩大中医药文化在世界上的影响，从而提升国家软实力。

将中医药文化纳入国家文化及相关产业目录的建议：

（一）国家将中医药文化及其相关产业作为文化产业名录纳入国家《文化及其相关产业分类》目录中，并将中医药文化产业作为国家一级保护和大力支持发展产业。

（二）加强中医药文化的挖掘、传承研究。第一，成立国家中医药文化产业发展战略研究机构，研究中医药文化产业发展规划，确定中医药文化产业的发展方向和目标。第二，加强中医药文化源流及内涵研究。梳理中医药文化源流脉络，挖掘、整理、研究中医药文化内涵和原创思维，为搭建中医药理论构架提供资源和依据。第三，继续加强开展中医药文献、文物、古迹资源普查工作，系统搜集和整理中医药文化的精髓，加大资金投入，在国际上加强我国的中医药世界非物质文化遗产的保护。

（三）大力发展中医药文化及其相关产业。第一，加强政府的大力支持，可以以政府强大的文化采购力引导中医药文化产业的建设。第二，加强中医药文化产业相关的理论和学术问题的深入探讨和研究，特别在文化创意创新的研究方面下大功夫。第三，大力开发新的中医药文化产品和文化服务项目。中医药文化产品除书刊、音像制品外，应大力开发高水平、高附加值的中医药文化内容的广播电视电影、动漫、各类新媒体、艺术演出等文化产品；大力开发专业水平高、文化含量高的文化服务项目和相应的服务平台。

2014年

关于多渠道加强对医学高等教育投入的提案

医学教育承担着为维护人类健康培养医药卫生人才的重要使命，其根本任务是要以医疗卫生领域的人才需求为导向，培养和造就一支为社会主义现代化建设服务的，具有人类健康职业素质、临床实践能力和创新精神的医学精英人才队伍，为经济社会的和谐发展提供强有力的保障，促进我国医疗卫生事业发展和社会全面进步。随着社会、经济、科技的快速发展，人们对医疗卫生保健的需求也在快速增长，并持续不断地提出新的要求。《中共中央国务院关于深化医药卫生体制改革的意见》明确提出要建立可持续发展的医药卫生科技创新机制和人才保障机制，加强高层次科研、医疗、卫生管理等人才队伍建设，加大医学教育投入，提高医学教育质量。加大对医学高等教育的投入，不仅能够保证医学教育事业更加持续稳定发展，而且能够促进医学领域的研究向着前沿化、高端化、国际化发展，更好地为人类健康事业做出应有贡献。

第一，医学教育专业化程度高、实践性强、培养周期长、社会期望值高的特点使医学教育成本普遍高于其他专业教育成本。一方面，医学教育的实践性，使医学教育必须有大量的实践性教学环节，这就需要大量的实验和实践设备投入、实验用的标本、试剂和药品的投入；在临床教学过程中所涉及的教学实践设备费用、病例使用费用等消耗性费用也占相当大一部分。另一方面，临床实践环节的教学过程越发趋向于个体化教育，这样，所需要的教师、器材资源相对别的专业教育投入就要大得多。据一份由20名全球卫生教育专家委员会撰写的报告显示，北美和西欧国家每名医学生教育经费大约在49万美元，印度为3.5万美元，撒哈拉以南的国家为5.2万美元，而中国为1.4万美元；此外美国医学领域教育投入通常是其他领域的10倍，尤其在基础医学和生物医学方面。

第二，随着我国高等教育大众化进程的不断发展和近年来连续扩招，高校学生人数大幅度增加，逐渐由英才教育进入大众化教育，进而向普及阶段发展。尽管多数地区高等医学教育的规模在不断扩大，但对医学教育的投入并没有较大增加，造成医学教育质量有所下降，医生的层次、素质和水平不及以往。因此，通过提高医学高校的教育投入，改善教育环境、教学设施、科研设备，制定相关政策鼓励医学领域稳定快速发展，提高医学教育质量，培养临床实践能力强、有创新才能、能切实为广大人民生命健康服务的精英医学人才，能够提高医疗水平，加速祖国医学事业发展。

第三，中西部地区地方医学院校投入不足，使东部和中西部地区地方医学高等教育发展不平衡，东西部地区医学高校差距不断增大。在我国经济连年增长的同时，各区域间经济的差距日益增大，高等教育区域发展不平衡趋势逐渐突出，中西部地区地方医学教育由于投入不足，不能满足高校发展的实际需求，导致一部分地方医学院校的办学条件和硬件设施建设水平低，重点学科和专科优势不突出，师资力量和办学水平有待加强和提高；学校教育环境和条件的不足使地方人才流失严重，学生培养质量与东部地区比较差距大；学生培养层次很多仅限于硕士研究生，博士研究生教育开展明显不足。

建议：

（一）多渠道筹资加大医学高等教育的投入。第一，国家进一步提高医学生均拨款标准，加大对医学教育经费的投入，包括提高医学院校的基础设施条件，加大对现代教学科研实验仪器设备的投入、对教材教具的不断更新、对网络信息资源的配置等。第二，进一步扩大社会资源进入教育的途径，完善社会捐赠教育和学校筹款的激励机制。制定对社会团体和个人捐资办学的优惠政策、法律法规，鼓励社会团体和个人积极投资高等教育，提高学校积极争取社会捐赠的意识和能力。第三，加大企业对高等教育的投入。企业作为高等教育的受益者之一，应该负担部分高等教育经费。建议出台优惠政策或加强校企合作，企业通过对高等院校提供科研经费、委托培养专门人才费用、对高等院校的捐赠费等加大对高等院校的投入。

（二）加大对地方医学院校特别是中西部地区的投入，促进医学教育区域协调发展。一方面国家中央财政在审批地方高校发展专项资金时，重点向中西部地区地方医学院校倾斜，加强中西部地区地方医学院校的重点发展和特色办学；另一方面地方教育部门适当增加医学院校财政预算和投入，积极支持本地医学院校特色重点学科建设、教学实验平台建设、科研平台和专业实践基地建设。

（三）加强医学高等教育出口，扩充办学经费来源。随着经济全球化和高等教育的国际化，世界各国都更加重视招收国外留学生。据统计，过去20年里美国高等学校中的外国学生人数增加了3倍。留学生人数的剧增，为美国高等学校带来了可观的经济收入。外国留学生的到来，不仅缴纳高额的学费，而且要交房租、伙食费，另外还有不菲的日用品、娱乐开支。当前，扩大招收外国留学生成为美国高等学校缓解办学经费紧缺的一个重要举措。因此，我国医学高校也应加强医学教育国际交流和宣传，吸引更多的留学生来华就读，借以筹集资金缓解国家财政投入有限的局面。

（四）加大对中医药教育的投入。在中医院校建设和发展上给予政策上的倾斜，解决中医高等院校发展中的资金难题；加大经费投入，重点加强中医院校学科专业建设、课程建设、教学实验室建设、临床教学基地建设等，确保医学人才培养的质量；新增中医博士单位建设，提高培养目标要求和培养质量，培养更多的既具有扎实的临床技能、优秀的科研创新能力、健康的职业素质，又具有国际化战略眼光的中医药高层次人才；设立中医药传承与创新研究专项基金，加强中医药基础研究和应用开发研究，加快推动中医药事业的发展。

2014年

关于加快推进中医药法治体系建设的提案

中医药是我国医疗卫生体系和医药事业最为显著的特色与优势，党和国家一直高度重视中医药工作，制定了一系列保护、扶持、发展中医药的方针政策，为其发展提供了有力的政策保障。然而，现实工作中，由于对中医药的特点、自身发展规律和独特作用认识不一，在具体落实党和国家方针政策时，易出现因人而异、因地而异的状况，导致区域间中医药事业发展不平衡，中西医并重方针不能真正落实，中医药传承不足、创新不够，部分中医药特色优势在淡化萎缩，中医药服务体系不健全，中药资源保护问题长期得不到有效解决等。这些均制约着中医药事业全面、协调和可持续发展。因此，迫切需要出台一部全面、系统、能够体现中医药自身特点的专门的中医药法，以更加持久、有效地保障中医药的传承、创新与发展，既是实现中医药依法行政、推进中医药法治体系建设的必然要求，也是深化医药卫生体制改革、推动中医药事业持续健康发展的需要。

1. 维护和促进中医药全面健康发展的根本保障

加快推动中医药法治体系建设，从国家立法层面，进一步强化各级政府职责，将党和国家关于扶持发展中医药的方针，通过法令的方式准则化，在中医药医疗、保健、教学、科研、产业、文化及国际交流等方面按照准则安排，提出准则方法，推进中医药事业全面展开，有利于从根本上维护和促进中医药发展。

2. 加快推进中医药治理体系和治理能力现代化的重要保证

当前中医药治理体系与现代化的要求还不相适应，主要原因是相对独立的中医药法律法规体系还未建立，现行卫生政策法规等相关制度与中医药特点规律还不相适应，有利于发挥中医药特色优势的制度保障尚需进一步健全。因此推进中医药治理体系和治理能力现代化，关键是建立专门的中医药法治体系，健全有利于中医药特色优势发挥的制度保障，使现行卫生政策法规与中医药特点更加协调配合，为中医药事业全面科学发展提供有力保证。

3. 继承和弘扬中华民族优秀传统文化的重要举措

中医药在发展过程中不断汲取中华文化营养，形成了独具特色的中医药文化，是我国非物质文化遗产的杰出代表。其天人合一、辨证论治的思维方式，以人为本、大医精诚的行为准则，深刻体现了中华民族的认知方式和价值取向，蕴含着丰富的中华民族优秀传统文化精髓，是我国文化软实力的重要体现。因此，加快推进中医药立法，深入挖掘中医药文化价值，传承中医药文化精神，加强中医药海外传播，对于促进中医药对外交流与合作，弘扬中华民族优秀文化，增强中华民族凝聚力，提高中华文化国际影响力，均具有重要的现实和历史意义。

4. 加快制定中医药标准的迫切需求

加快推进中医药立法有利于加强中医药医疗、预防、保健、科技、教育、宣传等方面的标准制定，强化对中医药从业人员的准入和中医技能的认证，进一步加速中医药职业法制化进程，提高中医药的法制执政水平，使中医药各项工作开展做到有规可循，有法可依。

5. 加强落实“中西医并重”方针的有力保障

目前中医药在学术传承、人才培养、部门管理、经费投入、补偿机制、民间中医发展等方面缺乏应有的法律保障，中西医并重的卫生工作方针更像是口号，难以落到实处，中医药的发展受到影响和制约。在投入方面，缺乏稳定的保障机制，经费投入与中医药的服务功能和承担的任务不相适应；在管理方面，全国中医药管理机构还不健全，地市以下基本没有中医药管理部门，甚至有些基层地区没有专人管理；在学术传承、人才培养、专业资格取得、民间中医管理等方面，均无法体现中医药自身特点。因此，加快制定中医药法，在法律上明确政府在中医药规划、投入、管理等方面的责任，为中医药发展提供良好的保障。

建议：

1. 加速推进中医药立法进程

一方面，继续加大与立法部门间的协调力度，将已经提交的中医药法草案尽快纳入国家审议日程，集中系统内外智慧，广泛吸收各界意见，全面把握影响立法的关键问题，尽快实现中医药立法。另一方面，各省市要进一步统一思想，以中医药整体利益为重，积极配合做好立法进程中的相关工作，加快推进中医药法治体系建设；同时紧紧围绕中医药法，结合本地实际，加强相关配套制度、规则的研究制定，提高依法行政能力。

2. 不断提升中医药管理法治化水平

一是中医药工作要坚持以改革理念和法治思维，在推动中医药科学发展、转变发展方式、破解深层次矛盾方面，力争取得显著成效。二是深入总结中医药深化改革取得的经验，把各方面认识基本一致、实践证明行之有效的制度规定、政策措施以法律法规的形式固定下来，不断提升中医药管理法治化水平。三是及时跟进相关法律法规的修订，充分反映中医药特点，体现中医药内容，推动建立健全紧密相连、相互协调的中医药法治体系。

3. 重视解决影响中医药发展的关键和根本问题

一是围绕依法行政，建立和完善权力清单制度，加强研究中央和地方政府有关中医药工作事权划分，明确各级政府职责，全面推动机构职能、权限、程度、责任法定化。二是保障中医药发展的投入和政策倾斜。加快立法，推动实行公立中医医疗机构财政补助制度；改革现行中医药服务价格政策，建立体现中医药服务成本和技术劳务价值的财政保障制度；突出中医特色，加强中医药教育投入和结构调整，建立不同于其他学科的教育管理、评价机制。三是做好与其他相关法律的衔接，妥善处理涉及中医药自身发展的关键问题。如建立符合中医药发展规律、有利于中医药特色优势发挥的中医医师分类管理制度、师承教育制度、中医药传统知识保护制度。

4. 加快制定中医药制度标准

一是针对中医药自身特点和发展规律，加快中医药标准制修订步伐，推进重点领域中医药标准的研究制定。二是建立和完善与中医药法律相一致的中医药标准体系。以中医药法治建设为基础，扩展中医药标准制修订领域和范围，实现标准数量、质量、结构、效益均衡发展，充实和完善中医药标准体系。三是进一步完善中医药标准应用推广机制。要加强法制监督，把中医药标准的应用推广作为各级中医药管理部门的重要工作职责，在中医药医疗、保健、科研、教育、文化建设等工作中积极推动中医药标准应用和实施。

2015年

关于将中医药纳入国家“一带一路”战略实施的提案

丝绸之路开辟了中国与西方联系的先例，是古代中国最早与西亚、欧洲各国交流的窗口，极大地促进了东西方经济文化交流，作为国粹的中医药，随着丝路的开通也得到了广泛传播与发展。我国从汉代起就开始向印度输出诸如人参、茯苓、当归、乌头、附子等药材，并被称为“神州上药”；到了隋唐，丝绸之路的发展进入黄金时代，中外医药交流更加频繁，印度、西域及阿拉伯地区的药材和医疗技术源源涌入中国，同时中国的许多医药知识及药材也不断地传播到世界各地。因此，从古代开始，丝绸之路即为我国中医学对外传播和东西方医学交流带来了诸多便利。

“一带一路”建设是党中央、国务院根据全球形势深刻变化，大力推动对外开放的战略新举措，对于构建开放型经济新体制、形成全方位对外开放新格局、实现中华民族伟大复兴的中国梦，具有重大的现实意义和深远的历史意义。中医药作为我国独特的卫生资源、潜力巨大的经济资源、具有原创优势的科技资源、优秀的文化资源，在转变经济发展方式、促进经济结构调整、服务全民健康等方面发挥着重要作用。在古丝绸之路中医药对外交流的基础上，将中医药纳入“一带一路”战略规划，不仅为中医药事业海外发展和中医药服务贸易带来新契机，更为加快推动中医药走向世界提供了重大机遇。

自国家提出“一带一路”战略规划后，多个省市针对中医药事业发展，出台了一系列重要举措，助推中医药事业更好更快地发展。新疆作为丝绸之路经济带核心区，已规划成立新疆创新药物研发中心、丝绸之路经济带中亚药物研发中心，并围绕中医民族医药研究、医疗服务、基地建设等，建设中亚医疗卫生交流合作中心；海南结合海南国际旅游岛的建设，已开始筹备建立中医药健康旅游国际示范区，着力打通中医药服务产业链，为丝绸之路经济发展开拓新的支撑点与增长极；云南启动实施《云南省加快中医药发展行动计划（2014—2020年）》，将借助“一带一路”建设，打通印度洋通道，以推动全省中医药、民族医药事业全面、跨越发展；福建作为我国海上丝绸之路的始发站，将充分发掘文化资源，打造两岸“保生大帝”中医药文化传播基地，加快建立国家中医药文化教育基地——莆田中医药CEO城。将中医药纳入“一带一路”发展规划，有利于提升中医药服务水平、培养国际化中医药服务人才、推广中医药文化传播、带动中医药产业发展，对于开创中医药事业改革发展新局面具有重要意义。

将中医药纳入国家“一带一路”战略规划的建议：

1. 提升中医药在国家“一带一路”规划中的战略地位

第一，强化对中医药纳入国家“一带一路”的战略谋划，切实加强战略研究和顶层设计，从战略高度引领中医药事业海外发展。第二，针对“一带一路”沿线不同区域合理布局，制定差异化中医药发展策略。加强与“一带一路”沿线国家开展先进医疗技术与设备的引进推广、医学教育与人才培养、健康服务业、中医药推广应用等方面的合作，针对国外受众心理和接受习惯，充分利用孔子学院和海外文化中心等平台，与多个国家建立中医药长效合作机制。第三，全面推进全国中药资源普查，加强中药资源的开发与保护，打造道地药材品牌和中医药养生保健国际旅游品牌，提升道地药材在国际市场的竞争力，使之成为丝绸之路经济发展新的支撑点。

2. 加强中医药对外交流信息化建设

第一，加快建立中医药对外交流信息数据库，促进中医药对外传播。加强全国中医药信息资源的整合，建立实体化的国际中医药信息研究中心，构建连接国内外的多向数字信息传输网，加快推动中医药对外传播。第二，积极利用信息网络把中医药科技成果、中医名家诊疗故事、中医药文化故事、医疗技术、养生保健旅游景区等宣传推广出去，加强中医药文化海外传播，提升中医药的国外影响力。第三，加强中医药服务贸易信息平台建设，提升中医药信息资源在知识服务中的应用水平，加强中医药国际科技合作与交流，扩大中医药的国际影响力。

3. 加强中医药国际化人才培养

第一，以优质中医药留学生教育吸引人才国际流动。高等中医院校要加强课程体系设置的改革，不断创新教育教学理念、方法和模式，全面提高教学质量，吸引留学生来华接受中长期专业培训和中医药本科、研究生学历教育；加大对中医药专业课程双语教学的支持和专项培养经费投入，从长远着手培养高素质双语教学团队，为国内外学生提供良好的双语学习环境。第二，加强中医药高校内部机制改革，广泛推动师生国际交流活动的开展。加强与"一带一路"沿线国家医疗教育和人才培养合作，积极拓宽人才国际流动的渠道和途径，设立海外交流奖学金或者相应的科研基金项目，为广大师生搭建对外交流的平台。第三，加强国际型学术交流与科研合作人才培养。支持中医药院校、科研机构等加强与国外科研实力雄厚的高校开展中医药科研合作，培养学生的国际型专业素养和创新型竞争能力；制定奖励措施，鼓励学生积极参加国际性学术交流和在国际刊物上发表高层次科研论文。

4. 加强中外医疗服务合作与中医药服务贸易

第一，借力"一带一路"，积极与丝绸之路带上的国家开展医疗卫生合作和医疗资源互动，在医疗卫生与产业层面搭建合作平台，加强中医药发展走出去与请进来。第二，积极发展中医对外医疗服务贸易。加强发掘传统医药在治疗疑难杂症方面的价值，提高传统中医学在世界医学疑难疾病防治中的贡献率；进一步扩大中医药医疗服务贸易国家范围，充分发挥中医药治未病、养生保健的特色优势，输出简便价廉的优质的中医医疗保健服务。第三，积极推动中医药经贸合作。加强同"丝绸之路经济带"沿线国家和地区在医药卫生领域，特别是中医药领域的合作，推动中药及中医器械的出口；积极向西亚、欧洲等国家出口高科技含量、高产品附加值的中药产品、养生保健品。第四，加强中医药技术的输出和推广。大力促进中医药科技成果的转移转化，积极实施中医药科技创新驱动战略和海外发展战略，深入开展高水平中医药国际科技合作，加强新技术、新成果、新产品的研究开发和推广，发展技术贸易。

2015年

关于进一步加快我国中医药产业发展的提案

一、加快实施创新驱动战略，加强中医药产业原始创新研究

中共十八大第一次明确提出“科技创新是提高社会生产力和综合国力的战略支撑，要坚持走中国特色自主创新道路，实施创新驱动发展战略”。近日，由中共中央总书记习近平主持召开的中央财经领导小组第七次会议上，创新驱动发展战略再次被专门提及。习总书记强调，创新始终是推动一个国家、一个民族向前发展的重要力量。实施创新驱动发展战略，就是要推动以科技创新为核心的全面创新，坚持需求导向和产业化方向，坚持企业在创新中的主体地位，发挥市场在资源配置中的决定性作用和社会主义制度优势，增强科技进步对经济增长的贡献度，形成新的增长动力源泉，推动经济持续健康发展。

中医药学是我国独有的具有原创思想的医学科学。中医药作为我国医学的特色和重要的医药卫生资源，它和西医药相互补充、相互促进、协调发展，共同担负着维护和增进人民健康的任务，已成为我国医药卫生事业的重要特征和显著优势。中医药的创新性包括医学理论的创新、技术方法的创新、药物的创新等。创新是推进中医药事业发展的动力源泉，是深入挖掘中医药科学内涵的重要着力点，加快实施创新驱动战略，对于促进中药产业发展具有重要意义。

第一，开展中医药教育、科研、产业、服务等全方位的创新驱动，构建以企业为主体、市场为导向、产学研相结合的技术、产品、服务创新体系。第二，培养创新型研究人才，建立结构合理的研究梯队。创新驱动实质上是人才驱动，建立良性的人才激励和培养机制，加快形成一支规模宏大、富有创新精

神、敢于承担风险的创新型人才队伍，培育一批具有良好科学素养、创新能力、科学献身精神和站在学科前沿的学术带头人，建立结构合理的研究梯队，重奖有突出贡献的专业人员，采取各种有效措施防止中医药研究人才的流失。第三，充分整合多方资源，发挥高校研究机构的科研、人才、设备、项目优势，加快推进产学研深度融合，形成高校研究机构、企业、产业协同创新发展平台，支持各种类型的中医药原始创新性研究，为企业提供产业化基础，同时提高高校科研成果转化率，避免研究成果的浪费和与企业、产业需求的脱节。第四，加大投入，设立中医药创新驱动专项，使企业成为创新主体，形成政府企业互动，加大对中医药原始创新性的研究和科技成果转化。第五，加强中药产业的原始创新，提高产品技术发展。

二、完善中医药产业结构，延长产业链，大力发展中医药健康服务业

第一，加强我国中药材种植业、中药制造业产业结构优化，巩固中药工业商业，提升中药产业的发展规模和水平，建设以企业为主体、以科技为依托、以农业为基础、以市场为导向的现代大中药产业体系。第二，优化中药产业发展的环境，通过重组、兼并、融资等市场化手段，形成一批大型骨干中药企业，大大提高中药企业的综合实力和市场竞争力。第三，延长中医药产业链，大力发展我国中医药旅游业、养老服务业、健康保险、中医药服务贸易等健康服务业。中医药健康服务业包括中医医疗服务、中药种植生产与贸易、中医药医疗与保健的设备器械、中医药预防和治未病、中医药保健（含保健技术、保健品、保健食品等）、中医药养生、中医药养老、中医药文化产业、中医药旅游、中医药国际服务贸易等。要充分发挥中药产业优势，提高健康养老专业化品牌化规模化服务水平；完善健康消费的保障机制，推动商业健康保险快速发展；加快中医药健康服务产品研发制造，优化发展健康服务相关支撑产业。第四，加强中医药生态文明建设。增加对生态环境具有重要改善作用的中药材的种植和保护，如甘草、麻黄草在防止沙漠化方面具有重要作用；增加野生药材资源保护区；开展野生药材变家种家养，建立药材种养基地，减少野生药材的采挖量，保护生态平衡。

三、发挥特色优势，加强整体规划，全面促进中医药产业发展

第一，做好我国中医药产业整体规划，充分发挥中医药在经济结构调整中的作用。第二，除了现有的种植基地外，建立需求量大、价格适中，适合当地经济发展的中药基地，形成集中种植、回收、加工、销售产业链。第三，积极实施中医药扶持政策，探索建立独具中医特色的中医药文化科技产业园区，从中医的医疗文化、饮食文化、养生文化、休闲文化等入手，设立中医药养生馆、药膳馆、百草园、养颜馆等，集中医医疗、中药产业、会展、居住生活、对外合作、交流、开发、利用和健康旅游、消费等功能为一体，全方位提供中医药服务，将园区打造成中医药产业的集群区、中医药文化的展示区、中医药服务的体验区。第四，大力发展中医药旅游。加快建设国家级区域医疗中心和高端医疗集聚区，为发展健康旅游创造条件。第五，加快发展中医药服务贸易。加强中医药产业技术输出、中医药保健品输出和对外交流；加强科技含量高的中药原材料、中成药、针灸、推拿、按摩、足疗等对外医疗服务贸易；培育一批文化出口企业，积极创建中医药文化品牌和“对外文化贸易基地”，大力发展中医药对外文化贸易；全面推进中医药国际教育合作与发展。

四、加强中医药产业品牌培育，促进中医药产业发展

第一，选择国内各地区道地优势中药材品种，围绕产业建龙头，围绕市场搞加工，围绕加工建基地，突出特色，扩大规模，提高档次，打造一批市场竞争力强的知名品牌和拳头产品。第二，加大对道地中药材的深度开发，扩大中药饮片、中药提取物的生产规模，进一步提高产品技术含量和附加值，开发以道地药材为原材料的保健食品、药品，加强对优势产品和道地药材名牌产品的申报认证和宣传推介力度，加强优势中药材产品的品牌建设。第三，加强科研，提高中医药产品技术含量，不断促进产品的升级换代，培育国内国际产业、产品品牌。

2015年

关于进一步加强环境对中药质量影响的研究与治理的提案

中医药作为我国独特的卫生资源和重要的生态资源，历经数千载的传承与发展，以其确切的临床疗效和独特的预防保健功能，为中华民族和世界人民的健康做出了不可磨灭的重要贡献。好的中医疗效与优质的中药资源息息相关。中药材作为特殊的经济作物，具有严格的道地性和对生态环境的选择性，环境质量好坏直接影响中药材质量的优劣，而药材品质优劣不仅直接影响药理药效和人体健康，而且涉及中药制剂的质量安全。随着工农业的快速发展，在经济利益的驱动下，平衡的生态环境被打破，环境恶化，气候反常，空气污染、土壤污染、水源污染严重。气候变化使动植物生长的适宜温度条件被打破，有效成分含量较低；空气污染使某些药材中的脂肪、糖类被氧化分解，使某些花叶类药材变色变味；水源污染导致生长中的药物中毒死亡，使加工炮制后的药材霉菌和重金属含量超标；土壤污染使土壤酸碱度改变，土壤中的重金属及微量元素含量比例失调，导致药物生长发育变异或失去药效；各种农药、化学除草剂、杀虫剂、化学肥料等的超量使用，导致中药材普遍存在农药、有害重金属含量超标。这些环境因素均严重影响着中药材的质量和安全，“药材好，药才好”更加难以实现。

我国是中药资源大国，其种类之多、藏量之大为世界之冠，但一直以来在世界中药资源市场的占有份额却不高，制约和影响着中药在国际市场中的竞争力。究其原因，主要是环境污染引起的药材重金属含量超标、农药残留、种质质量较差等，加上欧美国家中草药产品的重金属、农药残留指标比国内严格得多，使得中药的“质”和“量”均不能满足国际标准的要求。而在国内，近年来中药安全事件也逐渐频发，中药材市场的伪品替代品日益增多、中药材农药残留重金属污染现象严重。据报道2013年同仁堂、云南白药等9家著名中药品牌企业多达25种中药被抽检出超七成含农药残留；2014年台湾地区市售中药材检出禁用农药，50件抽测样品中，有21件、占总数42%的样品检出农药残留。因此环境因素导致的中药材重金属污染、农药残留超标等问题，是影响中药质量、制约中药及其制剂成品走出国门的重要原因之一。质量优良、疗效稳定、安全高效是中药发挥其疗效的根本要求，也是进入国际市场的基本条件。为提高中药质量，增强中药材的国际竞争力，为加大中医药服务贸易做出更多更大贡献，提出建议如下：

1. 加快制定中药资源保护法，多措并举加强中药资源环境保护

第一，加快制定专门的中药资源保护法。在充分调查研究、广泛征求意见的基础上，制定国家中药资源保护法，并加强监督，严厉打击破坏药用植物资源及其生长环境的违法活动，加强和完善资源保护的法制建设和管理；各省辖市根据国家相关法律和地方实际，制定切实可行，有利于资源利用、保护与可持续发展的地方法规条例及中药资源保护发展规划。第二，国家和各级地方政府建立完整的财政支持机制，采取多种途径，确保资源保护规划和措施的实施。第三，设立专门的国家中药资源保护管理机构，制定中药资源保护管理与经营使用的统一机制，使各级管理机构制定的政策与规定切实体现中药资源保护与发展、局部与全局、眼前与长远利益结合的原则。

2. 以提高全民生态环境保护意识为抓手，从根本上提高中药质量

第一，各级单位广泛深入地开展生态环境保护宣传教育工作，加强全社会对资源保护的重视、理解、支持和参与。第二，形成系统有效的中药环境污染防治培训制度，提高中药企业、药材种植养殖户对中药环境污染危害性的认识，提高从业人员对环境保护和种植绿色药用植物重要性的认识。第三，在国家与企业、企业与企业、企业与种植户之间逐渐建立提高中药质量的联动促进配合机制。政府部门通过立法或出台规范性文件，附加“送科技下乡”等行动，提高药农的环保意识和种植绿色药用植物的意识和技能；促使药品生产加工企业着力提高中药材从业人员的素质，把好中药源头生产质量关；加强种植户和其他从业人员主动学习种植绿色药用植物的技能，不断提高控制药用植物环境污染的意识。

3. 加强研究，建立规范化的药材污染控制措施

第一，设立专门机构和专项基金，加强药材种植中污染物控制新技术的研究和应用。建立高水平的中药污染物检测中心与高素质的检测队伍，积极开展控制污染物的新技术和新方法研究，逐步建立规范化的控制微生物、农药、重金属等污染和残留的措施。第二，针对当前药材种植存在的有毒物质含量严重超标等问题，研究并实施无公害种植技术，加强对药用植物种植生产的科学化的管理，建立无公害药物保护技术体系。如在控制农药残留方面，一方面要认真做好低毒、低（无）残留农药的筛选，另一方面加强监督，控制有机农药的使用，实施无公害种植技术，特别加强生物源农药的研究和应用。

4. 加强道地药材生产基地建设，建立中药材可持续发展体系

第一，加强全国中药资源普查和动态监测，针对中药材对气候、环境生态、地域性的特殊要求，结合地质条件、土壤系统、环境气候、生物等环境生态因子对中药材生长发育、品质质量的效应影响规律，建立适宜的中药材生产基地和药用动、植物自然保护区，维护中药资源的可持续发展。第二，制定全国药材道地生产规划。在全国中药材生产区划的基础上，系统总结道地药材的传统生产技术，结合优良新品种和无公害生产技术，通过合理规划和布局，从源头抓起，建设一批高质量道地药材生产基地，建立中药材可持续发展体系。

5. 加强中药材质量标准研究

第一，加快修订并建立符合国际标准的中药产品质量标准，建立药用植物的污染物残留允许标准，以更好地适应国际贸易和交流的需要。加强药用植物被污染的调查和研究，参照国内外相关资料，结合临床实践，设置更加科学精确的环境污染物监控对象及限量指标。第二，加强开展重金属、化肥农药残留在中药、中成药中的作用研究。从国家层面上成立研究小组，对标准检验品种和化肥、农药引起的新变异品种进行对比研究，确定不同存在状态的各种重金属和残留物的药理毒理作用，在严格的条件下获得有力的证据，制订出我国自己的、有充分说服力的中药重金属质量标准，并力求得到国际认可，提高中药材的国际竞争力。

2015年

关于进一步加强我国社区卫生服务工作的提案

随着城市化、人口老龄化、疾病谱改变、医学模式转变等社会新形势的变化，党和国家在深化卫生体制改革和推进卫生事业发展中高度重视社区卫生服务工作的开展，积极构建大医院与社区卫生机构合理分工、密切合作、互为补充、双向转诊的新型医疗服务体系，以满足城镇居民不断增长的医疗卫生服务需求。近年来，我国社区卫生服务工作通过持续推进与发展，取得了较为显著的成效，各省市基本形成了责任网格化、服务网络化、信息现代化、管理一体化的社区卫生服务模式，极大地方便了社区居民的基本医疗和健康需求。然而，在社区卫生服务不断深入发展、取得成绩的过程中，一些深层次的问题也逐渐凸显出来，亟待解决。

存在的主要问题：

1. 项目与机构运行经费不足

一是对社区防疫、健康教育、健康普及、居民健康档案建立、预防保健、康复等非营利性服务缺乏相应的补偿措施，仅凭借社区卫生服务机构自身的医疗收入难以定期持续开展这些项目。二是部分地区政府缺乏社区卫生服务的专项经费投入，或者只有启动资金，后续资金补充不足，导致用房建设、床位配置、基本检查设备等基础设施落后，与我国社区卫生服务的规范化标准和要求还存在不小差距。

2. 专业人才匮乏，人员流动性大

一是人员结构欠合理，学历与职称较低。当前我国多数地区社区卫生队伍中，硕士学历人员短缺，本科学历不足20%，大专学历占一半左右，其他均为中专及以下学历；人员职称50%以上以初级职称为主，中级职称约30%—

40%，高级职称不足10%，高素质人才匮乏，服务质量有待提高。二是全科医学人才匮乏，尤其是承担健康教育、计划免疫、妇幼保健等职能的公共卫生类医生较为紧缺。三是一些个体经营的社区卫生服务站为了节约开支，使用临时工作人员较多，流动性较大，难以满足社区卫生服务连续性的基本要求，同时也不便于卫生服务质量的控制。

3. 社区首诊和双向转诊实施困难

一是双向转诊运行机制不健全，缺乏统一的可操作性转诊标准、明确的转诊程序和相应的监管制度，双向转诊一体化程度低。二是群众对社区卫生认知度和信任度普遍不高。“小病进社区，大病去医院”的理性择医观念在人民群众中尚未形成。三是由于城市优质医疗资源过度集中和受社区医疗服务条件的限制，双向转诊难以实施，普遍为“转上容易、转下难”。

4. 中医药服务及医保政策欠完善

一是多数社区卫生服务机构缺乏中医医师和高层次中医药专业人才，对基层中医药人员培训力度不够，不能开展多样化的中医药诊疗和预防保健服务，没有充分发挥中医在保健康复、疾病预防控制、健康管理中的作用。二是医保对中医药诊疗项目的报销范围需要再扩大。多数社区卫生服务中心有其独具特色的中医诊疗项目，但由于一些项目尚未列入医保报销范围，使患者不能享受更多的中医药服务。

建议：

1. 坚持社区卫生服务机构正确的功能定位并在全社会形成共识

社区卫生服务的主要功能是通过提供主动的、连续的、综合的和可及的服务，实现“防未病（即预防疾病）、治小病（包括常见病、多发病，首诊遇到大病时要转诊）、管慢病（防止出现并发症）”的任务，必须坚持“三足鼎立”，不可或缺。建议一要充分发挥社区卫生服务“防未病”“管慢病”“治小病”的职能，构建完整的疾病全过程和生命全过程的医疗卫生服务体系；二要通过各种形式的宣传，使这些认识成为全社会的共识，并列入对各级政府和社区卫生服务机构的考核内容之中。

2. 构建多元投入机制，进一步完善社区卫生服务体系建设

第一，强化政府对社区卫生服务机构的责任主体地位，加大政府对人

员、基本公共卫生服务、基础设施建设、设备购置等经费的投入，进一步改善社区卫生服务条件。第二，各省市加快对尚未建设的政府办社区卫生服务中心和其他由行政区规划新批准设置的社区卫生服务中心进行标准化建设与改造，将社区卫生服务机构建设纳入城市建设总体规划，按照社区卫生服务中心（站）建设标准安排预留用地，并同步建设配套用房。第三，完善社区卫生服务机构多渠道补偿机制，落实财政投入政策，全面实施一般诊疗费制度，推进基本医疗保险社区门诊统筹和支付方式改革。

3. 加强双向转诊制度的落实

第一，进一步优化社区卫生服务机构医保定点政策，扩大门诊统筹范围，提高医保支付范围和支付标准，推进社区首诊制度执行。第二，优化资源配置，加强规范管理，积极推进双向转诊。做好双向转诊规划工作，根据实际情况具体规定向上转诊和向下转诊的标准、程序和双方的责任义务，并设立转诊管理机构行使监督管理权。第三，加强信息沟通和对双向转诊的宣传教育。针对不同人群，采取多种方式，改善对双向转诊的认知；加强全科医生与专科医生的交流，使全科医生在拟转诊患者时，能够清楚地告知患者该转到哪个医院、找哪位具有所需专长的专科医生就诊，以确保患者得到有效、及时的转诊及治疗，提高双向转诊工作效率。

4. 加强人才队伍建设，提高社区卫生诊疗水平

第一，各级政府加大对社区人力、物力、财力的投放，制订全科医生培训规划和相关配套政策，健全全科医生的执业注册、岗位聘用、职称晋升、收入分配等鼓励政策，提升社区卫生服务团队的综合服务能力。第二，做好统筹安排，将全科医学人才招生培养、学科建设等纳入医学院校长期规划中。第三，优化社区卫生人员结构，合理配置全科医生、中医师、社区护士、公共卫生人员和其他卫生技术人员，提高中、高级职称比例，完善人才流动及培养制度，拓宽社区卫生人员职业发展路径。

5. 强化中医药特色服务，促进社区卫生服务良性发展

第一，加强社区卫生服务中中医诊室、针灸室、推拿室、理疗室、康复室等建设，积极推进中药、针灸、拔罐、推拿、按摩等中医特色疗法的运用。第二，进一步做好基层常见病多发病中医药适宜技术推广，加强对基层中医药

服务团队的专题培训，强化实践技能，保证每个社区卫生服务机构都能开展一定数量的中医药适宜技术服务，充分利用中医药知识指导社区居民进行养生保健活动。第三，积极引导和推进社区卫生服务机构由单纯的“治”（治病）转向“治”“养”（养老）结合，为发展社区养老服务提供保障。

2015年

关于全方位发挥中医药在健康服务业中的作用的提案

随着健康观念变化和医学模式转变，中医药确切的临床疗效、独特的预防保健作用、灵活的治疗方式在健康服务发展中越来越显示出独特的优势。2013年国务院印发《关于促进健康服务业发展的若干意见》，将“全面发展中医药医疗保健服务”作为八项主要任务之一，各省市相继制定了多项措施促进中医药健康服务业的发展。虽然取得了一定的成效，但是具体实施效果与最初预定目标相比还有较大差距，中医药健康服务业发展还存在诸多问题和不足：一是中医药健康服务体系不够健全，政策落实不够到位，国家文件出台后，地方部门的后续化政策实施未能及时跟进，在具体操作中存在诸多制约；二是未能充分发挥中医药特色优势，多种健康服务领域发展有待进一步加强和提高；三是中医药健康服务机构存在着管理不规范、缺乏规划发展、监管不到位，服务质量难以保障等问题，一定程度影响着中医药健康服务的科学发展和人民群众的迫切需求；四是中医药健康服务业总量规模偏小，产业化程度有待于提升，与健康服务业相关的支撑产业发展与市场需求还存在较大差距；五是中医药健康服务贸易有待加快转型升级和服务品牌提升。

针对中医药健康服务业发展存在的问题，围绕如何最大限度地发挥中医药在健康服务业中的作用，充分利用好独具特色的中医药卫生资源，采取多种措施，全方位发挥中医药在促进健康服务业发展中的作用，提出如下建议：

1. 深入研究发展中医药健康服务的战略措施，加快完善中医药健康服务体系

一是加强顶层设计，充分发挥中医药特色与优势，加快推进中医药健康服务体系建设。切实转换政府工作职能，以提升全民健康素质和健康水平为根

本出发点，建立完善中医药健康服务业发展的政策、环境和工作机制，整体提升中医药医疗、康复、预防、保健服务水平。二是加强政策引导，做好统筹规划，将鼓励发展中医药健康服务的各项政策和具体措施落到实处。如社会资本进入中医预防保健服务领域的鼓励政策、将更多的中医健康服务项目纳入医保支付范畴政策，中医预防保健服务价格政策、税收政策，中医预防保健服务消费引导政策等。三是发展更多的中医药预防保健及康复服务能力建设项目，推进区域“治未病”服务体系建设。持续深入开展医疗机构“治未病”健康工程，提高中医预防保健及康复服务能力；依托中医预防保健服务能力建设项目，探索中医药健康服务新模式。

2. 加快发展中医药健康服务业的优先领域

一是大力发展健康养老服务，加快促进中医药进入养老机构。加快发展社区中医药健康养老服务，提高社区为老年人提供日常护理、慢性病管理、康复、健康教育和咨询、中医保健等服务的能力；探索建立健全医疗机构与养老机构的协作机制，大力支持有条件的养老机构增设中医医疗项目，推动中医机构与养老机构合作示范项目；发挥中医药在养老服务领域的优势，开创医养结合新模式。二是多措并举，引导社会力量投资兴办中医医疗、保健服务机构。出台优惠政策，支持社会资本举办中医医疗机构、提供基本中医医疗服务；鼓励有资质的中医专业技术人员特别是名老中医开办中医诊所或个体行医；鼓励举办中医养生保健服务机构，开展药浴、药膳、保健按摩、康复理疗等传统养生保健服务项目。三是着力发展中医药健康养生及旅游产业。全面整合优势医疗资源、中医药资源、绿色生态资源，鼓励形成中医药健康养生服务品牌，支持企业在全国范围内建立管理规范、技术成熟、信誉良好的中医健康养生集团或连锁机构；鼓励地方依托本地中医药资源优势建设中医药健康养生服务集聚区，形成区域品牌；鼓励和扶持医疗、健康旅游项目建设，探索建立全产业链的中医健康旅游服务体系，打造国际养生保健旅游品牌。

3. 加强中医药健康服务机构的市场监督和法治管理

一是加快研究制订中医健康养生机构标准、中医健康养生技术目录及操作规范，指导中医健康养生机构开展规范服务。二是完善法律法规，加强服务规范。进一步严格中医健康服务从业人员资格证书的颁发和审查，对其进行统一备案管理；加强专业技术人员培养和职业技能人员培训，提高从业人员素质；构建服务人员持证上岗的注册制度，加强服务队伍建设与有效监管。三是强化法治监管，对机构、个人的管理要从一而终，对不符合规定的要加大处罚力度。四是创新行业管理思路，健全监管制度，提高中医药健康服务的安全性及效果，增强其社会公信力，让民众对中医药健康服务更认可、更放心。

4. 大力发展中医药健康服务相关支撑产业

一是积极发挥餐饮行业在健康养生服务中的作用，加强对餐饮行业健康养生科普，鼓励餐饮业开展健康养生服务。二是大力发展中医药膳食疗产业。研发药膳方便食品，如软包装饮料、糕点等，既方便食用又有保健效果；着重在医院、疗养院推广药膳食疗康复。三是加强科技创新，鼓励开发符合地方特点的中医养生保健食品和用品，推广中医药健康饮食养生、保健服务；大力引进国内外保健食品生产企业和管理营销理念，快速形成国内保健食品产业集群。四是加快功能性中医药健康园区和高端医疗保健中心建设，重点培育中医药健康管理专业、老年健康护理业等，推进健康相关支撑产业的协同发展。

5. 加强中医药健康服务贸易转型升级和品牌提升

一是鼓励知名中医医院或中医药企业到境外举办中医医疗保健服务机构，打造一批具有国际影响力的知名品牌，培育一批中医药健康服务贸易骨干企业，不断提高中医药健康服务出口的质量、档次和附加值，促进健康服务业发展。二是发挥中医药特色优势，为境外消费者提供高端中医医疗保健服务。三是借力“一带一路”建设，加强中医药科技创新和专项支持，建设一批国内中医药健康服务贸易示范机构，完善服务功能，吸引更多的境外消费者。

2015年

关于突出中医教育特色　加强中医药人才培养的提案

中共十八届三中全会《关于全面深化改革若干重大问题的决定》在全面深化教育体制改革中强调："要创新高校人才培养机制，促进高校办出特色、争创一流。"建设世界一流大学是党中央深化教育体制改革的重大战略决策，习近平总书记在2014年五四青年节发表重要讲话中指出"要发展具有中国特色、世界水平的现代教育"。中医药作为我国优秀传统文化的典型代表和医学瑰宝，在国际上更是我国独具特色优势的医学科学，无论在疾病治疗还是预防保健方面都发挥着不可替代的作用。因此，中医药高等教育要充分发挥自身特色和优势，培养优秀的中医药传承、应用和创新人才，建设独具特色优势学科的世界一流中医药大学。

高等中医药教育作为我国现代高等教育体系的重要组成部分，经历50余年的不断探索和发展，初步实现了中医药人才培养的规模化、标准化和教育管理的规范化、制度化，建立了较为完善的高等中医药现代教育体系，为推进医疗卫生事业发展培养了一大批中医药临床、科研、教学、管理人才。但是当前以院校教育为主体的高等中医药教育在突出中医药自身特色与优势方面发挥不足，中医药人才西化、对传统中医诊疗方法和技术不擅长、中医临床实践能力偏差、人才培养质量受到质疑等问题突出。此外高等医学教育本身具有专业化程度高、实践性强、办学成本昂贵、培养周期长、社会期望值高等特点，而中医学教育更是体现出培养周期长、教育成本高、文化功底深、临床实践要求高、感悟能力强的特点。因此我国高等中医药教育亟待根据中医自身发展规律和社会人才需求，在教育理念、人才培养模式、课程体系、教学内容、教育质量保证与运行机制方面进行改革和创新发展，要突出中医特色优势，打造一流中医药学科，加强精英教育，培养多元化中医传承型人才、中医高端应用型人才和中医研究创新型人才。

根据上述中医教育特点和人才培养存在的问题，提出建议如下：

1. 优化中医药高等院校的专业结构，打造一流中医药学科

第一，加强中医专业结构调整研究，推进中医院校本硕博连读专业的设置和开展。目前我国开展长学制教育的高等中医药院校有14所，均采取的是七年制本硕连读教育模式，尚未有本硕博连读中医专业设置，而中医人才培养周期长，既要有深厚的文化功底，又需有较强的临证实践能力，可在七年制基础上设置本硕博连读，增加学习时间，提高临床实践技能和科研能力。第二，突出中医特色，在中医专业设置、评估等方面给予优惠政策。目前各类学科专业有500多个，在中医院校专业设置中不能照搬其他专业设置模式，要突出中医特色，在保持传统学科专业优势的基础上发展与传统中医药学科相关的新兴学科专业。第三，充分发挥中医特色优势，打造一流中医药学科。各高等中医药院校要着重在主流学科和特色优势学科上寻求突破，加强顶层设计，深入优化学科建设的条件和环境，结合国际学术前沿和中医药人才需求，谋划好一流学科建设布局和重点，在全国乃至国际上形成有示范意义的、一流的中医特色学科专业。

2. 探索建立中医药特色突出的多元化人才培养机制

第一，深化院校教育改革，实行五年制本科教育、长学制（“5+3”、9年制）和中医全科医学人才培养改革。第二，建立健全毕业后教育制度，通过“5+3+继续教育”模式，在本科毕业后通过3年的培训，再加上若干年的专业医师培训，全面实施中医住院医师规范培养，并探索开展中医专科医师规范培养。第三，以社会需求为导向，结合中医学专业特点以及国内外人才市场需求状况，探索建立适合中医学发展趋势与社会多元化需求的临床高端应用型、中医传统传承型、中医研究创新型、中医外向型人才培养模式体系。

3. 增加中医教育经费投入，提高中医专业教育学费

第一，增加中医教育专项经费投入，进一步完善中医院校的临床实践、科研设施条件，加大对教材教具的不断更新、对网络信息资源的配置等。第二，提高中医专业教育学费。目前国内23所高等中医药院校中北京、上海、广

州、天津、福建、湖北、广西、长春、云南9所院校中医、中药、英语（医学方向）收费为5000—6200元/年/人，其他14所院校为4000—4600元/年/人，不同地区间收费差别较大。中医高等教育与其他理工科、文科教育相比培养周期长、成本高，多数中医院校为了进一步提高人才培养质量，培养卓越英才，开展传统师承班、岐黄国医班、卓越医学人才培养计划班等，除了小班上课、增加理论教学课时外，临床实践多，聘请校内外优秀专家，每位学生定期更换不同导师，这都需要更高的培养成本。因此建议国家教育部下达统一文件，要求各地区可以根据专业需求提高主流、热门专业学费收费标准，增加政府经费补偿，以保障高质量人才培养。

4. 加强高端实用型中医药人才的培养

第一，以“强化中医经典，彰显中医特色，强调中医思维，突出临床实践”为思路加强高端实用型中医课程体系设置的改革。第二，探索中医教育新模式，加强现代院校教育与传统师承教育相结合，班级制与导师制相互补充，学校、政府、企业共建的人才培养模式。第三，教育部等有关部门根据医学教育规律与医疗行业的特点，加强推进高等中医教育精英教育模式研究，在部分院校构建高投入、高标准、优生源、小规模、长学制的高等医学精英教育模式试点，加大人才培养成本投入，切实在提高临床实践能力上下工夫，培养高端实用型中医药人才。

2013年

关于进一步有效推进医疗卫生精准扶贫的提案

2020年全面建成小康社会是党和政府对全国人民的庄严承诺。贫困问题是全面小康社会的最大短板，而农村贫困人口脱贫是全面建成小康社会面临的最艰巨任务。精准扶贫是新时期党和国家扶贫工作的精髓和亮点，实施精准扶贫、精准脱贫，有利于集中各类资源，聚焦扶贫对象，提高扶贫工作的有效性，确保帮到点上、扶到根上，让贫困地区和贫困群众真正脱贫致富奔小康。

目前“因病致贫、因病返贫”已成为农村贫困地区突出的社会问题和顽疾。根据国务院扶贫办最新调查显示，全国现有7000多万贫困农民，因病致贫的占42%，涉及1200多万个家庭。另根据2013年“中国城乡困难家庭社会政策支持系统建设”调查数据分析显示，63.45%的农村贫困家庭认为农村医疗卫生保健服务是需求程度最高的服务项目，79.62%的农村贫困家庭认为“就医费用高、看病贵”是就医的首要困难。此外，农村地区缺医少药、到城市就医交通不便、看病手续烦琐、看病排队难等也都困扰着农村贫困群体。因此，解决“因病致贫、因病返贫”是精准扶贫的关键。进一步加强医疗卫生精准扶贫，加强农村医疗卫生保障，使因病致贫群众能治病、治好病，是打赢脱贫攻坚战、实现农村贫困人口脱贫的重大举措，是推进健康中国建设、全面建成小康社会的必然要求。

进一步有效推进医疗卫生精准扶贫的建议：

1. 加强统筹协调，构建多层次有效的“因病致贫返贫”治理体系

第一，紧紧围绕让农村贫困人口“看得起病、看得好病、看得上病、少生病”的工作重点，进一步加强统筹协调，加强建立基本医疗保险、大

病保险、医疗救助、疾病应急救助、商业健康保险等制度的衔接机制，发挥协同互补作用，形成保障合力，努力防止农村贫困人口因病致贫、因病返贫。第二，以“建库立卡”为重点，对“因病致贫返贫”对象进行分类瞄准和管理，建立对象早发现、早干预机制。在目前农村扶贫开发“建档立卡”工作基础上，重点建立“因病致贫返贫”治理数据库，通过数据分析精准识别确定扶持对象，拟瞄准农村五保、低保、优抚对象及建卡贫困户的大病患者，因医疗自付费用过高导致家庭无力承担的患者等给予建卡，并分析“因病致贫返贫”具体原因、科学评估贫困程度、据实核准脱贫需求、合理提出“因病致贫返贫”的治理方案。第三，通过政府购买服务的方式，支持、引导红十字会、基金会等社团组织、慈善机构和社工机构积极参与“因病致贫返贫”治理体系；组织高校、医院和社会各界医疗工作者组建片区医疗救助队伍，经常深入农村贫困地区开展卫生支医、专家义诊、医疗培训、健康指导等多种形式的帮扶活动，全面提高医疗卫生精准扶贫的效果。第四，开展对贫困地区和贫困人群的健康干预，从源头上让群众少得病、不得病，减少病人。着力推进农村环境整治，加强农村环境综合治理和生产生活垃圾处理，最大限度保护好农村水源和空气，防止传染病的蔓延与扩散；对贫困地区和贫困人群开展长期系统的健康促进和健康教育，引导重点人群改变不良生活习惯，形成健康生活方式，力争让农村贫困人口少生病。

2. 加快实施农村分级诊疗模式，充分发挥基层医疗卫生机构作用

第一，加强对贫困地区的医疗建设投入，全面实施城市高等级医院对贫困县、乡、村医疗机构的对口帮扶，切实提升基层医疗机构提供医疗保障能力。第二，在农村地区全面建立起基层首诊、双向转诊、急慢分治、上下联动的分级诊疗模式，引导参合农民合理利用卫生资源，控制医疗机构费用，防止小病大治，真正实现“小病不出村、常见病不出乡、大病不出县”的就医格局，有效减轻农村居民的就医负担。第三，加强各级财政投入，完善农村贫困地区医疗卫生服务体系建设，加快实现村卫生室标准化建设全覆盖，不断改善贫困村群众就医条件，降低自付费用，提高医疗服务水平，减少和遏制因病致贫、因病返贫等现象的发生。

3. 完善重大疾病保险制度和医疗救助制度，防止城乡居民发生“灾难性医疗支出”后因病致贫、因病返贫

第一，加大对医疗救助的财政投入，适当扩大医疗救助资金的规模，对建卡贫困人群参加基本医疗保险个人缴费部分实行补助，并对各级财政的分担比例作出规定，确保全部贫困人口能够得到基本医疗保障。第二，合理区分作为基本医保制度延伸的大病二次报销、大病保险以及医疗救助制度，做好不同性质大病保障制度的衔接与整合。第三，探索可持续的大病筹资机制，实现基本医疗保障制度水平与大病风险防控能力同步提高。第四，探索高效的大病保险经办机制，在基本医疗保障制度覆盖全体城乡居民的基础上，实现医疗救助与基本医疗保障的无缝接续，转变救助方针，将医疗救助对象从“收入贫困”转为“支出贫困”，转救贫为救急，有效避免因病致贫、因病返贫现象的发生。

4. 充分发挥中医药优势，助力医疗卫生精准扶贫

第一，大力实施基层中医药服务能力提升工程，着力加强贫困地区中医药基层服务体系和能力建设，重点做好三级中医院对口帮扶贫困县县级中医院、贫困地区县级中医院标准化建设、基层医疗卫生机构中医馆建设、贫困地区中医药人才培养等工作。第二，进一步扩大中草药、中成药、中药饮片、院内中药制剂及针刺艾灸、拔罐刮痧、药浴熏蒸、推拿牵引等中医药及其适宜技术的报销品种和报销补偿比例，鼓励群众以及医疗机构看中医、用中药。第三，积极支持和推动有关贫困地区因地制宜发展中药材种植加工、中医药健康旅游等特色产业，助力贫困地区贫困群众增收脱贫。

5. 加强监督，确保医疗卫生精准扶贫落到实处

第一，加强落实《关于扎实推进农村卫生和计划生育扶贫工作的实施方案》，将医疗卫生精准扶贫工作纳入各医疗卫生单位年度目标考核，并建立健全问责机制。第二，加大监督力度，确保医疗服务行为规范化。加大对各级医疗机构的监督检查力度，严格监控定点医疗机构乱收费、重复计费和过度医疗行为，并根据相关政策法规进行及时、严厉处理，将医务人员违规服务行为纳入医师不良执业行为管理系统，确保医疗卫生服务行业规范化运

行。第三，组建国家、省、市多级考核组，加强对贫困地区村卫生室建设、贫困村乡村医生待遇、乡村医生培训、贫困人口大病保险报销等情况开展定期督查考核，对不合标准和要求的追究各实施单位责任，确保各级单位医疗卫生精准扶贫工作落到实处。

2016年

关于加快推进中医药产业发展服务健康中国建设的提案

党的十八届五中全会提出全面建成小康社会的五大发展理念，明确健康中国建设的社会发展目标。中医药作为我国独特的医疗卫生资源，几千年来形成的整体观、辨证论治和“治未病”特色与优势对养生保健、亚健康调理与慢性病、难治性疾病、突发性疾病防治具有明显的优势，可有效解决健康需求不断增加、诊疗技术飞速发展与医疗保健费用不断增高等的矛盾，对于提高国民健康水平，服务健康中国建设具有不可替代的作用。

近年来国家出台了一系列扶持和促进中医药事业发展的政策措施，中医药产业在政策影响下也迎来了很好的发展契机，得到了快速发展。然而当前我国中药产业仍面临诸多发展瓶颈：中医药丰富的“资源优势”还没有完全转化为“产业优势”，“大资源小产业”的状况无明显改善，产业亟待升级；中药材产业尚未形成良好的市场规范；中医药新品种开发及技术投入不足；中医药产业科技创新不足，高水平研发平台亟待加强建设；新药研发和技术研究高科技人才不足；中医药产业内涵亟待深入挖掘，服务范围有待进一步拓展，以中药产业为辐射点的中医药健康服务业、文化产业、旅游业等发展尚处于初级阶段，亟待充分发挥多重产业优势，服务健康中国建设。

加快推进中医药产业发展，服务健康中国建设的建议：

1. 进一步加强中医药产业发展的统筹规划和各项利好政策的贯彻落实

第一，加强贯彻落实《中医药健康服务发展规划（2015—2020年）》，《中医药发展战略规划纲要（2016—2030年）》，围绕中医药产业发展，出台更加详尽的具有针对性和可操作性的意见措施，支持中医药产业做大做强。第二，加强中医药产业发展的改革创新，建立帮扶机制，开展对口支持，破解推进中医药发展的重点、难点问题，将加快推进中医药产业发展落到实处。如加强支持中医药产业建设国家级企业技术中心和工程研究中心，提升研发创新能力；尽快建立国家中药提取物标准体系，支持新产品开发及精深加工，延长产业链；将一些地市的特色中药材批发市场纳入农产品批发市场专项支持范围，给予重点扶持。第三，深入查找制约中医药产业发展的障碍和瓶颈，找准着力点和突破口，创造更加有利于发展现代中医药产业的条件和环境。

2. 着力推进中医药原始创新研究，为中医药产业发展提供活力

第一，健全以国家和省级中医药科研机构为核心，以高等院校、医疗机构和企业为主体，以中医科学研究基地（平台）为支撑，多学科、跨部门共同参与的中医药协同创新体制机制，完善中医药领域科技布局。第二，针对重大疾病、多发性疾病、难治性疾病，瞄准中医药科技创新前沿和重点，集成生物医学、系统科学等研究方法，从提高临床疗效入手，开发一批有效成分明确、作用机理清楚、剂型先进、安全高效的中药新药，形成一批防治重大疾病和治未病的重大产品和技术成果，开发一批基于中医理论的诊疗仪器与设备。第三，加强中医药原创思维与快速发展的信息、生物、新材料等新技术、新方法的有机结合，从中寻找创新灵感和路径，推动中医诊疗设备、中医健身产品、中药、保健食品的研发与应用，开发多元化多层次的中医药健康管理服务包。第四，加强中医药科技规划和项目的统筹，把企业技术需求、服务需求与高校、科研院所创新攻关结合起来，构建涵盖中药产品研发、工艺研究、中药新药创制等全过程的中药研发体系，促进中医药产业发展。

3. 加快发展中医药健康服务业

第一，加快转变政府职能，加强政策引导，充分调动社会力量的积极性和创造性，鼓励社会资本发展多种形式的中医药健康服务，着力扩大供给，培育新型业态，不断满足人民群众多层次、多样化的健康服务需求。第二，积极探索创新中医药健康服务模式。一方面探索建立覆盖全生命周期、融健康管理与健康服务为一体的新型中医药健康服务模式。重点要以中医医疗服务模式创新为突破口，优化传统诊疗模式，探索融医疗、预防、保健、养生、康复于一体、全链条的医院发展模式，涵盖医院、社区、家庭的延伸服务模式，多专业

联合诊疗的服务模式，多种方法并用的综合治疗模式以及体现中医药文化和大医精诚理念的服务模式。另一方面，鼓励各医疗机构利用云计算、物联网、移动互联网等新技术，提供在线预约诊疗、候诊提醒、划价缴费、诊疗报告查询、药品配送等便捷服务；积极推进智慧医疗，发展自动化、智能化的中医药健康信息服务。第三，加强中医药产学研深度协作，加快中医药健康服务技术产品的开发和服务项目的设计，形成针对不同健康状态人群的中医健康干预方案或服务包；以市场需求为导向，将中医药的原创思维与现代新技术、新方法有机结合，推动中医诊疗设备、中医健身产品、中药、保健食品的研发。

4. 大力发展中医药文化产业

第一，将中医药文化纳入“十三五”国家文化产业发展规划。创作一批承载中医药文化的创意产品和文化精品；促进中医药与广播影视、新闻出版、数字出版、动漫游戏、旅游餐饮、体育演艺等有效融合，发展新型文化产品和服务。第二，全面发挥地方中医药文化优势，积极探索并挖掘整理中医药优秀文化，加强与旅游产业、文化创意产业等的有机融合，大力发展以提供中医药文化传播及养生保健、医疗康复等服务为主题的创意旅游新业态及其产业链条。第三，加快建立国家级中医药文化科技产业园区。从中医药本草文化、医疗文化、饮食文化、养生文化、气功文化、休闲文化等入手，集中医药健康教育、养生文化服务业、生态健康旅游业、中医药文化会展业、保健休闲娱乐业、药膳食疗等功能为一体，将园区打造成能提高人们身心健康水平的各种中医药文化服务平台，加深人们对博大精深的中医药文化的认识和理解，逐步实现中医药文化传承的系列化、产业化发展。第四，大力支持中医药健康知识传播机构发展，培育中医药健康文化产业。综合运用广播电视、报刊等传统媒体和数字智能终端、移动终端等新型载体，大力弘扬中医药文化知识，深入宣传中医药养生保健知识，推广科学有效的中医药养生、保健方法，倡导健康的生活方式，在全社会形成重视和促进健康的风气；加快推动中医药进校园、进社区、进乡村、进家庭，将中医药基础知识纳入中小学传统文化、生理卫生课程，开展中医药启蒙教育，弘扬中医药文化，传承祖国医学，推广普及中医药知识。

2016年

关于进一步加强中医药社区卫生服务的提案

随着城市化、人口老龄化和疾病谱的改变，传统“生物医学模式”正逐渐向更重视人的整体性的“生物—心理—社会”综合医学模式转变。中医药是中华民族几千年来与疾病长期斗争过程中创造和积累的宝贵财富，其在长期实践中形成的“简”“便”“验”“廉”的特色诊疗技术对社区居民常见病、多发病和慢性病具有不可替代的作用，融入中医药元素的社区卫生服务模式有助于更好更快地实现“生物—心理—社会”综合医学模式的转变。这也与“小病进社区、大病进医院、康复回社区”的实际卫生服务需求相契合，对缓解人民群众看病难、看病贵等问题具有十分重要的意义。因此，中医药参与社区卫生服务是中国社区卫生服务的特色，是发挥传统医学优势、发展现代社区卫生服务的重要路径。

近年来在国家出台的多项促进中医药事业发展的相关政策的扶持下，中医药在我国社区卫生服务中取得了较大进展，但相比较居民日益增长的医疗需求，中医药社区卫生服务存在着政策落实和执行效果不理想、财政投入量不能持续满足发展需要，高水平中医药服务人才匮乏问题突出，中医药服务项目简单、笼统而不精，未能形成服务体系，中医药健康教育服务薄弱，社区居民对中医药服务缺乏足够而深入的了解和认识，社区卫生服务缺乏有效监管机制、广大人民群众服务获得感低，中医药社区卫生健康信息化程度低等方面的问题和阻碍发展的因素。

大力发展中医药社区卫生服务的建议：

1. 强化政策保障，构建多元投入机制，完善中医药社区卫生服务网络

第一，各级卫生计生部门、中医药管理部门要加强落实中医药社区卫生服

务机构建设的相关保障政策和配套经费，加大中医药专项经费投入，改善社区医务人员的工作环境和薪酬待遇，充分调动服务的积极性。第二，进一步加强对社区卫生服务机构中医药服务工作的监督管理，建立健全各项管理制度，实行目标责任制管理，各市、县（区）卫生局与各医院、社区卫生服务中心，各医院、社区卫生服务中心与各社区卫生服务站层层签订目标责任书，保证中医药社区卫生服务工作的持续高效开展。第三，不断完善中医示范社区卫生服务站建设标准，扩大中医药在农村社区卫生中的服务范围、服务项目、发展目标，有力促进中医药在社区卫生服务中发挥应有的作用。第四，完善中医药社区卫生服务的多渠道补偿机制，落实财政投入政策，把更多的中医药服务、中医适宜技术纳入新型农村合作医疗报销支付项目，调动人民群众应用中医药防治疾病的积极性。

2. 加强社区中医药人才培养和队伍建设

第一，各省市要加快制定更详细的社区中医药人才培养方案，包括科室建设、职称晋升、医保政策、福利待遇等，促进基层中医队伍的可持续发展。第二，社区和医院应联合制定基层中医人才培养制度，除了对社区中医药人员开展继续教育、中医药知识与技能培训，开展广泛的行业内交流与合作外，各级政府还要加大对社区中医人才引进的资金投入。第三，高等中医药院校应将医学模式转变与中医全科医师教育教学改革相结合，全科医学学科建设与中医全科医师实用型人才的培养相结合，大力发展中医全科医学学科，培养基层中医全科医学人才。第四，通过建立中医人才培养基地，制定培养计划、内容以及考评方法，多种培养方案配套实施，提升社区中医医师的特色服务能力。

3. 广泛开展中医药健康教育活动，提高居民对中医药服务的知晓率和认可度

第一，鼓励社区充分利用大众传播媒介和辖区内各工会、妇联、老龄委和各类社会学术团体有组织地开展公益宣传和社会动员活动，依据年龄、教育水平和身体健康状况对辖区内居民因人施教，提高健康教育与健康指导的有效性。第二，各级医院、社区卫生服务中心、社区卫生服务站在社区定期开展健康体检义诊活动，筛查出存在危险因素的亚健康人群，并对其发放社区慢性病干预手册，定期进行动态随访。第三，社区定期举办中医药适宜技术知识讲座，培训适宜技术人才，提供针灸与推拿服务；成立运动培训中心，进行五禽戏、八段锦等传统

中医运动治疗方法的推广，指导社区居民按摩穴位、敲打经络、练气功等，让居民在家就能自我保健、缓解病痛，提高居民对中医药社区卫生服务的知晓率，乐意接受中医药适宜技术服务和利用中医药知识进行自我保健。

4. 建立规范化、系统化、现代化的中医药诊疗项目服务体系

第一，完善社区卫生服务中中医预防、保健、治疗、康复服务工作体系。加强社区卫生服务中中医诊室、针灸室、推拿室、理疗室、康复室、养生保健室等中医科室的建设，积极推进中药、针灸、拔罐、推拿、按摩等中医特色治疗方法的运用；以城镇社区居民为对象，以中医治疗养生保健理论为指导，由社区卫生服务机构向居民提供完整、科学的治疗、养生、保健等课程资料，提高人民的生活质量。第二，加强中医药公共卫生服务体系建设。政府加大投入，在社区内大力开展国家规定的基本公共卫生服务项目，如健康教育、预防接种、传染病防治、儿童保健、孕产妇保健、老年人保健、慢性病防控等，以建立规范化、系统化、现代化的中医药诊疗项目服务体系。

5. 加强中医药社区卫生服务的信息化建设

第一，开发适合不同人群的中医药手机APP应用，以开展在线咨询和指导，解决医患沟通问题。一方面开发具有中医生注册和管理、智能开方、医患互动、中成药库、中草药库、经方验方和中医适宜技术等功能的面向医务人员的中医助手APP；另一方面开发具有个人注册和管理、中医问诊、中医体质辨识、中医药机构查询、名中医查询、中药查询和养生保健知识等功能的面向普通老百姓的中医健康APP。同时患者还可以从服务态度、治疗效果和收费价格等方面进行满意度在线评价，加强医患沟通，提高医生自我修养和业务水平。第二，开发更加适合老年人和家庭成员使用的网络社区中医馆系统，包括个人管理中心、社区预约、中医问诊、中医体质辨识、历史医案查询、查询检查/检验报告、中医养生保健和订单查询等功能。第三，建立信息化双向转诊系统，主要包括院内资源上报更新、转诊医院资源查询、转出管理、转入管理、患者跟踪、就诊信息反馈和统计分析等，以配合“基层首诊、双向转诊、分级诊疗”体系的构建和实现优质医疗资源的合理利用，并且与基层医疗卫生机构和联网上级医院信息管理系统互联互通、资源共享。

2016年

关于进一步加强中医基础类研究生教育的提案

基础医学是医学教育与研究的基石，中医基础类研究生教育是中医药人才培养的重要组成部分，关系着中医基础类学科建设，关系着中医发展的未来。中医学具有基础和临床难以截然分开的特点，历代名医皆是中医理论大家，当代国医大师也都有渊博的理论功底。加强中医基础类研究生教育，对于培养高水平中医药基础教学科研人才、为中医药临床、产业提供人才技术支撑。然而当前由于政策规定、市场导向和考生观念的影响，出现全国中医院校中医基础类研究生教育普遍存在报考生源不足、优秀考生较少，加之就业压力等方面的问题，严重影响着中医基础类研究生的培养质量，这样下去势必会造成中医药继承、创新、发展乏人乏术，对中医药临床、产业支撑乏力。因此，亟待加强中医基础类研究生教育，培养优秀的中医药基础人才，促进中医药事业快速发展，为我国医疗卫生事业发展发挥更大的作用。

当前我国中医基础类研究生教育存在的问题：

第一，生源不足，尤其是优质生源严重短缺。一方面受就业压力、“5+3”临床医学生培养模式转变的影响，近年来优秀的医学本科毕业生在考研时更多选择了临床学科，普遍存在着“轻基础、重临床”的观念，这在很大程度上削弱了中医基础学科的生源数量和质量；另一方面国家卫生计生委教育部国家中医药管理局印发的《医师资格考试报名资格规定（2014版）》通知，规定2015年1月1日以后入学的学术学位研究生，其研究生学历不作为报考各类别医师资格的学历依据，使多数想要从事临床医学工作的学生选择报考临床专业学位而非科学学位，这更加影响了中医基础医学的招生。

第二，就业压力大。根据部分中医高校对本校基础类研究生教育调查分析，造成基础研究生压力最大的问题就是就业，超过一半的基础研究生认为缺乏明确的就业方向，80%以上对自身就业前景不容乐观，这些困惑严重影响了学生的求学信心和学习状态，对导师带教和自身就业竞争力提升也产生了消极作用，最终也将影响研究生的培养质量。

第三，培养模式单一，课程设置不合理。目前相当部分的教师仍采用传统的灌输式教学，很少采用问题式教学、研究探讨式教学，不能激发学生的自主学习、自主创新能力。

第四，创新能力不足。一是科研创新、独立思考能力欠缺，较难满足日益增强的创新思维和提高科研能力的研究生培养需求。二是文献阅读能力不强。多数研究生导师指定读什么文献就读什么文献，缺乏系统性阅读和对问题线索的发现。三是知识结构单一，问题意识缺乏。许多研究生只注重本专业的学习，忽视交叉学科专业的学习，使得基础类科研型研究生不能从多学科、综合的角度去发现问题、解决问题和进行创新。

进一步加强中医基础类研究生教育的建议：

1. 加强中医基础研究生招生宣传，拓宽生源渠道

第一，基础医学教育在医学教育体系中至关重要，并不是完全脱离临床而独立存在的，建议国家出台相关政策使中医基础类研究生在符合一定条件下也能参加执业医师资格考试从事临床工作。第二，加强国家教育部门对中医基础类研究生教育的政策导向，加强对中医基础医学的宣传，对基础类研究生出台更加优惠的政策如给予一定的公费名额、提高奖助金额等吸引优秀医学生源。第三，高校管理部门要为基础医学类研究生在招生、培养等方面多创造有利条件，加强校际宣传、沟通，让更多的学生认识中医基础各专业，增加学生对中医基础的兴趣。

2. 加强中医基础类专业研究生课程改革

第一，在保证各专业学位课程课时的基础上，多增加一些涉及交叉学科和边缘学科课程的选修课，以活跃研究生的思维。第二，重视研究方法教学。鼓励采用问题式教学、研究探讨式教学方法进行授课，加强培养学生的自学能力、信息获取能力、创新能力等。第三，加强基础医学实验教学。通过完善实验教学体系，改进教学模式和方法，增加实验课程设置，加强实验技能训练，

提高研究生的逻辑思维能力、创新能力和科研综合素质。第四，加强基础类课程与临床学科的紧密联系，突出基础研究对临床工作的指导作用，鼓励学生以本学科为基础向相关领域拓展，使学生具备尽可能宽厚的知识面，培育基础研究与临床工作复合型人才，并为顺利就业提供基础和保障。

3. 大力加强中医基础类研究生创新思维和科研能力的培养

第一，大力推进国家中医特色创新体系建设，加快建设一批高水平中医基础科研基地和科研平台，为中医基础类人才培养提供良好的科研条件。第二，本着“加强动手能力，拓宽就业渠道，注重整体素质，快速融入社会”的培养原则，综合提高基础类研究生的科技创新能力。针对中医基础学科研究生“知识结构老化，实验技能不足”等问题，由政府、事业单位购买服务，鼓励各高等院校、科研院所开办各种前沿理论和技术学习培训班，提高中医基础研究生的创新思维和科研能力。第三，举办全国性基础医学硕博研究生学术论坛，加强沟通交流，开阔视野，启迪创新思维，提高科研能力。第四，加强对中医基础研究生在创新基金、硕博连读、公派留学等领域大力扶持，大力提升研究生学习的兴趣和信心，为继续深造或求职择业做铺垫。

4. 加强中医基础学术交流

第一，加强研究生跨院校、跨学科、跨领域的学术交流，建立研究生交流学习机制，定期选送研究生赴国内外优秀实验室交流学习，实现其从实验技能到科研思维的全面提高，最终实现广大中医药院校基础学科研究生的科研素质的全方位提高。第二，进一步提高导师队伍学术交流水平，拓展国际交流渠道，多举办以“邀请本领域国际大师或领军人物来校讲学、合作”为目标的基础医学高层论坛，加强沟通交流，不断提高学术水平。第三，提高研究生培训水平和国际化水平，鼓励与国外大学建立国际联合实验室和研究生培训基地，选派优秀研究生前往培训。

5. 拓宽就业渠道，解除后顾之忧

第一，在学生的综合素质培养上做足功夫，鼓励高等学校与科研院所、行业企业联合培养出全方位发展的复合型人才，尽量使学生分流就业，科研院所将不再是他们唯一的选择，医院、高校、杂志社、各企业均应有一席之地。

第二，更新观念，多方参与，共促就业。学校和学院一方面要不断提高基础医学研究生培养质量，协助做好研究生职业规划，另一方面积极搭建供需双方的沟通交流平台，增加就业机会。

2016年

关于大力支持中医药一流大学和一流学科建设的提案

2015年11月5日国务院印发了《统筹推进世界一流大学和一流学科建设总体方案》，2017年1月24日，教育部、财政部、国家发展改革委印发了《统筹推进世界一流大学和一流学科建设实施办法（暂行）》，明确了党和国家建设世界一流大学和一流学科的指导方针和具体目标，为推进世界一流大学和一流学科建设提出了新的更高要求。中医药是我国独有的医学科学，数千年为中华民族和世界人民的医疗健康作出了巨大贡献，尤其在抗击“非典”、埃博拉病毒、禽流感、疟疾等世界重大传染性疾病方面发挥了重要作用，不仅是中国古代科学的瑰宝，更是世界医学之林中的一支奇葩。而且中医药是我国优秀传统文化的重要组成部分，是具有世界影响的文化名片。可以说，中医药本身就是世界一流，中医药学科作为最具中国特色的学科，其自身具有一流学科的优势和特点。但当前普遍用以评价大学和科研机构国际水平及影响的第三方评价指标为美国《基本科学指标》（ESI），该指标以10年为一个周期对全球所有大学及科研机构的SCI、SSCI论文及其引用情况等进行统计和比较，按论文被引次数排列在前1%的学科方可进入ESI学科排名，进入ESI前1%排名的学科被公认为世界一流学科，拥有越多世界一流学科，则更具有建设世界一流大学的优势和条件。截至目前我国中医药大学进入ESI排名的仅有北京中医药大学的临床医学学科、上海中医药大学和南京中医药大学的临床医学和药理学与毒物学两个学科，如此则中医药院校进入世界一流大学和一流学科任重而道远，还有很长的一段路要走。但中医药学是中华民族数千年与疾病做斗争中形成的医学科学，蕴含着丰富的中华传统文化精髓，具有现代自然科学与人文社科双重属性，因此，不能完全按照现代的学科分类单纯把中医药学归为自然科学或者人文社会科学，或按照自然科学的学科评价体系进行中医药科研成果的评价以及人才的考核。

中医药学科建设是中医药高校建设的核心，在中医药事业发展中具有重要的战略地位。数千年实践和理论的精髓是中医药的主体和核心，不仅具有久远的学术积淀，而且富含浓郁的科学精神。在当前全面深化高等教育改革、统筹推进世界一流大学和一流学科建设的背景下，加强一流中医药大学和中医药学科建设具有特殊的战略意义。2016年12月29日，在中医药高等教育改革发展60周年座谈会上，刘延东副总理提出，要推进中医药院校纳入国家“双一流”建设体系，努力办出“中国特色，国际水平”的中医药高等教育，加快建设具有中国特色的世界一流中医药大学。随着国家“双一流”建设总体方案和建设实施办法的提出，推进世界一流中医药大学和一流中医药学科建设必将产生重要的现实意义和历史意义。建议国家在遴选和认定一流大学和一流学科建设高校和建设学科时，考虑中医药学科的特殊性，加大力度支持中医药一流大学和一流学科建设。

1. 加强对中医药一流大学和一流学科建设的政策和经费支持

第一，将建设世界一流中医药大学和一流中医药学科纳入国家“统筹推进世界一流大学和一流学科建设”的总体规划，将中医药高校开展世界一流大学和一流学科建设纳入中央高校预算拨款制度统筹考虑，并通过相关专项资金给予引导支持。第二，鼓励相关地方政府通过多种方式，对中医药一流大学和一流学科建设给予资金、政策和资源支持，并支持中医药高校紧贴区域经济社会发展需求，进一步凝练学科方向，培育专业特色，构筑学科基地，打造一批达到或接近国际一流水平的学科和学科群。

2. 加强中医药高层次人才引进与培养，打造一流的中医药学术队伍

第一，建设世界一流学科，高水平的师资队伍是基础。支持中医药高校对理论功底扎实、富有创新精神、学术造诣深厚、在国内外同学科领域内具有号召力、影响力的领军人物的引进和培养，培育梯次合理、优势明显、特色突出、富有活力的优秀团队，提升承担国家重大科研任务和科研成果孵

化转化能力，为一流学科建设蓄积实力。第二，鼓励中医药高校优化学科人员结构和布局，进一步凝练学科研究方向，推进跨学科交叉研究，促进传统中医药的创造性转化和创新性发展。第三，加强在中医药院校实施“一带一路”教育行动，扩大高水平人员和研究生公派出国比例，培育一流学科建设的后备骨干人员。

3. 完善一流中医药学科建设的运行与管理机制

建设世界一流学科，完善的学科运行和管理机制是关键。第一，加快制定具有中医药学特色的适合中医药发展的科研成果评价体系和人才考核指标体系，培育促进中医药一流学术发展的体制机制环境。第二，完善一流中医药学科建设的学科评价与动态调整机制，委托第三方评估机构参与学科建设评估，提高学科建设的科学性和公信度。第三，鼓励高校引入重点学科和优势特色学科发展竞争机制，根据绩效评估发展状况，实施即时调入和周期性调出的动态调整机制。

4. 加强中医药一流大学和一流学科建设进程中服务社会功能的体现

参与地方经济建设，服务社会发展是一流中医药大学和学科建设的重要动力之源，也是体现其社会价值的重要标志。第一，基于中医药自身发展特点和规律，积极贯彻落实创新驱动发展战略，加强前瞻性部署与顶层设计，以满足人民群众对中医药服务的需求为出发点，以有效指导临床和产业实践为根本，加强中医药一流大学和学科建设。第二，大力支持中医药高校构建以企业为主体、市场为导向的校企合作模式和协同创新体系，推动学科链、创新链和产业链的互联互通，打造中医药产学研用的科技发展链，不断提升学科在建设规划和研究方向适应经济社会发展的能力，为打造一流学科创造更多的机遇和条件。

5. 加强中医药“一带一路”国际交流，推进一流中医药学科建设

第一，加强与海外优质教育科技资源在人才联合培养、科技联合攻关等领域积极开展国际间的协同创新，建立稳态的中医药国际交流机制，提升创新能力，培养尖端人才，构建一流创新团队。第二，拓展中医药国际交流渠道，鼓励与国外大学联合建立实验室、人才培养基地等，借鉴国外先进理念促进中医药与其他学科的深度融合与纵横发展，为中医药学科创

新发展提供更多智力支撑，同时用好具有世界影响的中医药文化名片，建成具有国际重大影响的学术高地、区域创新发展的引领阵地和中医药文化传承创新的主力阵营。

2017年

关于进一步加强对中医药文化遗迹抢救、抢修和保护的提案

中医药文化不仅是中华优秀传统文化的重要组成部分和杰出代表，而且是自古至今持续发挥重要作用、与民众生活至为密切的科技与人文融通的“优秀文化”。中医药文化遗迹是中医药文化发展的历史性实物呈现，是弘扬中医药文化的极好载体，加强中医药文化遗迹的保护与开发是中医药文化建设的重要组成部分。2011年6月1日，《中华人民共和国非物质文化遗产法》正式实施，明确将中医药归入非物质文化遗产的范畴，中医药非物质文化遗产保护在全国范围内开展起来，至今已经有85项传统医药类项目进入国家级非物质文化遗产代表性项目名录，近400项进入省级非物质文化遗产保护名录，进入市、县级保护名录的项目更是数不胜数。通过抢救和保护中医药文化遗产，守护了传统中医药文化的血脉和延续发展的根基，使深藏于民间的中医药奇珍异宝不断涌现，提高了全民族对中医药文化的博大精深和其先进性、科学性的认识，激发了人们对中医药的热爱；同时有效保护了非物质文化遗产代表性传承人，增进了后代人热爱中医、研究中医、传承发展中医的信心与事业心，对促进中医药事业发展具有重要意义。

尽管政府部门和民间力量都逐步意识到了保护和开发利用中医药文化遗迹的重要性，也取得了一些重大进展，但当前中医药文化遗迹的抢救、抢修和保护现状却并不大令人满意，依然存在一些问题和不足：一是一些地区在城市化建设进程中不注意保护历史文物，造成中医药文化遗迹的消失，或对已列入国家或省级非物质文化遗产名录的中医药文化遗迹维护、抢修不足。二是资金投入不足。大多数保护单位在设立专门保护机构、由专人保护方面工作开展较

好，但在设立专项保护基金、传承人保护资金投入方面，亟待增加对项目和传承人的资金扶持。三是非物质文化遗产传承队伍老化、后继乏人问题较为突出，对非物质文化遗产传承人的培训不足，对中医药文化遗产研究不足。四是对中医药文化遗迹和非物质文化遗产的宣传不足。

建议国家进一步加强对中医药文化遗迹的抢救和保护：

1. 增强中医药文化遗迹保护意识，注重对中医药文化遗迹的保护性开发

第一，增强各级政府的历史文化保护意识，对于在推进城市化建设和发展进程中急功近利、不注重历史文化的保护与开发的地区，要加强相关法律法规的宣传与执行力度。第二，各省市成立由政府部门人员、专家学者、民间相关人士组成的专门考察小组，加强对全国各地区中医药文化遗迹的普查和全面摸排，及时发掘并抢救濒临失传的中医药遗产；加强对已经进入非物质文化遗产保护名录的传统医药类项目的传承保护现状调查，及时抢修现有中医药非物质文化遗产存在的问题。第三，中医药文化遗迹保护较好的地区，往往是文化旅游意识较强、文化旅游业较为兴盛的地区，政府部门要加强观念转变，对中医药文化遗迹进行保护性开发，实现文化建设与经济建设的双赢。

2. 进一步加大资金投入，提高中医药文化遗迹的抢救和保护力度

调查研究显示一些地方对非物质文化遗产的保护存在重项目申报、轻保护措施的现象，将申报中医药非物质文化遗产作为政绩和城市知名度的一种体现，但在真正的传承人保护及学术研究上的资金投入甚少。保护单位对中医药非物质文化遗产的宣传、传承保护人员的培训、项目的保护和发展等都需要资金的扶持，建议各级政府加强重视，加大非物质文化遗产保护项目资金的投入，并强化部门责任，提高中医药文化遗迹的抢救和保护力度；加强对中医药文化遗产的理论和实践研究，增强科学保护意识。

3. 中医药文化遗产传承队伍建设

第一，采取给予资金补助、放宽非遗传承人的执业准入等优惠措施鼓励大家传承中医药非物质文化遗产。第二，加强传承队伍建设与传统医药师承教育相结合，给继承人以一定的师承名分，并鼓励继承人申报国家、省市级代表性传承人，加强传承人才队伍建设，进而加强对中医药文化遗迹的抢救、抢修和保护。第三，各级相关部门常态化开办非物质文化遗产保护培训班，邀请专

家学者指导非遗传承人更快更好地传承、保护、发展中医药非物质文化遗产。

4. **加强对中医药文化遗迹的宣传**

第一，有不少地方中医药文化遗产仅被当地人所熟知，甚至有些当地人都不甚了解，建议国家有关部门制作如《本草中国》《大道本草》之类的关于中医药文化遗迹宣传的系列纪录片，并在央视等主流媒体和网络平台播放，使更多的人了解中医药非物质文化遗产，向世界传播优秀的中医药传统文化。第二，利用各种媒介，加大中医药文化遗迹的推介工作建设，以充分发挥中医药文化遗迹在地方文化建设上的影响力。第三，以中医药文化遗迹为基础，建立更多的中医药文化宣传教育基地，开展形式多样的健康知识普及活动，使之成为传播中医药文化，提升民众中医药文化素养的重要平台，促使在全社会形成中医药文化是中国优秀文化代表的普遍共识。

2017年

关于加快推进我国慢性病防治的提案

当前我国居民慢性病越来越呈现出患病重症化、年龄年轻化、种类多样化复杂化的特点，且患病率逐年上升，据统计到2015年底我国慢性病死亡已达到全部死亡人数的88.38%，造成的疾病负担占总疾病负担比例超过70%，慢性病已成为严重威胁我国居民健康和生命质量的重大公共卫生问题和造成低收入人群因病致贫、因病返贫的重要原因，是推进健康中国建设进程中各级政府面临的一项亟待解决的重大民生任务。为此，党中央、国务院等部门出台了《全国慢性病预防控制工作规范》《全民健身条例》《中国防治慢性病中长期规划（2017—2025年）》等一系列有利于慢性病防治的政策和法律法规，多年来各部门开展了一系列慢性病调查、监测、防治和干预工作，也取得了较大成绩，但我国慢性病防治仍然存在着一些不容忽视、亟待解决的问题和困难。第一，慢性病防控工作机制和制度保障不完善。部门间条块职能未能有效整合，当前的慢性病防控制度对基层的引导力、监管力、约束力不够，专病防治机构和医疗机构承担慢性病防治任务尚未建立合理补偿机制，缺乏主动提供慢性病防治的动力。第二，慢性病防治的健康教育和健康促进干预措施不足。居民对慢性病预防知识严重匮乏，慢性病患者健康管理的依从性和主动性不高；部分地区尤其是基层基本公共卫生健康教育项目基金被挤占、挪用或不能及时足额拨付到使用单位，很多工作难以顺利开展。第三，预防性经费投入不足，且在城乡之间、大医院和基层医疗卫生服务机构之间存在明显结构性失衡；经费支出未能体现出以健康为中心和预防为主的理念；相关医疗保障制度支持不足，许多中医药和康复项目不在医保报销的范围，预防性项目更是缺乏。第四，信息化建设落后，缺乏基础数据。多地区信息系统条块分割，信息的安全性和共享性不足，居民的医疗信息和健康管理随访信息尚未实现互联互通和有效利用；基层医疗卫生机构维护不同信息系统网络的人力、精力、财力负担重，虽有相关信息化建设但利用率不高。第五，中医药在慢性病防治中的优势发挥不足。中医“治未病”服务在慢性病预防保健中的作用和详细实施措施有待深入挖掘；基层中医药慢性病防治专业人才严重短缺，中医药防治慢性病优势发挥不足等。

加快推进我国慢性病防治的建议：

1. 加强慢性病防治顶层设计，完善政策保障，建立综合防控机制

第一，将健康和慢性病防治融入各项公共政策的战略，在环境整治、烟草控制、体育健身、营养改善等方面，政府各部门在其职责范围内颁布和实施有利防控危险因素的公共政策，倡导健康生活方式，加强慢性病综合防控，推进健康中国建设。第二，建议成立包括卫生、社保、财政、发展改革、宣传、教育等跨部门的慢性病防治协调组织，负责制定慢性病防治的总体规划，系统考虑各部门间的影响、各种利益间的调解、增加透明度，协调各部门积极推进慢性病防治工作的问责制度和分担机制。第三，着力构建上下联动、防治结合、中西医并重的慢性病防治体系和工作机制，加快推进分级诊疗的实施；分析影响慢性病防控执行的关键影响因素，提出适宜的慢性病防治策略与保障机制。

2. 加强慢性病防治健康促进和健康教育

第一，充分认识慢性病防控的重要性并在全社会形成共识。慢性病防治的重中之重是健康管理，健康管理的重中之重在个人。要进一步加强全民健康教育，着力于普及慢性病防治知识，加强慢性病防治各项政策和法律发挥的宣传，营造全社会支持的防控氛围；明确居民个人是健康的第一责任人，努力提高居民和患者对慢性疾病的知晓率、自我保健意识和自我健康管理的能力，建立科学文明的生活方式。第二，进一步拓展和挖掘互联网和手机等新媒体基础上的健康教育新方式和新途径，不断提高居民参与慢性病管理的积极性，有效实现慢性病控制的一级预防。

3. 充分利用现代信息技术开展健康管理工作

第一，加强各级医疗机构、疾控机构之间以及机构内部健康档案信息的互联互通，构建以区域卫生信息平台为依托，医疗机构电子病例和基层医疗卫

生机构电子健康档案为基础，疾控机构业务信息管理的慢性病信息管理系统，实现疾病的全程动态监测管理，从而提升慢性病的监测及管理能力。第二，运用互联网技术不断完善慢性病监测网络，扩展监测内容和覆盖范围，建立动态居民健康信息库，为掌握我国居民营养与慢性病状况及其变化趋势、评价防治效果、制定防治政策提供科学依据。

4. 强化政府对基层慢性病防治的投入和综合治理

第一，在财政和政策导向上，加大对广大农村地区慢性病防治相关工作的扶持力度。加大对基层医疗卫生机构服务设施投入，逐步提高基层医疗卫生机构慢性病防治的服务能力，保障其管理能力和技术水平，做好家庭医生签约和分级诊疗；适当增加农村基层慢性病防治相关人员编制和工作岗位，提高农村基层公共卫生机构人员的待遇和工作条件，加强农村慢性病人才培养，满足农村慢性病防治工作的需要。第二，加强对农村卫生人员的培训，切实提高其慢性病防治业务能力和水平。要进一步制定指导性文件，建立常态化、规范化和制度化的培训机制，采取远程教育、对口支援、与大医院交流合作等多样化的培训方式，重点开展针对农村地区慢性病的危险因素、发病机理等流行病学知识及预防、治疗、康复、保健等专业知识培训。第三，督促各地区建立基层慢性病防控工作的激励机制、考核机制，提高慢性病防治人员的工作效率与工作质量。

5. 进一步发挥中医药在慢性病防治中的独特优势

第一，加强实施中医“治未病”健康工程和基层中医药服务能力提升工程，充分发挥中医药、中医养生保健技术在慢性病防治中的预防优势、健康管理和健康促进等优势，建立并完善中医治未病的慢性病防治保健体系。第二，建立中医医院与基层医疗卫生机构、疾病预防控制机构分工合作的慢性病综合防治网络和工作机制，加快形成急慢分治的分级诊疗秩序。第三，加强乡镇卫生院和社区卫生服务中心中医馆、国医堂等基层中医综合服务区的建设和中医全科医师的培养，建设以中医药为特色的慢性病防治示范区，并将成功经验进一步推广。第四，支持建立慢性病防治科研工作站或科技合作基地，加强中医药防治慢性病的基础、临床应用和转化研究，研制出更多高效的慢性病防治创新方药、保健产品和医疗器械等。

加快推进中医药"一带一路"发展的建议

中医药两千多年前就是古丝绸之路商贸活动的重要组成部分，为沿途国家人民的健康做出了重要贡献。在国家提出"一带一路"倡议后，作为我国独特的卫生资源，中医药被频繁纳入中外首脑会谈议题，成为国家层面交流合作的重要领域，中医药对外交流与发展迎来了新的机遇和前所未有的高潮，并取得了一系列重要成果。第一，政策保障方面，国家卫生计生委、国家中医药管理局、国家发展和改革委员会等部门印发了《关于推进"一带一路"卫生交流合作三年实施方案（2015—2017）》《中医药发展战略规划纲要（2016—2030年）》《中医药"一带一路"发展规划（2016—2020年）》等一系列支持中医药"一带一路"发展的政策文件。第二，中医药合作方面，目前中医药已经传播到世界上183个国家和地区，与外国政府、地区组织签订了86个专门的中医药合作协议，其中绝大多数分布在"一带一路"沿线国家。第三，中医药服务贸易方面，2014年我国中医药出口35.92亿美元，对"一带一路"国家和地区中药类产品出口19.39亿美元，同比增长22.79%；2015年，我国中医药出口37.7亿美元，其中"一带一路"沿线国家和地区对中药的需求增长较快，存在巨大发展潜力。第四，中国药教育培训与技术合作方面，目前国家已批复了47个中医药国际合作专项，涵盖"一带一路"海外中医药中心建设、中医药健康服务业国际化建设、中医药文化国际传播、中医药产品国际市场标准化体系构建4个板块；南京中医药大学、北京中医药大学、清华大学、甘肃中医药大学、河南中医药大学等多所国内高校与国外机构建立海外中医学院、中医中心。第五，中医药医疗合作方面，中国中医科学院与德方合作在克莱恩里特斯弗建立了"欧洲中医康复中心"，上海中医药大学与德国一所疗养公司合作在法兰克福设立了“欧洲针灸中心”等。第六，中医药文化传播和国际学术交流方面，在中医药传播的国家和地区开办各种中医健康讲座、养生讲座，“一带一路”中医药文化、医疗、科技等活动和学术交流会议。

尽管我国中医药“一带一路”发展已经取得了较大成绩，但我们也要看到，其中还面临着诸多困难和挑战，各国经济发展水平、医疗需求、文化信仰等各不相同，中医药“一带一路”发展的工作机制有待完善，面向国际的中医药复合型人才队伍缺乏，中外合作交流队伍的能力尚待提高，尽管中药国际贸易近年出现了良好的势头，但还有很大的增长空间，中医药国际教育模式有待创新发展，国际化中医药产业平台的建设发展不足等。

加快推进中医药“一带一路”发展的建议：

1. 多渠道多层次联动推进中医药“一带一路”发展

第一，充分发挥各省市中医药文化资源、医疗资源、教育资源、中药产业资源优势，从支持境外合作办医、国际科技合作与交流、中医药国际教育、文化传承、养生保健、举办国际会议、大型文化商贸展览等方面形成多维度的合作模式，推进跨区域合作框架的建立，建立长效对外交流合作机制。第二，充分调动海内外民间团体、企业金融、科研教学机构等多方参与，整合有效资源，尤其要发挥医药科技领域海外留学人员和归国留学人员优势，外通内联，形成良好态势，加快推进中医药对外交流合作。

2. 因地制宜推进中医药“一带一路”发展

由于“一带一路”沿线各国对中医药服务的需求不同，如欧洲一些国家与我国商议在其国家办医院，开展医疗合作，意大利人口老龄化加速，亟待解决老年人口的医疗保健问题，印度、尼泊尔高血脂、高血压、心脑血管病多等，我们应加强对“一带一路”沿线国家对中医药服务需求的研究，根据各国不同境况出台优惠政策，从科技合作交流、人才派出、人才引进、中医药文化传播、健康养生服务等方面支持开展中医教育、医疗援助、科技合作、太极拳健康养生、中医药文化推广等活动，有效提升中医药的国际影响力。

3. 创新中医药国际教育模式

第一，要加强中医药知识、技能、文化等国际推广的师资培养、培训和派出力度，通过合作或共建的模式，使国内特色中医药学科进入国外大学高等教育专业设置和学术研究中。第二，加大中医院校留学生教育的奖学金支持力度，吸引更多国外人才学中医、用中医。第三，支持中医药院校和医疗机构建立“中医学院”“中医培训中心”等教育机构，设立中医医疗、中药资源、中医文化、中医养生与康复、中医护理等专业，编著易懂、易学、易用的教材，有效利用互联网开展线上、线下同步教学，探索开展自成体系的中医药学本科或研究生境外教育，培养更多的中医药学国际交流和推广人才。

4. 加强国际化中医药产业平台的建立

第一，鼓励中医药高校根据自身特色优势，利用多方资源搭建起与沿线国家进行平等交流的多元化平台，如与沿线国家合作成立传统医药交流合作中心、科技研发中心，开办中医药科技展览会、交流会，开放信息共享平台等，通过对中医药行业的各项标准、规范以及中医药关键科技研究进行深入探讨，促进中医药的对外传播和创新发展。第二，加强两岸四地合作交流。我国香港、澳门地区比内地具有更多的国际优势，而且随着中医药在港澳的发展，香港、澳门越来越成为中医药“一带一路”发展的重要节点，要加强与香港、澳门、台湾高校、科研院所等的合作交流，推动中医药与现代生命科学、生物技术、西方医学的结合研究，搭建中医药在国际领域交流与合作的新的平台。要建立起两岸四地中医药交流合作的常态化机制，大力鼓励内地中医药产业在港、澳设立国际中医药贸易中心、中药新药研发中心等，打造中医药产业创新发展的国际氛围和科技制高点，为中药产业创新升级发展创造更多机遇。

5. 加强中医药“一带一路”发展人才培养

第一，结合“一带一路”沿线国家的特点和中医药的特点，着力在分析海外中医药人才形势、研究人才政策、服务人才需求、营造人才发展环境方面下功夫，扎实有效推进中医药国际人才培养，储备中医药发展的高水平人才。第二，打破固有人才培养思维限制，引进多元化国际人才。要不断完善海外高技能、高层次人才引进机制，为我省中医药发展提供人才智库。第三，设立专项中医药“一带一路”人才培育基金，加强在中医药院校实施“一带一路”教育行动，扩大研究生等高层次人才公派出国比例，培养一流的高水平中医药人才。

2017年

关于建议中医药教育注重医针药并重的提案

中医药学是中华民族在数千年生产、生活和医疗实践中，认识生命、维护健康、防治疾病的宝贵经验积累和实践结晶，并在此基础上形成了独特的理论体系和医学模式。自古中医药学是一门医理与方药相辅相成的整体科学，一方面，中药学是中医整体理论中的一部分；另一方面，中药的使用必须在中医理论指导下进行。《周礼》中说："医师，掌医之政令，聚毒药以供医事。"即医师要能在识别药害的基础上，化害为利、化毒为药，从而实现医疗目的。而且纵观岐黄先贤，自古成大医者不仅深谙医道，更是精通药理。如医圣张仲景，其经典之作《伤寒论》和《金匮要略》不仅记载了辨证论治的医方和医理，而且涉及大量中药炮制、中药制剂、中药煎法等知识；药王孙思邈著有《千金方》，被誉为我国最早的一部临床医学百科全书；著名医药学家李时珍不仅著有药学巨著《本草纲目》，而且还著有《濒湖脉学》传世之作，实为医药皆通的中医临床大师。因此，自古医家药家，同为一家，尤其明清之后，凡欲成医者，必先研习药，先学"本草"，而后"汤头"。

现今中医学与中药学虽一脉同源，但由于现代科学分科细致，中医、中药各成为两个独立学科；现行的教育模式要因材施教，在中医药教育体系中将中医、中药、针灸等设为相对独立的专业。中医学专业课程体系虽开设有中药学类课程，但课时少，很少有机会能看到实物，大多浅尝辄止，死记硬背，对中药种植、采收、炮制、使用等关键环节的涉及尚显不足，导致在临床实践中不分"根茎叶"、不知"煅炒炙"、不识"鲜干药"，只闻其药名，而不熟其药性；中药学专业也仅开设方剂学、中医基础理论等课程，缺乏中医临床实践环节，造成"医不识药，药不懂医"问题凸显，医药分家现象日趋严重。而且由于“医不识药，药不懂医”，导致临床上中医师不认药、不识药者甚多，尤其在年青一代的中医身上更为凸显，难以满足临床需求，有时因无从辨别中药真伪，找不出治疗效果不好的问题所在；而中药师不搞临床，不了解临床需要，所知医理较为浅薄，造成临床上按照药品说明书辨病使用中药而不进行辩证的诊治现象较为普遍。此外中药生产企业中搞药品研发的技术人员多出身于药物化学或中药专业，很少有中医专业人员参与研究，更没有懂医的人进行指导，不利于中药新药的研发。因此，中医学理、法、方、药四大体系缺一不可，医不识药，难成大医，药不懂医，难以研制出贴合临床实际的疗效好的中医方药。为此，建议中医药教育要注重医针药并重。

1. 优化中医药高等教育的专业结构和课程设置

第一，牢固树立大中医概念，建议教育部联合国家中医药管理局、中医高校和临床专业人士通过多方调研，进一步了解当前中医高等教育和临床实际情况，优化中医药高等教育的专业结构和课程设置，对中医和针灸专业课程设置和教学培养计划中增加中药种植、采收、炮制等中药关键环节的训练，如中药学课程增加学生识别中药材、了解中药具体炮制方法和在中药房中的实践，培养中医临床医学生的中药思维；对中药类专业增加临床知识的学习，有意识培养中医思维，培养学生医药互通、医药并重、针药并重的科学思维能力。第二，由于因材施教，专业要求不同，建议对中医高等教育模式进行大胆探索，如适当增加中医院校本硕连读、硕博连读的招生数量，使中医类专业的学生更多地接触中药学知识和实践，有助于其更好地把握药物的配伍使用，更好发挥中药疗效；使中药学专业学生更多的知晓中医医理，系统培养中医药思维能力，不仅有利于中医临床而且有利于中药研发。

2. 进一步探索和完善中医中药执业考试体系，使医药互通

第一，执业中医师资格考试增加对中药基础知识的考试比重，加强培养医学生医药并重、医药互通的思维能力，培养更多医药皆通的中医临床大家。第二，建议为中药学专业学生开放参加执业中医师资格考试的途径，以更好为临床服务。

3. 加强医针药并重的临床培养和继续教育

第一，在对临床医学生的规范化培训中增加对中药种植、采收、炮制、

使用等基础知识的培养和在中药房的实践，做到能辨识中药真伪和药材的道地、适量优劣；增加对药理的培训，以更加深入了解中药的药性和药理，更好的发挥中医药的疗效。第二，中药学是整个中医理论中的一部分，脱离了理论地指导，中药必将成为无源之水，不能长久。要加强对临床中药师的医学理论培训，以更好地指导临床用药。第三，针对已经工作的临床中医师和中药师，在继续教育中从课程设置和临床实践中加强医针药并重的培养。

4. 加强对中医院校学生医针药并重的思维能力培养

中医药思维能力培养是中医药应用人才培养的核心内容。对于不同专业培养要求和课程学时的限制，可对不同专业学生开展与课程设置互补的学习活动，如对中医学专业学生开展中药类知识竞赛，高校定期组织一些专家带领对中药感兴趣的同学们到野外采药、识药，对中药学专业学生开展中医知识竞赛，为中药学专业学生提供更多接触临床的机会，培养学生医针药并重的思维能力，充分发挥中医学理法方药缺一不可辨证论治思维优势，更好地为临床服务。

2017年

关于建议将中医药文化元素纳入中成药命名标准化中的提案

中医药是中华民族在长期生产、生活和医疗实践中认识生命、维护健康、防治疾病的医药智慧结晶，有着浓厚的历史文化积淀，堪称“文化瑰宝”。中成药名是对中医药辨证施治、理法方药、配伍特点，以及药物组成、主治病症的高度集中和概括，不仅反映了中医药学理论，同时也积淀了深厚的文化历史底蕴。由于长期以来对中成药名缺乏规范，近年来中成药夸大式命名乱象频出，一些中成药名有的随意吹嘘疗效、有的误导消费者、有的伴有欺骗，药品品质却良莠不齐，尤其在人们越来越注重健康养生和人口老龄化加剧的背景下，公众对保健药品、调养品需求日趋旺盛，但一些企业将保健品起个药品名，或者在一些调养品命名上随意吹嘘效果，导致很多消费者上当，严重影响行业声誉。加强对中成药命名的规范是对社会和人民的责任，也是对于行业健康发展的保护。为进一步规范中成药的命名，体现中医药特色，尊重文化，继承传统，今年1月国家食品药品监督管理总局发布了《中成药通用名称命名技术指导原则（征求意见稿）》，提出“中成药通用名称应科学、明确、简短、不易产生歧义和误导，避免使用生涩用语；不应采用封建迷信或低俗不雅用语；一般不采用人名、地名、企业名称命名，也不应用代号命名；不应采用‘宝’‘灵’‘精’‘强力’‘速效’等夸大、自诩、不切实际的用语和‘御制’‘秘制’等溢美之词”等命名基本原则，并指出本指导原则不仅适用于中药新药的命名，也适用于对原有中成药不规范命名的规范。据此则有5000多种中成药或许都将改名，包括人们耳熟能详的“速效救心丸、风油精、强力枇杷露、小儿咳喘灵、脑力宝丸”，老字号的“同仁堂、贵州百灵、云南白药”，马应龙痔疮膏，入选国家或省市非物质文化遗产的“马应龙八宝眼膏、永定万应茶、潘高寿凉茶、广誉远定坤丹、雷氏六神丸”等一大批中成药。

中成药名不仅是我国数千年特定历史的印记，也是我国中医药文化的优秀代表和象征，甚至一些中成药名具有世界影响力。云南白药是古代和现代均有卓越疗效的传统中医药，千百年来为中华民族的繁衍昌盛治病救人做出了巨大贡献，其连同华佗再造丸、漳州片仔癀、同仁堂安宫牛黄丸、雷允上六神丸的配方被列入国家级保密（绝密）处方，这些都是数百年商业和手工业竞争中留下的极品，有着鲜明的地域文化特征和历史痕迹。而且云南白药被云南省认定为“云南老字号”，并将积极争取专项经费用于“云南老字号”保护与促进工作，对老字号企业进行扶持，组织企业开拓国内外市场、申报非物质文化遗产、国际商标注册和进行知识产权保护。泉州市灵源药业有限公司研制的灵源万应茶、永定采善堂制药有限公司研制的永定万应茶、潘高寿凉茶、马应龙眼药制作技艺被列入国家级非物质文化遗产名录（传统医药类）；“马应龙”商标被国家工商总局认定为“中国驰名商标”，其在古方验方的基础上遵循传统制药技艺，生产眼药、痔疮药等多种药品，而且马应龙八宝眼膏已被列入国家医保甲类品种目录；上海雷允上药业有限公司拥有雷允上六神丸、当归丸、乌鸡白凤丸等一大批举世闻名的中药精品，不仅注重对优秀中医药瑰宝的传承，而且开发了中国第一个中西复合制剂——雷氏珍菊降压片，并不断推出“雷氏珍菊”“雷氏丹参”“雷氏猴头菌”等原发性科研系列产品，深受消费者的青睐，其中雷允上六神丸被列为国家保密品种、国家一级中药保护品种，其制作技艺获批国家和上海市非物质文化遗产；郑州现杰膏药原名李氏膏药，为河南省政府非物质文化遗产保护名称；其他如广誉远定坤丹、廖氏化风丹、达仁堂清宫寿桃丸、季德胜蛇药、罗浮山百草油、保滋堂保婴丹、京万红软膏等国家非物质文化遗产都承载着“仁义诚信”的经营理念，“尊德贵生”的中医思想，“精益求精”的道地选材，“古法炮制”的制药技艺等中医药优秀传统文化。这些都是含有发明人、生产地、企业等名称的中成药，他们都是中华中医药宝库中的瑰宝，承载着博大精深的中医药文化，如果大面积改名，将对民族品牌和相应药物的文化底蕴造成硬伤，也影响在国外树立起的品牌形象。

中成药作为具有中华民族特色和知识产权的医药，是我国历代中医药学家经过千百年医药实践创造、总结的有效方剂的精华。传统中成药名体现了对中华传统医药文化的传承，使用人名、地名和企业名具有一定的合理性，如在制作同类中成药过程中，不同企业由于历史传统、地域人文、师徒承袭等关系，可能采取不同的炮制工艺，而把企业名作为中成药名的一部分。因此建议将中医药文化元素纳入中成药命名标准化中。

第一，传统的耳熟能详的中成药包含着太多的历史、文化等资源和投入，建议《中成药通用名称命名技术指导原则》的实施采用“传统医药老办法，新药新办法”双轨制处理方式，给予一个时间节点，对于此前的中成药药品、保健品名称进行梳理甄别、区别对待，对于名不副实、夸大疗效、虚假宣传的，依法进行整改更名；对于经过有关部门核准、经过工商注册登记、没有违法违纪行为的品牌，则不宜强制更名，可以沿用以前就申请注册的品牌名。

第二，在品牌命名规范指引上，不仅要考虑传统文化、内涵和意蕴等方面的问题，还要考虑传承品牌弘扬国药，保护在国内外叫得响的中成药品牌，保护民族产业品牌形象。

第三，中成药命名要加强对中医药文化内涵的挖掘与传承，注重保护、传承和弘扬现有的和将要申报、审批的中医药非物质文化遗产。

第四，中医药讲究“地道性”，而地名是最好的体现，中成药的命名要注重保护道地药材传统文化底蕴；对于有历史渊源的约定俗成的、老百姓认可的、有口碑有市场的老药，应尊重传统，留住精华。

2017年

关于加快推动中医药文化进校园的提案

2016年2月国务院印发了《中医药发展战略规划纲要（2016—2030年）》，中医药上升为国家战略，其中明确提出“要大力弘扬中医药文化知识，推动中医药进校园、进社区、进乡村、进家庭，将中医药基础知识纳入中小学传统文化、生理卫生课程”，从国家层面肯定了中医药文化对青少年成长的积极作用。2017年2月，中共中央办公厅、国务院办公厅印发了《关于实施中华优秀传统文化传承发展工程的意见》，第一次以中央文件形式推动中华优秀传统文化传承发展，要求把优秀传统文化全方位融入国民教育各个领域、各个环节。推动中医药文化进校园，对于传承和弘扬中华优秀传统医药文化，发挥其在儿童潜能开发、人格培养、道德塑造等方面潜在的巨大作用，增强青少年文化自信，培育健康理念，建立正确的生命观、健康观、价值观等具有重要意义。

1. 传承和弘扬中华优秀传统医药文化

中医药文化承载着中华传统文化的精神内核，是打开中华文明宝库的钥匙，其中所包含的天人观、养生观、健康观、疾病观等影响着中国人的人生态度和生活方式。青少年正处于世界观、方法论的形成时期，推进中医药文化进校园，加强青少年的中医药文化教育，对于培养身心健康的中华优秀传统文化的继承者和弘扬者，推动中医药文化创新发展，具有很好的基础教育作用。

2. 增强青少年文化自信，培育健康理念

中医药文化植根于中国博大精深的传统文化，具有丰富的人文精神和哲学内涵，推进中医药文化进校园，挖掘和传播中医药文化蕴含的“大医精诚”“仁爱孝悌”的道德观、“天人合一”“阴阳平衡”的整体观、“顺应自然”“形神合一”的健康观、“未病先防”“审因制宜”的养生观等核心思想，发挥其在潜能开发、人格培养、道德塑造等方面潜在的巨大作用，不仅有助于延续中华文化基因，增强青少年文化自信，而且有助于养成健康的行为方式和生活习惯，培育健康理念，提高身体素质。

3. 有助于为中医药传承发展培育后生力量

中医药文化蕴含的思维模式、认知方式、价值取向、行为习惯、审美情趣越来越得到社会大众的理解、认同和接受，推进中医药文化进校园，让青少年接受中医药文化熏陶教育，了解中医药的重要地位和作用，认识中医中药功能，感受中医中药魅力，在青少年中播撒中华文明的种子，为中医药学的传承、发展储备后续力量，对传承弘扬中华优秀传统文化、培养一代又一代中医药传承创新接班人，有着至关重要的积极作用。

目前中医药文化在青少年教育中的重要作用，已经引起了多地政府部门和教育工作者的高度重视，已有北京、上海、广州、浙江、重庆、山东、河北等地探索性地开展了青少年中医药文化教育。随着中医药迎来了历史上的最好发展时期，推动中医药文化进校园恰逢其时，而且具有重要的现实意义深远的历史意义。

建议：

1. 加强顶层设计，为中医药文化进校园提供更多政策保障和资金支持

第一，加强推动中医药文化进校园的顶层设计，建议教育部联合国家中医药管理局和各领域专家学者尽快开展分别针对大、中、小学生的中医药文化课程体系规划、教材编制、师资培训、教学模式研究等工作，制定《推动中医药文化进校园行动规划》。第二，对现有已经开展了中医药文化教育的单位加以重点培育，或设立实验学校，创建中医药文化进校园建设先进单位，并将先进单位的实施方案加以推广，带动更多学校参与中医药文化进校园建设。第三，认真贯彻落实《中医药文化建设“十三五”规划》，将推动中医药文化进校园作为各省市文化发展战略规划中的重要任务，加大经费投入，设立中医药文化进校园活动专项资金，鼓励更多的中小学开设中医药文化教育课程，开展丰富多彩的第二课堂活动，为中小学生搭建弘扬中华传统文化、学习中医药文化知识的平台。

2. 加快培养一批推动中医药文化进校园的人才队伍

第一，懂得教育心理学又对中小学生有着长期教育经验的中小学教师是

中小学教育的主力军，可选拔一批中小学教师开展中医药文化知识培训，培训内容如中药相关的古诗词赏析、中医中药故事传说、中药民俗、中药谜语、中药命名小故事、中药功效应用、营养价值、药食同源等，进而由教师对中小学生进行中医药文化的传播。第二，培养大学生志愿者团队。鼓励各地区所在中医药大学与中小学合作，设立关于中医药文化在中小学传播的社会实践活动，建立起中医药文化传播的大学生志愿者团队，不仅有利于大学生和研究生对所学知识的巩固和完善，还能学以致用，增强对中医药文化的认同感和传播祖国优秀传统文化的使命感。第三，建立中医药文化进校园的专家团队。充分利用中医院校资源，组建中医药文化科普队伍，到中小学、幼儿园开展科普展览、专家讲座、知识竞赛等活动。

3. 探索开展常态化的中医药文化进校园活动

中医药文化进校园属于一项新的开创性工作，开展常态化的中医药文化进校园活动是让学生更好地学习中医药文化知识，并取得好的教育效果的重要保障。第一，将体现学校特色的校本课程作为中医药文化传播的切入点，如将中医药内容进行课程转化，与语文、历史、生物、科学等课程相融合，以人物故事、诗歌朗诵、采药种植、自我保健、科学实验等多种形式，培养学生多方面的素质和能力。第二，将推动中医药文化进校园与阳光体育行动相结合，将太极拳、八段锦、五禽戏等中医养生保健技术纳入体育课程日常授课范围，举办中小学太极拳大赛等体育健身与中医药文化相融合的比赛活动，提高学生健康素养。第三，把组织学生到中医药大学校园、中医药文化宣传教育基地、中医药博物馆等地参观学习作为开展学生综合素质实践的必修课程，以更直观地学习中医药文化知识。

4. 积极探索中医药文化进校园的传播路径

第一，鼓励企业和社会资本资助中小学建设校园中药植物园、中医药文化少年书院、健康工作坊、健康科普站等，为学生提供更多中医药知识学习、体验的机会。第二，有条件的中小学可开设“周末中医兴趣培训班”，邀请名老中医、科研人员、专家学者进校园，为学生们开展中医药文化知识、中医健康与养生、中医趣味科研等专题讲座和中医药体验课程，将继承优秀传统文化、掌握中医药知识技能、培养健康学习生活方式有机结合起来。

2017年

关于加快提升我国基层中医药服务能力的提案

中医药是中国人民在数千年生产、生活和医疗实践过程中认识生命、维护健康、防治疾病的宝贵经验积累和实践结晶，是我国独特的医药卫生资源，其临床疗效确切、治疗方法灵活多样、预防保健作用独特、治疗费用低廉易接受等诸多优势赢得了广泛的群众基础。基层是中医药发展的根基。“强基层”一直是我国医药卫生事业发展和改革的重要任务之一，加快提升基层中医药服务能力，充分发挥中医药在基层卫生工作中的特色优势，对于探索深化基层地区医药卫生体制改革，完善中国特色医药卫生体制，提高全民健康水平，推进健康中国建设具有重要的现实意义和深远的历史意义。

党中央和国务院高度重视基层中医药发展，在发布的《国务院关于扶持和促进中医药事业发展的若干意见》《国务院关于促进健康服务业发展的若干意见》《国务院办公厅关于印发中医药健康服务发展规划（2015—2020年）的通知》《国务院办公厅关于推进分级诊疗制度建设的指导意见》《国务院关于印发中医药发展战略规划纲要（2016—2030年）的通知》等文件中，都提出要充分发挥中医药特色优势，提升基层中医药服务能力，将基层中医药作为未来工作重点之一。国家中医药管理局等部门为贯彻落实国务院对中医药工作的部署和要求，进一步提升基层中医药服务能力，先后发布了《关于实施基层中医药服务能力提升工程的意见》《关于印发基层中医药服务能力提升工程实施方案的通知》《关于印发基层中医药服务能力提升工程“十三五”行动计划的通知》。在发布的《中华人民共和国中医药法》中，从中医药科室设置、中医药专业技术人员配备、培养和培训、适宜中医药技术推广、中医药文化宣传等方面对基层中医药服务做了相关要求。现阶段，我国各省市广泛开展了以“中医馆”“国医堂”等为代表的社区卫生服务中心、乡镇卫生院中医综合服务区建设，基层中医药服务体系不断完善，基层医疗卫生机构中医诊疗量逐渐增加，基层中医药服务的可及性和可得性显著增强，中医药为缓解群众看病就医问题发挥了重要作用。

但是从长远发展来看，我国基层中医药服务能力仍然较为薄弱，基层中医药服务网络不健全，一些地区基础设施条件差、设备缺乏、硬件简陋不达标，社区卫生服务站、村卫生室中医药服务人才严重匮乏、技术水平低，人才培养体制尚不完善，基层中医药发展特色优势不突出等问题仍然突出，基层中医药服务能力与城乡居民的要求还有很大差距。

为加快提升我国基层中医药服务能力，提出以下几点建议：

第一，基层中医药服务能力提升工程是一项艰巨复杂的系统工程，横向涉及多个部门，纵向涉及多级政府，既要加强顶层设计，又要抓好具体落实。相关部门要深入贯彻落实国家《中医药法》和《基层中医药服务能力提升工程“十三五”行动计划》相关指导意见和法律要求，把提升基层中医药服务能力建设放在全国中医药事业发展的优先发展战略位置，组建基层中医药服务工作领导小组，通过深入调查研究，制定详细的实施方案，并加强考核监督，推动实施方案有序有效落实。

第二，进一步加强基层中医药服务设施建设。加强社区卫生服务中心、乡镇卫生院等基层医疗机构中医馆、国医堂建设项目的落实，进一步改善基层中医药诊疗环境，已建成的要更加注重服务内涵和功能建设，进一步完善中医药文化宣传、增补设备、优化科室布局等；未建设的要按照统一规划和建设标准，高规格建设，确保各项硬件基础设施建设达标；加大资金投入，为社区卫生服务中心、乡镇卫生院、特色示范村卫生室配备超声波治疗仪、针灸器具、火罐、刮痧等中医诊疗设备，完善服务功能，增加适宜技术种类。

第三，加快推进中医医联体的组建，完善基层中医药人才培养机制。加快建立由政府主导，省市三甲中医医院为龙头，县（区）中医院、乡镇卫生院、社区卫生服务中心及服务站、村卫生室为主线的中医医联体；坚持公益性原则，以紧密协作为主题，技术为纽带，人才为核心，市（区）政府统筹全市、区中医医联体优质资源，科学制定基层中医人才培养、培训规划和措施，建立基层网底中医、乡医继续培养制度，创建基层人才培训基地，发挥基地培训示范、指导、带动作用；逐步建立乡医长效继续教育培训支持与财政保障机制，保证培训时长、质量和效果，建立“名中医传承、一带一、一带多、上下帮带”等培训、激励、评价制度，推动中医药进基层、进社区、进家庭，切实实现中医药优质资源服务下沉，持续提升基层医疗服务能力和水平。

第四，加强基层中医特色专科建设。鼓励基层医疗机构在做好公共卫生服务和常见病多发病诊治工作的前提下，在农村基层小范围内（如周边几个乡镇）通过对原有专科特色、地方疾病谱等进行分析调研，因地制宜、合理规划，加强中医妇科、儿科、外科等特色专科（专病）建设，并以此为切入点和突破口，形成优势和特色，不断提升中医药服务能力。

第五，进一步加强中医药适宜技术的培训和推广。建立中医药适宜技术推广体系，加强组织各省市重点医院、三甲医院和中医药高校专家对基层县、乡镇医院和农村全科医师的帮扶和技能服务培训，向基层推广常见病、多发病中医药适宜技术，为当地居民提供集中医医疗、预防、保健、康复、养生、健康教育等为一体的中医药服务。

第六，进一步拓宽基层中医药服务领域。大力推动基层医疗卫生机构开展“治未病”工作和中医预防保健服务，如引进中医体质辨识软件，开展中医体质辨识工作，努力探索多元化的“治未病”模式，促进基层中医预防保健服务体系的建设；组织中医专家和中医药技术培训师到基层讲学，推进基层医疗机构运用中医药技术方法对儿童、孕产妇、老年人和慢性病患者进行健康管理，逐年提高重点人群和慢病患者的健康水平。

2017年

关于加快推进《中医药法》实施细则制定的提案

2016年12月25日十二届全国人大常委会第二十五次审议通过我国首部中医药专门法律《中华人民共和国中医药法》，并将于2017年7月1日起施行。这是我国第一部全面、系统体现中医药特点的综合性法律，对于继承和弘扬中医药、保障和促进中医药事业发展、维护人民健康，具有里程碑意义。《中医药法》的颁布让各级政府、各卫生主管部门对中医药的重视提升到一个新的高度，贯彻落实《中医药法》当务之急是加快制定相关实施细则和配套文件，确保各项条文落地生根，让中医药法真正促进中医药事业振兴发展。通过多方调研和广泛听取意见，提出以下几点建议，推动《中医药法》的贯彻实施。

1. 加强《中医药法》贯彻落实的统筹规划

第一，加强《中医药法》贯彻落实的顶层设计和统筹规划，在实际执行过程中以保持发扬中医药特色优势、推进中医药事业改革发展为基本，做好与其他医药卫生相关法律法规的衔接和协调。第二，依据《中医药法》，一方面加强各省市中医药发展规划工作制定与贯彻落实《中医药法》的衔接，另一方面加强对现行规章制度的全面清理，尤其是各省（市）相关执行部门要做好与国家主管部门的衔接和上下联动，制定或修改切合本地实际的地方性中医药发展法律。第三，加强《中医药法》的宣传，开展全国中医药法宣传月，提高中医药法的普法力度和全民知晓度，增强中医药法贯彻实施的群众基础。

2．加快建立完善的中医药管理体系

《中医药法》第四条明确规定：县级以上人民政府应当将中医药事业纳入国民经济和社会发展规划，建立健全中医药管理体系，统筹推进中医药事业发展。《中医药“十三五”发展规划》中也提出：按照中医药治理能力和治理体系现代化要求，创新管理模式，建立健全国家、省、市、县级中医药管理体系，切实加强中医药管理工作。当前我国中医药管理体制还存在中医药管理机构缺乏系统建设，省级及其以下的管理机构不健全、不统一，市、县级政府多是缺乏中医药管理机构甚至没有专职管理人员；中医药管理职能单一、分散，多部门分管不同的中医药行业，容易出现职责边界不清、政策衔接不畅的局面；中医药管理模式西化较为严重，研究水平和能力较低，中医药管理队伍薄弱，缺乏中医药专门的管理研究型高精尖人才，导致中医药管理部门的现有职能、队伍水平、监管手段等不能满足实际工作需要等。建议加快建立完善的中医药管理体系。第一，各省设立相对独立的副厅级中医药管理部门，形成一个自上而下、相对独立的管理系统，增加中医药管理机构设置和人员编制，强化中医药管理职能，促使国家保护和扶持中医药事业的政策法规得到很好落实。第二，充分发挥中医药行业主管部门的决策、执行、监督作用，加快建立“政府领导下，一部门主管、多部门配合”的中医药管理体系，完善中医药管理职能的基础内容，同时与其他部门共同建立有利于中医药教育、科技、文化、产业等发展的分工合作和协调机制，避免“多龙治水”。第三，重视中医药管理研究型人才的培养，加强中医药管理队伍建设，为中医药管理部门提供高端智库人才，提高管理能力和服务水平。

3．加快建立多层次、多元化的中医药教育与人才培养体系

第一，实行院校教育与师承教育相结合，是现阶段培养合格的中医药拔尖人才的极好模式。要加快建立师承教育制度，制定院校教育与师承教育相结合的教学改革实施细则，如制定改革中医药高等院校课程设置和改进信息教材的方向，增加中医药专业课程的比重，增加中医药经典教学的比重，增加中医学术经验全程的比重，增加院校特色教材的临床、带教课时的比重，健全师承教育贯穿院校教育、毕业后教育、继续教育始终的中医药人才教育培养体系。第二，根据《中医药法》中“中医药学校教育的培养目标、修业年限、教学形式、教学内容、教学评价及学术水平评价标准等，应当体现中医药学科特色，符合中医药学科发展规律”这一要求，结合《中医药人才发展“十三五”规划》政策指导，鼓励中医院校创新人才培养模式，培养面向高校和科研机构的高层次教学、研究型人才，面向二级甲等以上医院和相关

制药企业的中医、中药专业人才，面向基层社区、农村的全科中医人才，面向国外交流的外向型人才和医事管理、中医外语等多样化人才，适应中医药事业发展。第三，加快研究制定针对以师承方式学习中医或经多年实践，医术确有专长人员的分类考核办法和行医范围评价方法，注重对其实践技能和效果的考核。

4．提升中医药服务能力，加快推进中西医并重全面实现

第一，中医药法从法律层面上明确了中西医并重的方针，各级政府首先要从资金支持上加强对实施中西医并重的落实，如明确政府对中医药事业发展的投入占国家经济的比重，确保中医药投入增长比例不低于卫生投入增长比例，保证国家级和省、市级中医药建设项目配套资金的落实，对中医医院的建设资金优先安排等。第二，提升中医药服务能力的关键在于打造高素质中医药人才队伍，要进一步加大对中医药教育的投入力度，大力支持中医药一流大学和一流学科建设，培养更多高素质人才；加强对医务人员特别是城乡基层医务人员开展中医适宜技术和中医公共卫生服务能力建设培训，大力支持医疗机构培养中医技术骨干和学科带头人。第三，在医保支付制度改革中，将支付比例进一步向基层倾斜，提高中医药医保报销比例，鼓励开展中医药预防保健、健康管理等多种中医医疗服务。

5．加快制定中医养生保健服务规范和服务标准

第一，明确界定养生保健机构与医疗机构的区分，加强监管力度，制定中医养生保健机构违法从事医疗和药品、医疗器械销售等活动的惩处条例，并依法给予惩处，维护消费者权益。第二，建立中医药养生保健行业标准，加强对养生保健机构的资质审核、服务项目规范和服务水平、结果评估，保证服务质量。第三，科学规范中医药养生保健教育，加大科普策划和社区组织的力度，揭露和打击虚假宣传和欺诈行为。第四，加强对从业人员的培训与管理。强化行业自律，规范中医养生保健服务机构执业行为，制定行业从业人员执业标准；建立人员培训、考核、考试体系，加强执业资格的审查、认证和执业情况的监督检查，建立准入制度，提高服务水平。

2017年

关于加快推进建立符合中医药特点的临床疗效评价体系的提案

中医药是中华民族在长期生产、生活和医疗实践中认识生命、维护健康、战胜疾病的宝贵经验积累和实践结晶，千百年来形成了独具特色的认识生命、防治疾病的思想方法和理论体系。中医药治疗疾病强调运用辨证论治思维进行整体调整，从宏观上来把握疾病病势和发生发展规律，长于多途径、多靶点、综合地作用于整体层面治疗疾病，千百年来愈人无数，其临床疗效是中医生存和发扬光大的原动力、生命力和推动力。中医临床疗效评价是指在临床实践中，中医医生运用中医整体观和辨证论治的思维方法，对患者机体采取治疗性干预后所产生的效果所做的定性、定量的综合判断或评估，广义上可以包括对机体产生的生物——心理——社会属性的独立或综合效应。根据患者病情的改变情况，可分为痊愈、好转（稍愈）、无变化、加剧、恶化、死亡等。而临床干预措施的效果能否客观地通过疗效评价体系反映，对于治疗方案的推广和应用以及下一阶段干预措施的采取等都极为重要。

传统的临床疗效评价对于疾病评判标准很大程度上依赖于个人经验，主观性较大。近年来随着临床流行病学、循证医学等的发展，我国中医药领域开展了大量的前瞻性、多中心、大规模的临床研究工作，对推动中医药发展起了很大作用，中医临床疗效评价方法也得到了不断发展和完善。目前常用的中医临床疗效评价方法主要包括用现代医学相应疾病的评价标准（如辅助检查、实验室检测结果）来评判的生物学指标法，以征候要素为主要内容的征候疗效评价体系，生存质量量表主观测量法，基于临床大数据的真实世界的“量表”型疗效评价法，基于病案数据的中医药个体化诊疗疗效评价方法，以及其他如以症状体征改善为内容的疗效评价、以理化指标为内容的疗效评价、重要临床事件发生率疗效评价、基于患者报告的结局疗效评价、基于照顾者报告的结局疗效评价、安全性评价和卫生经济学评价等，这些评价方法为规范建立中医药疗效评价体系奠定了坚实的基础。此外2012年度、2013年度实施的公共卫生专项资金中医诊疗指南应用评价项目，重点评价了中医诊疗指南的临床疗效，证明了现行中医诊疗指南能够切实地指导临床实践，能够取得确切的临床疗效。

然而上述临床疗效评价方法都有这样那样的不足和局限性，如生物学指标法将辅助检查、实验室检测结果作为疗效的金指标，或单纯注重有效率、好转率、痊愈率的变化，一味沿用西医的标准，不利于中医学的推广发展，也难以显示中医药在疾病治疗中发挥的优势；征候疗效评价体系是以2002年国家药监部门颁布的《中药新药临床研究指导原则》为判断依据，是中药新药研发或某些以研究目的为导向的临床疗效评价研究主要的评价参考方法，其主要的半定量征候积分法一定程度上规范了“征”的运用与评价，推进了中医研究的进步，但是因不同的研究在对征候进行赋值时，具有较大的主观随意性，一定程度上影响了评价方法的科学性和公认度；生存质量量表的运用仅限于少数的某些慢性疾病，范围相对局限且针对性、目的性不够强；基于临床大数据的真实世界的“量表”型疗效评价法在开展大数据信息采集时存在诊疗信息整合困难、信息记录不全面、大数据库的数据复杂多样、高效率分析困难、数据存在丢失的风险等问题。因此，基于种种因素，目前所建立的临床疗效评价体系，从评价指标采集、评价方法建立到评价标准都不能完全体现中医学整体、动态、个性化的特色，中医药临床研究评价体系的建立、推广和运用最终取得共识，任重而道远。为此，建议国家加快推进建立符合中医药特点的临床疗效评价体系，促进中医药研究的现代化、国际化发展进程。

第一，加强组织管理，建立健全运行机制，出台相关政策和文件，大力支持中医药临床疗效评价体系建立工作的开展。在国家相关部门的组织领导下，立足于中医药理论与临床治疗的基本特点和优势，借鉴临床流行病学和循证医学等现代临床研究方法，整合现有的中医药疗效评价方法，从基础理论、方法研究、标准制定等方面开展中医疗效评价体系建设。

第二，建立有效的干预措施标准，合理利用西医学的疗效评价标准，加快建立能够反映中医药“整体观念”优势，真正体现中医学“辨证论治”“以人为本”“治病求本”的特色、中医治疗的多靶点效应及征候的高维高阶性的多维结局指标评价体系。

第三，加强组织开展中医复杂干预与诊疗方案疗效评价、中药新药疗效评价研究以及转化应用研究，借鉴现代医学疗效评价指标，结合中药症状体征与疗效评价指标，充分体现中医理论基础研究和临床研究特点，完善建立符合中医药特点的中医药疗效评价指标体系与方法学体系。

第四，应用系统科学的原理和方法，引入中医健康状态学相关内容和现代比较成熟的系统工程和量表技术，探索建立基于整体健康状态动态个性化测量的中医药临床疗效评价方法体系。其主要包括疗效评价指标的采集、病证结合模式的运用、中医特色病人报告结局（PRO）和医生报告结局（CRO）的有机结合、疗效评价综合体系的集成四个关键内容，以解决中医药疗效评价缺乏客观公认标准，以及以西医标准替代中医标准的问题，为客观评价和进一步发挥中医药复杂性干预优势提供科学基础。

2017年

关于进一步加强中医理论传承创新工作的提案

中医药学凝聚着深邃的哲学智慧和中华民族几千年的健康养生理念和实践经验，是中国古代科学的瑰宝，也是打开中华文明宝库的钥匙。中医理论是中医药体系的核心内容，中医理论研究方向决定着中医学科的发展方向。传承是中医学的生命之根，是中医理论体系的稳定与发展的重要保障，没有传承，中医学的理论将得不到延续；创新是中医学发展的动力，有助于丰富和完善中医药理论的内涵、有效指导临床，使中医学能够适应社会的发展，具备生生不息的动力。传承是创新的基础与保障，创新需要在传承的基础上进行，中医理论的发展，二者缺一不可。

近年来，国家高度重视中医理论研究，中医理论传承创新取得了一定成绩，为深化研究奠定了良好基础。如1997年国家重点基础研究发展计划（973计划）启动后，关于中医基础理论研究立项了《方剂关键科学问题的基础研究》《征候规范及其与疾病、方剂相关的基础研究》等，这些研究丰富和发展了中医理论和方法学体系；国家2005年正式设立了中医理论基础研究专项，至2016年立项34项，该专项的实施不仅聚集了全国中医理论研究的优势力量，取得了一批创新成果，也培养和锻炼了一批人才队伍，搭建了多学科交叉的创新平台。此外，中医理论研究聚焦中医药传承、创新与发展的前沿问题和重点领域，以中药、方剂为载体，研究其作用的物质基础和作用机制及安全性，运用现代科学方法和技术诠释中医药理论，并指导创新药物的开发，为中医药现代化走向世界起到了示范作用，为促进全产业链创新变革提供技术支撑。

然而，随着经济社会进步、现代科技的快速发展与健康需求的增加，中医理论发展面临严峻的挑战。一是中医理论传承不足，缺乏对中医理论原创优势的研究，核心理论现代诠释与现代科学基础薄弱，理论对临床的指导作用弱化。二是中医理论创新不足，临床应用不系统，难以满足人民群众日益增长的健康需要。三是经费投入，研究平台条件薄弱，体制机制和政策环境亟待优化。四是研究成果凝练不足，尤其对名老中医学术思想的凝练总结发展薄弱，专业化人才队伍作用有待发挥，缺乏稳定的传承创新团队。加强中医理论传承创新工作，对于促进中医理论实践应用，发挥中医药原创优势，提高我国科技自主创新能力，保障中医药学术和事业健康发展，加快建设创新型国家，促进健康中国建设具有重要意义。

进一步加强中医理论传承创新工作的建议：

1. 加强中医药古籍文献的整理、研究与保护

第一，从校注整理到专家组审订到出版，加快制定完善中医药古籍文献整理研究规范，为中医药古籍整理领域提供行业标准规范。第二，加强中医药古籍文献研究队伍建设，培养更多的高层次中医药文献研究人才，保障中医古籍文献整理研究后继有人，全面提升中医药古籍保护与利用能力。

2. 加强中医理论传承研究，建立和完善概念明确、结构合理的中医理论体系

第一，加强开展中医基础理论研究与建设工程，汇聚中医基础和临床多学科人才，研究中医理论的关键科学问题和基本概念体系，为建立和完善概念明确、结构合理的中医理论体系奠定更多工作基础。第二，加强对文献数据的挖掘，提炼升华中医理论。中医药文献是历代医家长期医疗实践经验的结晶，是中医理论知识与临床经验的载体，要进一步加强对中医文献的系统梳理和挖掘，先采用传统文献学方法（版本学、目录学、校勘学、训诂学等）进行研究，厘清中医理论的源流与框架，进而过对古今文献的系统分析，梳理历史脉络，深刻阐发理论内涵，规范理论表述，建立和完善概念明确、结构合理的中医理论体系。

3. 加强中医理论实践创新

第一，推进基于临床实践的中医理论升华和应用研究。中医学理论与临床实践密不可分，要发展中医基础理论，必须与临床实践相结合。可通过系统地整理、归纳、总结名老中医的学术思想及临证经验，将名老中医的学术思想和临证实践经验升华为独特的学术理论。第二，促进中医理论与不同创新领域

间的衔接与转化，运用中医理论加互联网、大数据等现代信息技术，推进中医理论的广泛应用。如运用现代科技进一步将中医传承工作推向纵深。可开发名老中医传承信息采集软件，实现临床一线名医跟师信息快速采集、数据存储、质控管理、检索查阅和分析挖掘等功能，将为名老中医药临床经验、学术思想研究提供技术支撑，为名老中医传承研究人员提供学习和应用工具，形成功能完善的名老中医传承协同工作平台，并通过向社会开放服务，大范围推广名老中医临床经验和学术思想，推进中医理论的广泛应用。

4. 加强中医理论传承创新方法探索

第一，深刻理解中医理论构建模式和方法学特点，广泛吸纳和借鉴现代科学方法和技术，探索建立适合中医理论传承创新的新模式与新方法，逐步形成中医理论传承创新的方法学体系和评价体系。第二，进一步加强全国老中医药专家学术经验继承、优秀中医临床人才研修以及名医继承工作室、流派工作室建设。第三，鼓励中医院校、中医医疗机构、名老中医等探索各种形式的中医理论传承创新方式，并给予相关资金、政策支持。第四，鼓励中医药企业与中医高校、中医医疗机构合作，参与中医理论传承创新工作，从中医药产品开发、成果应用等方面挖掘中医药内涵。

5. 加强多层次专业化复合型中医药理论传承与创新人才培养

第一，将中医理论传承创新人才培养纳入国家中医药创新体系建设，并给予重点扶持，设立专项资金，建设中医“优才”导师工作室，打造以“优才”导师为核心的专家团队，专门负责完成相关专业中医经典理论的传承创新工作。第二，组织一批包括有深厚中医理论素养、有丰富临床经验的专家学者，吸收现代数理统计、信息科学、哲学等方面的专家队伍，开展中医理论传承创新协同研究工作。第三，建立适合发展需求的人才激励和培养机制，创造有利于才能发挥的工作生活环境，培育一批具有良好科学素养、理论学术功底深厚、创新能力强、站在学科前沿的中医药理论传承创新学术技术带头人。第四，扩大范围试点开启中医药传承博士后高层次人才培养模式，将中医药传承教育与博士后制度有机结合，培养既能继承名老中医药学家学术思想与临床经验，又能推进中医药理论创新与突破的高层次中医药人才。

2017年

关于进一步多途径加强基层医疗卫生人才队伍建设的提案

加强基层医疗卫生工作一直是我国医药卫生事业改革发展的重点。新医改以来，基层卫生工作在党中央、国务院和各级党委政府的高度重视下取得了长足发展和较为显著的成绩，医疗卫生基础条件建设和就医环境得到显著改善，基础设施标准化建设工程持续推进，基层医疗卫生服务网络日益完善，新型农村合作医疗制度全面推行，基层农村群众“看病难、看病贵”的问题得到有效缓解。人才队伍的建设和稳定是基层卫生机构持续稳定发展的重要决定因素，然而当前我国多数地区基层医疗卫生机构面临着人才匮乏、人才大量流失、人才断层的局面，导致基层医疗卫生服务能力得不到显著提升，医疗卫生人才队伍建设已成为制约基层卫生事业发展的根本性问题。分析基层医疗卫生人才队伍建设存在的问题主要有：第一，人才总量不足，多数地区乡镇卫生院、社区卫生服务站现有在编人员达不到核定编制要求，特别是全科医生、中医药人才比例严重不足。第二，基层医疗机构普遍存在的人员学历偏低、专业知识不强、技术水平参差不齐等问题未得到有效改善。高学历、高职称人才主要集中在县级以上医疗机构，而乡镇卫生院、社区卫生服务站本科及以上学历人员和高级职称人员严重短缺，学科带头人更是缺乏。第三，福利少、待遇低、职称晋升难仍是基层医疗卫生机构招不进人才、留不住人才的主要原因。一些地区绩效工资难以体现多劳多得、优劳优酬的效果，导致许多技术骨干由于不满基层医疗机构的待遇、条件及环境，想尽办法往县以上医院调动，甚至自谋出路，更加造成现有人才的流失。第四，服务水平较低，服务能力不足。近年来，虽然各级财政加大投入，加强“新五件”配备，但有设备无人使用的问题依然存在；部分基层医疗卫生机构中医科、中药房未达标，中医诊疗设备配置薄弱；中青年中医临床骨干人才匮乏，特别是在乡村两级，随着“能中会西”的赤脚医生逐步年老离岗，基层中医药人才面临断档的困境。

进一步多途径加强基层医疗卫生人才队伍的建设，切实提高基层卫生服务能力的建议：

1. 加强建立基层卫生人才队伍建设的长效机制

第一，加强基层卫生计生人才队伍建设已被列为《“十三五”全国卫生计生人才发展规划》的七大主要任务之一，建议国家特别针对基层卫生人才发展制定《“十三五”基层卫生计生人才发展规划》，各级政府把基层卫生人才队伍建设纳入人才工作总体规划，力争在“十三五”时期将核定编制、招录人员、职称评聘、进修深造等有利于基层卫生人才队伍建设的具体政策和措施落到实处。第二，进一步强化政府在基层卫生事业发展中的投入职责，在保证乡镇卫生院、社区卫生服务中心等基层医疗机构业务用房、医疗设备、公共卫生服务经费的同时，要根据财力情况逐年加大对基层人才队伍建设的投入，并纳入政府官员的考核体系中。第三，加强政府、高校、基层医疗机构三方联动，政府出台相关政策措施，加强舆论宣传，并加大财政投入实施订单定向培养基层乡镇、社区卫生人才计划，根据实际情况逐年增加订单定向人才培养数量，鼓励青年学子积极报考基层医疗卫生紧缺人才专业；鼓励高校在制定人才培养计划时广泛听取基层医疗机构意见建议，如人才培养方式的选择、人才培养方案制订、实习见习、加强基层医疗卫生人才的技能培养等，积极思考如何培养出基层医疗卫生单位真正需要的“下得去、吃得苦、用得上、留得住”的基层医药卫生人才。

2. 创新形式，搭建基层卫生人才施展才华的有效平台

第一，各地区进一步加强基层医疗机构人事分配制度的完善。鼓励基层卫生单位实行绩效工资、岗位工资与实际工资相分离，实行一流人才一流报酬，在确定工资时注重向临床一线倾斜、向学科带头人倾斜、向有突出贡献的人员倾斜；对一些优秀的业务骨干进行岗位补贴，并优先晋升职称，优先提拔任用。第二，设立基层卫生人才专项基金。建议各级政府每年划拨一定数额的经费作为基层卫生人才队伍培养、选拔、评价、奖励的专项资金，并根据财力

逐年增加。第三，进一步完善关于提高基层医务人员的相关津贴福利待遇的政策保障。如保证基层卫生人才的收入不低于公务员和教师的正常平均收入水平；建设一批保障性住房，实现“医者有其居”；改善高层次人才的生活和工作条件，并对其家属就业和子女就学等方面给予照顾。第四，实施经济欠发达地区基层执业医师特岗计划，并制定偏远贫困地区基层卫生人才补助政策，设立特殊岗位津贴、特岗补助，招录一批特岗全科医师到基层尤其是贫困地区基层医疗卫生机构工作。

3. 盘活基层现有的卫生人才，进一步完善人才引进机制

第一，加强对现有人才的培养培训。建议成立政府主导下的“继续教育基金”，认真落实卫生专业技术人员参加继续教育的有关规定，积极组织专业人才到上级医疗机构或医学高等院校参加业务进修，不断增进知识，提升专业水平。第二，进一步完善现有的卫生人才评价机制，建立以能力和业绩为导向的有利于优秀人才脱颖而出的评价机制。第三，简化高层次人才引进手续。充分尊重用人单位的自主权，落实“用人单位选人，人事部门审查”的进人机制；建立起引进中、高级人才的“绿色通道”，鼓励基层医疗机构广辟渠道，积极采取讲学、兼职、短期聘用、技术合作等方式灵活引进优秀卫生人才。第四，搭建人才合理流动平台，加强省、市、县级医院对基层卫生机构的对口援助，加大临床带教和业务指导力度，尤其定期到乡镇卫生院开展服务，帮助基层卫生技术人员提高业务技术水平，并将帮扶基层医疗机构发展作为省市县级医院考核的指标。

4. 加强基层医疗机构中医药人才队伍建设

第一，各级政府加强实施《基层中医药服务能力提升　工程“十三五”行动计划》，创新基层中医药人才引进工作方式，积极落实完善吸引稳定基层中医药人才的激励政策，并加强主管部门的考核监督。第二，加强实施基层中医药技术骨干培训计划，通过加强乡村医生中医药素质提升教育、名老中医学术经验继承、中医药知识普及化培训等有力措施，培养一批满足群众需求的实用型中医药人才队伍。第三，加强基层名老中医药专家传承工作室建设，持续实施“中医人才扎根工程”，将师承平台向基层延伸，提高基层年轻中医师的临床技术水平，提升基层中医药服务能力。

2017年

关于加强宣传与沟通　构建和谐医患关系的提案

在构建和谐社会的进程中，医患关系的不和谐依然是当今社会不容忽视的突出问题。2012年，号称中国首部医患关系剧的《心术》火爆荧屏，使人们再度聚焦透视医疗领域，系统深度剖析医患关系。近年来，随着医院里“以人为本，病人至上，以病人为中心，以提高医疗服务质量”为主题的服务理念的增强，医院管理加强、医务人员素质提高、依法执业意识增强，以及患者依法维权意识增强，当前真正由于医疗技术方面原因导致的医患纠纷在逐年减少，而由于医患沟通不到位，人文素质差导致的医患纠纷在逐年增多，据某市三甲医院近三年有关统计，70%以上的医疗纠纷是由于医患之间沟通不当所致。

在医疗过程中，医患关系是医院一切医疗活动的基础。医患沟通是改善医患关系的重要途径，是建立医患双方相互信任，保障医患双方利益的有效手段。医学的发展史证明，只有加强医患沟通，医务工作者充分尊重患者的知情权、选择权，建立良好的医患关系，才能使患者积极支持、配合医疗工作，才能推动医学事业的发展，造福于患者。而事实也证明了，只要医院积极采取有效的措施，切实加强医患沟通，努力提高医疗服务质量，病人对医务人员满意度就会高，医患矛盾就会缓解，医疗纠纷就会减少，达到病人满意和医院声誉提高的双赢结果。

构建和谐的医患关系是一项长期的任务，我们要坚持常抓不懈，做构建和谐医患关系的推动者，努力构建互相尊重、互相理解、温馨和谐的医患关系，为社会主义和谐社会的建设贡献更大的力量。具体建议：

一、各级卫生行政部门和医疗卫生机构要加强宣传，把加强医患沟通，提高服务质量，构建和谐医患关系作为医疗工作的重要内容。医患沟通需要医疗机构、医务人员和患者三方共建、理解和信任。第一，对于医疗机构，始终坚持为人民健康服务的办院宗旨，责无旁贷地维护人民群众的利益，建立和完善医患沟通制度、投诉处理制度，及时受理好处理病人投诉，定期收集病人对医院服务中的意见，并努力加以改进。第二，对于医务人员，其是治病救人的使者，也是服务者，要促使他们转变服务理念，尊重和维护患者的知情权和选择权，体恤患者更多的痛苦，尊重患者的意愿，努力让患者获得最佳治疗效果。第三，由于医学的极端复杂性和医疗活动具有高技术、高风险的特点，人类尚不能完全掌握对付各类疾病的办法，即便对于很多常见病，在治疗中也会有意外发生的可能。对于患者，要加强宣传，让他们信任和理解医务人员，体谅医务工作者的难处。只有医务人员和患者共同努力，医患关系才能得到有效改善。

二、加强医患沟通意识和技巧培训。第一，各医院内部建立实行制度和相关监督制度要求医生有良好的服务态度，全心全意为病人服务的精神，要有耐心，善于倾听病人的叙述，善于引导病人回答问题，树立良好的第一印象。第二，要求医院对全院医护人员进行“人文精神和医患沟通技巧培训班”及“医疗风险规避及防范培训班”集中培训学习，并对医患沟通制度进行专门培训。提高医务人员对构建和谐医患关系重要性认识，掌握医患沟通技巧、方法，提高沟通质量，减少医疗纠纷。

三、建立患者投诉档案，将医患关系纳入法制轨道，促进医患关系进一步改善。第一，各医院专门成立医患关系办公室，设置专职人员办公，专门接待患者投诉，并主动到科室、病房与患者接触，耐心倾听患者意见，积极调查，及时反馈。第二，进一步加快将医患关系纳入法制轨道进程，完善社会医疗保障体系，并向患者介绍国家法律法规，指出解决医患纠纷的正确途径，引导患者按法律法规解决纠纷。

四、加强与媒体的沟通，发挥媒体正当的宣传和舆论监督作用。第一，新闻媒体是我们与社会沟通的桥梁，它的导向作用具有广泛性、透明性和较强的号召力。正确引导舆论是构建和谐医患关系的平台。要高度重视与媒体的沟通联系，及时向媒体提供准确、全面的信息，让媒体及时了解真实的情况，发挥正确的舆论引导作用。第二，对于媒体揭露医疗卫生工作中存在的问题，医院要坚持不护短、不遮丑，积极主动地采取改进措施。要学习新闻传播知识和技能，学会与媒体沟通，不断提高宣传工作水平。第三，宣传主管部门要积极引导，避免媒体舆论代替司法审判，给法院审判带来压力。第四，加强市场监督，使新闻媒体坚持正确的舆论导向，广泛宣传报道和谐医患关系的典型事例，积极引导民众，增强群众信心，为构建和谐医患关系营造良好的舆论氛围。

2013年

关于促进“互联网医疗”战略性新兴产业发展的建议

随着移动互联网的普及和云计算、物联网、大数据等多领域技术的成熟，互联网与多行业的融合应运而生。健康是人类最基础也是最高的需求，随着经济的发展和人民收入水平的提高，人们健康管理意识逐渐增强，对医疗服务的需求日益增多，使得传统医疗服务中长期积累的“看病难、看病贵”等问题日益凸显。由此，在技术及社会需求的共同推动下，“互联网+医疗”战略性新兴产业的大时代正在兴起。互联网医疗通过重构就诊流程、医院协同模式、健康管理方式、药品服务形式、保险支付管理结构、治疗诊断方法和数据分析处理能力等方面的服务，将进一步重构医疗生态。互联网医疗已是医疗健康服务业发展的必然趋势，将对传统医疗健康领域带来颠覆性的变革。

发展互联网医疗的优势：

1. 互联网将提升医疗资源配置效率

随着云计算、物联网、移动互联网、大数据等信息化技术的相继成熟，互联网医疗在医疗资源整合方面具备了条件和能力。借助互联网超越物理时空的特性，互联网医疗必将推动医疗卫生服务模式和管理模式的深刻转变，在重构医疗新秩序方面发挥巨大作用。

2. 互联网将助力分级诊疗体系的建立

互联网具有流程透明、交流方便、超越空间限制和碎片资源利用率高等特点，对应当前医疗卫生服务体系碎片化的局面，借助移动互联网和智能终端进行医疗服务的时机已经成熟，以互联网医疗助推分级诊疗体制的发展已成为大势所趋。

3. 构建互联网驱动医药服务新生态

互联网介入医药新生态，医药电商重构药品供应链，药品福利管理提供医疗福利管理，可穿戴设备与随之产生的大数据分析将提升医疗服务能力，远程医疗和在线健康咨询服务能够提高医疗资源的利用效率，有助于合理使用医疗资源。

4. 互联网将有助于降低医保系统性风险

一是帮助医保公司监督医疗服务的全过程，降低医保支出；二是健康管理帮助投保人控制身体健康，提供慢病辅助管理，防止形成重大疾病，减少医保开支；三是互联网通过减少医保支出，预防恶意投保行为，提高医保支付便捷度，提高医保多样化等方面保证医保行业平衡发展。四是通过健康大数据与精准医疗整合患者健康信息制定医保方案，帮助医保机构预防恶意骗保行为，通过辅助行医保个性化医保方案，优化收支结构。

5. 互联网医疗将重构和谐的医患生态环境

互联网建立新的沟通渠道，医患沟通平台、医医交流平台、患患交流平台在互联网医疗的各方关系重构中可望发挥重要作用。互联网医疗通过优化医患对接机制，促进医患有效沟通，将重构和谐的医患生态环境。

随着国家利好政策频出，国务院颁布的《关于积极推进“互联网+”行动的指导意见》明确指出，要大力发展以互联网为载体、线上线下互动的新兴消费，加快发展基于互联网的医疗、健康、养老、社会保障等新兴服务；鼓励医药行业利用电子商务平台优化采购、分销体系，提升企业经营效率。积极推进互联网医疗战略性新兴产业发展不仅是“面向新医改、解决看病难”的需求，更是实施创新驱动战略、促进产业结构转型升级、适应经济新常态、谋求经济新发展的需要。为此建议：

1. 加强互联网医疗产业的顶层设计和行业政策性引导

第一，政府卫生计生部门要加强互联网医疗的顶层设计，制定针对性的鼓励政策；政府相关部门应积极开展统计和分析，并结合地区互联网医疗产业发展的要求，正确引导各类资金稳步投入并保持区位、产业结构以及产业布局的合理和科学。第二，密切关注国内外互联网医疗产业发展趋势，在借鉴发达国家互联网医疗产业法规并研究国内其他互联网产业法规的基础上，出台政策尽快解决互联网医疗产业法规滞后的问题，确保互联网医疗产业在市场准入、正当竞争、行业标准、服务范围、服务模式、权责界定、消费维权、企业义务、技术要求等方面有法可依、有法必依。切实将国家支持互联网医疗的产业政策落到实处。

2. 加强互联网医疗产业的行业监管

第一，在完善管理法规的同时，要加强对行业准入、再建、扩建、变更等许可的管理，杜绝应准入不准入、应审批不审批、应备案不备案等的现象扰乱市场。第二，加强对企业投入及融资资金，技术体系，管理及质量人员资质，企业的注册情况、服务范围、服务平台等的真实性监督管理，防止无资质、无证照、无权限的企业提供服务。第三，加强对企业服务社会、服务公众、服务诊疗等行为的监管，防止纠纷无实据、服务行为无凭据、解决纠纷无依据等问题的发生，保证行业发展始终在监管之中。第四，加强互联网医疗的信息安全管理，确保医疗信息在发放、传输和传递过程中安全可靠。

3. 打造互联网医疗产业集群

第一，充分整合信息技术、医学专家、医疗设备、医疗保险和相关产业资本的优势资源，加大互联网医疗产品研发力度，带动检测检验、医疗设备、生物医药、医药电商等产业的集聚，推进优势企业强强联合，培育互联网医疗品牌。第二，努力营造促进互联网医疗产业发展的软环境，在行业指导、政策扶持、税赋优惠等方面吸引国内外资本、互联网医疗机构和互联网医疗高端人才。

4. 构建互联网医疗信息共享服务平台

第一，支持第三方机构构建医学影像、健康档案、检验报告、电子病历等医疗信息共享服务平台，逐步建立跨医院的医疗数据共享交换标准体系。第二，积极利用移动互联网提供在线预约诊疗、候诊提醒、划价缴费、诊疗报告查询、药品配送等便捷服务。第三，引导医疗机构面向区（县）和农村乡镇开展基层检查、上级诊断等远程医疗服务。如成立省（市）临床医学影像诊断中心，建立远程医疗系统，通过光纤技术将乡镇卫生院所摄数字化X光片、远程心电监护等数据传到三甲医院，为病人开展影像诊断、会诊等远程医疗服务。第四，鼓励互联网企业与医疗机构合作建立医疗网络信息平台，加强区域医疗卫生服务资源整合，充分利用互联网、大数据、云计算等技术，提高重大疾病和突发公共卫生事件防控能力。

2016年

关于加强听力残疾儿童人工耳蜗康复救助的提案

听力残疾儿童已成为我国一个庞大的残疾群体。据第六次全国人口普查结果显示，我国0—14岁儿童总数超过2.2亿，而第二次全国残疾人抽样调查显示，我国听力残疾现残率2.11%，据此推算，全国0—14岁听力残疾儿童总数超过460万，听力残疾已成为严重影响儿童健康成长的重大疾病。

人工耳蜗是一种帮助重度、极重度感音性耳聋患者恢复或获得听力的一种电子装置，该装置能把外界声音信号转换为一定编码形式的电信号，通过植入体内的电极直接刺激听神经来恢复或重建聋人的听觉功能，将声音信息传递到大脑听中枢，使耳聋患者听到声音。医学界普遍认为，植入人工耳蜗是迄今为止治疗重度以上耳聋最有效的方法。严重听力障碍的新生儿中大都是只聋不哑，如果能在幼儿时期就能进行合适的听力干预和言语康复训练，如植入人工耳蜗或佩戴助听器等，就可以使他们重新获得听力，由一个潜在的聋哑人，变成一个能正常生活、工作、学习的人。对重度耳聋患儿来说，人工耳蜗植入术最佳年龄是2—5岁，过了这个婴幼儿学语的黄金时期，学习语言的接受能力就大为减退。但是人工耳蜗费用昂贵，当前做一个人工耳蜗手术需要花费10至30万元，国产人工耳蜗也需要10万元左右，高昂的医疗费用致使众多听力残疾儿童家长望而却步。

近年来，国家和地方政府相继出台政策，资助贫困地区听障儿童进行人工耳蜗手术。北京、上海等儿童人工耳蜗植入已制定通过政府财政买单的优惠政策，河南、安徽、浙江等地将国产人工耳蜗纳入新农合报销范围，但就全国来说，能报销人工耳蜗费用的省市还不多。除了依靠医保报销，面对人工耳蜗的经济压力，耳聋患者可申请国家项目资助。目前，由国家财政出资，中国聋儿康复中心实施的贫困聋儿人工耳蜗抢救行动，每年免费为一定数量的残疾儿童提供人工耳蜗产品，并帮助患儿完成一年术后康复训练。此外，还有“七彩梦行动计划”“顺风耳行动”“听力重建启聪行动”“梦想星搭档耳慈会项目”等资助贫困重度听障患儿的公益项目。

然而，目前我国儿童人工耳蜗救助还存在一些问题：第一，虽然我国政府目前已经每年针对贫困地区听障儿童提供大约3000—4000个免费治疗名额，但是还有很多的听障群体没有办法获得救助。第二，一些身处偏远山区的聋儿家庭从未听说过，甚至不知道有相关救助项目，如何发现这些贫困地区听障儿童的治疗和救助需求，也是亟待解决的重要问题。第三，在早期筛查方面，国内多数地区有相当部分的患儿，因为没有及时发现进行筛查，错过了最佳治疗时间；在筛查阶段中，相当部分家长因为意识和经济等其他原因，不配合医院对患儿进行治疗，导致病情更加严重。第四，在术后康复方面，缺乏完善的术后康复体系，且国内现有康复机构少，据中国聋儿康复中心资料显示，截止到2015年1月，全国人工耳蜗项目定点康复机构，只有256家，并存在分布不均的情况。

针对上述问题，对加强听力残疾儿童人工耳蜗救助提出如下建议：

第一，建议国家将儿童人工耳蜗植入术全面纳入医保大病补助报销范围，加大对贫困地区儿童人工耳蜗手术的资助力度，将更多扶贫救助政策落到实处。

第二，加强社会救助体系建设，倡导社会慈善捐助，建立专项基金为适宜儿童实施人工耳蜗术。加强媒体宣传，呼吁社会各界人士协同国家相关部门建立人工耳蜗植入术专项基金，使更多残疾儿童重建听力。

第三，加快建立系统的婴幼儿听力筛选机制，做到早发现、早干预，减少听力损伤和耳聋，保护好听力；通过多种新兴媒体和传统媒体向公众普及人工耳蜗植入术的意义、耳聋防治知识、患儿听力筛查须知等，唤醒大众防聋意识。

第四，加快建立人工耳蜗术后定点康复机构，完善术后康复体系，提高治疗效率。

第五，设立人工耳蜗研发专项，大力支持相关科研机构加强国产人工耳蜗新技术的研发，降低治疗费用，为更多的听力残疾人群带来福音。

2016年

关于国家着重提高城乡基层医疗机构技术的提案

基层医疗卫生机构改革一直是我国医药卫生体制改革的重点和难点。自2009年《国务院关于深化医药卫生体制改革意见》实施以来，中央多次拨付专项基金，投入城乡基层医疗卫生机构基础设施建设，使基层乡镇卫生院、社区卫生服务中心的房屋、设备等基础设施和工作条件有了显著改善。各地也大力推进乡镇卫生院、社区卫生服务中心等基层医疗卫生机构综合改革，服务质量不断提高，城乡基层医疗机构发展迅速。

尽管我国城乡基层医疗卫生事业发展总体取得较好成效，人民群众的医疗卫生保健需求得到了较大满足，但基层医疗机构人才匮乏、技术水平低是多数基层医疗单位发展的薄弱环节，也是制约城乡基层医疗卫生事业健康快速发展的主要因素。我国城乡基层医疗机构技术服务存在的问题如下：

（一）基层乡镇卫生院、乡村诊所、社区服务中心从事医疗卫生技术工作人员学历和技术水平普遍偏低，尤其农村山区、贫困地区的很多行医者是一些中专毕业生和“赤脚医生”，理论知识不全面、不扎实，医疗技术水平相对较低，高资质医疗技术人员缺乏，与人民群众对身体健康较高的需求远远不相适应。

（二）基层医疗机构虽然具有一定的医疗设施，但缺少熟练使用这些医疗设施的技术人员。有许多城乡基层医疗机构工作人员对心电图、胸部X片和普通实验室检查都不能正常正确解读。长此以往，造成基层卫生医疗机构医疗技术水平低下，城乡患者对基层医疗机构缺少信任。

（三）城乡基层医疗机构基础知识扎实、技术过硬的优质人力资源缺少。大量高等医学院校毕业生倾向于选择大城市、大医院或大行政机构、事业单位就业，不愿到基层卫生机构工作，形成大型医疗机构人员拥挤，基层医疗机构人员不足的局面。这既造成了大城市人才浪费，也导致了基层优质人力资源的缺乏。

提高城乡基层医疗机构技术的建议：

一、加强对城乡基层医疗机构技术人员的培养和培训。

1. 各省市卫生行政部门重视并强化对城乡基层的乡镇卫生院、村卫生室和社区卫生服务中心等基本公共卫生服务人员的培训，定期统一举办基层医疗机构专业技术人员培训班，提升城乡基层医疗机构技术人员的实际技能和技术水平，提高实施基本公共卫生服务的能力。

2. 制定政策，由各省卫生厅和教育部门协调从医学院校本科、大专生中为城乡基层医疗机构统招一批基础知识全面、扎实的专业技术人员，连续多年、力争让每个乡镇卫生院、社区卫生服务中心至少有两名医科毕业的本科、大专生。

3. 建立城乡基层医疗机构技术人才培养的长效机制。可定向培养学生入学前与学校和省级教育、卫生行政部门签订协议，承诺毕业后到基层乡镇卫生院、社区卫生服务中心工作，在校学习期间免除学费、住宿费，并补助生活费，以解决基层城乡医疗机构技术人员不足、技术水平偏低的现状；建立城乡基层医疗机构技术人员终身培训机制，把基层乡镇卫生院、社区卫生服务中心现有的卫生技术人员都纳入培训对象，分期分批送医学院校培训，全面提高医疗技术水平，满足人民群众日益增长的医疗卫生需求。

二、加强城市优质医疗技术人力资源向基层农村社区流动。

1. 加快完善医生多点执业相关人事、分配、社会保障等配套政策，推行各省市医生多点执业工作积极开展，通过多点执业，使城乡基层医疗机构技术人员享受到省城专家的技术指导，让优质医疗资源发挥更大的社会效益。

2. 制定一些刚性化的政策措施，从制度上对城市优质医疗技术人力资源向基层流动予以保证。如医学高等院校研究生、本科生取得执业医生资格证后，在晋升职位或职称时，除了达到规定的硬性标准外，必须有一定的城乡基层医疗机构工作经历，方可获得职位或职称晋升，从根本上解决优质医疗技术人力资源向农村流动的障碍。

3. 国家制定相应的优惠政策，提高基层医疗机构工作人员的收入待遇，保障技术职称得到及时晋升，鼓励广大医务人员深入城乡基层，以加快缓解基层医疗机构人员少、水平低的现象。

三、鼓励大型、高等医疗机构与城乡基层医疗机构签订对口支援协议。

1. 安排大型、高等医疗机构中级以上临床技师定期到对口支援的城乡基层医疗机构指导技术人员常规技术操作和医疗设备检修保养，并培训应用新技术，提高基层乡镇卫生院、社区卫生服务中心的整体医疗技术水平。

2. 建立大型、高等医疗机构医疗卫生技术人员帮扶城乡基层医疗机构技术人员的联合制度，使常见病、多发病的诊疗技术在基层医疗机构普及，并真正让基层民众享受到和大型医院相似的健康卫生指导和服务。

四、建设城乡基层医疗机构技术推广网络。

1. 建立医疗技术网络化学习机制。利用各省市医疗继续教育现有的平台和服务器，组织大量的课件入网，通过在线指导和远程咨询等方式，实现城乡基层医疗机构技术继续教育网络化学习，使基层医疗机构及时获得现代医学发展信息，学习新的诊疗技术。

2. 建立城市—城乡基层远程会诊网络。整合各地市的医疗资源，实现城市—城乡基层联动，通过建立远程会诊网络，提高基层医疗机构的医疗技术服务水平和服务能力，特别是在急诊和抢救方面的能力，进一步保障百姓的健康。

2014年

关于加快推进医养融合发展的提案

近年来，我国老年人口数量持续增多，尤其是高龄老人、失能老人、慢性病老人、失独老人数量呈快速增长趋势，人口老龄化形势更加严峻。持续的人口老龄化催生了对医疗服务的巨大需求，传统的单纯居家养老以及机构养老模式已经不能满足老年人长期的医疗护理需求和健康养老的期望。“医养融合”是一种有病治病、无病疗养、医疗和养老相融合的新型养老模式，其优势在于整合养老和医疗两方面的资源，提供持续性的老人照顾服务。全面推进医疗卫生和养老服务融合发展，是积极应对人口老龄化的重要举措，也是实现广大老年人老有所养、病有所医的必要条件。科学统筹医疗和养老两方面资源，对我国应对老龄化，提升养老服务能力和水平具有非常重要的意义。

医养融合发展还存在的问题：

1. 医养融合还处于起步阶段，医养融合深度不够

总体看，医疗资源和养老资源各成系统，医养融合发展尚处于初级阶段。养老机构如何与医疗机构建立预约就诊绿色通道，如何建立与老年病医院、老年护理院以及康复疗养机构之间的转诊与合作，医疗机构如何提供专业的护理延伸服务，养老机构如何满足老年人长期的医疗护理需求等，各地对这些问题还没有成熟稳定的解决方案，制约了医养深度融合发展。

2. 医养融合专业资源相对短缺

护理院、老年病医院、康复医院、临终关怀医院等专业的老年服务医疗机构，是发展医养融合的重要阵地。与综合性医院相比，专门提供老年医疗服务的机构相当稀缺，远远不能满足日益增长的老年康复、护理和医疗服务需求。

3. 医养融合发展制度衔接不到位

医养融合发展，是个系统的工程，需要民政、卫生、人社、财政、国土、税收等部门通力协作，共同破解医养脱节难题。目前各部门对医养融合认识程度不一，对推进医养融合积极性不高，缺少促进医养融合发展的制度措施，医养融合发展的政策制定落实不到位，使得医养融合的要求不能真正见到效果。

4. 缺乏专业的人员队伍

专业人员不足，已严重影响医养进一步融合发展。目前，许多护理人员尚未接受过专业系统的培训，从业人员普遍年龄偏大，文化程度不高，且受劳动强度大、劳动报酬低、职业偏见等因素影响，护理员流失率较高。国外多个国家开设有老年照护本科—硕士—博士，而我国在老年照护领域几乎没有专业人才。开设老年服务管理专业及老年护理培训的高校、职业技术学校不多，招收的学生也有限，与培养高素质的专业养老护理人员队伍的目标还有非常大差距。在人员职业准入、教育培训、劳动保障等方面，还没有建立完善的标准和规范体系。

全面推进医养融合发展的建议：

1. 充分发挥政府主导作用

医养融合发展，离不开政府的支持和指导。建议明确部门职责，落实责任主体，建立部门间协作机制和定期沟通联系机制，为发展医养融合形成合力，避免互相推诿造成工作停滞；完善落实鼓励、扶持发展医养融合的倾斜政策，各部门应进一步梳理各自政策制度，废除阻碍医养融合的政策规定。各省市县区应结合医疗机构和养老机构布局规划、经济社会发展目标等，制定本地区促进医养融合发展的实施规划，合理确定机构的规模、数量和功能定位，提高老年人群医疗卫生资源利用效率。

2. 积极探索建立社会力量参与机制

在现阶段，单纯依靠某一方面力量，显然难以满足日益增长的庞大的老龄人口医疗服务需求，必须发挥各方面的积极力量，特别是调动社会资本的活力。认真落实土地、税收、医保、规划等方面倾斜政策，鼓励有条件的社会医疗单位创办医疗康复相结合的养老机构；鼓励养老机构在符合医疗机构设置规划和医疗机构基本标准的前提下，经审查批准后内设医疗机构，实现“医养合一”；引导社会资本举办投资建立大型护理院、老年病医院、康复医院等医养结合服务机构，形成引导示范效应，满足老年人医疗服务需求。

3. 构建符合实际的医养融合模式

医养融合模式目前比较认可的有三种模式，即新建专业的老年医疗服务机构、医疗机构与养老机构的协作以及养老机构内设医疗机构。目前看，充分利用现有的医疗服务资源，构建医疗机构与养老机构的联动协作关系，是实现医疗与养老两大资源高效融合的有效路径。一是养老机构广泛对接社区卫生服务中心，社区医务人员定期查房并建立双向转诊机制；二是以家庭医生和家庭病床为切入点，畅通医养之间的双向转诊渠道；三是合理转化闲置的医疗资源提供老年护理等服务。

4. 建立完善医养融合养老服务专业人才培养体系

一是加强医养融合养老服务人才的培养和培训，积极支持引导大中专院校开设养老护理、康复、老年服务与管理等专业，通过选送培训、定向委培等形式，培养紧缺的老年护理专业人才和养老机构管理人才。二是加大政府财政对养老服务教育的投入，加强养老服务专业师资队伍建设，以加强培养学生综合职业技能为导向，以加快培养社区综合医疗康复服务能力为切入点，从临床、护理、公共卫生、保健、康复及人文科学等多学科考虑，建立医养融合养老服务人才培养体系。三是要严格养老服务人员准入制度，制定完善的护理员资格准入、职业培训和薪酬保障制度规范。加强在职在岗养老服务技术人员的业务培训，建立健全养老服务人才培养、使用、考核、评价和激励机制；建立薪酬保障机制，提高养老服务从业人员工资、福利待遇和养老护理员特殊岗位津贴标准，优化养老服务从业人员环境，不断提高专业人员整体素质。

2015年

关于加强农村健康知识普及　降低恶性肿瘤发病率的提案

近年我国肿瘤发病率呈逐年升高趋势，且农村上升趋势大于城市，癌症越来越成为影响农村居民健康的重要危险因素。据国家癌症中心肿瘤登记统计，2006年至2011年，我国农村恶性肿瘤发病率在213.71/10万—269.57/10万，平均发病率为245.55/10万，其中男性发病率在249.62/10万—322.58/10万，平均发病率为290.87/10万，女性发病率在176.29/10万—215.18/10万，平均发病率为198.84/10万。全国前10位恶性肿瘤占全部恶性肿瘤的84.27%，发生率最高的是肺癌，其次为胃癌、结直肠癌、肝癌、食管癌等。在农村地区，肺癌居发病首位，其次为胃癌、肝癌、食管癌和女性乳腺癌。这与农村居民健康知识知晓率低、不良的生活卫生习惯和行为方式、对肿瘤认识和防治上存在误区等有着较大联系。大量研究表明，癌症是多种因素长期综合作用的结果，80%以上是由外在因素引起的，其中不良的生活方式是恶性肿瘤的直接诱因。世界卫生组织在癌症防治战略中指出“1/3癌症是可以预防的，1/3癌症早发现早治疗是可以治愈的”，并认为加强健康知识宣传和健康教育干预是降低癌症发病率的首选对策。因此，通过加强农村健康知识普及，提高农村居民健康知识知晓率低、改变不良生活方式和行为习惯、提高在肿瘤认识和防治上的误区、减少肿瘤发生的病毒感染等，对于防患于未然、降低恶性肿瘤发病率有着重要作用。

为降低我国农村恶性肿瘤发病率，建议如下：

1. 将农村医学科学知识普及作为政府部门重要工作

一是各级政府部门的高度重视，将农村医学科学知识宣传作为农村医疗卫生服务的专项工作，将农村肿瘤防治作为医学科学普及的重要内容，开展肿瘤防治科普宣传专项活动。二是加强农村健康知识普及的专题研究，建立健康知识科普宣传的长效管理机制。三是将农村健康知识普及作为各级医疗卫生部门卫生服务和科普宣传的常项重要工作，并建立相关考评制度纳入日常工作考评体系。

2. 多渠道加强农村健康知识普及

一是加强农村居民健康宣传设施建设。合理规划“健康广场”“卫生知识园地”等健康知识宣传教育阵地，在社区卫生服务机构、乡村公共活动场所等地建立固定宣传设施，定期宣传和普及卫生防病知识。二是充分利用传统媒体和新兴媒体多方位、多形式、广渠道、高密度地向农村居民宣传恶性肿瘤的防治知识，提高农村居民健康知识知晓率。如广泛利用宣传栏、村广播站、墙体宣传画等传统媒体和手机报、网络等新兴媒体向居民宣传如何预防恶性肿瘤发生及怎样做到对肿瘤的早发现、早诊断、早治疗。三是通过加强健康知识宣传，增强农村居民对定期健康体检的重视，尤其是40岁以上的人群，防患于未然，提高肿瘤的早期检出率和治愈率。

3. 强化基层医疗卫生机构的工作职能，加强对农村居民的医学健康知识宣传

一是加大对乡镇基层医疗卫生机构开展健康教育工作的资金投入，保障长期持续开展健康教育的经费来源。二是定期派医务工作者、疾病预防控制人员或预防医学人员，到农村进行医学健康知识宣传，定期举办肿瘤防治健康教育讲座，介绍肿瘤的防治知识及健康生活方式、行为习惯。三是县市、乡镇卫生部门积极利用一些重大节日、全球卫生日等到农村基层进行肿瘤防治健康知识宣传，定期开展“消除癌症认知误区、倡导健康生活”类的科普讲座，提高农村居民对癌症的正确认识。

4. 进一步改善农村生活环境，减少肿瘤发生的客观环境因素

有关部门应制定和落实相关政策协调改善农村周边的生活环境，减少因环境污染、水源污染导致的肿瘤发生；加强对农村生活垃圾的集中处理，使农村居民主动改善家庭卫生条件和卫生习惯。

5. 加强农村肿瘤预防专项研究和肿瘤早期筛查

一是加强农村地区肿瘤预防专项研究。通过设立专项、增加专项投入，加强对农村地区肿瘤发生的流行病学和预防医学研究，找出农村地区肿瘤发生

率高的重要影响因素，并在农村健康知识普及中加强导致肿瘤发生因素的宣传教育。二是加强政策支撑和财政投入，将肿瘤早期筛查纳入新农合支付范围，做到早预防、早发现、早治疗，降低肿瘤发生率。

2015年

关于加强我国乡村医疗卫生服务管理一体化的提案

乡村卫生服务管理一体化是强化乡镇卫生院对村级卫生组织在人、财、物等方面的统一管理，使乡镇卫生院和村卫生室共同承担辖区内基本医疗、预防保健工作任务，充分发挥乡村两级卫生组织的综合服务功能，满足农村居民对基本医疗和公共卫生服务的迫切需要，推动农村卫生事业的全面发展。

自2010年国家卫生部发布《关于推进乡村卫生服务一体化管理的意见》以来，乡村卫生服务管理一体化在我国已有四年多的实践时间，在早期试点的地方已有10余年。经过近几年的探索与实践，我国实施乡村医疗卫生服务管理一体化取得了一定的成效：

一是农村医疗市场秩序得到有效规范。实施“一体化”后，乡村医疗卫生制度得到了有效管理和约束，技术操作得到规范，基本做到了看病有登记、开药有处方、收费有票据、转诊有记录。同时，对药品统一代购分发，统一管理，打击了游医药贩，净化了医药市场秩序，保证了群众就医用药安全。

二是镇村两级卫生组织得到协调发展。实施“一体化”管理，乡镇卫生院为村卫生室提供必要的技术力量、仪器设备和管理指导，提高村卫生室的服务水平，同时村卫生室成为镇街卫生院全面完成医疗、预防、初级卫生保健任务的坚实网底，小病不出村，常见病、一般病不出镇。

三是乡医队伍素质得到明显提高。实施“一体化”后，人员统一聘用，乡医在心态上有归属感；报酬实行绩效工资，绝大多数乡医有了较稳定的收入；实行养老保险制，解决了乡医后顾之忧。同时，卫生院结合工作实际，安排乡医接受正规化教育和培训，使乡医的教育、使用与管理融为一体，提高了乡医队伍综合素质。

四是为医改政策落实奠定基础。通过实行“一体化”，在农村基本形成了较为稳固的基层医疗卫生服务体系。深化医药卫生体制改革全面实施后，依托“一体化”，发挥村卫生室“网底”作用，乡医可通过广泛深入的接触群众，大力宣传医改政策，并为群众提供新农合、基本公共卫生服务、基本药物制度等服务，保证了医改惠民政策的有效落实。

但是，随着形势的发展变化，“一体化”工作也面临一些新的困难和问题：

（一）村卫生室规范化建设压力大。政府对村卫生室基本设备的投入资金较少，设备仪器配置参差不齐，离规范化卫生室要配备34台（件）基本设备的要求存在较大差距。实施基本药物制度后，上级的补助政策和村卫生室的基本医疗服务收入仅能基本维持乡医基本待遇，乡镇卫生院在村卫生室日常运行、房屋规范化建设、设施设备配备等资金方面面临很大的压力。

（二）村卫生室服务能力仍然偏低。一方面由于村卫生室收入低、工作环境艰苦，很多高等医学院校毕业生不愿到村卫生室工作，即使去了也难以安心工作，乡医队伍得不到及时补充；另一方面乡医队伍学历层次普遍较低，本科、大专学历人员严重不足，虽然镇街卫生院每年都组织对乡医进行业务知识培训，但随着年龄增长，很多乡医知识更新慢，技术水平得不到有效提高，难以满足广大村民对医疗卫生服务的需求。

（三）乡医队伍不稳定。工资待遇和编制问题是导致乡医队伍不稳定的重要因素。由于多种客观原因，部分地区乡医的工资待遇无法满足社会经济发展的整体水平，收入低且不稳定，在养老保险金的缴纳方面，普遍认为负担较大，无法在岗位上安心工作。另外农村常住人口数量减少和构成的变化使乡医很大一部分人员为聘用人员，没有编制，养老和医疗保险等社会保障问题得不到解决，导致村医流动性大。

为此提出以下建议：

1. 充分发挥政府主导作用，加强各部门支持配合

各级部门要进一步明确各自的职责、权利与义务，提高思想认识，做到各司其职，密切配合，确保村卫生室规范化建设目标顺利完成。一是各镇街政府、村委要对一体化管理工作给予大力支持，在工作协调、房屋提供、减轻乡医负担等方面给予积极配合。二是卫生行政部门加强对“一体化”管理工作的

领导、监督和指导，建立健全适合本地特色的各项管理体制，进行经常性的组织协调。三是财政部门要加强落实对村卫生室和乡医的补助政策。四是人社等部门要出台相关政策，为乡村聘用、参保提供支持；卫生院要加强“一体化”管理机构的建设，配备专兼职人员，抓好业务培训，保证“一体化”工作顺利开展。

2. 加大投入力度

各级政府要把“一体化”管理工作列入目标责任考核体系，加强对乡村卫生服务一体化管理工作的政策和资金扶持，建立村卫生室建设长效投入机制，把规范化村卫生室建设列入财政预算，统筹安排解决基础建设、设备配备等方面经费。一是采取以奖代补的办法，鼓励各镇（街）加大对卫生室建设的投入，协调辖区内各方面力量，支持和帮助村卫生室解决工作中遇到的相关问题和困难。二是积极鼓励个人、集体和社会各界参与村级卫生室建设，构建以政府投入为主、村集体、卫生院和乡村医生个人投入为辅、社会各界参与的多元化投入机制，逐步提高村卫生室的建设水平。

3. 强化教育培训，提高服务质量

一是各省市卫生部门要建立健全乡村医生教育培训机制，制定统一的乡村医生岗位培训计划，利用好乡村医生视频教学系统，采取短期集中理论培训和实践技能培训相结合，分期分批对乡村医生进行政策法规、卫生适宜技术、应急处置、预防保健以及中医中药等有关方面的针对性培训，使其熟练掌握一般急症、常见病、多发病和预防保健等方面的基本理论和应用技能，全面提升乡村医生的技术服务水平。二是大量选拔本地乡村医生，或者定向培养当地村医，通过在职培训、远程教育、全科医学村医定向培养等方式，加强村医后备人才的培养。三是探索推行乡村医生学历和执业资格强制性提高制度，严把乡村医生准入关，杜绝不具备资质的人员在村卫生室执业，逐步提高乡村医生整体素质。

4. 加强乡医队伍建设

一是加强各级财政对乡医给予适当补助；认真落实乡医各项待遇，建立科学有效的工资增长机制，逐步提高乡村医生待遇，及时发放乡医工资，按时缴纳养老保险，对工作成绩突出的给予表彰奖励。二是制定优惠政策，鼓励和吸引大中专毕业生和具有执业（助理）医师资格的人员到村卫生室工作，充实乡医队伍，并逐步实现乡村医生向执业医师的转化。三是采用定编不定岗、定编定岗不定人的灵活用人制度，加大人才对流，提高乡村医生的积极性。

2015年

关于进一步加大扶持民营医院发展的提案

自20世纪90年代初以来，在国家政策的支持和鼓励下，社会资本不断加入发展我国医疗卫生事业的行列，特别是近10年来，民营医院的蓬勃发展对提高我国医疗服务质量、补充和推动医疗事业发展做出了重要贡献。有资料显示，截至2012年6月，我国已有民营医院9097所，占全国医院总数的39.7%。民营医院床位数、卫生技术人员数、执业医师数、服务量所占比重均在10%左右，民营医院已经成为我国医疗服务体系中的重要组成部分。

近期，国家卫生部充分肯定了各地市按照国务院办公厅〔2010〕58号文件《关于进一步鼓励和引导社会资本举办医疗机构的意见》的要求，为推动民营医院健康发展所做的努力。并在《关于做好区域卫生规划和医疗机构设置规划促进非公立医疗机构发展的通知》中提出，到2015年，非公立医疗机构床位数和服务量达到总量的20%左右，实现非公立医疗机构与公立医疗机构协调发展的发展目标。

准确把握新时期推动民营医院健康发展的形势和任务，加快形成多元化办医格局，是适应我国市场经济体制和医疗卫生行业规律的必然选择，在繁荣我国医学科学发展的同时，也通过“外加推力”推动了公立医院改革。但是，当前我国民营医院发展的状况与多元化办医的要求仍然存在着差距。当前我国民营医院发展的现状：民营医疗正处于创业或发展时期，机构数量迅速增长，具有一定技术优势，明显的专科特色，较强的市场开拓意识，服务意识较强、服务态度较好，有比公立医院灵活的融资渠道和筹资方式、管理体制和人事制度，在较小的市场份额内能得以生存并有一定发展，具备一定的竞争力。而由于内外部环境的共同作用和制约，在实际操作层面，民营医院的生存和发展依然面临重重困难。大多起步晚、规模小、所占市场份额小，医疗技术精英等专业人才短缺，医疗技术相对薄弱，内部机制环境没有走上完全规范发展的道路，未形成核心竞争力，多数医院缺乏持久生存和发展的基础与源泉，还有少部分急功近利、社会诚信度较低。

当前民营医院发展中存在的问题：

一、规模小，淡季亏损大。第一，民营医院整体发展时间较短，文化积淀还不够深，品牌的树立和规模的形成还需要时间。第二，社会对于民营医院所持有的偏见观念是技术先进、品牌效应明显，就医时大部分患者会选择公立医院，民营医院就像“后娘的孩子”，处于明显的劣势，规模难以发展和扩大。第三，公立医院不论何时都人满为患，大多数民营医院一到淡季，其住院率仅为30%—50%，大量的人员和病房处于闲置、空置状态，但是人员、设备、推广费用等不会停，导致半数以上的民营医院亏损，甚至部分民营医院因此倒闭。

二、人才匮乏与流动性大成为民营医院发展的一大瓶颈。民营医院中青年骨干队伍断层，人才队伍稳定性差、流动性大是民营医院人才队伍最突出的问题。第一，人员学历层次偏低，职称结构不够合理。目前，民营医院人才招聘方式仍以社会招聘为主，极少投入人才培养精力和资金培养自己的专业技术人才。第二，由于体制原因，与公立医院相比，民营医院在人才方面一直处于弱势，聘请的不是退休老专家，就是资历很浅的年轻医生，中坚中年骨干精英极度缺乏，技术力量配置不合理。第三，社会对民营医院存有偏见，很难引进一流的高学历人才，即使引进了，由于公立医院医生事业单位编制和“铁饭碗”吸引力，常会发生人才由民营医院向公立医院流动的现象。第四，民营医院的职称评审、科研课题、进修等也使相关应聘人员望而却步。

三、医疗选址和用地规划困难。医疗选址和用地问题是民营医院在自身规模发展壮大过程中的另一个瓶颈问题。目前虽然有政策默认民营医院购买医疗用地可以享受优惠，但各地并没有明确的定价标准出台，多数民营医院仍然要按照商业标准用地，如此享受的不公平待遇使成民营医院的建设成本大大增加，在一定程度上阻碍着民营医院的发展。此外，民营医院自己去租赁、去购买一些独立的区域，还需考虑医疗辐射、医疗污染等问题对周围老百姓健康的影响，这些障碍都不利于民营资本顺利进入社会。

四、医保定点和税收问题成为制约民营医院的建设和发展的重要因素。第一，尽管民营医院各方面条件在不断改善，但始终未被确定为医保定点医疗机构，客观上流失了病员。多数医院由于不是医保定点单位，每年大概有30%的患者放弃在该院治疗。第二，营利性医院每年要上缴营业税、企业所得税、教育附加费等各种税费过重，使得医院在相当长的时间内难以盈利，甚至难以维持生计。此外，非营利性的民营医院在医保政策实行药品零加价后，在政策上得不到政府补贴，与同样提供医疗服务的公立医院在待遇上存在不公平。

五、民营医院管理水平低高。第一，民营医院在整体医疗水平、知名度和信誉度等方面和公立医院比较还处于劣势。医院在文化建设、规范化管理等方面还有待加强。大部分民营医院的管理者还缺少必要的医院管理培训和实践经验，缺乏长远发展目光，医院规章制度零散、相关措施落实不到位，收入分配上随意较大等现象较普遍。第二，适应民营医院特点的监管体系有待完善，对民营医院的准入管理还不规范，日常监管手段比较单一，法规体系尚未健全，不能完全适应多元化办医格局下全行业管理的要求。

加大扶持民营医院发展的建议：

一、为民营医院发展创造良好的社会环境，充分发挥展民营医院专科特色优势。首先，加大对民营医院进行正面舆论宣传的力度，逐步消除社会对民营医院的偏见，帮助民营医院在实现自身发展壮大的同时，注重社会效益，树立良好的社会形象。其次，民营医院要创新思维，做好既有远见又着眼实际的发展规划，找准市场定位，加强自身特色优势建设，在规模经营或特色医疗上下工夫，树立自己的品牌。

二、建立健全人才保障机制。一方面，各地政府加强政策制定，允许民营医院在科研立项、人才引进、职称评定及工龄计算、业务培训、参加学术活动、医疗技术准入、政策知情等方面，与公立医院享受同等待遇，大力推进注册医师多点执业，建立有效的激励约束机制，引导更多的医务人员到民营医疗机构服务。另一方面，民营医院自身要加强医院人才培养机制，坚持“用人更要养人”的理念，形成院内人才核心竞争力。

三、为民营医院发展创造平等的政策环境。对民营医院和公立医院一视同仁，消除不利于民营医院发展的体制性障碍，各地市要加快政策落实，在土地使用、医院拓展等方面，将民营医院与公立医院平等对待，使民营医院在一个公平的竞争环境下健康稳步地发展。

四、全面落实国务院58号文件精神，要进一步完善政策法规，给予公立与民营医疗机构平等的竞争平台。建议地方政府出台相关条例，将符合条件的民营医院尽快纳入医保定点单位，确保公立与民营医疗机构在准入、医保政策执行、补贴、病人报销等方面享受同等待遇，在服务准入、监督管理等方面一视同仁；税务方面，建议相关部门考虑适当延长营利性民营医院的免税期，同时在一定程度上减轻民营医院的税务负担。

五、加强对民营医院发展的规划与监管，引导民营医院健康发展。第一，各地政府机构要按照多元化办医的要求，完善医疗服务监管法律法规体系，创新监管方式，探索适合民营医院的评审评价办法。第二，民营医院要制定一套切实可行、适合医院发展的科学的管理制度，推行程序化管理、模式化管理、市场化管理及信息化管理等现代化管理手段，并渗入医疗、财务、人事、分配、后勤、文化等各个方面，使民营医院变成优质高效的就医场所。

2013年

关于大力开展全民医学科普教育的提案

随着经济的快速发展，人民生活水平不断提高，然而快节奏的生活和工作方式、不良的生活习惯以及自然生活环境的变化导致的亚健康人数越来越多，高血压、高血脂、心脑血管疾病、糖尿病、肥胖等慢性病发病率日趋增高，发病人群由中老年患者偏向于年轻患者。最新公布的《中国人健康大数据》显示，截至2014年12月，我国患有高血压的人群高达1.6亿至1.7亿人，患高血脂的人群已超过1亿人，糖尿病患者有9240万人，超重或者肥胖症的人群在7000万至2亿人之间，平均每30秒就会有一个人罹患癌症或糖尿病，并且至少有一个人因心脑血管疾病而死亡。另外，据估计我国每年心脏性猝死（SCD）发病人数超过54万人，相当于每分钟有一人发生心脏性猝死，而由于国民普遍缺乏猝死急救知识和基本技能，心脏性猝死的抢救成功率不足1%，每天约有1500人因心脏性猝死离世。医学科普是将医学科学知识、防病治病方法、医学保健措施和健康理念，通过多种手段和途径传播给公众，提高全民健康意识，提升健康素养，倡导健康生活。因此，医学科普是关系全民健康和促进和谐社会建设的大事，大力开展全民医学科普教育，对于提升国民健康素养、推进健康中国建设和促进经济社会发展具有重要意义。

大力开展全民医学科普教育的建议：

1. 加快制定全民健康教育规划，建立健康教育长效机制

第一，以创建“健康中国”为载体，整合医学、科普等健康教育资源，健全健康教育机构，创新健康教育思路，建立健康教育长效机制。第二，加大投入，完善健康教育补偿机制。将全民健康教育经费增列为医保基金的支出项目，根据各省市具体情况制定相关政策，划取一定比例的医保基金作为全民健康教

育经费，专款专用；将健康教育服务项目纳入医疗保险补偿范围，鼓励公民利用公费医疗、劳保医疗、合作医疗、居民基本医疗保险等医疗保障经费接受健康教育服务，使公民接受健康教育服务常态化。第三，加强医学科普研究，尤其针对目前心脏猝死发生越来越加剧的情况，通过卫生计生部门、科协、高校、媒体等多层面、多渠道加强研究和公众教育宣传，包括如何自诊和预防、正确就医、快速急救等实用而易学的健康知识，提升全社会对急性病的认知，提高自我防治意识，掌握病发后的急救方法，减少急性病猝死的死亡率。

2. 多方联动，加强和完善医学科普教育体系建设

第一，各级卫生行政部门要认真贯彻执行《全民健康素养促进行动规划（2014—2020年）》，加强医学科普规划和组织领导，制订专项工作年度计划，依托中央补助健康素养促进行动项目，以健康促进医院建设及公立医院改革为契机，将医学科普教育作为医务工作的重要组成部分，制定政策文件，建立激励机制，引导、规范各级各类医疗卫生机构和医务人员开展健康教育和医学科普工作。第二，各级健康教育机构要加强与大众媒体的合作，利用电视、电台和报纸、期刊等传媒，宣传普及医药卫生知识，要积极争取宣传、教育、农业、文化、财政、体育和工青妇等部门的配合，发挥部门的优势与作用，共同做好工作。第三，各教育机构要把健康科普教育纳入学校教学计划，并在学校开展丰富多彩的医学科普教育和卫生实践活动，做到教有学计划、课时有安排、任课有教师，提高大、中、小学生医学健康知识知晓率，从小养成健康生活的习惯，不断提升健康素养。

3. 坚持多渠道、多角度、多层次开展医学科普教育

第一，全国范围内广泛开展医学科普教育宣传。充分利用电视、报纸、广播及网络等其他新兴媒体，以健康科普专题、音频、视频专家讲座等多种形式，进行各种疾病健康科普，倡导健康生活方式，提高国民慢性病防治素养水平。第二，各省市积极组织开展医学科普教育活动，并列为卫生部门的常态化工作。通过整合多方资源，深入城市及社区，以发放科普读物、组织慢性病科普报告会等形式，开展健康科普活动。第三，大力开展健康教育咨询。建议各省市邀请省内、国内医学界知名专家学者，成立专家组，建立专家轮执制度，在电视台开辟医学科普专栏节目，定期开展健康教育咨询，及时解答患者提出

的各类健康问题。第四，广泛利用各专业协会、学会力量，借助公益社会团体等各种资源围绕科学医学、健康养生、康复保健等方面开展多种形式的医学科普宣传教育活动。

4. 加强医学科普教育基地建设

第一，以“普及医学知识、倡导科学方法、弘扬科学精神、传播科学思想”为宗旨，加强支持医学高校建立预防医学、临床医学、中医学等具有鲜明专业特色的科普教育基地，配置科普知识讲解专员，在不影响学校正常教学、科研工作之余，向公众开放，用浅显易懂的语言、直观的图示和教具向社会公众介绍医学科普知识，让百姓了解最基本的医学知识，提高防病健身的意识。第二，依托医学科普基地，广泛开展多种科普知识宣传活动。在高校内通过举办年度科普知识竞赛、科普挂图展、科普征文、科技制作、科技发明创造比赛，增加学生的医学科普知识；面对民众通过举办讲座，大型展板展示、义诊咨询等形式开展系列常见病、慢性病、传染病防治、养生保健等医学科普知识宣传教育活动。

5. 大力加强农村基层医学科普知识教育

农村人口基数大，是医学科普教育的重要阵地，卫生部门尤其要重视农村基层医学科普教育，提高农民健康素养，减少不必要的医患纠纷，构建和谐社会。第一，以社区卫生服务中心为依托，根据实际情况制定健康教育计划，建立和完善社区居民健康档案，设立固定的健康教育专栏，针对老年人、青少年、妇女三类重点人群开展健康教育宣传、健康咨询调查等健康促进行动。第二，医疗卫生机构要有组织、有计划地经常下基层宣传医学科普知识，使农民了解基本的医学科普知识，关注自身健康，重视日常饮食、生活环境和生活方式，增强卫生保健和预防疾病意识，有病科学就医，避免乱用药物、滥用抗生素、听信虚假医疗广告宣传而错误就医等情况发生。第三，乡镇卫生院和村卫生室加强上下联动，定期为村民开展医学科普教育讲座，与村民交流健康管理方法，推广简便的健康养生保健技术，提高农民健康保健素养，有效推动健康教育知识进入千家万户。同时，基层民众对医学科普知识的了解，又有助于医患沟通，减少不必要的医患误会，减缓当下社会中越演越烈的医患纠纷问题。

2016年

关于采取多种途径加快培养全科医生的提案

加强基层医疗机构人才队伍建设，提高基层医疗机构服务水平一直是我国深化医疗卫生体制改革的重要内容。近年来国家出台了《关于印发以全科医生为重点的基层医疗卫生队伍建设规划的通知》《关于建立全科医生制度的指导意见》等一系列加强基层医疗卫生人才队伍建设的政策，并在全国遴选10个地区启动了“全科医生执业方式和服务模式改革试点”项目，取得了较好的改革成效和经验。但整体来看，依然存在诸多问题和困难障碍，制约着全科医生人才培养和基层医疗卫生人才队伍建设，主要表现为：第一，基层全科医师缺口大，数量严重不足，本科及以上学历人员和有高级专业技术职称的人员严重短缺。社会认同度不高、职业发展路径不畅、人才激励制度不完善导致的优秀医学生不愿到基层就业、在岗医生不愿长期扎根基层是基层医疗卫生机构难以吸纳和稳定人才的主要原因。第二，全科医学教育体系建设亟待加强。据相关统计分析，目前国内168所临床医学院校中仅有10多所设有独立建制的全科医学院（系），全科医生与专科医生的培养模式趋同，没有突出专业特色，国内尚未建立全科医学教师资格认证制度，缺乏师资专业规范。第三，全科医生职业发展的政策保障亟待完善。医学教育与卫生事业结合不够紧密，缺乏有效衔接，政府、高校、医院等主体之间的联通机制不够畅通，导致全科医生的薪酬社会保障、职称评定、岗位编制、考评体系等相关配套法规欠缺或难以落实。第四，全科医生多种方式执业政策推行存在较大难度。主要原因有：当前人事管理政策和薪酬制度制约；基层机构全科医生数量不足，日常任务繁重，压力大，无暇开展其他方式执业；相关配套支撑政策和服务平台建设不健全。

加快培养大批合格的、高素质的全科医生，加强以全科医生为重点的基层医疗卫生队伍建设，对改善城乡居民健康水平和降低医疗费用具有重要作用，是健全基层医疗卫生服务体系、提高基层医疗卫生服务水平的重要途径。

多途径加快培养全科医生的建议：

1. 加快建立多层次、多渠道全科医生培养体系

第一，加快推动地方高等医学院校根据本地农村卫生实际需求，以建立全科医生转岗培训和全科方向住院医师规范化培训为主体，医学继续教育和高等学历教育相结合的多层次多渠道全科医生人才培养体系，统筹协调，加大投入，积极开展农村订单定向医学生免费培养和乡镇卫生院招聘（募）人员全科岗位培训以及农村在岗人员大专学历教育等针对性农村基层人才培养工作，重点加强农村地区全科医生人才培养。第二，增加开设全科医学本科专业的高等医学院校数目及全科本科生数量。建议在国家层面上做好统筹规划和顶层设计，在符合条件的医学院校增设全科医学系或在临床医学系内设立全科医学专业，在医学院校附属医院和三级医院设立全科医学科，并将全科医学发展情况作为医学院校和医疗机构评审的重要指标。第三，加强全科医学人才标准化、规范化的培养制度建设，加快构建涵盖硕士、博士高层次的专业教育体系，逐步扩大全科方向临床医学专业学位研究生招生规模，并按照全科医生规范化培养要求，培养更多高层次优秀的全科医生。

2. 加强建立规范化和长效化的全科医生培训制度

第一，全方位深化全科医师岗位培训，政府、医学院校、大中型综合性医院、社区卫生服务机构配合参与，使继续教育能满足全科医师的实际工作需求，不断提高其临床水平、医学人文素质等。第二，将全科医生的职前教育与职后培训有机融通，实现人才培养与人才治理的有效衔接。加快全面实施“5+3”住院医生培训，把定向全科毕业生统一纳入规范化培训体系；根据“供需对接，按需施教”的原则，省级医院与县级医院加强对定向全科毕业生的医疗实践训练，着重培养临床诊疗能力；进一步下沉医疗资源，形成“省县乡三级医疗体”之间的良性互助局面。第三，建立健全县级以上医院与基层医疗卫生机构的对口支援制度和双向交流机制。加大财政投入，一方面支持基层医疗卫生机构新进入临床医师岗位的录用人员到国家或省级全科医生培训基地接受培养，另一方面支持医院医生采取多种方式到基层医疗卫

生机构提供服务。

3. 完善全科医生职业发展的政策保障，稳步推进全科医学人才培养

第一，针对以往出台关于全科医生的系列法律法规因指导性、原则性条文过多而难以具体操作的问题，政府要根据实际情况加强创设一些支持标准化、规范化全科医学人才培养的育人机制与保障条件，同时建设系统有力地促进全科医生职业发展的法律保障制度体系。第二，各级地方政府要强化全科医生服务基层的政策支持，结合本地实际加强研究和出台适应全科医生职业特点的人才使用、从业激励与人事薪酬的人才治理制度，并细化技术路线和操作步骤，协同高校等各方，赋予全科医生“奔头、甜头、衔头、行头”，提高他们的社会地位和专业影响力。第三，将《引导和鼓励医学院校毕业生到基层工作的若干政策意见》真正落到实处，适当放宽招聘对象范围、年龄、开考比例等限制，尤其对到边远山区、海岛等地区工作的本科毕业生可经直接考核后予以聘用。第四，提高全科医生社会认同度，建立有效的晋升机制和激励机制，采取多种方式培养全科人才、留住人才，稳定全科医生发展队伍，真正按照为《关于建立全科医生制度的指导意见》基层培养大批“下得去、留得住、用得好”的全科医生。

4. 进一步建设全科医生服务平台，完善配套政策，切实推动全科医生多种方式执业

第一，将基层医疗卫生机构运行补助资金的落实问题列入对政府卫生工作的考绩指标；积极争取基层医疗卫生服务机构参照全额拨款单位落实补偿经费的政策，完善基层医疗卫生投入增长机制作为政府绩效考核指标，完善以服务质量和数量以及服务对象满意度等为主要内容的绩效考核办法，充分调动全科医生的工作积极性。第二，采取有力措施，搭建完善全科医生服务平台，积极引导全科医生多种方式执业，为居民提供方便可及的基本医疗卫生服务。第三，进一步完善和实施具有公平性和激励性的全科医生薪酬制度。鼓励各基层医院建立随着全科医生及其团队工作量增加相应动态同步调整薪酬的机制，真正体现“多劳多得、优劳优酬”，允许在绩效工资、资金管理等方面有所突破，制定兼具公平性和激励性的劳动报酬制度，更好地推动工作开展。

2016年

关于创新科普方式　着力提高公民科学素质的提案

公民科学素质水平是决定一个国家整体素质的重要指标。随着我国经济发展步入“新常态”，新时期的社会经济建设需要与之相匹配的具有良好科学素质的人才队伍支撑，提高公民科学素质是发展先进生产力、增强自主创新能力、推动科技进步和经济社会发展的重要基础。自2006年国务院颁布实施《全民科学素质行动计划纲要（2006—2010—2020）》以来，我国公民科学素质建设进入快速增长阶段，2015年中国科协发布第九次中国公民科学素质调查结果显示，我国公民具备科学素质的比例达到6.2%，比2005年的1.6%提高近三倍。尽管十年间我国公民科学素质有了很大提升，但距离创新型国家的标准——具备科学素质的公民达到10%，仍有较大差距，公民科学素质不高仍然是我国创新发展的突出“短板”。“十三五”时期是我国实施创新驱动发展战略的关键时期，也是全面建成小康社会的决胜阶段，我们比以往任何时候都更加需要强大的科技创新力量提供支撑，而科技创新的基础在于提高公民科学素质。2016年3月，国务院又发布了《全民科学素质行动计划纲要实施方案（2016—2020年）》，提出到2020年公民具备科学素质的比例要超过10%，并将这一发展目标写入国家“十三五”规划纲要，充分体现了国家对提高公民科学素质的高度重视。科普是提高公民科学素质的重要手段，创新科普方式，广泛开展科普宣传和教育活动，持之以恒做好科普工作，才能不断提高全民科学文化素质，激发全社会创新创造活力，培育创新人才，为建设创新型国家、实现中华民族伟大复兴的中国梦提供有力支撑。

然而多项调查研究显示，我国科普工作还存在较多问题：科普宣传针对性和实效性有待增强，人民群众虽崇尚科学精神，但对科学知识和方法的掌握不够，科普知识还未渗透到人民群众日常生活中；面对不同的对象群体，多数地区科普模式较为单一或相似，科普公共服务亟待精准化；科普信息内容和传播渠道有待进一步丰富；科普人才队伍建设较为薄弱；科研机构和高校的科技资源利用率不高，未能充分发挥科普资源优势等。

创新科普方式，着力提高公民科学素质的建议：

1. 切实增强科普宣传的针对性和实效性

第一，支持科技专家参与科普报道选题策划，鼓励科技专家在新闻媒体发表科普作品，增强科普报道的权威性、准确性；进一步增强科普报道的可读性，推出一批形式活泼、内容生动、趣味性强的科普报道，深入浅出地向群众普及科学知识，讲解科学道理。第二，依托大数据、云计算等技术手段，相关政府部门及各级科协、所属学会加强对公众需求数据的采集和挖掘，做好科普需求跟踪分析，针对本地区、本渠道科普受众群体的需求，通过科普电子读本定向分发、手机推送、电视推送、广播推送等定制性传播方式，定向、精准地将科普文章、科普视频、科普微电影、科普动漫等科普信息资源送达目标人群，满足公众对科普信息的个性化需求。

2. 加强科普信息内容和科学传播渠道建设

第一，聚焦科普需求推动科普内容丰富化。电视媒体仍是目前我国公民获取科学信息的主要渠道之一，建议国家相关部门建立激励机制，大力支持和鼓励中央和地方主流电视媒体对贴近民众生活的、观众喜闻乐见的科普教育系列作品的制作和在黄金时档的播放，开辟更多新的娱乐与科技相融合的科普节目，使科学知识以轻松活泼的形式出现在电视荧屏之上。第二，充分运用微博、微信、互联网、移动多媒体等新技术、新方法，加强对贴近实际、贴近生活、贴近群众，围绕公众关注的卫生健康、食品安全、低碳生活、心理关怀、应急避险、生态环境、反对愚昧迷信等热点和焦点问题，大力普及科学知识，及时解疑释惑。第三，积极推动与车站、地铁、机场、电影院线等公共服务场所以及移动服务运营商、移动设备制造商的合作，将科普游戏、科普移动客户端、科普视频等优质科普内容作为公益性的增值服务提供给公众，增加公众获取科学知识的渠道与途径，提高科学素质。

3. 不断强化科普人才队伍建设

第一，强化科普专业人才培训和实践基地建设。依托有条件的科技社团、科研机构、高等院校、科普场馆、传媒机构，扶持建设科普创作与设计培训和实践基地；鼓励有条件的高等院校开设科普专业，培养一批科普设计与创作、科普研究与开发、科普传媒、科普产业经营、科普活动组织策划等专门人才。第二，加强科普服务专家队伍建设。充分发挥高校科研院所和企业的作用，鼓励支持高层次科学家、技术专家团体积极投入科普创作和设计工作，广泛开展科普理论研究，积极投身科普志愿服务工作，在组织实施科技传播与普及活动的过程中，建设一批传播前沿科技、实施技术帮扶、开展决策咨询的专家服务团。第三，加强科普志愿者队伍建设。一方面建立健全在校大学生参加科普工作的组织机制，通过高校科协或学生团体组织，积极动员更多的大学生注册成为科普志愿者；另一方面引导离退休科技人员尤其是老专家、老教授参加科普志愿者队伍，积极参加科普活动，在科普场所担任科普讲解员。

4. 充分利用科技资源开展科普工作

第一，加强《关于科研机构和大学向社会开放开展科普活动的若干意见》的实施，进一步明确科研机构和大学开展科普活动、向公众普及科技知识、传播科学思想的责任，定期对科研机构和大学向社会开放科普设施、科普资源情况开展专项检查。第二，增加对高校和科研机构科普资源建设的投入，通过补贴、奖励等方式对向社会开放工作做得好的科研机构和大学给予鼓励和资助。第三，推动科研活动与科普宣传相结合。在不涉及保密的情况下，加大对科技信息的公开力度，使公民能够及时了解最新科学发现和科技创新成果。第四，进一步改革完善科技立项和科技人才评价指标体系，对国家、省级等科技计划项目在项目申报和立项时增加科普任务条款，在结项验收时进行考核；将科普活动绩效纳入科技人员评价考核指标中，作为评定职称、申请科技项目、科技奖励的条件之一，以激发科技人员从事科普的积极性，使科研成果更多的兼顾社会需求，解决公众生活和工作中遇到的科技问题。

2017年

关于加快推进新《促进科技成果转化法》实施的提案

科技创新是提高社会生产力和综合国力的战略支撑，科研成果的产业化应用速度和效果是世界各国增强核心竞争力的关键。多年来我国的科技成果转化率偏低已是不争的事实，大部分高校和科研机构的科技成果被“沉睡”或“束之高阁”，科技成果转化率仅为10%左右，科技研发投入的人力、物力、财力与得到的效益差距巨大，不仅造成资源浪费，更滞缓了科技发展的步伐。促进科技成果转化是培育发展新动力，实现创新发展的重要手段，目前我国正处于创新驱动实现转型发展的关键阶段，破解科技成果转化这一难题尤为迫切。

新修订的《促进科技成果转化法》对破除制约科技成果转化的制度性障碍，打通科技成果向现实生产力转化的通道，进一步释放高校和科研机构沉淀的大量科技资源，充分实施国家创新驱动发展战略和强力促进“大众创业、万众创新”均具有重要而深远的影响。

第一，从近期来看，新《促进科技成果转化法》的施行将产生至少三个方面的效应：一是沉淀的科技资源得到释放。二是科研成果更加“接地气”，科技人员搞科研项目会注重市场价值，成果的质量也将大幅提高。三是激发科技人员创业热情。第二，从长远来看，施行新《促进科技成果转化法》有利于加快形成“大众创业、万众创新”的社会氛围，有利于“尊重人才、尊重创造”的价值观深入人心，科技人员创业也将成为常态化；高质量的科研成果将会出现爆发性增长，高层次人才会大量涌现，科技创新支撑引领经济社会发展的作用进一步彰显；对产业结构调整和转型升级将产生不可估量的作用，有助于推动我国加快步入创新驱动发展轨道、进入创新型国家的行列。

加强全面实施新《促进科技成果转化法》的建议：

1. 加强新《促进科技成果转化法》的贯彻落实和配套政策的制定实施

第一，加强新《促进科技成果转化法》和《深化科技体制改革实施方案》的宣传，让企业、高校、科研院所、科技服务机构、各级政府，乃至社会各界了解新政策、新举措。第二，加快制定实施科技成果转化法的若干规定，完善科技成果转化的实施细则，对成果转移转化中的尽职免责、离岗创业、成果收益、技术市场和科技服务等方面做出制度安排，使科技成果转化法落到实处。第三，加大科技成果转化资金支持力度，通过政府、企业、高等院校、科研院所等多方联动，支持科技成果转化，带动社会资本投入，发挥市场配置资源的决定性作用。第四，搭建综合性服务平台。各省市加强建立覆盖面广的科技成果转化信息平台，实现科技型企业、高校、科研院所、科技服务机构信息共享，构建企业、高等院校、科研院所、科技服务机构和政府间多方协同互动局面。第五，加强督促检查，注意总结经验，及时发现和解决好各项措施执行过程中出现的问题，确保各项政策落到实处。

2. 改进有效推动科技成果转化的政策扶持方式

第一，从宏观政策层面支持提升创新主体对于促进科研成果转化的动力与积极性。如加快向全国推广国家自主创新示范区试点税收优惠政策，探索完善支持单位和个人科技成果转化的财税措施，以更好发挥科技创新对稳增长、调结构、惠民生的支撑和促进作用。第二，制定相关措施优化财政资助方式，运用后补助、间接投入等方式，鼓励企业加大研发投入，支持企业实施科技成果转化。第三，完善对企业的成果转化激励制度，实施科技型中小企业贷款风险补偿政策，支持商业银行推出科技成果转化信用贷款产品；实施保费补贴政策，支持保险机构推出符合科技成果转化特点的保险品种。第四，对于创业投资机构投资种子期、初创期科技型企业发生的投资损失，可按一定比例给予风险救助，鼓励科技成果向中小微企业转移，提升科技对整体经济的引领和支撑作用。

3. 完善科技中介服务体系

第一，支持应用开发类科研院所建设科技成果转化的小试、中间试验，工业性试验和工程化开发平台。第二，大力发展技术市场，充分发挥国家级技术转移交易平台的功能作用，支持各类科技成果转移转化中介服务机构发展，建立与国际知名技术转移机构深度合作交流的渠道，吸引国际知名的技术转移服务机构来沪开展业务，构建功能完善、高效运转、辐射全球的技术转移服务网络。第三，大力培育新型研发机构，支持跨国公司、本土跨国企业设立全球研发中心、实验室、企业技术研究院等。第四，探索自贸区制度创新，允许国内外企业和个人在自贸区设立提供科技成果转化服务的非企业机构。第五，强化高校和科研院所设立专门的技术转移工作机构。配备具有专业背景、结构合理并具有较高水平的专职人员队伍，制定明确收益分配比例的规范化管理制度，探索采取公司化运行模式，统一管理运营高校持有的各类科技成果。

4. 加强科技成果转化人才培养

第一，探索激发创新者动力和活力的有效举措，形成人尽其才、才尽其用、用有所成的有效机制。第二，对于高校、科研院所离岗创业实施科技成果转化的科研人员，经所在单位同意，依照有关规定可在一定年限内保留人事关系和原聘专业技术职务，与原单位其他在岗人员同等享有参加职称评聘、岗位等级晋升和社会保险等权利。第三，加大成果转移转化及中介服务人才引进力度，并尽力解决引进人员的户籍办理和转办。第四，加快改进职称评聘制度，将科技成果转化绩效列入应用研究类技术职称的评价体系。

5. 明确成果转化的权益与激励约束机制

第一，按照新《促进科技成果转化法》将成果的处置权下放到团队或个人，成果的完成团队或完成人可在“底价”之上自主处置科技成果。第二，加大对科研团队、核心技术发明人的激励力度，允许将不低于50%的转化收益归属团队，可以同时奖励研发人员和转化人员。第三，实行“投资损失”免责政策，对已经履行了勤勉尽责义务的，不纳入高等院校、科研院所、国有企业对外投资保值增值考核范围。第四，建立市场化定价机制，允许通过协议定价、技术市场挂牌交易、拍卖等方式确定科技成果定价。第五，确立高校院所法定责任，将科技成果转化情况纳入研发机构和高校绩效考评，强化高校院所成果转化的目标导向和支持中小企业技术创新的社会责任，对成果转化活动中弄虚作假等失信行为，相应单位和人员信息将计入国家和各省市公共信用信息服务平台。

2016年

关于加强大学生孝文化教育的提案

百善孝为先，善为德之本。孝文化是中华民族社会传统伦理的思想基础，是华夏五千年文明积淀的传统美德，是古今做人立德修身的根本。随着经济全球化发展，改革开放的不断深入，社会转型、文化多元、价值取向多样等交相碰撞，在经济水平迅猛提升、物质生活不断丰富的同时也带来了不少社会问题，对父母不敬、不养、不孝，对社会责任感缺失，对家庭缺乏感情关怀等现象越来越突出，对当代大学生表现出的知行不统一、功利性倾向明显、耐挫力能力较差、过于以自我为中心、缺乏担当意识、责任感弱、道德感下降等各种负面信息增多，在孝德、孝道践行方面存在诸多缺失。因此以大学生作为弘扬优秀孝文化的突破口，借鉴中国传统“孝文化”中的积极因素，培养大学生的孝德之心、仁爱之心，培育有素养、有文化的优秀人才，是加强大学生思想道德教育、完善当代社会道德体系、构建和谐社会的迫切需要。

当前大学生孝文化教育缺失的表现：

1. 大学生轻生现象频发

随着越来越多关于大学生自杀的相关报道，大学生轻生现象无可避免地成了时下社会热点话题。当理想与现实的差距横隔于眼前时，他们选择的不是积极面对现实，不是同父母、朋友、师长真诚的交流，而且选择逃避，选择“轻生”，用一种极端的方式离开世界。这些从侧面反映了孝文化教育缺失现象严重。

2. 孝行情感淡漠

一些大学生认为父母生养和照顾子女天经地义，对父母的关爱泰然受之，缺乏感激之心和报恩意识，在家习惯于饭来张口，衣来伸手，索取多于回报；在学校奉行享乐主义、奢侈度日、相互攀比、超前消费，一旦自己的虚荣性要求因家庭财力所限而难以满足时就抱怨父母无能；在生活中亲情淡薄，以自我为中心，很少主动与父母进行情感沟通和思想交流、设身处地为父母考虑，稍有不顺心就顶撞父母，甚至暴力回应。某大学曾对该校大学生进行问卷调查，结果显示，82%的学生与父母的联系方式是电话，主要动机是要钱，仅8%的学生保留了和父母通信的习惯，与父母每周联系一次的学生只有8%，仅9%的学生每年都能记得父母的生日。

3. 孝德践行习惯欠缺

多数调查表明，大学生普遍欠缺自觉践行孝德的意识。许多大学生平时在家基本不做家务，对洗碗、擦桌、拖地等力所能及的事，往往袖手旁观，甚至连铺床叠被、整理收拾自己房间这些琐事也要由家长代劳；在大学校园，不思进取，饱食终日，旷课成习，只顾玩乐享受，游戏人生，不仅不为自己的前途未来考虑，也没有顾及父母对自己的期望，缺乏对父母的精神慰藉；更有甚者，在失恋、学习或就业压力大等挫折面前动辄自残、轻生、自杀的现象频发。

建议：

1. 充分发挥高校作为大学生孝文化教育的主渠道作用

第一，构建大学生孝文化课程体系，加强孝文化知识普及和孝道教育。一是在大学生《思想道德修养与法律基础》必修课程中开展孝德教育；将传统孝文化列入公选课内容，开设各种关于孝文化的理论和实践课；二是开设《孝经》《弟子规》《二十四孝》等系列孝文化讲坛，普及大学生传统孝文化知识，加强对孝文化的认知教育；三是各高校针对自己学校的具体情况，单独开设孝道教育的国学课程，通过系统专业的孝道教育来加强大学生的孝道知识，增强大学生的孝道意识和行为。第二，积极发挥校园文化育人的主阵地作用，引导大学生积极践行孝行。一是将孝文化教育作为校园文化建设的一项长期重要任务来抓，大力推进“孝文化建设工程”，形成浓厚的孝文化氛围，打造“孝行校园”特色文明品牌；二是充分利用各种时机，大力开展以“孝爱”为主题的教育活动，引导学生从我做起，从小事做起，自觉在言行中体现孝爱美德。学校可以结合升旗仪式、节日庆典、时政教育、大学生文化节等系列活动，加强大学生的孝爱教育；结合母亲节、父亲节开展“孝敬父母月”活动，积累“行孝”经验；组织学生到社区、敬老院、儿童福利院等社会服务机构开展爱心敬老活动，用实际行动弘扬孝道。

2. 加强孝文化宣传，在全社会营造良好的孝文化教育氛围

第一，加强党和政府对弘扬孝文化的重视，把孝的内容作为社会各层次、各界人士的基本道德规范并在相关文件中加以明确提倡。第二，呼吁各种媒体为中华孝文化的弘扬提供信息传播的平台，积极发表有关倡导孝文化的论文、传播社会有志之士的意见、积极宣传和表彰孝子们的事迹，形成良好的中华孝文化弘扬的舆论环境，向社会源源不断地传递正能量。第三，弘扬社会正气，加强全社会孝文化环境建设，让孝行引领社会风尚。利用网络、微博、微信、论坛等各种方式和途径，广泛宣传孝道典型人物和事件，激发大学生的情感共鸣，引导大学生自觉践行孝道。

3. 以孝文化为切入点，创新高校大学生思想政治工作

第一，利用传统的孝文化资源，探索高等教育德育新模式，从弘扬孝文化，创新高校德育工作入手，构建以“感恩、责任、忠诚、奉献”为培养目标，以感恩教育、思想道德教育、职业精神与创业精神教育和德育评价为主要内容的德育体系。第二，将孝道、感恩教育和文化教育结合起来，充分利用社会文化资源，通过丰富多彩的活动，感谢父母的养育之恩、师长的教育之恩、亲人朋友的关爱之恩，并进一步推衍到对学校、社会的感恩。在感恩教育的基础上，发现感恩的典型，总结典型，宣传典型，发挥典型的作用，将感恩教育引向实践，内化为学生的人格和品质，提高大学生道德素养。

4. 构建基于网络平台的孝文化教育创新机制

第一，借助网络文化发展的强势力量，充分利用高校校园网络平台，建立大学生孝文化网络教育机制。高校通过网络平台，以文字、图片、视频等形式作为媒介，设立孝文化建设特色专题，开设与孝文化建设相关的栏目，组织关于孝的微电影制作，增强孝文化在大学生中的吸引力、亲和力、感染力；建设高校孝文化专门网站（页），开发孝文化论坛，增进教育工作者与大学生之间的互动，加强大学生孝文化教育的针对性。第二，营造充满孝文化的网络平台。通过微博、人人公共主页等，传递大学生尽孝的感动瞬间，分享世界各地

孝文化的异同；在网上进行大学生孝文化问卷调查，了解当代大学生对父母尽孝方面都做了哪些；广泛开展以“宣传孝文化教育”为主题的电子作品竞赛活动，加强孝文化教育。

2015年

关于多途径加强高校专利技术转化的提案

近年来，全国高校专利申请和授权量呈现快速增长态势，但其转化率低的问题依然十分突出。如何采取有效措施进一步加强高校专利技术转化，有效地利用专利技术，对于加快实施知识产权战略，充分发挥专利在推动经济社会转型升级中的支撑作用具有重要意义。

目前高校专利技术转化存在的问题：

1. 高校专利技术转化的动力不足

一是高校自身缺乏转化动力，专利技术产业化需要投入大量的人、财、物等资源，存在较高的技术转化风险，客观上限制了高校和个人产业化转化的动力；二是众多企业缺乏转化的内在需求，对于大型或者高科技企业来讲，其自身具备科研开发和技术引进消化的能力；对于小型或者传统企业来讲，如专利技术产业化不能带来近期效益，企业自身也很难投入大量风险资金引进新技术；三是各级政府对于专利技术产业化的监督效果不足。

2. 高校专利技术转化模式不完善

当前我国高校专利技术转化模式主要有高校直接将专利技术转移给企业（我国高校科技成果转化最典型和普遍的一种模式）、高校成立技术转移机构进行专利技术转化（包括技术转移办公室模式、技术转移中心模式和技术转移公司模式）、与地方政府成立合作机构进行专利技术转化［包括产学研合作办公室模式、省（市）校研究院模式和产学研基地模式］、高校与企业联合成立合作机构进行专利技术转化（包括校企联合研发机构模式和校企合作机构模式）等。但是各种技术转化模式均有其优势和不足，高校需要因校制宜，根据各自的发展特点，立足于服务经济社会发展的战略高度积极探索构建相应的专利转化体系。

3. 现有的科研评价机制不健全

我国高校科研评价机制中“重论文、轻专利，重专利申请、轻专利转化”的思想没有得到根本转变，科研项目多少、发明专利及授权数量、发表学术论文篇数和科技成果奖项等依然是科研项目的评估、教师职称评审制度、科研人员成绩考核的主要考评指标；在选题及投入上，重视新项目新研究，轻视成果的产业化、市场化、商品化，导致专利技术成果普遍存在“重发明创造轻转化推广、重理论轻运用、重数量轻质量”等问题，很难实际转化成产业；在激励政策上，一次性的奖励方式和计入绩效工资总额的相关规定难以有效激发科研人员转移转化科技成果的积极性。

4. 高校专利技术转化的内、外部制度缺失

从内部来看，高校科技成果推广转化服务体系不能适应当前成果转化的新形势。多数高校存在专利意识不足、专利管理模式不科学、管理经验欠缺以及管理人才不足，缺乏对专利管理和成活转化的统一规划与全局统筹。从外部来讲，我国当前规范科技成果管理与转化方面的规章制度不健全，高校专利权利归属不明确，对专利质量控制有待加强，专利转化的保障和利益分配机制不完善，产学研合作的长效机制尚未建立，专利转化投融资机制不健全。

多途径加强高校专利技术转化的建议：

1. 完善高校专利转化激励机制

一是健全专利管理绩效考核相关的制度，把专利放在与承担项目、发表论文和申报科技奖励同等的位置，制定相应的规章制度和鼓励措施，以保证高校专利技术产业化顺利实施，提高专利成果转化率。二是建立专利质量优先的科研业绩评价和激励机制。鼓励地方政府对获得中国专利金奖、优秀奖的专利权人和发明人（设计人）予以配套资金奖励；高校要加强对发明专利的奖励，促进发明专利的长期稳定发展，可分阶段（申请阶段和转化阶段）授予发明专利奖励，将奖励的重点放在转化阶段，对于实施率高市场认可度高的专利给予额外的奖励。

2. 因地制宜建立并完善专利技术转化模式

应着重从是否能提高高校专利技术产业化的比例，是否能提高专利技术产

业化的收益，是否有利于社会经济的发展，是否适合高校的实际情况，是否与高校所处的地区相适应等方面考虑，建立合适的转化模式，顺利实现专利技术成果的产业化。对于那些所需资金较多、相对容易转化、可预期的社会经济价值较高的专利技术，可根据高校自身情况具体操作；对于技术相对要求不高、但市场应用广泛、需求量大的专利技术可采用出卖的模式，快速进行大规模生产。

3. 从政策上保障高校专利技术转化

一方面政府要充分发挥政策和制度的引导和保障职能，在科技战略规划制订、科技体制变革、宏观调控、科技创新的激励政策、技术市场和风险投资金融机构的建立与完善等方面发挥其应有的作用，为科技成果转化为现实生产力营造良好的社会环境；另一方面要进一步健全法律体系，规范专利技术产业化过程中涉及风险、资金、人才和经济效益，从政策、制度及法律上确保竞争的公平合理、高效。

4. 从高校内外组织机构上促进专利技术转化

一是充分发挥高校科技成果推广转化部门的作用。对内要加强专利的规范化管理，严把专利申报质量关，主动对专利成果产业化提供后续服务，包括提供技术推广、市场信息反馈等，以便为项目进一步研究提供条件。对外要积极与第三方中介、其他院校科技成果转化部门及政府部门保持密切联系，互相交流，提供信息和更好的产业化条件。二是充分发挥公益性中介机构的作用，一方面为企业提供高校科技成果信息，另一方面为高校传达企业技术需求信息，收购高校的或其他企业的专利技术成果，然后把收购的技术出售给需要的企业。

5. 从高校科研自身注重专利技术转化

一是高校应对本校专利技术成果提出新的、更高的要求，保证专利技术适应市场的需求，具有经济性、实用性和时效性，避免造成科研浪费。二是设立专利技术转化引导基金，加强专利技术转化的平台建设和队伍建设。三是高校应加大对技术合同实施的监督力度，设立专门机构管理并且监督合同的执行情况，及时处理合同执行中的问题，同时高校应与企业建立起沟通协调机制，及时处理相关的问题。

2015年

关于国家大力加强家风建设的提案

家风又称门风，是指一个家庭或家族的传统风尚。家庭作为社会的细胞，家风不仅是一个家庭的精神内核，也是一个社会的价值缩影；不仅是民风社风的重要组成部分，也是中华民族传统价值观的重要组成部分。良好家风和家庭美德是社会主义核心价值观在现实生活中的直观体现。大力加强家风建设对于国家的长治久安、社会的文明进步、家庭的和谐美满、人民的思想道德水平高尚具有重要作用。

第一，培育良好家风是传承中华民族传统美德的重要方法与途径。中华民族历来有重家教、守家训、正家风的文化传统，如颜之推的《颜氏家训》、司马光的《温公家范》、朱柏庐的《治家格言》等都是家风家教的典范，它们所涵盖的爱国、孝老、慈幼、勤俭、立志、仁爱等内容，经过千百年的积淀、传承和弘扬，成为社会共识和民族精华。

第二，培育良好家风是践行社会主义核心价值观的重要体现。社会主义核心价值观倡导的富强、民主、文明、和谐，与良好家风中自强不息、以和为贵等思想息息相通；倡导的自由、平等、公正、法治，借鉴了良好家风中天人合一、隆礼重法等思想；倡导的爱国、敬业、诚信、友善，则是对良好家风中爱国爱家、言而有信等理念的弘扬。

第三，培育良好家风是构建全社会良好风气的出发点和落脚点。社会风气可分为民风、党风、行风和政风，这四者相辅相成、相互作用。家风在汇聚和沉淀后形成民风，淳朴的民风可为清正党风、行风和政风的形成提供基础；相反，如果很多小家庭都家风不正，整个社会风气就很难“正”起来。

第四，培育良好家风是在思想和行为上引导、约束家庭成员，促使家庭成员文明、和谐、健康、向上发展的重要基石。良好的家风能够培养家庭成员优良的道德情操和高尚的品质，并引导其在为人处世、生活学习等方面正道直行、健康成长；反之，不良的家风可导致家庭成员思想堕落、不思进取、行为不端等，甚至突破法治的底线，走向腐败堕落的深渊。

大力加强家风建设的建议：

1. 深刻挖掘中华民族优良家风家训并做好现代转化

第一，深刻挖掘中华民族家庭美德、家风家训的优良传统，提炼出有益于社会文明建设的思想精华，使之焕发出新的时代光彩。第二，在继承的基础上，提炼升华出契合社会主义核心价值观、契合历史发展潮流、契合人民群众需求的新的优秀家风文化，最大限度地彰显其丰厚的道德资源和人文价值。第三，做好传统家风的现代转化，弘扬其中的优良风尚，摒弃其不合时代发展的内容，深挖讲仁爱、重民本、守诚信、崇正义等时代价值，让更多的人成为良好家风的受益者、践行者和建设者。

2. 充分发挥家风的正功能，努力打造家风建设与社会风气建设的联动机制

第一，要加强领导，提高认识，把推动家庭、家教、家风建设作为一项重要的政治任务，充分认识开展“优良家风建设弘扬传统美德”活动的重要意义，并落实专人负责，探索有效途径和办法，将家风建设摆在精神文明建设的突出位置并引向深入。第二，结合新时期要求，使家风建设不断去粗取精、去伪存真，提炼出适合中国特色社会主义发展的积极因子，成为社会风气建设的重要抓手。第三，把社会主义核心价值体系作为一种价值标准融入到家风建设之中，从内容上高度整合家风与社会主义核心价值观倡导的关联部分，从形式上突破家风的个体性与私人性，从传播方式上打通家风与社会主义核心价值观传播途径。

3. 加强家风建设的广泛传播与群众参与

第一，充分发挥各类媒体优势，广泛宣传优良家风建设。一方面集中推出“好家风好家训”为主题的广播、电视、报纸专版、专栏和访谈节目，通过百姓故事唤起人们的传统道德记忆；另一方面注重发挥网络媒体特别是微博、微信等新媒体传播力强、受众覆盖面大的优势，大力宣传良好家风。第二，依托社区和农村的各种文化宣传阵地开展好家风常态化宣传展示活动。利用社区、乡镇、乡村文化活动中心、文化墙、宣传栏等阵地，通过张贴好家风好家训作品、宣传

画、公益广告等形式，大力宣传展示，让广大群众直观感受家风家训的魅力；利用户外LED屏、社区学校等阵地播放家风故事宣传片。第三，加强家风建设的群众参与。好家风好家训的生命力在于群众参与，必须扩大群众参与面，夯实群众基础，将传承好家风好家训的工作根植于群众日常生活。各地市文化、宣传等部门可定期开展家风家规研讨会、家庭美德故事宣讲会进学校、进社区、进企业、进村居等活动，发动人们畅谈体会感悟，展示好家风、传颂好家训、分享好故事；可组织城乡文艺队伍以弘扬家庭美德、树立优良家风为内容，以好家风故事为原型进行艺术创作，在社区、乡镇文化大院、文化广场等社区和基层群众文化场所展演，充分发挥家风育人的重要作用。第四，加大媒体对家庭道德失范现象的监督和批评力度，形成褒扬新风、贬斥不良行为的良好社会风气。

4. 典型示范、强化引导，大力加强家风文化建设

第一，依托区域特有的文化资源，挖掘和宣传历代名人、知名公众人物的家风家训，发挥先进典型榜样力量，在潜移默化中传递正能量，传承好家风好家训。第二，充分发掘各地现有的档案文史资料，广泛征集反映本地历史文化传统和时代特色的好家风好家训，通过组织专家汇编《好家风好家训集锦》、制作“好家风好家训”书签等形式，多角度全方位宣传好家风好家训的文化魅力，吸引广大妇女儿童和家庭成员积极参与，营造“人人崇尚家庭美德，家家分享好家风好家训”的浓厚氛围。第三，围绕“家风家训家教”主题，各地区广泛开展系列征文、故事征集和道德实践活动，将家风文化建设融入社会主义核心价值观践行、优秀传统文化弘扬、公民道德教育等各方面。

5. 大力加强领导干部家风建设

第一，加强培养领导干部的忧患意识，即领导干部不能把家风看成是小事、私事，不能只顾了其他工作、其他作风建设，而忘了抓家风建设。第二，加强培养领导干部的治家意识，即领导干部要坚持从自己做起，从家庭做起，管好家人，正好家风；要以身作则、言传身教，为家庭成员树立良好榜样。第三，加强培养领导干部的避嫌意识，即要时时保持警惕，保证家风清正，决不能纵容、默许配偶和子女利用自己的职权或者职务上的影响谋取私利，一旦发现问题苗头，要早制止、早纠正，把问题消灭在萌芽状态。

2017年

关于大力推进义务教育均衡发展的提案

教育公平与均衡发展一直是我国基础教育领域改革与发展的焦点问题之一。《国家中长期教育改革和发展规划纲要（2010—2020）》把均衡发展作为发展义务教育事业的战略性任务，强调通过学校标准化建设和建立城乡一体化发展机制实现义务教育均衡发展。2012年国务院教育督导委员会建立义务教育均衡发展督导制度以来，全国各地按照推进义务教育发展基本均衡要求，着力推进基本均衡，取得了阶段性成效。但是，从我国当前义务教育发展的实际来看，教育均衡发展，更多地还停留在硬件的均衡，而真正从软件的均衡、内涵的提升来看，还有很大提升空间。推进城乡义务教育均衡发展，既是广大人民群众平等受教育权利的需要，也是国家创新发展、持续发展的需要。

义务教育均衡发展存在的主要问题：

1. 部分农村贫困地区学校基础办学条件依然薄弱

一是硬件建设落后。部分农村和边远山区学校校舍陈旧简陋，教辅用房、运动场所相对不足，存在一室多用现象；部分学校无学生餐厅、无操场，缺乏足够的实验仪器、音体美器材和现代化教学设备。二是在农村城市化进程中，一些新建居民小区配套学校建设、城中村改造中的学校建设不能同步推进，学校硬件建设、校园环境改造等工程滞后。三是基层政府发展教育认识不到位，吃教育“唐僧肉”现象依然存在；乡镇中心校建制是促使乡镇内教育不均衡的重要因素。

2. 农村教师队伍结构失衡问题突出，专业素养与发展水平偏低，教师管理制度不健全

教师队伍整体结构方面：教师学科分布不合理，音乐、体育、美术、英

语等教师数量不足；农村、边远山区小学教师老龄化严重；优质师资总量不足，师资校际配置不均衡；部分地区、部分学校教师数量不足，如一些寄宿制学校生活教师的配备还达不到规定的要求。教师管理制度方面：区域内教师流动还没有形成比较完善的运行机制和管理制度，“进必考”等教师流动模式加速优质师资离开乡村步伐；定期补充教师制度仍未完善，边远地区存在教师短缺现象。教师专业素养与发展水平方面：部分教师教育观念、基本素养、专业水平、教学能力不适应素质教育的要求；农村学校，包括部分城市薄弱学校教师从事专业与所学专业不对口现象依然较为普遍，教师专业成长难度较大，缺少优质带教老师。

3. 县域间、校际间的非均衡发展现象依然存在

一是虽然各地区义务教育经费总体呈上涨趋势，但是县域之间义务教育经费仍然存在着一定的差距。二是在同一区域内部，当地政府对不同学校的投入存在差异，经费仍然向“重点学校”倾斜。教育经费投入的差距直接影响到学校办学条件，在生均仪器设备、生均图书、骨干教师比例等方面体现得尤为显著。

4. 均衡发展过程中学校办学特色不明显，办学质量有待提升

有些地方在推进教育均衡发展过程中出现教育管理部门对学校办学过度干预的问题，把均衡发展演变为标准化，抑制了学校的个性化发展，学校自主权被削弱，学校特色得不到彰显，与学校自主发展的趋势背道而驰，不能从根本上改变提升学校办学质量和农村学校、薄弱学校的境况。

推进义务教育均衡发展的建议：

1. 明确政府在推进义务教育均衡发展中的职责

第一，按照现代治理原则，重新构建政校关系。一方面，要加强政府治理能力建设，改变政府缺位问题。政府要对公共教育资源进行公平、合理配置，并从宏观的、政策的角度为缩小城乡之间、区域之间教育水平以及校际之间办学水平的差距提供各种政策制度支持和服务。另一方面，要落实学校办学自主权，突出地区办学特色。政府要创造条件支持学校现代制度建设，切实改变政府越位现象，不要过多干预学校办学。第二，构建科学合理的义务教育均衡发展督导评估制度，加强对区域义务教育均衡发展水平的监测，并及时以公

告、通报等形式，公开或非公开地向社会、学校报告评估结果，督促他们调整和改进自己的行为。第三，健全义务教育均衡发展指标评价体系，建立和完善问责制度。第四，保障教育经费投入，制定义务教育投入最低标准，对低于底线标准的县区，由市级财政予以适当补贴。

2. 突出重点，加大对农村地区和薄弱学校的扶持力度

第一，加强薄弱地区学校标准化建设，努力实现办学条件基本达标。第二，建立落后农村地区、薄弱学校发展专项资金。实行项目制，做到优先安排，重点保障。第三，积极发展社会捐赠、个人赠予等多种募集资金渠道，补充薄弱地区义务教育的融资渠道，如适当通过减免税收等形式鼓励企业捐助。第四，实行师资政策倾斜。一方面，平等对待各类学校，实现新教师质量水平、教师工作量、职务评聘、收入水平、成长发展环境条件等基本相同，并向偏远地区、贫困地区的农村学校、薄弱学校适当倾斜，另一方面，对薄弱地区进行优先补偿，予以优惠政策和特别补助，对农村学校、薄弱学校的教师要提高津贴、补贴，并尽快研究制定相关配套政策，吸引和留住更多人才，为他们的发展提供积极的政策保障。

3. 提高教师待遇，加快教师人事管理制度改革

第一，各级政府和教育行政部门要落实广大教师的福利待遇，从政治、工作、生活各方面给予其照顾，解除其后顾之忧，解决其住房难、子女就业难、求医难等实际困难。第二，要重点做好教师由城镇向农村、由超编学校向缺编学校、由强校向薄弱学校的交流与流动，促进教师资源均衡配置。第三，继续完善教师队伍补充机制，新聘教师安置到薄弱学校和山区学校任教。第四，推进教师编制标准改革，加强动态管理。要充分考虑到农村义务教育学校分布特点，按照满足素质教育实施要求，配齐各学科教师。

4. 着力加强农村教师队伍建设

第一，以教育管理专业化为方向，加快教育管理队伍建设。依托现有“托管制”、集团办学，建立联系城区和农村的网络制管理团队带教模式，加大农村团队建设；加大优质教育管理团队引进，做强城区优质学校团队建设的同时，梯次发展农村教育管理。第二，大力推进教师交流。一是要做好教师交流规划，共享优质资源，实现区域教育质量整体优化；二是要着力建立起区域

内有序交流、合理配置、相互促进、共同提高的中小学教师交流长效机制，提高教学水平和教育质量。第三，加强教师培养与培训工作。提高教师培训针对性和有效性，省级教师培训要向农村义务教育教师、校长倾斜。

2015年

关于深化高校科研体制改革
打造产学研用科技发展生态链的提案

长期以来高校科研成果评价主要是看论文、科研项目、专利等的数量，忽视应用性成果，严重影响了高校教师和科研人员科技创新的效力。广大教师进入“报课题—做研究—发论文—报奖—再报课题”的自我循环圈子里，很少真正关心社会需求和成果的真正价值，长此以往，造成高校科技成果转化、服务地方社会经济发展的能力弱化。据《2014—2015年度学科发展报告》显示，全国5100家大专院校和科研院所，每年完成科研成果3万项，但其中能转化并批量生产的仅20%左右，形成产业规模的则仅有5%。而发达国家的科技成果转化率可以高达70%到80%。分析存在的问题和造成这种现象的原因主要有：一是对高校和教师科研能力的评价体系不完善。一方面，长期以来评价高校和教师科研水平的主要指标是课题、SCI论文、影响因子、奖项等，至于这些课题真正研究发现了什么、解决了什么问题，SCI论文有什么价值，则很少给予评价；而且在职称晋升、津贴分配、研究生导师遴选等方面，对于教师服务于地方经济发展的横向课题一般不予认可，这样的评价体系必然把教师导向“报课题—发文章—报奖—再报课题”的圈子。另一方面，大部分高校科技人员单纯地追求学术成就以及围绕学科逻辑而非经济社会发展重大需求的现象还比较普遍。目前高校争创“双一流”大学的办学导向，也将引导部分高校片面强调科研项目和论文对学科的贡献度，从而忽视了学科最根本的发展目标是知识的发现、创新、传播和传承以及服务社会。二是科技成果转化有其固有的复杂性使大部分成果处于理论与实验室研究阶段，中试、产业化环节由于存在较大的技术和市场防线，政府投入渠道少，科研成果完成单位一般也缺乏投入能力，而较难完成成果产业化。三是高校科技管理部门没能很好地担当起技术中介组织的沟通桥梁作用，还不能为科技成果转化提供完备服务。科研经费机制中没有鼓励科技创业和成果转化的内容，在一定程度上影响了创新的积极性。

推动科技创新与科技成果转化有效衔接，是国家实施创新驱动战略的迫切要求，是高校整体创新能力的主要表现形式，也是体现高校服务于创新型国家建设，服务于社会经济发展的主要标志。要加快科技成果的转化，既需要高校自身加强改革创新，又需要政府层面加大扶持和协调，内外合力，双轮驱动，科研成果才可顺利转化为生产力。

为此建议：

1. 加强对出台的一系列促进科技成果转化的法律法规和政策的宣传及贯彻落实

近两年国家新修订了《促进科技成果转化法》，出台了《实施〈促进科技成果转法〉若干规定》《促进科技成果转移转化行动方案》，形成了从修订法律条款、制定配套细则到部署具体任务的科技成果转移转化工作“三部曲”，为破解科技成果转化中的瓶颈问题提供了政策和法律支撑，然而目前许多科研管理部门和广大教师，对这些政策、法律的了解很少，因此要加大政策学习宣传和贯彻落实的力度，让广大一线科研人员和教师真正了解这些支持政策，激励他们走出高校和科研院所的围墙，为更多的科技创新和科研转化服务。

2. 改革完善高校科研评价考核机制，创新高校科研体系

第一，建立和完善科技管理与评价的多元化体系，建立适应基础与应用研究协调发展的科学管理评价体系。对从事应用研究的人员给予从事基础研究人员相同的待遇，突出应用研究和社会服务在大学发展中的重要地位；在项目经费管理和评价体系等方面对横向项目实行与纵向项目相同或相近的标准，充分考虑横向项目、专利和专有技术及其科技成果转化效益，将“成果转化”作为评价应用研究的主要指标；对不同层次人员制定不同的聘期科研考核条件，将知识产权创造、标准制定及成果转化作为职称评审和聘期考核的重要依据之一。第二，健全以增加知识价值为导向的收益分配政策。高校要根据国家规定

和学校实际，制定科技成果转移转化奖励和收益分配办法，激发高校教师投身“全创改”主战场的主动性和积极性。第三，创新改革产学研用合作体制机制，探索高校自主转化科技成果的新道路。如允许和鼓励高校依托科研平台、学科平台等组建产、学、研、用合作的股份制学科性公司，一方面有利于实现知识创新和技术创新分线实施，另一方面可以兼顾高校的社会效益和经济效益，形成全新的高校科研体系。

3. 加强科研成果转化平台建设，实现科研成果与市场的有效对接

第一，加快培育社会化、市场化、专业化的第三方科技转化中介服务机构和技术转移机构。整合校内各类技术转移、转化机构，促进高校技术转移机构与市场化第三方技术转移机构在信息、人才、孵化空间、技术转移平台载体等方面的共享、共建力度，形成集对接市场需求、促进成果交易、投融资服务等为一体的科技成果转移转化服务体系。第二，支持搭建校企合作科技创新和成果转化平台，鼓励院校与企业合作建立大学—企业研究院，一方面利用高校资源加强科技创新，另一方面利用企业资源，促进成果转化，实现科研成果与市场的有效对接，提高高校—企业产学研用的合作效率。

4. 健全高校、科研院所和企业之间科技人才双向兼职机制

第一，政府出台相关政策规范科技人才双向兼职行为，促进产学研用相结合。第二，鼓励具有硕士以上学位授予权的高校、科研院所实行“双导师”制，聘任企业、行业高层次人才担任兼职导师或指导教师，同时支持本单位的科技人才到企业从事技术攻关、科技成果转化等相关工作。第三，鼓励企业设立“创新岗”，吸引高校、科研院所高层次人才通过兼职、短期工作、项目合作等方式向企业一线有序流动，加快科技成果向生产力转化。

5. 建立科技成果转移转化年度报告制度和绩效评价机制

第一，按照国家科技成果年度报告制度的要求，建立长效工作机制，督促高校按期以规定格式向主管部门报送年度科技成果许可、转让、作价投资以及推进产学研合作、科技成果转移转化绩效和奖励等情况，并对全年科技成果转移转化取得的总体成效、面临的问题进行总结。第二，高校主管部门要根据高校科技成果转移转化年度报告情况，对高校科技成果转移转化绩效进行评

价，并将评价结果作为对高校给予支持的重要依据之一。第三，把高校科技创新工作纳入对高校事业发展的考核范围，在世界一流大学和一流学科建设考核评价体系中加强对高校科技成果转移转化绩效的考核。

2017年

关于着力提高中小学生身体健康水平的提案

国家要发展强大必须要有高素质的人才，而高素质人才作用的发挥前提是必须有健康的体魄。青少年是国家和民族的未来，少年强则国家强，因而提高中小学生的身体素质是国家发展的根源。

中小学生正处在身体生长和体质发展的关键时期，学生的体质是全面推进素质教育必要的物质基础，近年来国家多次提出了贯彻“健康第一”的思想，要求切实提高学生体质和健康水平。然而当前，中小学生的身体健康状况着实令人担忧。据近几年的国民体质检测报告反映，我国中小学生身高、体重、胸围增长的同时，超重与肥胖率继续增加，城市男生超重率达15%。学生近视率继续上升，小学生高达50%，初中生75%，高中生90%。各年龄组的肺活量、耐力素质持续下降，速度、爆发力、力量等素质也在不断下降。这些现状令人对未来中小学生的身体状况担忧无比。当今经济社会的飞速发展，丰裕的物质生活，不但没有促进我们学生体质的同步改善，反而出现身体机能和体质退化现象，令人震惊。

影响中小学生身体健康的因素：

一、社会大环境的影响。一方面学习竞争和升学压力造成学生课业负担过重，学生体育锻炼时间不足，强度不够。尤其是当前“素质教育”下的“升学考试”，使教育者和家长在急功近利思想左右下放松了学生身体素质的锻炼。另一方面，家长为了不让孩子输在起跑线上，常给孩子报大量的课业辅导班，让孩子培学乐器、舞蹈等特长，而很少关心孩子的身心问题，引导孩子从事体育活动。

二、学校体育教学的不足。第一，部分中小学校园狭小，运动场地不达标，有的学校甚至没有运动场地，连一年两次的春、秋两季运动会都保证不了；第二，学校对学生体育锻炼重视不足，学校体育设施和条件不足，甚至没有基本的体育器材，造成学生对体育课的认识有偏差，认为上体育课就是玩；第三，在素质教育的今天，“应试教育”依旧存在，体育课理应为“语、数、英”主学科让路。

三、学生锻炼时间的缺乏。学校虽然对学生体育逐渐重视，但是学校体育课由于时间的局限性，并不能达到理想的锻炼效果。课余时间相对较少，锻炼的时间较少。

四、学生自身不健康的生活方式。由于生活水平的提高，在家务劳动电气化、现代化的生活方式下，很多孩子成为“温室中的花朵”，贪图享乐，懒惰思想严重，生活不规律、饮食结构不科学，对看电视、上网游戏热情特高，对体育锻炼认识不够，及其缺乏主动参与体育活动的意识。

着力提高中小学生身体健康水平的建议：

一、继续全面实施素质教育，做到德智体美劳全面发展。一方面，教育主管部门要继续完善改革考试评价制度和学校考核评价办法，用制度引导老师提高课堂教学质量，将减轻学生课业负担的措施落到实处，治标还要治本。另一方面，学校全面实施《国家学生体质健康标准》和学生健康体检制度，建立和完善学生体质健康监测制度，将学生体质健康状况和体育考试成绩作为综合素质评价的重要内容。此外，加强宣传，正确引导家长在提高孩子各方面才能时，加强对孩子身心健康的关心，让孩子自由成长成才。

二、在城市建设和学校基础设施建设中，必须保证学校有足够的运动场地，解决学校体育教育硬件条件差的现状；对不达标的学校要限期改造，政府和教育主管部门要帮助协调找公共运动场地弥补学校场地狭小的不足；同时逐年加大资金投入力度，积极购置和更新体育教学设备和器材，为提高体育教育质量创造条件。

三、各学校要认真贯彻落实国家对体育教育的课程规定，确保体育教学质量。把健康教育列入学校工作的议事日程，严格执行国家课程标准，开足开齐体育课，开展阳光大课间活动，确保小学生在校每天锻炼一小时；建立学校高素质体育师资队伍，并按规定配齐体育师资，加强对体育教师的培训和考核，提高师资素质水平和业务能力；教育部门加强监督和投诉机制，确保中小学体育课程质量。

四、建立社会性体育锻炼和竞技运动相互促进、协调发展机制。要以“达标争优、强健体魄”为目标，整合民族体育与现代体育资源，开发出学生喜闻乐见、健身价值高，趣味性强、有地方特色、对场地器材要求不高的社会体育活动项目。同时，进一步办好学校体育传统项目和学校高水平运动队，建立社会体育和竞技运动相互促进、协调发展机制。举办多层次多形式的学生体育运动会，激励青少年自觉参加体育锻炼。

五、进一步提高学生的增强体育锻炼思想认识。第一，让学生明白健康的身体是搞好学习、工作的保证；第二，开展丰富多彩的课外体育活动，让学生们在活动中充分发挥他们的特长，以提高他们继续锻炼的兴趣；第三，开展中小学生健康知识课，培养学生从小养成良好的饮食习惯、作息习惯和健康的生活方式，并把全民健康观念引入其中；第四，开展各种项目的比赛，让学生从电视、游戏中走出来参加和观看体育比赛，用健康的体育活动去替代学生不健康的活动。同时引进“终身体育锻炼”的观念，通过开“体育处方”等灵活方式，让中小学生的体育锻炼和当前的全民健身计划结合起来，全面提高孩子的身体素质。

2013年

关于加强青少年优秀传统文化教育的提案

中华民族具有五千多年连绵不断的文明历史，创造了博大精深的中华优秀传统文化，经过几千年的沧桑岁月，把我国56个民族、13多亿人紧紧凝聚在一起，是我们在世界文化激荡中站稳脚跟的根基。优秀传统文化是中华民族的魂和根，蕴含着特有丰厚的民族精神和道德理念，包含着中华民族优秀的精神品质。党的十八大报告指出，全面建成小康社会，实现中华民族伟大复兴，必须发挥文化引领风尚、教育人民、服务社会、推动发展的作用。党的十八大以来，习近平总书记在一系列重要讲话中，深刻阐述了准确把握优秀传统文化的时代价值和实现中华民族伟大复兴中国梦的丰富内涵。教育是中华民族优秀文化承接与创新的重要手段，加强传统文化教育，是培养国民具有深厚文化素养、高尚道德涵养、良好人格修养的重要方式。

青少年作为国家未来的建设者和接班人，对青少年加强优秀传统文化教育，是我们在新时代进行青少年道德建设的重要思想养分，尤其对青少年的世界观、人生观、价值观等方面的教育有着极为重要的导向作用。因此，深入挖掘和利用传统文化中的精髓，加强青少年优秀传统文化教育，不仅可以培养孩子的文化意识，帮助孩子从丰富的文化宝藏中获得培植个性、培养创新能力的不竭源泉，更重要的是能够培养孩子健全的人格、帮助形成良好的行为规范，为其成为社会有用之才奠定良好的基础。

当前我国青少年优秀传统文化教育存在的问题：（一）青少年对传统文化的需求与他们的实际文化素养之间还存在很大距离，在广大青少年当中，违背优秀传统文化的道德失范、诚信丧失等不良现象依然时有发生。（二）学校对学生进行优秀传统文化教育不到位。不少学校为了追求升学率，只注重应试教育，忽视了将优秀传统文化融入德育教育和素质教育中去。（三）实际传统文化教学中，传统文化的内容少、教育途径单一、教育方式刻板、相关精品图书少。有相当多的学生认为课本里面传统文化知识篇幅过少；大部分的学生讨厌课堂宣传形式的传统教育。（四）社会上和校园内尚未形成一个崇尚民族传统文化的氛围，很多青少年对中国几千年来形成的传统文化知之甚少，甚至认为已经过时，以致许多的优良传统无法得到很好的继承。（五）社会上各种媒体对弘扬优秀传统文化教育的宣传报道力度不够、投入经费不足；市面上大部分相关传统读物晦涩难懂，失去了对青少年的吸引力；社会上存在的消极腐败现象及互联网、部分文娱场所传播的粗制滥造和恶俗恶搞信息，在一定程度上腐蚀了青少年的心灵。（六）家庭在未成年人传统文化教育中严重缺位。部分家长本身对传统文化知之甚少，对开展传统文化教育的重要意义认识不足，难以引导其子女去学习传统文化。

加强青少年优秀传统文化教育的建议：

一、建立“中华优秀传统文化教育”教学理论研究体系，完善中小学阶段传统文化传承体系和课程体系，并着重以“中华优秀传统文化与青少年完美人格培养”为重点研究方向，建立中国特色的现代化新型德育模式。

二、要努力形成青少年思想道德建设与传统文化教育齐抓共管的局面。建议各有关部门切实按照中共中央、国务院《关于进一步加强和改进未成年人思想道德建设的若干意见》的要求，在抓好青少年道德建设的同时，注意抓好与优秀传统文化教育的融合；加强推动优秀传统文化进校园、进课堂工作的落实，在大中小学及学前教育中，开设传统文化课程，把中华民族优秀传统文化渗透到中小学的思想政治理论课和思想品德课教学之中，真正做到优秀传统文化进教材、进课堂、进学生头脑。

三、要充分发挥学校主阵地的作用。一是加强德才兼备、以德为先、年富力强的德育工作者队伍的建设。建议各级教育行政部门、各中小学校及高校都要配备专职德育工作人员，并保证必要的经费；对德育教师实行综合目标考核，适当提高德育课教师的待遇（参照班主任待遇）。二是要将优秀传统文化教育贯穿于学校德育工作中。各中小学校适当开展传统文化教育课程，把优秀传统文化知识纳入有关科目的考试范围；各级党委、政府和教育行政部门，要逐步建立定期对青少年传统文化教育工作的督导、检查、评议和考核机制。

四、着力营造全民传承中华优秀传统文化的社会大环境。一是加大对优秀传统文化研究的扶持力度。有关部门应成立专门的机构研究和梳理中国优秀传统文化的精髓，注重从传统文化中发掘出符合时代脉搏的积极因素，为学校和青少年提供实施传统文化教育的丰富素材。二是加强对优秀传统文化的宣传，抓好舆论引导。利用电视、互联网等各种传播媒介，形成有利于青少年健康成长的良好舆论导向；组织创作、编辑、出版一批适合青少年的读物和视听产品，以青少年喜闻乐见的艺术形式，充分展示传统文化的魅力，以通俗明了的方式，引导、熏陶、感染广大青少年。三是有关部门和学校应积极开展有关传统教育的各项活动，通过开展各种“中华传统经典名篇读诵比赛”“青少年文化节”等活动，让青少年直接在优秀传统文化的无穷魅力的同时加强自身传统文化知识学习和思想道德修养；在报刊、广播、电视等媒体上开设优秀传统文化专栏，形成有利于青少年健康成长的良好舆论导向。四是加强德育教育基地和青少年校外活动场馆的建设，搞好第二课堂。要整合社会德育资源，为青少年提供德育教育基地和健康的校外活动场所；充分发挥各类教育基地的作用，对于博物馆、纪念馆、展览馆以及烈士陵园等爱国主义教育基地，应实行18岁以下青少年免费参观。同时，要多渠道筹集资金加大中小学生课外活动场馆的建设力度。

五、重视家庭作为青少年第一课堂的作用，鼓励家长对子女进行优秀传统文化教育。青少年优秀传统文化教育一个关键点是学生家长的观念转变。建议城市街道办事处、农村村委会都要配备专职德育工作人员，以社区、村镇为单位，组织家长定期开展各种相关活动，通过宣传引起家长对传承文化的重视和支持，引导家庭特别是弱势群体和外来务工家庭对自己的子女进行优秀传统文化教育，帮助自己的子女树立正确的人生观和价值观。

2014年

关于深化校企合作，加快建立以就业为导向的现代职业教育体系的提案

随着我国转变经济发展方式的需要，作为教育体系重要组成部分的职业教育为适应经济社会发展，也作出了相应的调整，经过多年的发展，我国的职业教育体系具备了培养高素质劳动者和应用型人才的能力，在教育质量、结构和规模方面呈现出良好的发展势头。尽管如此，我国当前的职业教育仍是三大教育板块中最为薄弱的环节，被公认是弱势教育，不能满足社会职业技术人员的需求。据了解，目前我国技能劳动者占从业人员的比例不足13%，全国技师、高级技师占技术工人总量的比例不足4%，技术人员尤其是高级技术人员缺口巨大，供给不足，且存在断档。另据对全国113个城市劳动力市场职业供求状况统计显示，总体劳动力需求呈现供大于求的状况，但对技工，特别是高级技工、技师、高级技师需求却呈现供不应求的局面。这种人才需求状况给职业教育的发展提出了相当大的挑战。

《国家中长期教育改革和发展规划纲要（2010—2020年）》（公开征求意见稿）中明确的任务之一是到2020年，要形成适应发展方式转变和经济结构调整要求、体现终身教育理念、中等和高等职业教育协调发展的现代职业教育体系。党的十八届三中全会印发的《关于全面深化改革若干重大问题的决定》提出，要“加快现代职业教育体系建设，深化产教融合、校企合作，培养高素质劳动者和技能型人才”，为今后一个时期职业教育改革创新指明了发展的目标、途径和任务。

当前，我国正处于经济转型和产业升级换代时期，迫切需要数以亿计的工程师、高级技工和高素质职业人才，发展现代职业教育，不单单是一个教育问

题，还是推动工业化、信息化、城镇化、农业现代化同步发展的重要一环，更事关中国制造业的核心竞争力、中国装备的市场竞争力。因此，重视职业技术教育发展，解决职业教育中存在的重要问题是我国职业教育发展的当务之急。

我国现代职业教育存在的问题主要表现在：第一，政府总体投入不足，《职业教育法》及相关配套法律法规不完善。欧盟15个国家中，有11个国家的中职教育投入比例超过50%。我国现行《职业教育法》对企业究竟该如何开展对本单位的职工和准备录用的人实施职业教育、享有怎样的权利和义务、违者将受到怎样的处罚等，对于国家、政府和企业各自所应承担的经费责任和义务，没有详细的规定，使职业教育校企合作无法形成长期、稳定、互惠互利的合作关系。第二，“重文凭、轻技能”的社会观念和思维定式使职业教育缺少吸引力，全国职业教育区域发展不平衡，存在较大的城乡差距。第三，大部分校企合作、产学合作的有关政策有待完善，企业缺乏合作动力，大部分校企合作只停留在捐助教学设备、提供实习基地、培训员工等层面。第四，职业教育人才类型和培养目标定位不明确，教育模式忽视创新精神和实践能力的培养，教学内容与产业发展不适应，实践教学环节薄弱，“双师型”教师不足，师资水平有待提高。第五，课程设计不足，不能满足企业对职业能力的要求。在课程设计上，我国偏重于基础和理论课程的教学，注重知识的完整性、系统性，但对知识的广泛性、实用性重视不够，选修课程安排较少。第六，全面的就业准入制度和职业资格认证制度建立不完善。

深化校企合作、加快建立以就业为导向的现代职业教育体系的建议：

第一，加快以就业为导向的现代职业教育体系建设。各省市根据终身教育理念，促进形成“崇尚一技之长、不唯学历凭能力”的社会氛围，激发年轻人学习职业技能的积极性；通过中高职衔接、一体化培养、技术本科、专业硕士等方式，来构建纵向贯通的职业教育通道，为职业院校学生阶段性成才和可持续发展铺设通途；创新职业教育模式，通过建立学分积累和转换制度，打通从中职、专科、本科到研究生的上升通道，引导一批普通本科高校向应用技术型高校转型。

第二，深化职业教育校企合作、产学合作制度，努力形成以学校为主体，企业和学校共同教育、管理和训练学生的综合人才培养模式。开展校企联合招生、联合培养的现代学徒制试点，指导职业教育工学结合快速发展；常年聘请企业优秀的工程技术人员到学校从事实践教学和指导，聘请企业负责人和技术主管参与学校课程改革和专业建设工作；开展产学结合的培养模式，部分专业学生在校期间到企业进行生产实践；建立职业教育公共实训基地，并要充分注意区域的适用性、目的的针对性、办学的灵活性、费用的统计性等问题。

第三，加大政府的支持力度。职业教育在西方发达国家被喻为“使社会走向博雅的杠杆”。建议将职业教育上升为国家战略，并给予各级政府政策和财政支持；建立职业教育发展的必需资金，纳入财政预算，设立专项资金；制定科学有效的评估标准和程序，对职业教育进行全方位的评估，达到标准的由政府给予一定的政策倾斜或税收优惠；鼓励和支持企业投资学校，为学校办学提供必要的实训场所、设施、实习师生的报酬等条件，对职业教育办学突出的学校和企业给予必要的政策倾斜。

第四，建立健全职业教育法和相配套的法律法规。通过建立健全法律法规，明确学校与企业双方在培养人才方面的权利与义务，从政策引导和法律约束两个方面保证职业学校毕业生在企业职工中占有一定的比例，充分调动企业的积极性，让企业直接参与职业教育，把培养技能型人才作为企业应尽的责任和义务。

第五，突出特色优势，打造职业教育亮点。如河南在特殊技能人才培养体系研究方面具有原创性成果，同时又有大量艺术院校、体育学校、武术学校、杂技学校、音乐学校、美术学校、文武学校以及正筹建中的中原文化艺术学院这所本科院校。应当积极整合这些资源，进行独具特色的教育创新实验研究和传播推广，建立完善的特殊技能人才学校教育培养体系。加强中医药职业教育，根据地方需求培养不同学历层次的中医药实用技术人才，打造我国职业教育亮点。

第六，完善职业教育课程设计、人才培养层次、专业结构和培养目标定位问题，加强师资队伍建设。各职业院校要围绕企业和市场需要，以就业为导向培养学生的技能，以能力培养为重点，深化课程体系改革，建设和调整培养目标和专业结构；根据岗位需要和企业用人标准调整教学计划，削减与专业技能衔接不紧密的理论内容；提高职业教育教师的准入制度，在注重学历的同时也强调实际教学能力；加强师资队伍建设，引进有丰富企业工作经历的优秀人才，聘用具有行业影响力的专家作为专业带头人，聘用专业人才和能工巧匠作为兼职教师，建成过硬的双师素质教学团队；根据大城市要博士，地市级中等城市要硕士，县级要本科，基层乡镇、乡村、城市社区缺大专人才的不同层次人才需求现状，建议加大针对城乡基层的大专人才培养力度，培养留得住的人才。

第七，尽快建立完善的、全面的就业准入制度和职业资格认证制度。从发达国家的经验看，职业资格认证不仅对职业教育的发展具有十分重要的作用，而且对整个社会的人力资源的开发、管理和合理的使用，避免人才培养、使用上的盲目性以及学生在择业上的盲目性也有重要作用。要大力实行订单式培养，坚决推行双证书培训制度，实现人才培养与企业需求的无缝对接。

第八，发展双边、多边的职教合作，关注国际的、洲际的、区域的、特殊的职业教育问题，建立国际化的职教合作网络和运行机制。围绕产业发展需求，服务国家经济“走出去”发展战略，将国际化工艺流程、产品标准、服务标准等引入教学内容，培养具有国际竞争力的高端技能型人才。以我国大型跨国集团和企业的境外合作为契机，开展境外培训，满足企业发展需要和高技能劳务输出需要。

2014年

关于加强高校科技成果应用转化的提案

科技成果转化是促进科技与经济紧密结合的关键环节，高校是科技创新的主力军，企业是科技成果转化的关键，推动高校和企业联合结成更加紧密的技术创新战略联盟，努力把高校科技成果转化为现实生产力，必然能为我国经济、技术高速发展提供强大动力。《国家中长期人才发展规划纲要（2010—2020年）》首次提出要创立高等学校与科研院所、行业企业联合培养人才的新机制，要求高校要加强基础研究、应用研究以及创新基地平台建设。针对科研领域当中的体制性障碍，提出了要促进高校、科研院所、企业的科技和教育的资源共享；并特别指出高校要牢固树立主动为社会服务的意识，全方位开展服务，推进产学研用结合，加快科技成果转化。

推动科技与经济紧密结合，着力构建以企业为主体、市场为导向、产学研相结合的技术创新体系。瞄准关系全局和长远发展的战略必争领域，加强基础研究、前沿先导技术研究，是我国深化科技体制改革的最新目标和要求。高校作为科技创新的主力军，在为政府和企业提供科技创新服务方面发挥着越来越重要的作用。而目前在我国，高校科技成果应用转化率还较低，远不能满足我国经济社会发展要求。其中高校在科技成果应用转化方面发展较为薄弱，存在以下问题：一是许多高校特别是非“211或985工程”的高校科技创新动力不足，研究缺乏特色，科研成果科技含量低。二是高校科技成果转化机制尚未理顺。科研项目数、科研经费数、发表论文数、鉴定成果数等指标是高校科研工作追求的主要目标，存在着“重理论研究、轻实际应用”的问题，导致科研与实际应用转化相脱离，许多的科技成果也仅停留在研究阶段。三是企业资本市场发育不充分，风险意识有待进一步提高，风险投资及其退出机制尚未建立；

四是高校科技工作中知识产权管理较为薄弱，大多高校教师对知识产权和专利法认识不完善，而使具备条件的技术成果不能申请专利，转化应用。五是一整套支撑高新技术成果转化和产业化的创业服务体系尚未真正形成，制约着以“高投入、高风险、高回报”为特征的高新科技产业的发展。

为了加强高校科技成果应用转化，使高校教学科研力量更好地为社会经济发展服务，建议如下：

一、政府要加大力度积极鼓励高校科研的创新发展，并积极引导和支持高校更多开展应用性研究工作。政府和高校加大对应用性研究项目的资金投入和支持力度；高校通过系统的制度建设集中部分教学科研资源，促进形成科研团队合力、加强研究力量来推动科研人员从事应用性研究；通过刺激机制使高校科研成果更具科技含量，引导高校科研工作更加为我国经济社会发展服务。

二、高校要加强科研工作者的科技成果应用转化意识。第一，建议将科技成果转化工作列入高校行政工作的议事日程，实施有效的激励手段，调动科技人员的积极性，并在职称评定、科研设岗、经费提成等方面制定相应的激励政策。第二，根据我国已经颁布的相关法规，制定切实可行的科技成果转化的利益分配办法，从制度上保证做出贡献的科技人员的权益，为科技成果转化应用营造良好环境。第三，政府完善支持科技发展和成果应用转化的人才政策，最大限度地调动高校广大科技工作者的积极性、主动性，激发全社会的创新活力。

三、政府出台政策支持企业联合高校科研机构组建技术研发平台，加强前沿技术和战略高技术的成果应用转化；制定政策完善支持企业科技发展和成果应用转化的财税、金融、产业技术，创造公平开放的创新环境；在市场机制作用下，各级政府综合研究，出台政策有效降低技术转移风险和技术转化成本，推动高校科技成果与企业技术研发和成果转化有机融为一体，使企业形成具有技术优势、成本优势、资金优势的创新聚集区。

四、高校建立知识产权运用制度和激励保障制度，改革成果鉴定、奖励、考核、晋职等制度，为科技成果应用转化工作营造良好的环境，也为知识产权保护提供有力的保障和支持；在学校研发计划中增加专利战略和策略的内容，加强与企业产学研结合，建立技术转移机构，使科研项目从开始申报就与经济、科技发展相适应，促进科技创新和科技成果应用转化。

五、完善支撑高新技术成果转化和产业化的创业服务体系，建立多层次、多渠道的投入机制，切实加大科技成果转化投入力度，努力让更多科技成果转化为现实生产力；改善科技成果可持续转化和应用环境，建立区域中心监管机构，规范和明细产学研一体化过程中政府、企业和高校科研机构各自肩负的社会职能，确保研发成果转化和推广应用的可持续性，为推进我国科技创新发展、转型发展、科学发展做出积极贡献。

2013年

关于深化留学人才归国创业政策以推动科技进步与技术创新的提案

世界经济一体化趋势下，国与国之间综合国力的竞争核心是科技竞争，即高素质人才的竞争。世界各国尤其发达国家纷纷把吸引人才与推动科技进步、技术创新作为国家战略的重要内容。改革开放30年来，我们党和国家采取了一系列加快科技事业发展的重大战略举措，全社会科技水平得到了显著提高。同时，加大力度吸引留学人才为（回）国服务，大批优秀留学回国人才成为了国家科技进步、技术创新和社会建设的重要力量之一。在当前经济形势下，完善和加强留学回国人才创业政策支持、加大力度扶持优秀留学人才的企业发展，对于我国吸引高学历、高素质的优秀留学人才为国服务、实现我国科学技术进步和建立"创新型国家"具有重要的现实意义。

留学人才企业多为技术创新型企业，发展模式大多为：将高科学技术实现产业化并完成一定资金积累后，利用自身国际化优势引进国外同行业的高新技术，进行消化、吸收、改造、创新，并申请自主知识产权。但是，不少留学人才尽管掌握着国际前沿的高科学技术甚至能够填补我国空白，拥有很强的自主创新能力，却在国内"水土不服"，企业发展也经常遭遇"瓶颈"。主要表现在：

1. 技术的领先地位难以被认可。国内对科技项目评价体系尚不健全，使得一些优秀留学人才掌握的国际先进技术很难得到国内专家的认可。例如在国外大公司做技术研发的留学人才所做项目具有很强的保密性，国内甚至没有人接触过，就很难对其技术进行客观、公正的评价。而这种技术评价往往能够左右项目的商业融资和申请资金支持等。特别是申请政府资助项目时，加上民营企业性质等不利因素，留学人才企业即使掌握了国际尖端技术，也很难通过

“专家意见”这一关。

2. 融资仍然困难。具有多年在国外大公司工作经验的留学人才，他们技术的国产化可能会给行业带来革命性的技术进步，而这些技术的产业化往往需要大量的资金。不少满怀希望并渴望回国干出事业的归国留学创业人才，都遇到了商业融资困难、难以获得政府资金支持的重重困难，一定程度上挫伤了留学人才科技报国的热情。

3. 留学归国人才企业很难快速成长。留学人才的技术优势没有机会在创业企业中发挥出来，从而很难产生比较优势。主要表现为：一是国内公平竞争不尽完善的商业环境下，以技术优势为主要特点的留学人才企业与其他所有类型的企业相比，产品市场竞争总是处于劣势；二是多年在外的留学人才对国内环境并不适应，造成企业在各个发展阶段很难得到有关方面的支持和配合，不少企业失去了快速发展的机会。

4. 国家有关政策不够完善。如何积极帮助侨资企业应对全球金融危机，不仅是涵养中国特有的海外侨务资源、实现侨务资源可持续发展的需要，也是服务国家核心利益和发展战略的必然要求。但是，金融危机发生后，国家针对台商出台了1300亿元的融资支持政策，针对港澳地区的企业也出台了类似的扶持政策，而把侨资企业当作外资的一部分，对这部分特殊群体没有区别对待。

5. 身份难以认定。许多留学人才在国外定居或入籍后，其国内户口和身份证依照现行法律法规和政策规定应当被注销，他们回国工作、生活持护照作为有效证件。而护照并不具备国内居民身份证同等的使用效力，在办理电话通信、银行开户、房产证等手续方面存在诸多不便，很多地区在享受劳动保障、医疗服务、子女入学等方面也有不少困难，这些因素在一定程度上影响了他们回国工作及创业的积极性。

推动留学人才归国创业的建议：

1. 建立更加科学的技术评价体系，实现项目评估“直通车”。针对拥有高新技术、国际先进水平的留学人才这一特殊群体，应该建立与国家科技部的快速沟通体系。通过具有世界性、权威性的专家的考核与论证，公平、客观地评定项目和技术水平；建立答辩制度，确定其项目的真正价值，并给予申请国家基金扶持的平等或特殊待遇。

2. 加大资金扶持力度，扩大投融资途径。依靠“留学人才创业服务中心”等基层机构，在详细了解留学人才企业的背景下，按照集中力量扶持有发展远景、自主创新能力强、产品具有世界竞争力企业的原则，给那些对国家高新技术有重大突破、有发展前景的留学归国人才自主创新企业更多的资金支持。

3. 成立专门研究小组。建议以国家级留学人才创业园为试点单位，成立由发改委、科技部等政府主管部门主导、创业园和优秀留学人才参与的研究小组，探讨如何深化吸引高素质优秀留学人才回国创业政策的制定、留学人才高精尖技术的评价机制、国外重大科技项目的产业化财政支持和商业化运作指导等，以架起政府主管部门和国内外优秀留学人才的桥梁。

4. 细化高新技术企业认证标准。在对留学人才企业重新认定过程中，重点评价企业科技创新能力和拥有的自主知识产权状况，适当弱化一些经济指标，真正体现留学人才企业的技术创新特点和高新技术企业评价标准的科学性。

5. 对侨资企业实行专项贴息扶持政策。在操作过程中，可以会同侨务部门、商务部门对扶持对象进行甄别，对已取得银行贷款、符合国家产业政策的侨资企业按贷款基准利率的一定比例给予财政贴息或全额贴息，重点帮扶中小企业解决流动资金不足问题，支持企业不裁员，鼓励企业克服时艰，承担社会责任，增强战胜危机的信心和勇气。

6. 在全国范围内推行“居住证”制度。学习借鉴国外经验和研究上海、北京、广东等地居住证制度，引导各地进一步充实政策内涵，体现当地特色，以吸引更多的海外高层次人才。“居住证”不是身份证明，但应具有类似居民身份证的部分功能，是持有人在中国居住、工作的方便之匙，为他们解决创业工作生活等多方面的后顾之忧，解决申请科技项目资助、高新技术成果产业化等方面的机制障碍，形成一个人才流动和人才集聚的良好氛围。

2013年

关于广开门路　加强农民工培训的提案

2013年，全国农民工总量为2.69亿人，其中外出农民工1.66亿人。作为我国工业化、城镇化快速发展中成长的新型劳动大军，农民工为我国经济建设作出了巨大贡献。

近年，随着各地相继组织实施了以农村劳动力综合素质、技能创业、转移就业、权益维护等为主要内容的一系列农民工培训工作，农村劳动力的综合素质和技能水平得到了较大提升。但随着对农民工的技能和整体素质要求的不断提高，加强对农民工的就业培训、创新理念已成为亟待解决的问题。

当前，农民工培训工作中存在的主要问题表现在：第一，缺乏统一规划，资源浪费问题突出。参与农民工培训的部门多、规模大，培训形式和手段多种多样，培训的层次千差万别，培训标准、培训内容、补贴标准不统一，资金分散，缺乏统一规划及必要的协调和衔接。第二，培训专业课程设置与就业实际需求脱节，培训方式和培训教材亟待改进。由于培训机构师资力量、教学设施和实训设备筹建与新型城镇化对农民工的数量和质量要求不相适应，师资水平亟待提高，办学实体大多只能开展简单的工种教学，培训方式和内容大多停留在初级层次上，封闭式办学，信息交流范围狭窄，技术培训的实用性和针对性较差，就业率不高。第三，培训体制不完善，缺乏有效的监管制度。第四，农民工参加培训的积极性不高。一是长期以来职业资格准入制度执行不力，相当一部分企业“职业资格、培训鉴定”与工资待遇不挂钩，使多数农民工形成“学不学技术一个样”的错误观念；二是补贴标准与技术工种培训费用差额大，有些培训费用是补贴的2—3倍，甚至更高，使不少有培训需求的农民工望而却步。

创新农民工培训的基本思路：一是实行普通培训与就业培训相结合；二是实行政府培训与企业培训相结合；三是实行技能培训与素质培训相结合；四是实行集中培训与分散培训相结合；五是实行短期培训与长期培训相结合。

建议如下：

一、加强组织领导，形成有序运行的农民工职业技术教育培训统筹协调机制。建议各省政府成立由主要领导任组长，相关部分负责人为成员的农民工工作领导小组，下设办公室。组织推动农民工工作，督促检查相关政策落实情况和任务完成情况，统筹协调解决政策落实中的重点难点问题。负责省农民工职业技术教育培训的统筹规划、综合协调和考核评估；编制农民工技能培训中长期规划和年度计划；通过投标方式，认定农民工定点培训机构；建立培训质量评估指标体系，统一考核标准和考核办法，对各类培训机构实行年度动态管理，优胜劣汰。

二、完善政策措施，引导农村转移劳动力接受职业技术教育培训。一是加大对就业准入制度执行情况的监督检查力度，凡属国家规定实行就业准入控制的工种，用人单位要从取得相应职业资格证书、职业院校学历证书或职业培训合格证书的人员中录用；同时督促企业建立持证者工资待遇的激励机制。二是提高农民工培训的补贴标准，逐步探索推进免费培训、降低农民工参加技能考试鉴定的费用等方式，加大政策对农民工接受职业教育、技能培训的影响和引导力度。三是通过奖励性补贴的办法，支持知识接受能力强的优秀农民工，进一步接受中、高等职业教育，引导新生代农民工追求更高的技术地位，实现在城市的稳定就业。

三、发挥高校特别是职业院校的资源优势面向农民工开展培训。高等学校随着招生规模的逐渐减少，闲置很多优质教学资源，应鼓励高等学校面向农民工开展技能和素质培训，有计划地组织农民工进行轮训，把民生工程的培训经费转移到职业教育的建设上，同时解决了职业教育缺少经费和农民工师资力量的不足。把农民工送进高等学校进行培训，不仅能提高他们的专业技能，更能受到人文文化的熏陶，使农民工的整体素质得到更快提升。

四、建立和完善省级专业技能培训基地。一些特殊技能和高水平技能需要综合性、系统性、高标准的严格培训，一般性的培训机构难以完成培训任务，要按照当前需求结合长远目标，建立和完善几所面向农民工的高技能培训基地，定向招收具备一定基础的素质较好的农民工，特别是新生代农民工群体，开展后备产业工人技师、高级技师的培训。

五、引导支持行业、企业成为农民工职业技术教育培训的主体。通过将地方教育费附加的一定比例，用于补贴企业和社会各类职业教育培训机构开展企业职工培训的政策措施，鼓励企业和院校产学研结合，采取“学校出菜单、企业拿订单”的方式，开展岗前培训、脱产培训、业务研修，开办岗位技能提升等培训。

六、加大投入装备县级现有培训机构。根据县（市）级培训机构的实际需要，逐步增加投入，装备实用性培训设施，提高培训工作能力和质量。

七、加大投入，完善农民工培训基础设施，强化“双师型”师资队伍建设。要建立稳定的职业技术教育经费保障机制，逐步提高农民工教育培训占财政经费的比重，引导社会资本投资农民工培训，不断完善培训教育基础设施和实训基地建设。要为农民工职业教育培训机构培养青年教师、提高师资素质和技能水平提供经费保障。支持农民工职业教育培训机构探索师资培养新模式，通过实施“外引内培”“名师工程”等举措，构建理论基础扎实、技术能力较强的“双师型”师资队伍，提高农民工职业教育培训机构的教学水平。

八、有效利用远程教育网络强化农民素质培训。利用现代远程教育网络系统，探索不同的培训模式。如流动放影式（利用现代信息技术）、按照时令定点讲解式（农技员生产劳动技术指导）、个别辅导式（专业户的农技指导）、科普知识的普及式、专项讲座式（农民工学得的实际技术进行交流）、实践经验汇报总结式等。

2014年

关于加强对环境污染预测和预防的提案

环境，是人类生存和活动的场所，也是向人类提供生产和消费所需要的自然资源的供应基地。环境问题的产生，从根本上讲，是经济社会发展的伴生产物，当今经济社会的快速发展是以牺牲环境为代价。前50年我们以环境为代价创造了上百亿、千亿元的财富，现在我们则需要花费远超过所创造的财富的代价来买后50年的健康生存。

2012年，持续的雾霾天气和备受关注的水源污染、癌症村事件，让环境问题赤裸裸地显露在公众面前。空气污染、河流污染、地下水污染、土壤污染、食品污染等与人民群众健康生活息息相关的问题数不胜数。

据中国地质科学院水文环境地质环境研究所调查显示，华北平原浅层地下水综合质量整体较差，且污染较为严重，未受污染的地下水仅占采样点的55.87％。深层地下水综合质量略好于浅层地下水，未受污染的地下水占87.14%，污染相对较轻。2011年，全国共200个城市开展了地下水质监测，与2010年相比，15.2%的监测点水质在变差。而在全国655个城市中，400多个以地下水为饮用水源，约占城市总数的61％。北方地区65％的生活用水、50％的工业用水和33%的农业灌溉用水来自地下水。在没有新水源的情况下，一旦失去了地下水，也就意味着生存危机的出现。此外，山东淄博市水源污染导致的癌症村事件，更加显示了环境污染的严重性和危害性。环境污染正在导致哮喘、气管炎、高血压、癌症等各种疾病的加剧发生。食品安全、水安全、空气安全已到达临界点，冲破了安全警戒系统。

面对突发的环境污染问题，我们常在上演亡羊补牢的情景。总是在危害已经到来时，才开始想办法解决，以致束手无策，不能第一时间采取措施、拿出及时的应急方案。环境问题固然要解决，但是解决不是一朝一夕能完成的。正如俗话所说：10年的破坏，需100年的后续治理。面对空气、水源、土地污染等已到如此严重程度的现状，对我们政府确实是一个考验，在治理环境污染中，不能口渴而掘井，能干的政府就必须有预测能力，倘若对于这些与人民群众生活息息相关、事关老百姓生命安全的问题不能有效地预测与解决，就无从谈及改善民生，更无从实现党的十八大提出的建设美丽中国的美好愿景。因此，在解决当下环境问题的同时，政府应当加强对环境污染的预测和预防，做到未雨绸缪，而不至于等到问题严重到不可解决时再花费百倍的努力补救。

第一，环保部门、政府其他相关机构应当及时对即将出现的环境问题提前预报和预警，对已经出现的问题，要适当公布，及早提出应对措施。各大城市要全面开展大气环境污染预警，建立区域层面大气污染监测、评估、监督体系及有效的污气排放考核机制，建立起重点区域细颗粒物污染防治体系，使细颗粒物排放总量逐年显著下降；环保部门定期对城镇、农村地下饮用水实施调查、检测和评估，保证饮用水水源的安全；定期检查重点企业和垃圾填埋场的污染治理情况，评估企业和垃圾填埋场周边乡镇地区的地下水和土壤环境状况，对于有污染倾向的工厂给予停顿整理，排查安全隐患，并对附近村民的日常饮食采取相关措施，避免环境污染性疾病的产生。

第二，加强环境监管部门对工业生产的监管力度，尤其是废气、废水、废料排放量大的工厂，要严把排放标准关，严禁重度污染事件发生，预防轻度污染。同时构建完善的政府和企业目标责任制，实施民主监督，开放民众举报通道，对产生严重工业污染的部门给予严惩。

第三，加大环境保护经费投入。各省市、地方相关环保部门制定有效措施，对本市、县、镇里的工厂采取由政府投资，集中建设废气、废水、废渣公共排污后处理系统。各工厂先自行前期进行工业废气、废水、废渣处理，首次处理达标后再排放到公共处理系统中，经二次、三次处理达标后排出。对于首次处理不达标的废物直接排放到后续公共处理系统中的，显示自动警报，停止处理，待达标后再行处理。

第四，加强环境调研和对环境污染源的研究，及时发现污染源，寻找解决途径，预防环境污染的进一步恶化，避免新癌症村的不断出现，让科学研究真正为人民服务，而不是单纯停留在文字上和实验室中。环保部门加大科研投入力度，设立空气、水源、土壤污染预防监测部门，引进研发相关监测技术，配备专业预测人员，对可能出现的环境问题向人民群众提前预警，采取有效防范措施解决问题。

第五，综合治理，建立环境友好型社会，经济发展与环境预防两手抓。经济发展固然要以环境为代价，但是我们不能一味依赖环境、破坏环境，要防患于未然，对经济发展过程中可能产生的环境问题做出有效预测，及时建立应急处理措施。如加快推进和完善环境立法，建立健全空气、地下水、土壤等监管系统；建立预警预报标准库，构建各种污染预报、应急信息发布和综合信息社会化服务系统。

第六，对已经出现严重环境污染地区，要加强各种疾病预防措施。各地市政府机构，及时调动相关人力、物力资源，及时保障人民群众的健康安全。

2013年

关于进一步加大对环境污染防控和治理力度的提案

近年来随着科学技术的不断进步和社会经济的高速发展，国民生活水平得到了日益提高，但同时我们的生存环境也变得日趋恶劣，尤其是2013年以来，全国大范围雾霾天气持续性出现，多地首次发布了雾霾橙色预警。然而雾霾天气并不是2013年以来特有的，每年从秋末到春季都是雾霾天的高发期。与常年同期相比，2013年1至2月、10至12月，我国中东部多个省份出现雾霾天气的平均日数普遍偏多。环境污染已成为直接影响人民群众生活和健康、需要当务之急解决的问题。

近两年，多地区频发的雾霾天气和备受关注的水源污染、癌症村事件，让环境问题赤裸裸地显露在公众面前。大气污染、河流污染、地下水污染、土壤污染、食品污染等与人民群众健康生活息息相关的环境问题数不胜数。环境污染正在导致哮喘、气管炎、心脏病、高血压、癌症等各种疾病的加剧发生。空气安全、水安全等已到达临界点，冲破了安全警戒系统。

持续的雾霾天气是大自然对人类活动的一种无声抗议，再次敲响了我国环境问题的警钟，减轻雾霾对人们生活的影响已经刻不容缓。改善环境，提高生活质量，是党中央、政府和人民群众的共同愿望。国务院总理李克强指出，积累问题是个长期过程，解决问题也需要一个长期过程，但是我们必须有所作为。一方面要突出重点、分类指导、多管齐下、科学施策，把调整优化结构、强化创新驱动和保护环境生态结合起来，用硬措施完成硬任务，确保防治工作早见成效，改善民生；另一方面雾霾天气治理需要全社会共同行动，要提醒公众加强自我防护，树立全民意识，全民参与环境保护。建议：

一、加强我国现行环境法的完善与修订，加大环境治理力度。雾霾早已成为全人类共同面对的问题，这一现象在西方发达国家工业化时期也曾频繁出现过，但经过长期治理，雾霾问题已得到根本解决。国外治理大气污染首要措施即是颁布相关法律，立法先行。目前，我国已实施13年的《大气污染防治法》亟待修订，应尽快完善雾霾天气应急预案、PM2.5控制等相关法律法规，以便在环境治理中有法可依；各省市应根据自身的地理条件、经济发展、环境现状强化执法监督管理，深化环境监测体制机制改革。各级气象、环保部门应采取切实有效的方法进行气候预报和空气质量监测，为各方采取防霾措施提供及时信息。

二、加强雾霾污染源头治理。长期以来，由燃煤、机动车、工业、扬尘等造成的城市空气污染源排放基数大是导致空气严重污染过程的重要原因，欲彻底改善城市空气质量，必须加强对污染源头的控制。首先，加强机动车污染控制。加大机动车尾气治理力度，通过立法修订机动车尾气排放标准；推进公共自行车服务系统建设，在地铁站、公交枢纽、居住区周边建设自行车停放设施，倡导绿色出行；大力发展公共交通，推广使用纯电动、液化天然气、混合动力等新能源汽车；加快淘汰高排放老旧机动车；加强在用车辆的污染控制，鼓励个人购买并使用新能源汽车；加强非道路施工机械监管。其次，加强煤炭污染控制。化石能源中的煤炭和石油，在我国能源消费中占90%左右，尤其是煤炭占70%左右。煤炭的自身特性决定煤炭利用将比使用天然气等清洁能源产生更多的污染排放，因此各地市应根据自身地理条件、经济发展痛下决心，大力发展清洁能源，通过严格控制煤炭的使用，逐步削减煤炭用量，走以天然气、电力能源为主的能源结构新道路。最后，建筑工地飞尘、机械扬尘、焚烧树叶秸秆、露天烧烤等，无形中增加了“环境负荷”，应当加强执法部门的监管和治理。

三、加强企业节能减排的监督管理，通过立法对造成环境污染的工厂、企业进行惩罚，并加大惩罚力度。工厂和企业是PM2.5的主要制造者之一，工厂、企业在其生产过程中，不可避免地会排放大量的可燃性气体、含硫化物气体、有毒气体以及含放射性物质气体等工业废气。首先环保部门要不定期对辖区内各大小工厂、企业排污系统地进行排查，对排污不达标的工厂、企业及时停业整顿，定期公布排污超标企业名；其次加强对重点污染源、重点污染企业的监测和发布，明确违规排污的标准和处罚力度，以便于公众监督；对一再制造空气污染事件的企业实施严厉处罚，取缔“污染大户”，并将空气质量指标纳入节能减排考核体系；对耗能、污染型企业重点审批强化节能环保指标约束，提高节能环保准入门槛，健全重点行业准入条件。最后加强推进天然气、太阳能等清洁能源在企业的使用，推进清洁生产，减少污染气体的排放，逐步实现节能减排；给予扶持政策，鼓励企业建立低碳生产方式，通过提高现有技术、研发新产品等途径加大防污投入，开发温室气体排放量少的商品，实现赚取利润与承担社会责任相统一。

四、将防污治污效果纳入各地方政府政绩考核范围。治霾防污是一个综合性、系统性工程，各地方政府要真实公布每日空气质量情况和PM指数，并根据各地实际情况采取相应措施。同时国家对各地治霾防污效果进行评估，把群众对环境保护的评价、反响列为考核重点，将结果纳入官员当年考核绩效中，使治霾防污工作法律化、制度化，以有利于防污治污工作的顺利进行。

五、加强环境监测预测体系建设，妥善应对重污染天气。将建立雾霾天气预测预报系统与建立动态控制排污系统、控制污染源排放的决策系统结合起来，治理时地区联合，以有效地应对雾霾天气并达到最佳的治理效果；将重污染天气应急响应纳入各级政府突发事件应急管理体系，实行政府主要负责人负责制；要落实责任主体，明确应急组织机构及其职责、预警预报及响应程序、应急处置及保障措施等内容。

2014年

关于加强大气污染监测治理和宣传教育的提案

近年来随着我国多地遭遇持续雾霾天气，大气污染防治形势变得异常严峻。为加快推进我国大气污染治理，切实保障人民群众身体健康，国务院高度重视，及时修订实施了新的《环境空气质量标准》，出台了《中华人民共和国大气污染防治法》，而且2016年政府工作报告中提出“今后五年，治理大气雾霾取得明显进展，地级及以上城市空气质量优良天数比率超过80%”。在严峻的环境形势下，环保部和各省市连续推出多个专项治理方案，从治理扬尘、燃煤、挥发性有机物、机动车、秸秆焚烧等多方面强力推进，加大治理投入，重拳出击，打响了大气污染防治的攻坚战，取得了一定的成效，空气检测指标持续改善，优良天数增加，甚至老百姓把连续蓝天白云的好天气亲切地称为“攻坚蓝”。

然而大气污染防治是一项复杂的系统工程，当前的形势和任务依然严峻，仍面临不少问题。一是长期以来人们在防污治污方面一直存在误区，认为治理污染、改善环境理应是政府和职能部门的分内之事，与人民群众没有多大关系，只要政府和职能部门把工作做好了，人们就能坐享天蓝水碧的环境福利。反之，政府和职能部门工作有疏漏，人们就义愤填膺地嗟叹抱怨。然而事实上，大气污染的侵害不会因为个人的事不关己就会烟消云散，我们都生活在同一片蓝天下，治污面前，个个都是责任人，人人都不是旁观者。二是对大气污染的监测治理不够，环境违法行为时有发生，部分企业污染治理的内生动力不足，偷排漏排、超标排污等现象仍然存在。三是能源消耗大且结构不合理。高耗能高污染重工业占比仍较大，能源消费以煤炭为主，污染物排放严重，且对源头控制和清洁生产重视不够，污染治理缓慢。四是环保执法能力不足，执法力量不能满足需要。

加强大气污染监测治理和宣传教育的建议如下：

1. 加强大气污染防治和健康宣传教育

第一，加强大气污染防治宣传教育的常态化。天空蓝的实现既离不开政府的统筹安排和部署，更离不开每个公民的具体行动和配合，人们环境意识的真正提升才是治理大气污染的最有效手段。要充分利用新闻媒体、广告宣传、微博、微信等各种宣传媒介，及时发布环境与健康信息，针对雾霾污染、危险化学品爆炸泄漏、垃圾焚烧、电磁辐射等公众关注度高的环境健康问题，适时发布健康防护指南及疾病预防的建议等，增强公众环境健康风险判断和预防保护能力。第二，在校园、社区、公园、游乐场等公共场所持续定期开展环保行动、普及生态知识、倡导绿色理念、宣传生态文明等活动，人人参与大气污染防治是一项可以使每个人长期享受的民生工程、绿色工程，从而不断提高人们的空气质量保护意识。第三，加强政府部门信息公示平台建设，建立更多公众参与环境和健康管理的渠道，推动落实公民参与和监督责任，充分听取民众意见，积极调动民智民力，奖励举报大气污染行为，形成全民治污的良好氛围。

2. 加强大气污染的监测治理

第一，建议成立类似于河长制的大气污染防治片长，并强化片区责任制，加大投入建立分片区的全覆盖监测网络系统，对所辖片区空气质量进行实时监测，采用有害物质雷达追踪、监测机器人检测等方式提高大气污染监测的准确性及全面性，对污染较为严重的区域进行重点监测整改，加强落实“谁污染，谁付费”的治理措施。第二，污染源治理是大气污染治理的根本，要注重抓引起污染的根本问题、终端问题，应用高新技术和先进检测设备加强对污染物的监测，追溯污染源。如工业密集度大、污染物排放量大的重污染区采用卫星遥感实时监测片区的空气质量和污染情况，根据卫星预警情况锁定污染地，并及时出击查处污染源头，对违法企业依据惩罚。第三，引入大数据等技术，实时监测环境治理效果，并动态更新治理方案，为大气污染防治精细化管理提供支撑。

3. 加强科技对大气污染防治的支撑

第一，牢固树立“科学治污和科学控污”防治意识，大力推广新技术、新工艺、新设备、新方法，强化技术防污、技术监督手段，推动科学防治、精细防治、精准防治、健康防治。第二，加大投入，加强大气污染基础科学研究，重点开展大气污染源解析、污染源监测、污染源追踪及扬尘管理长效措施等研究，深入研究空气污染物的来源、形成机制等，为科学搞好大气污染防治提供科技支撑。第三，加强对大气环境容纳量的科学评价，科学分析主要大气污染的污染物排放量，逐步实现主要大气污染量化评估，为各级政府从立项、建设等源头控制污染源和制定大气污染防控目标、整治措施、应急应对预案等提供基础数据。

4. 进一步健全法律法规体系，严格环境保护执法

第一，加强依法依规治污的制度建设，明确治理重点和方向，为源头治理提供决策依据与法律支撑，进而保证并强化治理的实效。第二，加快建立地方大气污染防治法规体系，并加强监督，如大气污染防治法实施细则、燃煤管理办法、煤炭经营使用监督管理条例、机动车污染防治方法、扬尘污染管理办法等，为改善大气环境质量提供法律保障。第三，强化司法监督，对环境执法机关不依法履行环境保护职责、情节较轻的，督促行政机关履行职责进行惩处，对失职渎职、情节严重、构成犯罪的，依法追究刑事责任。第四，支持各地区加快在人民法院专门设立环保法庭的步伐，加大解决环境纠纷的力度。

2017年

关于进一步加强基层
食品安全治理体系建设的提案

自古以来“民以食为天，食以安为先”，确保食品安全是全面建设小康社会的关键环节，主动适应食品安全新常态、创新食品安全治理是新时期全面深化改革的重要内容。基层食品安全监管一直是实施食品安全战略的重点和难点。自2013年国家食药监机构改革以来，基层食品安全监测机构，特别是乡镇一级刚刚经过重组，还处在过渡期、调整期、开创期，各项体制机制尚不完善，基层食品安全治理体系和治理能力建设亟待加强。围绕当前基层政府在食品安全工作方面面临的困难和问题，通过调研、走访基层政府和食品药品安全监管机构，发现目前基层食品安全工作主要存在以下四方面问题：

第一，基层政府管理责任不清、落实不力。《食品安全法》明确规定，县级以上政府对本地区食品安全负总责。但在实践中，县级政府普遍将属地责任下沉，乡镇（街道）成为责任的直接承担者，导致统筹协调难度较大，责权不对应、不匹配问题突出，难以真正承担属地管理责任。

第二，基层监管力量不足，监管队伍素质偏低。一方面，部分地方监管力量未按规定配置到位，甚至个别县仅设几个基层派出机构，难以完成监管任务；另一方面，专业人才不足，基层监管人员多为其他部门划转或新招人员，缺乏相关专业背景、法律知识和实践经验，其中相当比例的监管人员没有执法资格。

第三，监管装备配备不足，监管保障薄弱。一是监管手段落后，基层执法“缺枪少炮”问题突出，日常监管仍靠看、闻、问、查等原始手段，对于掺杂使假等内在质量问题缺乏必要的技术检测设备。二是执法车辆短缺，导致对一些路途遥远的地方监管不到位。三是信息化建设滞后，对食品互联网销售、网上订餐、农村电商等监管不足，基层监管信息化建设刻不容缓。

第四，群众食品安全意识不强。收入水平、文化程度和陈规陋习等因素影响，基层特别是农村多数群众缺乏必要的食品安全知识，消费安全和法律意识淡薄，为“问题食品”提供了生存空间，甚至一些人在利益驱使下为不法厂商提供经营场所为其包庇，给监管工作带来了一定难度。

因此针对以上问题，对进一步加强基层食品安全治理提出如下建议：

1. 严格落实各方主体责任，建立严密高效的食品安全监管体系

第一，严格落实地方政府责任。把食品安全纳入当地政府经济社会发展总体规划，组织制定实施食品安全战略，保障食品安全监管部门人员编制、执法装备、检验检测设施、正常工作经费等落实到位。第二，严格落实主要监管部门责任。食品药品监管、卫生、质监、出入境检验检疫、工商、畜牧、公安等有关食品安全监管部门要严格依法行政，认真履行职责，真正实现从田间到餐桌整个链条的全面监管。第三，严格落实食品生产经营者责任。加快建立食品安全可追溯制度，督促食品生产经营者构建质量安全管理体系；一旦发现不符合食品安全标准或有关规定要求的食品，应当立即停止生产和销售，召回已上市的食品，并加大惩处力度。第四，加强落实相关部门的协同责任。纪检监察部门要依法依纪严肃查处监管部门及其执法人员违法违规违纪行为；检察机关、人民法院对涉嫌刑事犯罪行为要及时介入，并以检察建议、司法建议等形式，向有关部门通报情况，规范行政行为，提高监管效能。

2. 增强基层监管力量

第一，继续巩固体制改革成果，认真组织开展乡镇食药监机构改革“回头看”活动，督促县级政府尽快按编制将基层监管人员配置到位。第二，树立资源下沉的理念，基层监管机构要尽快挂牌运作。依托农村和社区基层组织，全面建立村级食品安全协管员队伍、信息员队伍，每个村（居委会）都要配备1名食品安全协管员和一名以上信息员，加强食品安全监管。第三，支持基层按照“定区域、定人员、定责任”的要求，实施网格化管理，切实将基层监管网络密织编牢。

3. 进一步提升基层监管能力

第一，加快形成统一稳定的监管体制，健全基层食品安全监管的组织协

调，强化地方政府属地责任的考核问责。推进基层监管制度化、规范化建设，严格落实行政执法人员持证上岗制度和资格管理要求，抓紧对基层执法人员实施全员培训考核，加强协管员、信息员队伍培训，提高业务水平。第二，全面推进基层监管队伍装备标准化建设，重点增加现场快速检测、调查取证等装备，提高监管执法能力。第三，推进县级食品安全和农产品质量安全检测力量整合，添置必要的仪器设备，保障基层监管中发现的问题隐患检得准、验得明。第四，推进“互联网+”、大数据技术等现代化信息化手段的运用，加快建设基层监管信息平台，提高监管的靶向性和精准性。

4. 加大监管保障支持力度

第一，强化经费保障。建立有效机制督促县级政府将食品安全工作经费纳入财政预算予以保障。第二，强化政策支持。建议各省市政府结合当地“十三五”规划纲要编制工作，抓紧在基层监管能力建设领域谋划和实施一批重大项目和重点工程。第三，强化正向激励。各基层政府在健全基层工作考评问责机制的同时，依法设立食品安全奖励项目和专项资金，对作出突出贡献的单位和个人给予表彰和奖励。第四，根据公车改革精神，建议县一级政府合理调剂部门间执法车辆配置指标，解决好基层派出机构执法车辆不足问题。

5. 构建共管共治体系

第一，加强宣传引导。重点加强食品安全政策法规、科普知识等方面宣传教育，增强广大群众和相关从业人员的法律意识和安全意识，推动其依法监督维权、依法生产经营。第二，拓宽监督渠道。一方面，全面实施有奖举报制度，通过现代网络技术开辟举报新渠道，消除举报者后顾之忧；另一方面，进一步健全基层消费者维权监督站，优化维权流程，增强群众维权能力。第三，实施信息公开。通过各类媒体将抽检、执法、处罚等信息及时向社会公布，保障基层群众知情权、选择权和监督权，倒逼企业落实主体责任。第四，指导建立如厨师协会、种植养殖专业合作社等各类新兴行业协会。组织开展食品安全乡镇（街道）、食品安全村（社区）等示范创建活动，多角度、全方位探索基层食品安全治理新模式、新举措。

2016年

关于多措并举大力发展养老服务业的提案

人口老龄化日趋发展已成为我国经济社会发展中越来越突出的阶段性特征。目前，我国是世界上唯一一个老年人口超过1亿的国家，且正在以每年3%以上的速度快速增长，是同期人口增速的五倍多。“银色浪潮”的到来在给社会带来压力的同时，也给老年健康产业发展带来了巨大商机和很好的发展前景。大力发展老年健康产业，不断满足老年人持续增长的养老服务需求，是主动适应经济发展新常态和全面建成小康社会的一项紧迫任务，不仅有利于拉动消费、扩大就业，而且有利于保障和改善民生，促进社会和谐，推进经济社会持续健康发展。

近年来我国养老服务业快速发展，基本建成了以居家为基础、社区为依托、机构为支撑的养老服务体系，老年消费市场初步形成，老龄事业发展取得显著成就。但从总体上看，我国养老服务业发展还处于初期阶段，养老服务和产品供给不足、市场发育不健全、扶持政策不完善、城乡区域发展不平衡等问题还比较突出，产业发展创新人才支撑不足，依靠养老服务业带动经济和就业大发展的局面尚未形成。为此，提出多措并举大力发展养老服务业的建议如下：

1. 加快健全多样化、多层级养老服务体系

一是健全居家养老、社区养老、机构养老多层次养老服务体系。打实居家养老基础，进一步突出居家在养老服务体系中的主体地位，按照就近就便、小型多样、功能配套的要求，加强服务设施建设，引导养老服务企业向居家化发展；拓展社区养老依托载体，进一步整合社区公共服务资源，实现中心城区、周边区县城区老年社区服务全覆盖；进一步加强供养型和护养型养老机构建设，充分发挥机构养老支撑作用，重点为失能、半失能等特殊老人群体提

供服务，实现机构养老专业照护功能。二是在“多样化”“多层次”的基础之上，构建多支柱的老年健康产业支撑体系，大力发展企业年金养老、个人养老金养老、储蓄养老、理财养老和以房养老等多种养老“支柱”，增强老年人养老支付能力。三是以老年人需求为导向，统筹规划老年健康产业发展。在服务对象上，要从“三无”“五保”等特定老年群体转向以困难和失能老年人为重点，惠及所有老年人；在服务项目上，要着眼于老年人的实际需求，从现有简单生活照料转向为老年人提供生活照料、家政服务、医疗康复、长期护理、精神慰藉、安全援助等多样化服务；在服务方式上，要通过政府支持或购买服务，推进居家养老服务，加强社区养老服务，对无法居家养老的老年人，由养老机构提供专业化集中照料。

2. 有效促进老年健康产业创新驱动发展，繁荣养老服务消费市场

一是加强创新驱动，加快建立老年健康产业园区，积极引进优质项目和企业，以优质产品或项目为支点，以点连线、以线带面，经过“点—线—面”层层推进，实现产业集群化发展，推动老年健康产业快速发展，并成为新的经济增长点。二是借力“一带一路”战略实施，充分借鉴国外健康产业的发展经验，加快推进我国医疗健康机构和产业集团化、规模化发展，大力推进“健康中国”建设。三是政府经济主管部门定期组织大规模的老年商品交易会或贸易洽谈会；定期召开养老产业全国研讨会，并应将有研究价值和实践指导意义的研究成果通过媒体向社会广为公布，鼓励和引导养老服务机构积极拓展适合老年人特点的健康服务、文化娱乐、精神慰藉等服务，间接推动老龄产业的发展。

3. 全面推进医养融合发展

一是完善落实鼓励、扶持发展医养融合的倾斜政策，从发展规划、机构设立条件、保险制度衔接、合作模式等方面提出具体措施，建立部门间协作机制和定期沟通联系机制，大力优化养老服务业发展环境，为发展医养融合形成合力。二是加强现有医疗卫生资源和养老资源的统筹整合、优化重组，构建符合各省市实际情况的医养融合模式。卫生部门要支持有条件的养老机构设置医疗机构，对养老机构符合建立医疗卫生机构的，要纳入医疗卫生体系建设；医疗机构要积极支持和发展养老服务，有条件的二级以上综合医院应当开设老年病科，增加老年病床数量，做好老年慢性病防治和康复护理；鼓励职工医院、康复疗养机构依托

其医疗卫生资源转型发展养老服务事业。三是建立医养结合服务网络，实现医疗卫生和养老服务资源的有序共享。一方面加强养老机构广泛对接社区卫生服务中心，合理转化闲置的医疗资源，建立有序的双向转诊机制；另一方面以家庭医生和家庭病床为切入点，畅通医养之间的双向转诊渠道。

4. 充分发挥中医药优势，大力发展以中医药为主体的老年健康产业

一是创新健康养老服务模式，鼓励多元投资，加快培育一批技术成熟、信誉良好的知名中医养生保健服务集团或连锁机构。以改建转型和社会资本投入新建为主，设立以中医药健康养老为主的护理院、疗养院。二是建设一批中医药特色旅游城镇、度假区、文化街、主题公园等，形成一批与中药科技农业、名贵中药材种植、田园风情生态休闲旅游结合的养生体验和观赏基地，开发中医药特色旅游商品，打造国内外中医药健康旅游品牌。三是积极探索融健康文化、健康管理、健康保险为一体的中医健康保障模式，鼓励保险公司开发中医药养生保健、治未病保险以及各类医疗保险、疾病保险、护理保险和失能收入损失保险等商业健康保险产品，提供与商业健康保险产品相结合的疾病预防、健康维护、慢性病管理等中医特色健康管理服务的策略。

5. 优化养老服务业发展环境，强化行业监管

一是各部门加强对养老服务业发展的行业监管，确保养老服务和产品质量，营造安全、便利、诚信的服务环境。民政部门要按照有关法律法规进一步建立养老服务的准入、退出、监管制度，健全和规范养老服务标准、评估体系办法，加强对养老机构的日常管理，指导养老机构完善内部管理服务制度、提高服务质量水平；物价部门要探索建立科学合理的养老服务定价机制，依法确定适用政府定价和政府指导价的范围；民政、发改、财政、统计、工商等部门及老龄工作机构要依据其管理职能建立和完善养老服务业统计制度。二要加快建立养老服务调查评估制度，全面建立科学合理、运转高效的长效评估机制，实现养老服务评估科学化、常态化和专业化。采取政府购买服务的方式，鼓励专业机构对养老服务需求进行调查，鼓励社会组织和养老机构开展养老服务评估，加强对养老服务工作的监督。

2016年

关于大力发展我国老年健康服务业的提案

健康服务业是以医疗服务为核心的“大健康业”，包括医疗服务、健康管理与促进、健康保险、养老及相关服务，涉及药品、医疗器械、保健用品和食品、健身产品等支撑产业。当前，我国健康服务业的供给市场刚刚发育，医疗护理、康复保健等众多现代服务业领域还比较薄弱，部分细分市场开放程度偏低、监管机制不够健全、城市和农村医疗资源配置不均衡等现象普遍存在。随着广大群众对健康服务的需求持续增长，中共中央、国务院也对这一问题高度关注，在发布的《关于促进健康服务业发展的若干意见》中提出要多措并举发展健康服务业，其中明确提出加快发展健康养老服务。近年来，我国老年人口持续增多，已提前迈入了老龄化社会。据民政部数据统计，截至2013年底，全国60岁及以上老年人口已达2亿人，2020年将达到2.43亿人，2025年将突破3亿人；同时，老年人口的高龄、失能和空巢化将进一步加剧，失能老年人口从2012年的3600万人增长到了2013年的3750万人。慢性病患病老年人数和空巢老年人口数量今年都将突破一亿人大关。面临未富先老、重大慢性疾病与恶性疾病高发的形式，健康服务业尤其是老年健康服务业的发展为我国居民养老提供了保障。

面对人口老龄化呈现出的规模大、增长速度快、高龄化趋势明显、空巢老人多、失能老人多、农村留守老人多等突出特点，中央发布了《国务院关于加快发展养老服务业的若干意见》，加快建立老年健康服务体系，增加养老机构数量，大力发展居家养老服务网络，加强农村养老服务，提高老年健康服务水平，切实满足人民群众对养老服务的迫切需求。但我国老年健康服务业发展仍存在以下问题：第一，养老机构的总量明显不足。据统计，截至2012年，我国建成的各类老年服务机构为4.4万个，仅有床位416.5万张，每千名老年人拥有的床位数约为22张，但仍远低于发达国家50—70张的水平。各地养老机构在设置规划、数量、标准上认识不一，没有引起足够的重视，多数地方公办的养老机构时常出现一床难求的窘境，而民营养老机构发展明显缓慢，很少有社会资本大量进入的迹象。第二，养老机构服务参差不齐。各地养老服务机构在服务设施、服务内容、服务水平、收费标准等方面，有很大的差距。第三，居家养老服务项目不足。老年人一般倾向于在社区就近养老，但社区缺乏专业的老年护理人员，如养老护理员、健身指导师、中医保健师等。另外，老年护理人员的社会地位低、待遇差，也是制约老年健康业发展的一个现实问题。

为大力发展我国老年健康服务业，提出如下建议：

1. 加强对养老服务业发展的顶层设计和规划，并在地方区域规划中实现健康功能区理念

一是根据不同省市的区域发展情况，建设城市健康功能区、健康社区或者健康城镇。大中城市要规划健康服务产业园，区县和社区规划健康服务产业单元，把健身、休闲、养生、医疗、康复和养老有机结合，实现医养结合。统筹城乡、区域健康服务业资源配置，促进均衡发展。每个健康功能区可根据各自的优势和特点发展健康产业链，以此带动和推动房地产业、养老产业、服务产业和旅游产业的发展。

二是制定鼓励社会资本准入的支持政策。政府要放宽市场准入，鼓励社会资本、境外资本依法依规以多种形式投资健康服务业，发展具有一定规模、有特色的医疗机构，在机构规划、建设、税收和人才待遇等方面享受与公立机构平等的待遇。加快落实对社会办医疗机构和养老机构在社保定点、专科建设、职称评定、等级评审、技术准入等方面同等对待的政策。通过给予民营养老机构税收上的优惠、床位补贴等方式进行扶持，鼓励民间资本介入养老事业，形成民间养老机构的产业化发展。

2. 构建多样化的老年健康服务模式，完善多层次的养老服务内容体系

一是针对不同的经济、身体、精神等状况，构建多样化的老年健康服务模式。相对于集中的机构养老，居家养老目前仍然是主要方式。在进一步加大对集中式养老机构投入的基础上，努力探索介于居家养老、集中养老之间的半开放式养老方式；有条件的社区可办社区托老所、“日托班”，成立老年人餐

饮配送中心，做好上门巡诊等健康延伸服务；鼓励各类社会服务企业和中介组织参与社区居家养老服务。

二是在“多样化”“多层次”的基础之上，构建多支柱的养老服务业支撑体系，大力发展企业年金养老、个人养老金养老、储蓄养老、理财养老和以房养老等多种养老“支柱”，增强老年人养老支付能力；城市要逐步完善社会统筹与个人账户相结合的基本养老保险制度，构建多层次的覆盖面广泛的城镇养老保障体系。

三是引入保险机制养老的初探，探索新型的自助养老方式。推动保险机构在各地确定大病保险保障方案时，根据本地区医疗消费情况合理确定大病保险筹资与保障水平，建立和完善符合健康保险风险特点和经营规律的核算制度、风险管理制度、核保核赔制度和精算管理制度，加快推进健康保险专业化经营。

四是探索建立老年服务志愿者、照料储蓄、长期护理保险等社会化服务制度，大力弘扬子女赡养、家庭养老和邻里互助的传统美德。要加强舆论监督，对拒绝赡养或虐待父母的行为，追究法律责任。

3. 加强老年健康服务专业化

一是大力发展养老服务教育事业。在职业学校开设养老服务专业，积极试点养老服务研究生的培养工作，加快培养专业养老护理员、康复治疗师等从业人员。二是加快养老服务人员的专业化培训，扩大服务能力，培养和造就一大批适合养老服务工作的专业人员。三是建立养老服务从业人员的资格认证制度。四是加强标准化建设，加快制定和完善机构养老服务质量、服务资质、服务规范、服务设施等标准，提升老年健康服务规范化水平。

4. 加大健康服务技能市场准入

一是进一步加快保健食品、保健用品和保健服务的市场准入，并建立相应的市场规范管理制度。二是进一步放宽保健食品的审批，区分药品与食品，区分医疗和保健，允许保健食品和保健产品在市场销售（不能进药店和医疗机构）。

2014年

关于加快推进养老服务业发展的提案

随着人口老龄化加剧，养老问题已经成为我国面临的重大民生问题。为满足数量庞大的老年群众多方面需求、妥善解决人口老龄化带来的社会问题，中共中央、国务院、国家卫生计生委、民政部等部门制定和印发了《关于加快发展养老服务业的若干意见》《关于加快推进养老服务业人才培养的意见》《关于推进医疗卫生与养老服务相结合的指导意见》《关于金融支持养老服务业加快发展的指导意见》《关于全面放开养老服务市场提升养老服务质量的若干意见》《关于加快推进养老服务业放管服改革的通知》等一系列政策和指导文件，对应对人口老龄化、加快建设社会养老服务体系、发展养老服务业等提出明确要求。各级政府各部门加强顶层设计、加大投入、扎实行动，积极推动养老服务业发展，应对人口老龄化工作取得了较为显著的成效，养老服务政策体系基本形成，机构养老服务功能显著增强，居家社区养老服务稳步推进，养老服务改革创新不断深入。

然而在推动养老服务业全面协调可持续发展进程中，我们的体制机制、政策措施、资源配置、养老服务质量和效果等还存在明显不足，与广大老年人过上幸福晚年生活的期盼还有较大差距。一是养老机构发展不平衡。高端养老服务机构快速发展，但绝大多数老年人需要的中低端养老机构发展较慢；供养型养老机构发展较快，但需求比较大的康复和护理型养老机构发展较慢。二是“医养结合”破冰困难。由于养老问题涉及民政部门，医疗护理涉及卫生部门，医保进入涉及人社部门，资金支持涉及财政部门，“医养结合”各项服务资源融合不够，服务之间缺乏有效衔接，监督机制、服务模式及管理体系尚不健全，医疗机构开展养老服务时存在医保报销难、盈利空间小等问题，而养老机构内有条件设置医疗机构的单位很少，即使少数养老机构设有医疗诊室，但服务老年人质量和水平较低，难以满足老年人的康复护理需求。三是养老护理费用高，长期护理保险制度还未建立，家庭负担较重。四是居家养老作为养老服务的主要方式，家政服务在居家养老服务中的优势未得到充分发挥。

加快推进养老服务业发展的建议：

1. 优化养老机构结构，推进多层次的养老服务业发展

第一，政府要合理配置服务资源，不仅要培育扶持一批品牌信誉好、产业集中度高、资源优势较好的龙头型养老服务企业，还要根据老年人的普遍服务需求和经济状况，培育一些规模小、灵活度高、遍布街道社区的中小型养老服务机构，打造一个大中小企业、高中低端企业都能共生发展的多元化养老服务产业体系。第二，结合当地实际情况，在一些细分的服务市场领域，如老年护理、卫生保健、健康咨询、健康体检等领域，大力发展一些多种所有制形式的小型护理机构、保健中心等，满足老年人个性化、定制化的服务需求。第三，根据老年人不断增长的康复护理服务需求，除部分养老机构重点保障特困群体及低收入群体的养老需求外，进一步加强护养型养老机构建设，为失能、半失能、老年痴呆等特殊老人群体提供服务。

2. 加强部门协作，加快推进“医养结合”发展

第一，进一步加强组织领导和部门协同，有效衔接“医养结合”各项服务资源，健全监督机制、服务模式和管理体系。第二，政府加大投入，鼓励有条件的医疗机构特别是中医医院，转变发展理念，延伸医疗服务链条，充分发挥专业技术和人才优势，建立老年人康复院、护理院，开展养老服务，并对“医养结合”工作开展好的医疗机构给予发展资金奖励。第三，基层作为开展养老服务的重点区域，要加强“医养结合”政策落实和相关资源配置，大力推进基层医疗卫生机构参与养老服务，全面落实老年医疗服务优待政策，医疗卫生机构要为老年人特别是高龄、重病、失能及部分失能老年人提供挂号、就诊、转诊、取药、收费、综合诊疗等就医便利服务，提高基层医疗卫生机构康复、护理床位占比，并将符合规定的医疗护理费用纳入医保支付范围。第四，鼓励养老机构与医院合作设立康复病房，大力支持有相关专业特长的医师及专业人员在养老机构规范开展疾病预防、营养、中医调理养生等非诊疗行为的健康服务。

3. 加快出台长期照护保险制度

第一，目前养老服务业需求较大的还是失能老人的长期照护服务，而多数养老机构或医疗机构养护费用较高，对于低收入家庭和老人难以承受相关支付，建议国家进一步完善医保有关政策措施，在目前已有的高龄补贴、护理补贴等基础上，结合养老保障制度和医疗保障制度的改革，增加老年人健康护理费用的医保报销，解决一定比例的护理费用，逐步建立起适合我国国情的长期照护保险制度，总体上降低老年人医保支出压力。第二，鼓励有条件的地区通过经济补贴、服务支撑和技能培训等，帮助家庭成员承担赡养照顾责任，降低养老护理费用支出。第三，鼓励各地区根据实际情况出台带薪休假照顾病重老人或临终父母，一方面可以解决养老资源不足问题，另一方面可以降低请养老护理员的人力成本，减少家庭负担。

4. 充分发挥家政服务在居家养老中的优势

第一，鼓励家政服务企业等社会力量参与居家养老服务，提供日常生活、医疗保健、精神生活、法律咨询等养老服务需求。重点支持有实力且运作规范的家政服务企业承担居家养老服务任务，完善居家养老服务体系。第二，建设专业化高水平的家政服务队伍。一方面加强引导和整合中等职业学校、职业培训机构教育资源，加快培养老年服务管理、医疗保健、护理康复、营养调配、心理咨询等专业人才；另一方面鼓励支持具备条件的家政企业建立养老服务实训基地，加强和扩大老年护理人员专业培训，并将其纳入各级人力资源和社会保障部门就业再就业培训体系，对参加养老护理职业培训和职业技能鉴定的从业人员给予补贴。

2017年

关于加强养老服务专业人才培养的提案

当前，我国已经进入人口老龄化快速发展阶段，截至2013年底，全国60岁及以上老年人口已达2.02亿人，预计2020年将达到2.43亿人，2025年将突破3亿人。人口老龄化为养老服务事业的发展提供了新的机遇和挑战。养老服务人才队伍建设是加快我国养老服务事业发展的重要保障。人才队伍素质的高低，直接关系着养老服务的质量，关系着老年人的切实利益。近年来，各地民政部门在推进养老服务体系建设过程中，积极探索养老服务人才工作模式，逐步完善养老服务人才政策措施，为社会养老服务体系建设提供了有力的人才支撑。然而，目前我国养老服务专业人才培养仍处在“两难”的发展困境中，即养老服务人才的稀缺与从业人员的大量流失并存，养老服务专业人才队伍的发展现状严重制约了我国养老服务行业的发展，影响到老年人养老服务需求的满足。

养老服务专业人才培养存在的问题：

1. 养老服务队伍招聘困难，流动性大。目前养老护理工作工资偏低、劳动强度大、福利较少，再加上传统观念的影响，许多人认为养老护理员是伺候人的，社会地位低，导致养老护理员的流动性很大，在院工作时间短暂，队伍极不稳定。

2. 养老服务行业人才数量少、结构不合理。40岁、50岁的下岗再就业人群和农村进城务工人员成为养老服务从业人员的“主力军”，大多数养老服务从业人员没有开展过专业培训，服务内容单一，人员整体素质不高，难以开展康复护理、医疗保健、精神慰藉等较高层次的服务。

3. 人才培养定位不清。在养老服务人才培养方面，相关部门和部分高校都存在定位不清的问题，混淆初级层次养老护理员和高级养老服务应用型专门人才的培养，致使两个层次的人才无序竞争，造成高校培养的高端人才缺乏就业优势。

4. 招生和就业优惠政策缺乏。在具体的招生政策方面，当前高校养老服务相关专业的学生还没有得到更多的关注，在校就读待遇不优惠，毕业就业前景难以预测的现实也直接影响了这些专业的吸引力。开设老年服务管理专业及老年护理培训的高校、职业技术学校不多，招收的学生也有限，与培养高素质的养老服务专业人才队伍的目标还有非常大的差距。

加强养老服务专业人才培养的建议：

1. 科学制定养老服务专业人才队伍发展规划

第一，基于现实国情制定规划。在深入调查研究的基础上，根据我国老年人口规模、结构、经济社会发展状况，科学合理、实事求是地制定符合我国国情的养老服务专业人才发展规划。第二，规划应当具有一定的前瞻性。规划既要考虑到目前养老服务行业对人才的现实需求，更要科学合理预测未来人才发展需求；既要符合社会发展规律，也要起到引导社会发展的作用。第三，人才发展规划应当与其他社会发展规划协调一致。养老服务专业人才队伍建设规划应当与养老服务设施建设、社会保障体系建设、促进就业体系建设等规划协调一致，相辅相成、共同发展。

2. 创造“尊重人才、尊重劳动”的良好社会氛围

第一，政府应采取有效的措施，加强养老服务工作的宣传教育，提高公众对养老服务专业人才的社会评价，建立优秀养老服务专业人才表彰激励的长效机制，进而鼓励更多的专业化人才从事养老服务事业，进一步提高养老服务专业人才的社会地位。同时，组织开展多样化养老服务活动，强化养老服务专业人才的职业归属感。第二，提高养老服务专业人才的经济待遇。鉴于目前我国养老服务机构聘用高素质养老服务专业人才能力上的不足，可加强政府在其中的引导作用，尝试采取养老服务专业人才薪酬政府补贴制度，适当降低养老服务机构聘用该类人才的成本，体现政府对福利性机构的政策支持。另外，对养老服务专业技术领域高校毕业生就业创业提供政策支持，带动高素质人才留在养老服务行业。

3. 完善养老服务专业人才队伍建设机制

第一，在学历教育方面，在充分调研的基础上逐步完善养老服务专业人才教育培养结构，科学进行专业设置，既要培养造就一批学术造诣精深、敬业精神强、创新能力突出的高层次领军人才，又要加强基层和一线专业技术人才队伍建设，满足养老服务行业对高素质应用型人才的需求。第二，在继续教育方面，一方面加强养老服务专业人才岗位培训的力度，保证培训的质量和效果。养老护理员应严格遵守“持证上岗”制度，对在岗人员定期轮训。另一方面鼓励养老服务专业人才业余攻读学历学位，完善知识结构。大力加强养老服务专业人才教育培训机构硬件建设、师资队伍建设和培训课程建设。第三，对相关专业给予一定政策倾斜，吸引生源。而针对目前养老服务相关专业报考比较“冷”的现象，建议利用政策杠杆，如增加在校生生均补贴、仿照“免费师范生”模式，给予降分录取、学费减免、奖学金（助学金）优先评定、推荐就业等优惠政策，吸引更多生源，培养更多人才。第四，加强养老服务专业人才的职业资格考试认证制度，进一步健全职业技能鉴定管理和质量监督制度，推动鉴定管理科学化、规范化发展。

4. 建立健全养老服务专业人才的激励机制

第一，针对不同的养老机构采取不同的收入分配机制。鼓励养老机构对专业技术人才和高技能人才实行按任务、岗位、业绩定酬的分配办法，以岗位的技术含量、关键程度、贡献大小、效率高低等指标合理划分岗位等级，以岗定薪。第二，政府应充分考虑养老服务是微利行业，具有一定的公益性，可以通过岗位津贴、财政补贴等方式缓解养老机构用人压力并适当增加养老服务人员的工资收入。第三，进一步健全养老服务专业人才的社会保障机制。政府和养老机构应当真正将养老服务人员纳入社会保障体系，使其在社会保险、劳动保护等方面获得平等的社会待遇。

5. 完善保障措施，促进毕业生充分和高质量就业

第一，针对养老服务相关专业毕业生就业难的实际，建议政府为养老服务机构和相关院校搭建沟通平台，举办养老服务行业专场招聘会；把就业困难的学生纳入就业见习、技能培训等就业准备活动中，为其提供全程就业服务和

指导，保障毕业生充分就业。第二，建议在加快建立社会养老服务体系和发展养老服务产业的同时，通过购买基层公共管理和社会服务岗位的方式，开发更多适合养老服务相关专业的就业岗位，吸纳更多毕业生就业。

2015年

关于加快推进社区健康管理促进养老服务社会化的提案

人口老龄化是我国现在以及未来几十年面临的重要社会问题，当前养老服务存在有效供给不足、资源分布结构性失衡、缺乏以需求为导向的服务供给、慢性病带来的医疗资源压力等问题。在应对人口老龄化的国家战略中，有效推进社区健康管理是低成本、高效益应对人口老龄化的重要战略举措。推进社区健康管理有利于拓宽医疗服务空间、节约医疗卫生资源、提高医疗服务效率、提高人民群众整体健康水平，是预防与控制生活方式病、改善老年人身心健康状况、促进养老服务社会化的有效措施。

当前我国社区健康管理发展尚处于起步阶段，存在服务系统和运营模式尚未成熟、缺少行业标准及服务规范、缺乏国家层面的行业和学术权威机构的指导等问题，具体包括以下几个方面：一是重体检，轻干预。由于前期体检周期短、操作简单、利润高，后期的健康干预周期长、操作难、利润相对较低，大部分健康管理服务选择避重就轻。二是重体检指标，轻生活方式指标。体检信息成为健康管理信息收集的首要目标，而生活方式、饮食习惯等导致慢性病的重要信息因为采集复杂常被边缘化甚至忽略。这导致服务中期的健康风险评估和后期的健康干预基础信息不明确。三是健康档案重建立，轻使用。缺乏健康档案统一管理标准，一些健康服务机构将普通体检表稍作修改即作为健康档案，甚至还有些地方仍在使用纸质档案，导致档案保存、调取、交接及后续的统计工作困难很大；缺乏专职人员对档案进行维护管理，健康档案利用率低。四是健康教育重形式，轻效果。五是健康管理制度的执行程度低，包括资金支持不足、社区卫生服务能力低、健康管理评价开展程度低等问题。

为此建议国家加快推进社区健康管理，促进养老服务社会化：

1. 尽快将健康管理纳入法制化轨道，为健康管理服务提供法律保障

第一，目前我国还没有关于健康管理的法律法规，老年健康管理方面更是空白，建议国家加快研究制定《全民健康管理法》，通过立法形式规定健康管理体系，实施全民健康管理，切实提高国民健康水平。第二，健康普查是有效实施健康管理的一项战略性基础工程。建议全国人大出台相关法规，强制实行定期健康普查制度，采集规范健康信息，建立标准健康档案，实施动态健康跟踪，展开健康风险评估，制定健康管理方案，实施个体健康干预。

2. 加强规范健康管理服务内容、流程和标准

第一，建议政府积极推动制定健康管理服务标准和技术规范，对于行业产业，要建立严格的准入制度，依托社会组织建立认证体系，对机构和从业人员实施行业认证。第二，制定措施加强规范健康管理服务内容、工作流程和标准，建立健康管理体系，搭建个人健康档案，对健康体检后的健康风险因素进行针对性的评估、干预和跟踪随访等。第三，加强健康管理实施路径研究，针对不同人群提供个性化健康管理服务。对健康、亚健康人群提供健康咨询，对其健康状况进行监测评估，给予健康指导；为康复期患者提供康复指导；对慢性病患者进行心理、精神状态、营养、饮食、生活行为等各方面的指导，并进行跟踪治疗。

3. 利用现代技术手段发展智能养老，加快养老服务社会化进程

第一，运用云计算、互联网、物联网等现代化信息技术，建立社区养老服务信息网络系统，实现区、街、居三级社区服务中心（站）联网，通过与区各相关职能部门联网，实现部门联网老年人家庭的应急处理服务，与社会孤寡老人、高龄老人、特困老人家庭联网，实现老年人“一拨通”紧急呼叫服务。第二，推广建立智慧养老信息化服务管理中心，通过移动电话、固定电话、电视机、计算机等入口，实现老人信息和为老人服务信息的交互共享，提高老年人健康管理服务效率。第三，完善医检养一体的健康管理云平台及服务模式；将社区健康管理、慢病干预、认知训练等社区养老服务作为基本公共服务加以落实和推广，推动养老机构从住房型机构向护理型、医护型转型，使养老回归社区和家庭。

4. 加强健康管理与养老服务复合型人才培养

第一，有计划地在高等院校和中等职业学校增设健康管理专业及老龄健康管理、老年人护理方向，培养复合型老龄健康管理人才。第二，开展规范、系统的健康管理在职人员专业教育和职业培训，从了解老年人生理、心理健康状况及健康需求出发，制定具有针对性的培训计划，不断提高服务质量。第三，加强社区健康管理职业人才的职业教育和培训。创建健康管理大学，发展健康管理职业教育体系，培养以居民健康管理与促进为主体的社区公共服务职业人才。第四，引入境内外健康管理职业教育品牌和居民小区健康管理服务品牌，以健康管理职业人才培养为龙头、以城乡居民小区健康管理实训基地为基础、以健康管理服务模式和实用技术为支撑，打造可复制可推广的健康管理职业人才培养模式和公共服务供给模式。

5. 建立和完善社区老年人健康管理服务体系

第一，对老年人来说，社区是他们晚年生活最主要的也是最理想的活动场所，老年群体对于社区的依赖和需要日渐增多。建议深入开展健康管理对居民健康影响的调查和研究，将健康管理逐步引入社区医疗，加强社区健康教育和预防保健工作，为社区老年人建立健康档案，提供疾病预防、医疗保健、康复护理和心理咨询等服务。第二，将社区卫生站纳入城镇职工基本医疗保险定点医疗机构范围；建立和完善对城乡贫困老人的医疗补助制度，确保困难老人、高龄老人的疾病得到及时治疗。第三，出台优惠政策鼓励有能力的第三方机构整合社区服务中心、专业家政服务机构、老年协会、健康管理公司、医疗单位以及其他养老服务机构等资源为老年人提供全方位服务，在服务中宣传，加深老年居民的认识，提高老年居民对健康管理服务的知晓率、配合度及参与度。

2016年

关于重点加强农村食品药品安全市场监管的提案

食品药品安全是构建和谐社会，维护广大人民群众身体健康和生命安全的重要保障，十八届三中全会通过的《中共中央关于全面深化改革若干重大问题的决定》“创新社会治理体制”部分中，把加强食品药品安全工作作为健全公共安全体系的首要任务。

农村食品药品市场监管一直是我国食品药品安全监管的薄弱环节。随着国家食品药品监管总局的统一部署，农村食品药品监管工作已逐步纳入地方政府的议事日程中，不断得到加强。但当前我国农村基层食品药品安全监管工作中仍存在一些亟待解决的困难和问题，食品药品安全问题时有发生，隐患风险依然存在。如轰动全国的“瘦肉精”“地沟油”事件、“昌黎假葡萄酒案”“柳州假冒人血白蛋白”案、转基因玉米流入农村事件、农村自办宴席引起的集体性食物中毒事件等，都暴露了我国农村食品药品安全问题，农村食品药品安全工作亟待重视和加强市场监管。

当前我国农村食品药品安全市场监管存在的困难和突出问题：

（一）农村居民食品药品安全意识不强，法律观念淡薄，维权意识薄弱，食品药品安全科普知识匮乏。农村居民的食品药品安全意识不强，对假冒伪劣食品药品识别知识缺乏，加上食品药品安全科普宣传不足，使大多数农民购买食品药品时往往只注重价格，忽略质量。发生安全事故时，由于缺乏必要的法律常识和自我保护意识，大多数农民为了避免“麻烦”，很少运用法律知识为自己维权。

（二）农村食品药品安全监管力量薄弱，监管不到位。农村居民居住分散、交通不便、信息闭塞使监督管理面宽、量大，加上农村基层监管执法人员少、监督力量不够，导致监管难度大、任务重，无法满足完全覆盖、有效治理农村食品药品市场的要求；监管费用成本高、执法部门经费不足，监管手段单一落后，缺少专业的监察技术，监管设备薄弱、执法装备差，跟不上当前监管执法工作的需要等问题使农村基层食品药品安全监管不到位，食品药品安全形势不容乐观。

（三）农村基层食品药品生产经营“小、多、散”问题突出，安全生产意识不强，食品药品采购渠道鱼龙混杂。农村食品药品市场准入门槛低，数量多、规模小、分布散、集约化程度低，自身质量安全管理能力不足，缺乏必要的设施设备，甚至环境脏、乱、差的现象突出。我国农村食品生产企业80%为小企业、小作坊，无证照或证件不全的小作坊、小摊贩、小餐饮更是难以计数，其中相当一部分食品药品生产经营者法律意识淡薄，致使在食品安全方面从种植养殖到生产加工、从市场流通到消费饮食，不同程度存在安全隐患。药品安全方面，据有关部门统计，农村共约有药品供应网点55.4万个，分布极为分散，假劣药品极易流入农村基层市场，甚至部分村社区卫生服务站、个体诊所、药店受利益的驱使，从不正规渠道购进假药进行销售，药品代理商和不法药贩以开拓市场及展示会名义流动销售假药，一些江湖骗子打着“专家义诊、免费体检、健康行动”等旗号向农村群众进行虚假宣传，借以兜售假药。此外，一些经营者为了降低进货成本，从非正规的、无证经营的或者生产经营合法证件不齐全的单位采购食品或药品，没有真实完整的食品药品购进记录，给假劣食品药品流入市场提供了可乘之机。

（四）农村越来越成为假劣食品药品的集散地。随着城市食品药品安全的各项专项治理工作的开展，打击制售假劣食品药品力量的加强，使得一些在城市已无市场、不合格、不安全的食品药品商纷纷从城市向农村转移，导致假冒伪劣食品药品流向农村。农村地理位置偏远，交通不便，制假售假商贩极易隐藏在村子里闭门作业，容易形成食品安全监管的“真空地带”；同时农村食品药品市场多为集贸市场，摊位流动性大，农民购买力差，期望买到价格便宜的物品，制假售假商贩抓住农民这一特点，在农村就地、就近倾销伪劣食品，即使出现问题，也无法追查；而且很多伪劣食品由于直接从生产者流向消费者，跳过了检验、流通环节，导致难以监管。

（五）农村基层食品药品监管体系和协作机制不够健全。目前，我国食品安全监管实行地方政府负总责，各部门分段监督为主，品种监管为辅，食品药品监管部门综合协调的监管模式。一方面涉及食品监管的部门多，虽有分工，但仍不明确；在执法实际中职能交叉，多头执法与推诿现象时有发生，监管机制不完善，监管链条过长，监管经费不足，协调难度较大，整体监管效果不理想。

建议如下：

（一）不断完善宣传机制，加强农村基层食品药品安全知识的普及和宣传。针对多数农民食品药品安全知识匮乏，农村食品药品从业人员安全意识不强等问题，一是大力组织开展食品药品安全科普宣传下乡宣传活动，深入到农村广大群众中去，向农民群众宣传普及食品药品安全科普知识；二是要结合实际开展农村食品药品从业人员培训，坚持边监管、边培训的原则，制订合理的培训计划，提高农村食品药品从业人员的质量安全意识、法律意识；三是充分利用广播、电视、发放食品药品知识小手册、农村围墙、乡镇政府公示板，通过悬挂宣传条幅、刷写标语、散发宣传单等多种形式宣传食品药品安全的法律法规，增强广大群众抵制假劣食品药品的意识和能力，遇到食品药品安全事件，积极运用法律知识为自己维权。

（二）加强监管队伍建设，提高监管效率。一是不断提高监管人员自身素质。针对监管力量不足，要不断加强监管队伍的素质建设，加强自身学习和培训，建立一支作风清正、纪律严明、业务精良的执法队伍。二是增加农村食品药品监管执法人员的配备，分小组、轮岗制到农村各乡镇、村监督抽查，做到对农村食品药品市场监管的全覆盖。三是加大食品药品监管的经费投入，增加监管设备和执法装备投入，加强监管人员的监管技术、方法培训，满足日常食品药品安全监管需要。

（三）从源头上抓好农村食品药品的生产、采购和流通。针对农村食品药品生产企业、作坊、超市、餐饮店、药店等，严格落实食品药品市场准入、质量监测、不合格食品药品退市等监管制度。对证件不齐的不予审批营业，对无照经营的食品店、餐馆、超市、药店等给予严厉查处和关闭；对食品药品批发商的销售凭证和销货台账登记，零售商的采购凭证加强监管，对于无任何销货、采购凭证的批发商和零售商给予惩罚措施，通过严格的制度管理和监督检查，从源头上把好质量关，堵住假劣食品药品流入农村市场。

（四）积极主动抓监管，开展农村食品药品市场专项执法检查行动。加强对农村不法食品药品生产加工商贩基地的打击力度，强化日常稽查，扩大稽查覆盖面；突出抓好粮、油、肉、奶制品及儿童食品等品种的专项检查；以乡镇集贸市场、农村流动大集为重点，抓好个体商贩、小作坊、小商店等专项检查，坚决取缔无照经营，严厉打击制售假冒伪劣食品违法行为。

（五）健全农村食品药品监管体系和完善协作机制。一是加强食品药品监管体系建设、完善协调机制。制定地方监管能力建设标准，开展监管工作绩效评价，落实属地监管责任。在地方政府的统一领导下，加强与各部门的协调配合，形成各负其责、密切配合、协调有序、齐抓共管的食品药品安全监管工作格局；充分发挥联合执法、联合督查等制度机制的作用，推进监管资源整合和信息共享，着力解决群众反映强烈的热点问题和监管执法中的难点问题，切实消除监管盲点。二是加大对食品药品监管工作的组织领导和统筹协调力度，增加人、财、物投入，加强农村基层监管力量，加强技术支撑体系建设，优化监管执法环境，加强监管部门依法履行职责；积极动员组织社会各界和广大群众积极参与食品药品监管工作。

2014年

关于进一步完善生态文明制度建设的提案

优美的生态环境是生态文明建设的“硬实力”，而完善的生态文明制度体系则是衡量生态文明“软”实力的重要标尺和标志之一，也是确保生态文明建设持续有序推进的长远制度保障。目前全国各省市已经建立了生态文明和环境保护法规基本体系，形成了生态保护、污染治理、产业调整、民生工程等制度体系。但是，从生态文明建设的丰富内涵与长远目标来看，生态文明制度建设仍需进一步完善。当前存在的问题主要有：

（一）顶层制度体系亟待优化。在源头上尚未建立起有效的环境污染防范制度，在过程中未建立起完善的科学评估制度和严密监管制度，在后果上还未形成严厉的责任追究和赔偿制度，导致现有制度难以支撑我生态文明建设的合力形成与目标实现。

（二）综合决策机制尚未形成。部分制度“事”“权”匹配性体现不足，相关制度之间存在越位、缺位和错位现象，尚未形成生态文明建设综合决策机制，导致制度“政出多门”，交叉重复，效能有限。

（三）制度关联性和系统性不足。部分新制度“就事论事”，为创新而创新，缺乏与现有制度的有机衔接，有效性不足；重视生态保护和环境治理等硬性制度建设，但对生态文明行为规范和生态意识培养等软性制度建设相对滞后，导致生态文明制度的系统性和平衡性不足。

（四）市场体制机制不健全。目前，生态环境与资源低价、无价现象仍然普遍，难以恰当反映资源稀缺程度和价值；大部分环境经济政策仍处于试点和探索阶段，缺乏成熟可靠的市场推广机制；资源和环境税税种缺失或设置不全，排污收费过低，缺乏有效的市场化机制；生态补偿实施细则难以落实，可操作性较差。

进一步完善我国生态文明制度建设建议如下：

1. 加快生态文明制度体系的优化与完善

加快制定和完善我国生态文明制度建设的总体、阶段目标和重点任务，形成生态文明制度建设顶层设计与构架，提升生态文明制度体系的系统性、战略性和指导性。在顶层设计上，应包括强制性制度、选择性制度和引导性制度，形成以政府管治制度、市场体制机制和公众参与制度。建立涵盖源头有效“防范”、过程科学评估与严密监管、后果严厉的责任追究和赔偿在内的全过程控制制度体系，包括完善国土空间开发保护制度和环境资源产权制度，建立生态文明建设评估监管以及生态建设补偿、环境损害赔偿和生态修复等“过程性”制度，建立生态文明结果考核评价制度和责任追究制度等。

2. 创新生态文明建设的政府监管制度

一是构建能将生态文明建设战略目标和任务全面落分解实到各市、县（区）的执行机制，实现上下贯通、令行禁止。二是建立兼顾区域资源、环境承载力差异的统筹决策机制。统筹不同地区的自然环境条件和产业发展水平，充分考虑区域资源环境的承载能力差异，把资源消耗、环境损害、生态效益纳入经济社会发展评价体系。三是优化政绩考核体系，提高生态文明制度建设的考核指标权重。四是强化政府责任追究制度。通过年度任务逐级分解、过程跟踪督察以及奖惩分明的目标兑现考核机制，建立生态文明建设目标政府管理机制和政府责任追究制度。

3. 进一步完善生态文明建设市场体制机制

健全自然资源资产产权制度、用途管理制度和有偿使用制度，清晰界定自然资源的所有权、使用权和经营权，制定能反映资源稀缺程度的资源价格，改变资源价值和价格扭曲的现象；严格自然资源集约利用管理，提高资源利用效率。同时，梳理现有制度基础，完善能科学反映环境污染、生态破坏价值的环境污染收费制度和环境税收制度；完善横向和纵向生态补偿机制，保障地区、公民平等享有环境资源的权利。

4. 进一步夯实生态文明自律机制和公众参与机制

一是通过完善立法，规定人民群众的环境知情权、参与权、监督权和诉讼权等。坚持生态建设信息公开、公众听证制度；设立环境公益诉讼机构，例如成立生态公安局、生态检察局等，探索生态文明建设法制化道路，保障公民的环境权益。二是以制度的形式把生态文明教育纳入各层次教育体系，使生态文明成为全社会的自觉行动和共同追求。通过生态文化宣教与制度的引导和约束，强化公众的生态意识，倡导绿色消费方式和低碳生活方式，使人人成为生态文明建设的参与者和监督者。

5. 进一步完善法律监管、生态经济与科技创新等多元支撑制度

一是针对群众高度关注的大气、水环境、土壤环境与固废污染问题，进一步完善制定相关污染防治法等法律法规，严厉打击环境违法行为，增强环境执法的严肃性和威慑力。二是因地制宜地建设各行业生态经济制度。重点是完善农产品标准体系和技术规范，加快传统农业向生态农业转变；推行节能减排、循环经济技术规范，加速传统工业向新型工业转变；按照循环经济要求规划、建设和改造各类产业园区，加快工业产业体系向链接循环的生态产业体系转变。三是创新环保科技开发与成果转化应用机制，提升生态文明建设的科技支撑水平。开发有重大推广意义的资源节约、工业废水处理、清洁煤生产使用、碳足迹减排、绿色能源等关键技术与工艺，加快环保技术工程人才的培养培训，鼓励企业和研发机构参与环保国际技术合作，大力培育一批具有自主知识产权的环保企业，不断完善科技对生态文明建设的支撑制度。

2015年

关于大力支持历史名城朱仙镇文化旅游业发展的提案

河南开封市朱仙镇，始建于战国初期，原名聚仙镇，后因战国名士朱亥的食邑和封地而得名。唐宋以来，一直是华北地区水陆交通要道和商埠重地。明末清初曾与广东佛山、湖北汉口、江西景德镇并称中国四大名镇。2006年入选中国十大最美村镇，朱仙镇木版年画入选首批国家级非物质文化遗产名录，2008年被国家住房与城乡建设部和国家文化部命名为中国历史文化名镇，2009年8月被评为中国著名文化旅游古镇和中国民族优秀建筑魅力名镇，2010年4月被环保部命名为“全国环境优美乡镇”，2011年10月被文化部命名为中国民间文化艺术之乡。

悠久的历史、厚重的文化底蕴、丰富的非物质文化资源、文物旅游资源，赋予了朱仙镇鲜明的生态文化旅游特色。其中以岳飞为代表的英雄文化，以关帝庙为代表的信义文化，以清真寺为代表的伊斯兰文化，以木版年画为代表的民族民间艺术文化，以故城遗址为代表的姓氏文化，以运粮河为代表的古航运文化，以孟昶为代表的新春对联文化，以清真食品为代表的饮食文化，彰显了朱仙镇独特的社会价值、人文价值、历史价值、民俗价值。因此大力支持历史名城朱仙镇生态文化旅游建设，对于传承和保护优秀历史文化传统，发展文化旅游产业，推动区域经济发展具有重要意义。

朱仙镇独特的历史文化资源优势：

1. 饮食文化

朱仙镇饮食文化体现了多民族交融的特点，以清真食品最为特色，如：京货街的“德兴斋”糕点，火神庙门的金家油茶，以及马宏盘饭铺的炒菜，赵家的羊肉烧麦，李记花生糕、焦枣、梨膏糖，陈景贵拉面馆的“空心面”等，此外还有从明代一直延续至今的老字号“玉棠号”豆腐干和“西双泰”竹竿青酒。

2. 木版年画

朱仙镇木版年画创始于北宋，昌盛于明清，具有很高的艺术价值、美学价值和社会价值，反映了独特的地方文化和淳朴的乡土风格，被誉为中国木版年画之鼻祖。2006年被评为首批国家级非物质文化遗产，2007年被评为河南省十大民俗经典。目前朱仙镇现存古版210套1200块，其中有明代版2块，清代版23块、民国版28块。

3. 庙会文化

朱仙镇全盛时有110多处寺庙，现在保村的主要庙会有岳飞庙会、泰山庙会、三皇庙会、老奶庙会、郎神庙会、土地庙会、柴王庙会、鲁班庙会、关帝庙会等，繁多的庙会已经成为朱仙镇重要的文化活动载体和公共空间。

4. 伊斯兰教文化

便利的水陆交通和繁荣的商业使朱仙镇成为重要的回民聚居区，清嘉道年间先后修建了东寺、西寺、南寺、北寺、中心寺和两个女寺共七座清真寺，是中原地区穆斯林文化的重要集聚地，其传统饮食、宗教信仰等民族文化现在依然保存十分完好。

依托朱仙镇优秀历史文化传统和特色的生态文化旅游资源，提出以下大力支持历史名城朱仙镇生态文化旅游业发展的建议：

1. 着力打造朱仙镇国家级生态文化旅游建设示范区

目前朱仙镇国家文化生态旅游示范区建设项目已被列为河南省和开封市的重点项目和重点旅游项目，建议将其设立为国家级生态文化旅游建设专项项目，加大财政投入，加强对现有历史文化景观的修复；依托运粮河、岳飞庙、清真寺、岳庙大街、西大街、估衣街、老虎洞街等历史建筑群，建设明清一条街、饮食特色街；建设包括古镇风情展示区、环湖风景游览区、温泉休闲度假区、古战场文化体验区等集休闲度假、旅游观光、健康养老为一体，融生态自然、人文历史、科技创意于一身的国家级生态文化旅游示范区。

2. 加强朱仙镇文化旅游资源开发，打造国际文化旅游名城

一是加强文化旅游资源的整合，重点挖掘朱仙镇具有辉煌历史的商埠、漕运、会馆等商业文化，以戏曲、饮食为主的民俗文化，以岳飞大战、李自成

大战为重点的军事文化和清真、道教等宗教文化，重现历史文化名镇景观。二是打造中原“水镇”，营造一个以水上观光、娱乐、购物、休闲、度假活动为主的旅游胜地，充分展现“镇湖相连、景湖相依、镇在水中、水在镇中、镇湖一体”的独特中原水乡风貌。

3. 加强朱仙镇木版年画非物质文化遗产的传承和保护

一是加强朱仙镇木版年华保护专项资金投入，对其古雕版的收集、整理和研究，木版年画印制技术加以传承和推广。二是加快建立朱仙镇木版年画博物馆，既全面展示朱仙镇木版年画的生产、制作工艺充分，又充分彰显木版年画特殊的艺术和文化价值。三是开发朱仙镇木版年画旅游纪念品，提升朱仙镇的整体形象和知名度。四是以朱仙镇万同、天成、廷旭年画刻板制作社等老字号年画企业为依托，发挥朱仙镇木版年画博物馆和年画一条街的带动作用，把朱仙镇打造成为年画集散地和交易中心，变“文化遗产”为“文化产业”，带动朱仙镇经济发展。

2015年

关于推广口袋书　助力全民阅读的提案

书是我们的良师益友，是传承人类文明成果的重要载体。阅读是一个人增长知识、丰富智慧、提高思想境界的最佳途径，阅读也是一种生活方式，在阅读的世界里可以感受到别样的来自他人的人生经历和故事。在21世纪阅读已经成为人们生活中必不可少的一部分。多读好书，养成良好的阅读习惯，不仅对于个人开阔视野、丰富精神文化生活、形成正确的人生观和价值观等具有十分重要的意义，而且是提高国民文化素质、提高国家文化软实力、增强我国综合国力的重要内容。近年来倡导全民阅读得到党和国家的高度重视，2014年政府工作报告首次提出“倡导全民阅读”，2015年政府工作报告在“倡导全民阅读”之后又增加了“建设学习型社会”的目标，2016年政府工作报告继续提出“倡导全民阅读”，而2017年政府工作报告则提出“大力推动全民阅读”。大力推动全民阅读有利于提高全民族文明素质，增强国家文化软实力，建设社会主义文化强国；有利于我们传承源远流长、博大精深的中华文化，汲取世界优秀文化营养，实现中华文化的创新；有利于不断满足人民日益增长的文化需要，丰富人的精神世界，促进人的全面发展；有利于促进经济和社会的协调发展，全面建成小康社会、构建社会主义和谐社会。

当前我国人民的阅读状况令人堪忧，据网络统计，大多数国人的阅读时间、购书数量和阅读量都不如欧美发达国家。根据一些调查研究发现，很多人不是不愿意阅读书，而是因为有很多客观原因，如商家为了利润出版的很多书为大开本精装书，价格昂贵又不便于携带；部分书籍价格昂贵，超出人们接受范围；碎片化时间没有有效利用……口袋书的推广是解决上述问题的有效途径之一。口袋书是指开本大小为32开或小于32开的平装出版物，多采用轻型纸和再生纸印制，具有便于携带、方便阅读、价格亲民等优点，同时还有助于培养人们良好的阅读习惯。因此，在当前党和国家倡导全民阅读、大力推动全民阅读的新形势下，建议推广口袋书，助力全民阅读。

然而现今我国口袋书的推广还面临着较多困难和问题，推广口袋书机遇与挑战并存。一是国内现有口袋书内容范围小，无法满足群众阅读需要。目前口袋书多为速记手册、说明书、宣传画册、漫画等类型图书，这类图书的目标读者范围小，而与此同时受众广泛欢迎的优质文艺作品、通俗文学作品、科普作品等却少以口袋书形式出版，口袋书的优势无法得到充分发挥，人们的阅读需求也无法得到有效满足。二是口袋书发行量较少。虽然目前我国出版行业持续中高速增长，产业规模不断扩大，但因为销量较小、利润较低、出版方出版口袋书的热情不高，缺乏生产创造积极性等导致口袋书的市场占有份额小，而民众对口袋书的了解程度不高。三是我国现行纸张尺寸规格和剪裁规格存在浪费现象。口袋书是指开本大小为小32开或小于32开的平装出版物，以异型开本为主。如果按照现有的标准去印刷口袋书，会造成极大的纸张浪费，大大增加图书的印刷成本。

口袋书具有便于携带、方便阅读、价格亲民等优点，在当今经济飞速发展、工作生活节奏快、国民缺少大块阅读时间的境况下，推广口袋书有助于形成良好的渗透式阅读习惯，即利用旅行途中、候车、候机、排队、上下班途中、睡前等琐碎时间阅读口袋书，随时随地增长知识，开阔视野，助力形成全民阅读的良好氛围。

推广口袋书助力全民阅读的建议：

1. 加强政府政策支持

建议政府通过制定优惠政策鼓励出版机构印发内容更加丰富多样、切合民众阅读需求的口袋书。可由政府部门管理下的国有出版集团或出版社领导，联合一批影响力大、读者信赖、具有社会责任感的出版机构，先行推出一系列内容适合大众阅读的、高质量的口袋丛书，如通俗文学、人物传记、畅销小说、诗歌、诗词、名人语录、养生保健等类型的、受广大人民群众欢迎的口袋从书，为口袋书树立良好形象，使口袋书走入大众视野，打开口袋书消费市场，进而带动各出版机构印发推广口袋书，形成竞争优势。

2. 加大对口袋书的宣传力度，增强口袋书的影响力

第一，建议政府倡导新华书店等国营书店加设口袋书专柜，以解决口袋书由于开本较小而不易被发现的问题。第二，鼓励大型连锁书店和购书网站推广口袋书，提升影响力，扩大读者群体，使口袋书便捷易读的优点能为更多人所用。第三，通过举行书展、宣传栏宣传、制作公益广告等途径，宣传口袋书，提高公众对口袋书的了解。第四，在开展全民阅读系列活动时，加强对口袋书的推荐宣传，并提供推荐书目供民众参考选择，将优质的图书推广及更多人。

3. 提高口袋书的内容和排版设计质量

内容是图书的灵魂，排版设计是图书的制胜特点，质量是图书的核心。若要大力推广口袋书，必须注重图书的内容、排版设计和质量。第一，内容上，出版总署应对口袋书内容进行严格把关，防止口袋书成为粗制滥造的肤浅文学的传播途径。第二，对于不同的阅读人群，合适的行间距与字体大小能给予读者美好的阅读体验，因此，口袋书的排版设计应顾及读者的阅读舒适度，顾及受众的阅读习惯，在为了配合开本缩小字体的同时，也不能单纯为了压缩开本而使字体过小以至于造成视觉疲劳。第三，鼓励支持企业不断提升印刷装帧技术工艺，保障口袋书的印刷质量，给大众带来更优质的阅读体验。第四，口袋书印刷宜使用具有环保舒适、价格低廉、质感好、重量轻、有天然保护视力等优点的轻型胶版纸。第五，政府应设定相应的口袋书保障规范，避免口袋书出现“过度包装”的现象。

4. 推广口袋书，促进公民培养渗透式阅读的好习惯

第一，在地铁站、候车站、商业步行街等公共场所设立口袋书销售网点，提高口袋书在机场、火车站等公共场所的上架率，促进形成全民渗透式阅读习惯。第二，以公益广告、社区宣传栏等为媒介，宣传渗透势阅读，形成全民参与、全民阅读的良好氛围。

5. 增改相关行业标准，为口袋书用纸解决障碍

在我国现行使用的纸张规格标准基础上，建议学习借鉴国际上其他的纸张规格标准，增设适合于剪裁异型32开图书用纸的纸张尺寸规格，给口袋书的

装帧印刷提供便利，而且恰当合适的纸张尺寸规格，有助于保护环境，节约资源，降低印刷成本、提高企业利润，符合我国可持续发展的政策，实现社会利益与环境利益的有机结合。

2017年

媒体报道

中医典籍档案让中医药文化源远流长

杨太阳

我国中医药文化源远流长，拥有上千年的历史。在中医药学的传承和发展中，前人通过不断研究、实践、总结，形成了大量博大精深的中医典籍档案，是我国独特的文化瑰宝。在今年的《政府工作报告》中，温总理指出要扶持、促进中医药和民族医药事业的发展。那么，古老的中医典籍档案在弘扬中医药文化、促进中医药发展中有哪些具体作用呢？在今年“两会”期间，本报记者就此专访了全国政协委员、河南中医学院基础医学院副院长、博士生导师司富春教授。

司富春委员是河南省特聘教授，中医基础理论学科带头人，中医药分子生物学实验室主任。他所主持和完成国家自然科学基金、国家优秀回国留学人员基金等重点科研项目达30余项，在国内外发表论文100余篇，出版专著16部，曾先后荣获过“河南省文明教师”“河南省留学回国人员先进个人”“河南省留学青年回国创业之星”“河南省自主创新十大杰出青年”“河南省优秀专家”“民主党派工商联无党派人士为全面建设小康社会作贡献先进个人”等多项称号。在任两届全国政协委员以来，他共向大会提交了80多份提案和多件大会书面发言，内容涉及中医、教育、医疗等热点问题。其中，他提交的《大力加强中医药文化宣传》等提案被大会提案组立案，交由有关部门答复办理。

前两年，司富春委员向大会提交了《关于加强国家对中医药价格监管》的提案，在其中他就曾提到为药品价格建档的重要性。说起此事的背景，他告诉记者，自己不仅是学者，还肩负着医生的职责。在日常诊治过程中，他会顺便向病人询问某类药品的价格。通过一段时间的留心观察记录，他发现某类药品的价格在短时间内涨幅很大，不但造成病患就医成本上涨，还对以简、便、验、廉（中医诊断方法简单、治疗手段便捷、疗效良好、价格低廉）为特色优势的中医学造成了负面影响。

通过对其他同类中医院的广泛调研，他发现此问题具有普遍性。作为全国政协委员，他感到此事关乎百姓的切身利益，又直接关系到传统中医的声誉，因此起草了《关于加强国家对中医药价格监管》的提案。在提出的解决方案中，他明确指出，相关价格监管部门应为常见的中医药品建立档案，实时监控药品的价格波动，保障基本药品价格平稳，让百姓看得起病。

说起为城镇居民建立健康档案，司富春委员非常赞同。他说，为城镇居民建立健康档案，是一项惠民工程，有利于社区医疗工作的开展。通过对居民的定期体检，最终形成全面、系统的居民健康档案数据库，这些数据对于国家今后制定相关卫生政策规定都具有重要的借鉴和参考价值。中医药在医疗保健和治疗慢性疾病上具有显著优势，因此，如相关部门能为广大就诊者建立医疗卫生保健（中医药）档案，对病患的持续治疗、恢复健康是大有裨益的，此举还对中医药学的创新发展具有现实和长远意义。

档案是一个国家和民族的历史文化遗产，中医古籍是中华民族优秀文化遗产的重要组成部分。一提到中医古籍，人们首先想到的就是素有“中国古代百科全书”之称的《本草纲目》以及中医学理论体系的奠基著作《黄帝内经》。当得知这两部中医文献在中医药管理部门和国家档案部门的共同努力下，于2010年成功入选世界记忆工程的《世界记忆亚太地区名录》时，司富春委员连声称道：“这真是一件大好事！”“历史上的经典中医药学专著还有很多，如《神农本草经》《伤寒论》等等，诸如此类的历史典籍、古老药方都应得到妥善、必要的保护，通过对它们的整理、挖掘、研究，从而让具有千年历史渊源的中医药文化和知识古为今用，发挥其实用价值；与此同时，还应对一些中医名家掌握的民间偏方进行采集，通过建立口述档案的形式进行保护。这些凝聚着中医学精髓的珍贵历史遗存，是中医这门古老学科焕发新活力的宝贵财富，也是中医学传承和发展的重要载体。”

（原载于《中国档案报》2012年3月12日）

纳入国家规划，让中医药文化源远流长

刘志学

今年的全国“两会”上，河南中医学院基础医学院副院长司富春教授带来的提案多与“文化”有关：《关于建议国家优先推荐太极拳申报世界非物质文化遗产的提案》《关于建议国家财政设立“太极拳发展专项资金”的提案》《关于建议国家优先考虑中医院校更名大学促进中医高等教育发展的提案》《建议国家将学前教育纳入义务教育的范畴的提案》等等，其中记者最感兴趣的，是多份提案中标题最长的、关于《加强中医药文化建设，充分发挥中医药文化在文化建设中的作用。建议国家将中医药文化建设纳入国家文化发展规划》的那份提案。在详细阅读了这份提案的内容后，采访，就围绕着这份提案所触及的话题开始了。

九万里风鹏正举

采访一开始，司富春教授即兴奋地谈起了他之所以对“中医药文化建设”这个宏大话题如此执着的原因。他首先兴奋地向记者介绍了一些“背景资料”，并由此导入了我们谈论的话题。

司富春教授说：“中医药文化建设，可以说是处于‘九万里风鹏正举’的大好时机，可以说是占尽天时地利人和的。为什么这样讲呢？因为在中共第十七届六中全会上审议通过的《中共中央关于深化文化体制改革、推动社会主义文化大发展大繁荣若干重大问题的决定》中，即明确了把文化建设提升到国家战略层面上。早在2009年，国务院还下发《关于扶持和促进中医药事业发展的若干意见》，《意见》中也将中医药文化建设纳入国家文化发展规划，并强调：‘推进中医药机构文化建设，弘扬行业传统职业道德。开展中医药科学文化普及教育，加强宣传教育基地建设。加强中医药文化资源开发利用，打造中医药文化品牌。’因此，我作为一名长期从事中医基础理论学科研究的‘业内人士’，无疑对于党中央、国务院的这些举措，感到由衷的高兴。”

随后，司富春教授又向记者谈及了他本人对于中医药文化的认识，他告诉记者：“中医药文化作为我国优秀传统文化和社会主义先进文化的重要组成部分，是中华民族的原创文化，是具有民族特色的文化符号，是中华民族传统文化的瑰宝，是中医药学的灵魂和根基，蕴含着丰富的哲学思想和人文精神，是我国文化软实力的重要体现。”由此，司富春教授认为，“加强中医药文化建设，将对中华文化的复兴和社会主义文化大繁荣起到积极的推动作用，为中医药事业发展提供强大的精神支撑和内在的文化驱动力，将会促进中医药事业为人类健康服务。”

同时，司富春教授还认为：“加强中医药文化建设，还是贯彻落实十七届六中全会精神，推动社会主义文化大发展大繁荣，努力建设社会主义文化强国的根本要求；是建设社会主义核心价值体系，建立中华民族共有精神家园的重要内容；是提高我国文化软实力，向世界推广中国文化的重要载体；是促进中医药事业科学发展的重要措施；是满足人民群众健康和文化需求的必然选择！”

沉舟侧畔千帆过

司富春教授兴之所至，滔滔不绝：“说到我们加强中医药文化建设的重要性，我想起了刘禹锡的两句诗：‘沉舟侧畔千帆过，病树前头万木春。’这用来形容中医药事业、中医药文化目前面临的发展契机，十分贴切。由于种种原因，以前，我们错失了许多大好时机，但现在，已经是今非昔比了。我们的国家正处于兴旺发达的盛世，一个国家的强盛，首先要建立在民族文化的根基之上，只有文化的厚土，才能承载一个国家走向富强的脚步。因此，鉴于我刚才提到的诸多和风惠雨，我认为，就目前而言，加强中医药文化建设，已经是迫在眉睫的事情了。这关系到充分发挥中医药文化对中医药事业发展的引领作用，关系到促进中华民族优秀文化的伟大复兴的重要问题。对此，我对加强中医药文化建设的必要性，曾经做过详细的梳理和总结……”

随后，司富春教授详细介绍了他“梳理和总结”的结果，他先伸出了右手的食指，接着才开口说：“首先，加强中医药文化建设是中医药走向世界的需要。因为，历史已经证明，中医药作为我国优秀传统文化的杰出代表，是对外交流的重要载体，是我国最具有国际竞争力和国家影响力的学科门类。通过国外民众介绍中医药知识和中医药文化，向世界展示中华民族的认知方式、价值取向和审美情趣，加大中医药文化的传播力度，中医药文化才能更快更好地走向世界，增强中医药文化的国际竞争力和吸引力，培养外国人对中医药文化的热情，不断扩大中医药文化在世界上的影响力，从而提升国家软实力。”

“其次，加强中医药文化建设，还是中医药继承和发展的需要。”司富春教授又伸出一根手指继续说，“因为中医药文化是中国传统文化继承和发展的载体，积极开展中医药文化普及教育，深入挖掘、保护、传承与发展中医药文化，做好中医药非物质文化遗产保护传承工作，尤其是以我国历代名医、流派的学术特点和学术思想，发掘具有地方特色的诊疗技术，重视确有疗效的民间中医诊疗技术和方法的收集、整理、研究，为中医的继承、传播与发展做出积极的贡献，助推我国中医药民族文化的大发展和大繁荣。”

讲到这里，司富春教授伸出了第三根手指又继续说：“再次，加强中医药文化建设，更是保障人民健康的需要。因为中医药文化是中华民族几千年来认识生命、维护健康、防治疾病的思想和方法体系，是中医药服务的内在精神和思想基础。弘扬中医药文化，有利于推动应用中医药整体思维和辨证论治的精髓和特色诊疗技术，拓展中医药服务范围，发挥中医药简便验廉的特色优势为人民群众健康服务。其‘上工治未病’的思想理念，也是中医药文化的重要体现。通过发展中医药预防保健服务、拓展中医药服务领域、继续实施‘治未病’健康工程，让中医药的特色和精髓惠及更多的群众。”

“最后，加强中医药文化建设，也是中医药产业化的需要。”司富春教授把一直蜷着的小手指伸出来，与右手的其他手指并在一起说：“近些年来，随着人们对健康认识的深化和对中医本质的正确认识，中医药文化中的养生思想、保健方术越来越为人们喜闻乐见和身体力行，因此，中医药文化具有产业化的核心元素和社会基础。应大力发展中医药文化产业，开发中医药文化产业，形成中医药文化产业链，创造中医药文化新价值。”

直挂云帆济沧海

自然，作为一名全国政协委员，司富春教授并不仅仅是在就“中医药文化建设”这一话题，解说意义，空发感慨。其参政议政的职责，驱使他不但能阐释中医药文化建设的深远意义和其必要性意义，他肯定还会向“两会”提出一名长期沉醉于中医药文化海洋的学者的建议。

果然，他谈完如上话题后随即说道：“你刚才也看到了，我在提案中，很详细地罗列了我经过长时间、大量的调研工作后，所提出的几项建议。”接着，司富春教授又从重新攥起的拳头里伸出了食指，“首先我认为，国家应投入专项资金，分地区建设中医药文化博物馆。为什么这样讲呢，因为建立中医药文化博物馆，第一可以形象地展示中医药学从形成到繁荣、从继承到创新的轨迹，展示博大精深的中医药学和中医药文化的缩影，使之成为传播中医药文化的公共教育场所和弘扬中医药文化的窗口；第二呢，是能够加强中医药文物保护，为国家级非物质文化遗产中医药项目代表性传承人创造传习条件，从而更加深入地发展中医药事业和传承中医药文化产业，普及中医药科学知识；第三，能够统一建设中医名家学术研究室或者工作室，系统总结名老中医学术思想、临床经验和成长之路，以记录和保存著名中医的学术资料，发掘和保护地方特色的中医药技术，为后世人们传承和发展中医药打下坚实的基础；第四，可以使中医文化走进全民，深化其在民众中的文化认同感，向全民展示祖国传统中医药文化的风采和中医药治疗疾病的优势，从而使人们对祖国中医学的发展充满信心和希望，进一步强化中华民族精神的凝聚力，向全国人民乃至世界人民推广中医药，打造世界中医药文化品牌。”

“其次，我认为，国家还要加大经费投入，设立中医药文化研究专项资金，研究中医药文化建设的自身规律，准确把握中医药文化的内涵实质和核心价值观。”司富春教授接着说，“因为加强中医传统文化研究和教育，是保持中医优势和特色、提高临床疗效的根本。我认为具体应该采取的措施有：第一，要加强中医药文化源流及内涵研究。中医药的文化源流与我国传统古代哲学文化密切相关，也是中医学发展的重要理论基础，梳理中医药文化源流脉络，挖掘、整理、研究中医药文化内涵和原创思维，为搭建中医药理论构架提供资源和依据；第二，要继续加强开展中医药文献、文物、古迹资源普查工作，系统搜集和整理中医药文化的精髓，加大资金投入，在国际上加强我国的中医药世界非物质文化遗产的保护；第三，要加强系统研究中医药典籍、古今名医、各流派的学术思想及其文化素养，传承好中医药四大学术经典著作独特的学术思想，并不断创新和发展。”

司富春教授沿着他的话题接下来介绍说：“再次呢，我认为，国家还要加紧培养中医药文化专业人员，注重高层次领军人才培养，造就一批中医药文化名家大师。因为中医药文化的传承与发展需要优秀的中医药文化专员，要培养中医药文化名家大师，‘以文化人’，是根本，用中医药文化‘铸魂化人’，培养真信、真懂、真用中医的临床人才，让中医药事业‘有人信、有人干、有人管’。政府机构应当激发中医药文化人才建设的积极性和创造性，建立有利于中医药文化工作者潜心研究的政策和制度，对高水平中医药文化创新团队和个人给予大力支持；建立国家中医药文化工作者荣誉称号制度，表彰在中医药文化领域有突出贡献的单位与个人，加强高层次领军人才的培养，为文化传承和优秀人才培养搭建重要平台。”

“最后一点，我建议，”司富春教授再次把小手指伸出来，由拳头并成手掌说，“国家要加强中医药文化的宣传，建立中医药文化宣教基地，开发中医药文化科普创意产品、富有特色的生态健康旅游产品，打造中医药文化产业链和中医药文化品牌。首先一步，可以汇集古代中医药文化精华，融合当代科学文化和中医药学术最新成果，通过创作包括图书、影视、电子读物、动漫等形式多样、科学实用、健康向上的中医药专题文化精品，广泛传播中医药文化知识，打造中医药文化产业链和中医药文化品牌。接下来，各地政府还要组建中医药文化传媒公司，使之成为弘扬中医药文化的重要窗口，推动中医药文化建设。同时深入推进‘中医中药中国行——进乡村，进社区，进家庭’之类的具有广泛社会影响的活动，充分发挥中医药人力资源优势，开展‘中医文化大讲堂’，建立中医药文化科普长效机制。这样，不仅能够宣传中医药文化，扩大中医中药影响，普遍提升群众对祖国传统医学和传统文化内涵的认识，而且能够促进全社会形成‘信中医药、爱中医药、用中医药’的浓厚文化氛围。”

谈到这里，司富春教授长舒了一口气继续说：“以上这些，就是我今年‘两会’最重要的建议。我们光认识到加强中医药文化建设的重要性还不行，还需要有切实可行的具体实施策略和措施。‘长风破浪会有时，直挂云帆济沧海！’我相信，在党中央、国务院‘深化文化体制改革、推动社会主义文化大发展大繁荣’的号召下，作为具有五千多年璀璨历史的中医药文化，一定会有它‘大发展、大繁荣’的那一天！”

向阳花木易为春

在采访中，我们的话题还触及了司富春教授另一个与弘扬中医药文化、发展中医药事业密切相关的提案——“建议国家优先考虑中医学院更名大学，促进中医高等教育发展”。

提及这一话题，司富春教授首先说：“在中华民族数千年来的发展史上，中医药以其独特的诊疗方法、确切的疗效、低廉的费用以及用药的安全性等优势，深受广大群众的欢迎。党中央国务院历来高度重视中医药工作，并于2009年4月专门下发了《国务院关于扶持和促进中医药事业发展的若干意见》。在当今科学技术突飞猛进、新兴学科、边缘学科层出不穷并出现高度综合、高度分化的趋势下，经济体制的巨大变革和社会的迅猛发展带来了医学模式和疾病谱等的改变，出现了人才需求多样化，学生就业多元化，职业更换经常化的现象。如何适应科学技术和医学科学发展的趋势，满足社会对医疗卫生事业的需求，培养高层次医学人才，成为中医院校长远发展的关键问题。古语说，‘近水楼台先得月，向阳花木易为春’。《论语·子路》中也说：‘名不正则言不顺，言不顺则事不成。’所以我认为，中医学院更名大学，更有利于促进中医药文化的弘扬和传承，推动文化建设的发展，有利于助推中医药更好更快地走向世界，有利于完善中医高等教育结构，促进中医教育发展。”

随后，司富春教授向记者谈了他提出这一建议的理由。他说：“首先，中医学院更名大学，是提升和保障全国人民健康水平的需要。前面我们聊到，中医药学是伟大的宝库，是中华民族自主创立和不断创新的生命科学，且‘简便廉验’的中医诊疗和康复保健技术具有深厚的群众基础。党和国家高度重视中医药工作，特别颁布了‘国发22号文件’，扶持和促进中医药事业发展。中医学院更名大学对促进中医药高等教育发展，吸纳优秀学生，培养高水平中医药人才，保障人民群众的健康至关重要，是努力满足全国人民日益增长的医疗健康的迫切需要。其次，更名是推动中医药产业发展和区域发展的需要。我们都知道，中医药是中国具有原创优势的重要科技资源，也是我国具有独立自主知识产权的产业之一。更名大学有利于促进中药产业发展，有利于推进学科建设和人才培养，有利于推动区域经济发展。第三，更名是弘扬民族文化的需要，既然中医药作为中华民族的瑰宝，是中医药学的灵魂和根基，蕴含着丰富的哲学思想和人文精神，是中国传统文化的重要组成部分，那么，更名大学，将有力促进中医药文化的弘扬和传承，推动文化建设的发展，为中华文化的复兴和社会主义文化大发展大繁荣起到积极的推动作用。第四，更名还是中医药走向世界的需要。中国作为中医药文化的发源地，为中医药在世界的传播和全人类的健康做出了重要贡献。独具特色的中医药优势，得天独厚的中草药资源，疗效独特的专科技术，在国内外影响深远。随着我国国力的增强和世界各国对中医药认识的深化，中医药对外交流和合作日趋活跃，所以说，更名大学有利于助推中医药更好更快地走向世界。最后一点，更名更是完善中医高等教育结构，促进中医教育发展的需要。从全国范围来看，建校较早的中医学院除‘河南中医学院’外，其他均已完成更名。更名后大学院校的发展空间更为广阔，有利于学科的交叉融合，能充分发挥大学学科综合，人才荟萃，教学与科研密切结合的优势，扩大了办学影响，能为建设创新型国家，实现中医药现代化做出更大的贡献。”

针对以上理由，司富春建议：“首先，国家要加大对中医院校的投入力度，完善其软件和硬件建设，增强师资队伍建设，提高中医药人才的培养质量，为中医药的发展奠定基础。其次，鉴于中医院校的特殊性及中医药专业的特殊性，建议国家在大学更名上考虑有利于中医药教育发展的标准和条件，给予政策上的倾斜，优先考虑符合条件的中医药院校，促使我们的国粹更好地传承和发展。”

在采访中，司富春教授一直激情澎湃，一连串地使用排比句，一条条逻辑清晰的论述，一个个的铿锵手势，再加上他声震屋宇、中气十足的语气，从言谈举止中，记者强烈地感受到了司富春教授对于我国国粹——中医药的深厚感情。

（原载于《中国医药导报》2012年）

司富春：甘做大海中的一滴水

张　磊

在全国“两会”现场，有这么一位参会不忘老本行，经常利用休息时间为驻地身体不适的委员看病的全国政协委员——司富春。2003年，司富春成为全国政协委员，至今已10年有余。

在采访司富春委员的那天，他的办公室里挤满了人。慕名寻医问药的患者，准备开题论文的学生，以及等待采访的我们，都碰巧出现在同一时间，实际上，平时的他也是这么忙。

司富春，1963年出生于河南省新郑市。教授，博士生导师，河南省特聘教授。现任河南中医学院科技成果推广中心主任、中医药分子生物学实验室主任，研究方向是中医药与分子生物学结合研究。是河南省优秀专家，享受国务院政府特殊津贴专家，国家百千万人才工程国家级人选。

“中医药的根在中国”

司富春于1979年进入河南中医学院学习，硕士毕业工作几年后，他考取上海中医药大学教授张伯讷的博士研究生。在攻读博士学位期间，他进行的“二仙汤及其拆方对老龄大鼠下丘脑GnRH基因表达的调节”研究，被专家认为是开辟了中医基础理论与分子遗传学结合研究的新领域，获得了国家自然科学基金资助。

1995年，司富春赴韩国浦项科技大学生命科学院进行博士后研究工作。在韩期间，司富春在磷脂酶C（PLC）介导的细胞信号转导研究领域做了许多重要的开创性研究工作，被誉为PLC信号转导研究方面的优秀专家。司富春同时参加了韩国国家级科研项目10余项，在生物高新技术领域得到了严格训练，并获得韩国第一届博士后基金奖。

“我所热爱的中医事业根在祖国，研究中医药没有哪个地方比中国资源更丰富、条件更好。”司富春说。他放弃了多次到美国学习的机会，婉言谢绝了导师和朋友的挽留，于1998年底毅然回到河南中医学院，成为河南省中医药界首位回国的博士后。

回国后，司富春购置了许多科研试剂、书籍和仪器，引入多项生物高新技术，在河南中医学院和有关领导的大力支持下，组建了中医药分子生物学实验室。该实验室现已成为我国中医界一流水平的中医药分子生物学实验室和河南省高水平系统进行中医药与分子生物学结合研究的实验基地。20余项国家级和省部级科研项目在该实验室完成或进行。司富春还主持和完成国家自然科学基金、国家优秀回国留学人员基金重点项目等大的科研项目20余项，获得省部级科技奖8项，在国内外发表论文100余篇，出版专著16部。他所负责的中医基础理论学科建设成为河南省重点学科和国家中医药管理局重点学科。

司富春说：“当一个人将科技、祖国和未来紧密联系在一起的时候，这个人的价值就能得到最大的体现。”司富春本人更是先后荣获“河南省优秀青年骨干教师”“河南省留学回国人员先进个人”“河南省文明教师”“国家有突出贡献中青年专家”等多项荣誉称号。

当好医生，当好政协委员

术业有专攻。依托自己的专业优势，司富春对所从事领域中有关教育、中医药、人才等课题进行了广泛调研、深入研究，尽心履行政协委员职责，提交了85个提案和28份书面发言，不少建议得到国家有关部委的重视和采用，为推动中医药事业发展建言献策。

值得一提的是，在2004年全国政协十届二次会议上，司富春提交的《加强中医药研究，充分发挥中医药在感染性疾病防治中的作用》的提案，引起了广泛关注。

该提案产生的背景，正是2003年“非典”疫情肆虐全球、各地群众恐慌不安之时。在战胜“非典”疫情的过程中，中医药起到了非常重要的作用，国际医学界对此高度重视。凭借自身的职业敏感性，司富春随即建议更加重视和加强中医药研究，充分发挥中医药在防止感染性疾病中的独特作用。艾滋病、结核病、病毒性肝炎，这些已有的感染性疾病和新发的感染性疾病不仅是公共卫生防疫的难题，而且成为备受关注的社会问题。

“感染性疾病多以发病急、传染快、病情重、群体发病为特点，由于病菌病毒随着环境改变而进化变异并不断引起新的感染性疾病，致使已有的药物和疫苗经常不能发挥有效的防治作用。”司富春说，相比而言，中医药在防治感染性疾病中具有独特优势。中医辨证理论能诊断出即时发生的疾病证候，提出相应的治疗方法。中医学早在2000年前已有防治疾病的理论和药物记载。新中国成立后，中医药在流脑、病毒性肝炎等感染性疾病防治中起到了很大作用，已成为我国公共卫生防疫体系中一大特色。近年来对中医药治疗某些病毒性疾病的现代研究也有力地证实了其有效性。

基于以上认识，这份《加强中医药研究，充分发挥中医药在感染性疾病防治中的作用》的提案应运而生。国家中医药管理局收到提案后，进行了认真研究，并及时给予了答复。他们表示，面对不断出现的疫情和感染性疾病的危害，必须进一步发挥中医药在感染性疾病防治中的作用。一方面，要将中医药防治传染性疾病的研究放在极其重要的位置，在科技攻关计划、“863”计划、“973”计划中，支持中医药针对艾滋病、肝炎、肺结核等感染性疾病的防治研究。在部署我国艾滋病防治科技工作中，将中医药防治艾滋病研究作为一项重点工作，拟在河南等高发地区建立若干研究基地；另一方面，在促进中医药重大科技专项的立项工作中，将全面考虑中医药基础、临床研究等各项工作，尤其重点加强中医药防治传染性疾病的系统研究。在国家传染性疾病预防控制体系工作中，国家中医药管理局与有关部门协商，努力在全国范围内建立几个中西医结合的临床、研究基地。同时，国家中医药管理局在设立中医药防治感染性疾病的学科和专业建设、加强中医药对防治感染性疾病研究等方面，也制定了明确措施和详细计划。

之后，该提案作为优秀提案被选录到由全国政协提案委员会主编的《把握人民的意愿》一书中。2008年11月21日，十届全国政协优秀提案表彰会在全国政协礼堂举行，从十届全国政协期间审查立案的提案中遴选出的262件优秀提案受到表彰，该提案位列其中。

此外，司富春在全国政协十一届一次会议上提交的《大力加强中医药文化宣传》和《建议加强突发性自然灾害预测和救助机制》两份提案，得到国家卫生部和国家民政部领导表扬。全国政协十二届二次会议期间，司富春围绕中医药、教育等提交15份提案和5份大会书面发言。

为中医药发展鼓与呼

中医，中华民族的瑰宝，作为一门古老的医学，至今魅力不减。司富春认为：中医药是我国重要的卫生资源，几千年来在防治疾病和重大疫病中发挥了重要作用，至今在防病健身、养生保健等方面仍然发挥着不可替代的功能。但随着经济全球化、科技进步和现代医学的快速发展，我国中医药发展环境发生了深刻变化，面临许多新情况、新问题。

司富春分析了中医药发展背后的隐忧。其一，中医医疗保健服务能力有待提高。当前的中医学发展还不能很好满足现代生活条件下不断增长的社会需求，尤其在西方发达国家，中医药还未能进入医药保健主流市场，其医疗价值和市场潜力亟待挖掘。其二，中医药现代产业基础不强，缺乏优质高效的产品，研发和创新能力薄弱。其三，中医药现代科学基础薄弱。用传统概念表达的中医药理论的科学内涵依然难以被现代社会普遍理解和接受，复方中药的临床作用机理研究一直突破不大，而西方国家已开始利用其技术和资金优势，运用新的理论和方法研究中医药，这无疑对我国本土中医药发展是一个挑战。

“在世界医药的迅速发展和人民群众日益增长的多样化的健康需求下，在继承发扬中医药特色优势的基础上，充分利用现代科学技术，加强中医药原始创新，推动中医药现代化和国际化，以满足时代发展和民众日益增长的医疗保健需求，是历史发展的必然要求。”司富春告诉记者，中医药在预防保健领域潜力巨大，认真挖掘中医“治未病”和养生保健技术，建立养生保健适宜技术推广基地，积极开展中医“治未病”预防保健服务，这是对百姓安全的负责。同时要加快完善各地区县级以上中医医院预防保健服务工作，努力研究并规范在临床上行之有效的独特预防保健技术方法；研发具有中医文化特色的实用的保健技术和产品，满足人民群众日益增长的多样化的健康保健需求。

扁鹊、张仲景、华佗、孙思邈、宋慈、李时珍……正是这些有名及许许多多无名的医者将中医药文化发扬光大。时至今日，在中医药文化的传承创新中，司富春提出，推进高等中医药教育的改革，在不断完善现行中医药高等医学教育的同时，大胆尝试师承教育、家传相授等不同的教育教学模式，调动一切积极因素，探索当代中医药名家的成才路径。采取培养和引进相结合的方式，培育学科带头人，推进高层次人才培养，因材施教，培养和造就更多的符合时代需求的有用之才。

“国际交流我觉得还是应该加强宣传。”司富春强调，中医本身有系统的理论，有治疗的疗效，所以应该加强宣传，使大家都了解中医。当然标准化也是要做的工作，通过标准大家可能更容易理解。

司富春认为，中医药文化是中国传统文化继承和发展的载体。要积极开展中医药文化普及教育，深入挖掘、保护、传承与发展中医药文化，做好中医药非物质文化遗产保护传承工作，尤其要以我国历代名医、流派的学术特点和学术思想，发掘具有地方特色的诊疗技术，重视确有疗效的民间中医诊疗技术和方法的收集、整理、研究，为中医的继承、传播与发展做出积极的贡献，助推中国中医药民族文化的大发展和大繁荣。

“也许我们所做的只是大海中的一滴水，但如果没有这一滴水，大海将会小很多。”这是曾获诺贝尔和平奖的特雷莎修女的名言。或许，司富春数十年来不懈为中医药事业发展的鼓与呼，平凡的行动中所饱含的热情，用这句话来形容最恰当不过了。

（原载于《人民政协报》2014年5月6日）

忠实履职，一名老政协委员的十五项提案

刘志学

2014年3月7日晚，全国政协委员驻地北京国际饭店。记者刚在司富春委员的房间里坐下来寒暄了没几句话，他就打开了桌子上的电脑，调出了他这次带到全国“两会”上的提案文档，记者数了数，两排，整整15个文件。记者浏览了他的提案所涉及的领域，大约可分为“发展中医药”“深化医改”“医患关系”“加强中医药高等教育”“食品药品安全”等与其专业相关的“行内”话题，和“加强青少年优秀传统文化教育”“进一步加大对环境污染防控和治理力度”“广开门路加强农民工培训”等“行外”社会问题，随后，司富春教授便围绕他的这些提案，着重谈及了我国中医药事业发展领域等的相关问题……

加大财政投入，全面推进中医药发展

在采访中，司富春教授首先谈及的，还是他为之探索了大半生的中医药发展问题，他指着电脑显示屏上的一份建议国家尽快将中医药发展纳入国家战略的提案对记者说：“中医药是中国各族人民在几千年生产生活实践和与疾病做斗争中逐步形成并不断丰富发展的医学科学。而推动中医药发展纳入国家战略，也必将能在新时期全面加快中医药事业发展。”

他认为，在将推动中医药发展纳入国家战略的落实层面上，我们要进一步加强中医药事业发展政策完善和执行，积极创造中医药发展的良好条件。国家要尽快启动编制实施国家中医药中长期发展规划，推动中医药全面参与经济建设、社会建设、文化建设和生态文明建设；各省市要建立中医药工作协调小组，加强对中医药工作的宏观指导、政策制定、部门协调和组织推动，科学编

制实施各省市中医药事业发展规划，及时研究解决中医药事业发展中的问题，积极创造中医药发展的良好条件：落实政府对公立中医医院发挥中医药特色优势的补助政策，完善公立中医医院补偿机制，并尽快将中医辨证诊治费、中医诊疗技术、中药饮片和中药制型纳入医保支付范围，适当提高报销比例。另外还要把中医药机构纳入城市和农村卫生服务体系项目建设，加快推进基层医疗卫生机构为患者提供中医药适宜技术与服务；同时还要优化中医药基本医疗保险政策，扩大中医药报销范围，在现有基本医疗服务项目和药品目录基础上，将符合条件的、经有关部门批准的中医特色诊疗项目、中药品种、中药配方颗粒和院内中药制剂纳入报销范围。

司富春教授继续说，在财政支持方面，国家还应该加大财政投入，支持公立中医医院的基本建设和设备购置、重点学科发展，对公立中医医院承担的包括治未病、中医体质辨识与调养指导在内的公共卫生服务等任务给予专项补助，各省市财政要设立中医药专项资金，并根据经济发展和财政收入情况，逐渐加大投入力度，用于中医重点学科和专科建设，人才引进培养、科技研究推广和基础卫生机构中医药科室建设等。根据中医药服务特点，逐步提高中医服务诊疗技术价格，鼓励发挥中医药服务的特色优势。制定优惠政策，鼓励企事业单位、社会团体和个人捐资支持中医药事业。

“加强中医药特色优势建设也是不容忽视的。”司富春委员继续说，“在这方面，我们应该继续加强中医药国家级重点学科和特色专科建设，增加中医药重点学科和专科建设专项基金投入，加强基层医疗机构中医特色专科建设，着力提升学术水平和服务能力；充分发挥中医特色优势，积极开展中医预防保健服务，发挥中医药特色优势，加快发展中医预防保健服务体系建设；积极应用中医药方法和技术防治突发疾病、重大疾病和多发传染病，大力支持县级以上医院建立‘治未病’中心；鼓励社会力量投资兴办中医药预防保健机构，开展药浴、药膳、保健按摩等传统养生保健服务项目。同时还要加快建立中医药协同创新机制，建立产学研技术创新联盟以及区域特色产业创新集群，推动高等院校、科研院所、医疗机构、企业及金融机构之间深度合作，充分利用现代科学技术、方法和手段，不断促进中医药的理论创新和实践发展，提高防病治病能力……”

司富春教授认为，在做好上述工作的同时，我们还要进一步加强中医药人才队伍建设，提高中医药科技创新能力，深化国际交流合作，下大力气推动中医药海外发展，优先发展面向海外的服务。通过传播中医药健康文化，提高国际社会对中医药的认知和认同。通过打造国际知名品牌、促进产业集群，着力培育竞争优势；通过发展养生医疗旅游等多元服务，着力吸引境外消费。通过高层推动和贸易谈判，把握中医药的主导权、话语权和标准制定权，着力为中医药海外发展创造政策和法律环境。此外，在我国对外援助、政府合作项目中增加中医药项目，也是以往被忽视，但却十分必要的一个环节。

为中医院校“正名”，促进中医药高等教育快速发展

在中医药教育领域工作多年的司富春委员，自然对这一领域的问题更为关注。在采访中他对记者说，“我已经连续两三年向全国‘两会’提交‘国家应优先考虑中医院校更名大学，促进中医药高等教育快速发展’的提案了，今年我又针对提案，经过深入的调研，充实完善后，带到了‘两会’上。”

对此话题，司富春教授阐述说：“校名作为一所大学长久的文化符号和重要标志，往往承载着厚重的地域特色、文化特色和教育梦想。据教育部统计数据显示，近8年来，全国共有320多所高等院校获得教育部批准而更名，其中从‘学院’改为‘大学’的有100多所。目前，全国中医院校已经更名为中医药大学的有17所，还有河南中医学院、陕西中医学院、云南中医学院、贵阳中医学院、甘肃中医学院、山西中医学院6所中医院校尚未更名。”

司富春委员认为，为更好地发挥中医药优势，培养中医药人才，促进中医药事业发展，中医院校更名大学十分必要，这对促进我国中医药高等教育快速发展具有重要的意义。

关于这一建议的必要性，司富春教授阐述说，首先，这是落实党和国家扶持中医药事业发展政策，促进中医药事业持续发展的需要；其次是推动中医药产业发展和构建现代医疗保障体系的需要；另外还是完善我国中医药高等教育布局，促进中医药教育快速发展的需要；同时更是充分发挥中医药资源优势，扩大中医药国际影响，促进高校自身发展的客观需要。

司富春进一步阐释说：“我国中医药院校大多于1960年前建校，建校时间早，历史文化底蕴厚重。将具有50余年本科教育、30余年硕士研究生教育历史的河南等中医学院更名为中医药大学，是全面贯彻落实国务院出台的《若干意见》精神，促进中医药高等教育发展，吸纳优秀学生，培养高水平中医药人才，推动我国医药卫生事业快速发展工作的具体体现。”

在呼吁为中医院校“正名”的同时，司富春教授还认为，当前我们不可忽视的是，中医院校更名“大学”也存在着相应的问题：由于受更名大学指标的限制和中医专业特点和自身理论的限制，使中医门类这样专科性较强的高等院校，在同样的升格大学标准的条件下，很多方面不能与其他高等院校相比。比如在科研经费的争取、国际学术影响、国家级奖励方面，中医院校与其他高校相比，都无优势可言，而这些指标又都是现行升格大学的硬性指标，导致与其他院校同台竞技时，中医院校在升格大学方面稍逊一筹。而中医院校不能升格大学，就意味着政府投入不如其他高校，社会认可度不高，这些因素必将影响中医药高等教育的发展，使我国中医事业，乃至关系人民健康的医疗事业都会受到影响。

鉴于以上因素，司富春教授建议：“首先，建议教育部适当增加高校更名大学的指标。建议在审批大学更名时，按照大学更名的准入机制，对符合标准的高校不限制审批名额，应在当年给予审批；对不符合标准的，则不予批准。其次，鉴于中医院校的特殊性及中医药专业的特殊性，建议国家制定符合中医药高等院校的大学标准，应有别于其他理工、文管等性质的院校，在大学更名上给予政策上的倾斜，优先考虑符合条件的中医药院校，促使我国传统中医学更好地传承和发展。”

在提出上述建议的同时，司富春教授还认为，在新时期，国家要多渠道加强对医学高等教育的投入。因为医学教育承担着为维护人类健康培养医药卫生人才的重要使命，其根本任务是要以医疗卫生领域的人才需求为导向，培养和造就一支为社会主义现代化建设服务的，具有人类健康职业素质、临床实践能力和创新精神的医学精英人才队伍，为经济社会的和谐发展提供强有力的保障，促进我国医疗卫生事业发展和社会全面进步。而且，《中共中央、国务院关于深化医药卫生体制改革的意见》明确提出：要建立可持续发展的医药卫生科技创新机制和人才保障机制，加强高层次科研、医疗、卫生管理等人才队伍建设，加大医学教育投入，提高医学教育质量。所以，加大对医学高等教育的投入。不仅能够保证医学教育事业更加持续稳定发展，而且能够促进医学领域的研究向着前沿化、高端化、国际化发展，更好地为人类健康事业做出应有的贡献。

依法打击“医闹”，六项建议遏制医患矛盾“血色”升级

在今年的全国“两会”上，如何缓和日益严峻的医患关系，打击愈演愈烈的暴力伤医、杀医、辱医问题，成了政协医卫界及其他界别的委员们热议的话题。

谈及这个话题，司富春教授痛心地说：“撇开以前发生的温岭杀医等恶劣事件不说，就在‘两会’召开期间，还发生了广东潮州医生被死者家属押走游行事件、北京大学第六医院医生被患者持锤子击伤事件，这更显示出加大打击‘医闹’伤医执法力度的紧迫性。我注意到，在网络上，针对不断出现的暴力伤医杀医事件，很多网民也发出‘再杀医生，国之大耻’的感叹，这说明医患矛盾‘血色’升级。‘医闹’暴力伤医事件，已经成为当前医疗行业的突出问题和社会的焦点问题。”

对此问题，司富春教授在他的专门提案中提出了六项建议：一是建议国家尽快制定治理“医闹”伤医的相关法律、法规。尽管国家卫生部、公安部于2012年联合发布了《关于维护医疗机构秩序的通告》，要求公安机关要会同有关部门做好维护医疗机构治安秩序工作，依法严厉打击侵害医务人员、患者人身安全和扰乱医疗机构秩序的违法犯罪活动。《中华人民共和国执业医师法》第四十条也规定：“阻碍医师依法执业、侮辱、诽谤、威胁、殴打医师或者侵犯医师人身自由、干扰医师正常工作、生活的，依照治安管理处罚条例的规定处罚；构成犯罪的，依法追究刑事责任。”但是没有明确硬性的法律法规依据，减弱了对“医闹”暴力伤医的执法力度。二是将打击“医闹”暴力伤医案件列为公安、司法等部门的专项执法工作，把惩治“医闹”纳入治安管理处罚法中。公安部门对扰乱医院正常工作秩序、影响恶劣的“医闹”行为给予及时制止，大力打击并严厉惩治职业“医闹”，保证医院医疗工作的正常进行和医务人员的人格尊严。三是加强媒体正面的宣传和舆论监督作用，对于媒体揭露医疗卫生工作中存在的问题，医院要坚持不护短、不遮丑，积极主动地采取改进措施，医方要在平等、信任和尊重的基础上加强与媒体的交流，第一时间公布真相，让媒体客观、公正、真实地反映事件。此外，由于医学的极端复杂性和医疗活动的高技术、高风险性，即使技术再高明的医生也尚不能完全掌握对付各类疾病的办法，即便对于很多常见病，在治疗中也会有意外发生的可能。因此对于患者，媒体要正确引导大众对医疗行业高技术性和高风险性的认识，体谅医务工作者的劳累和难处。四是医院对正常的医疗纠纷要及时依法处理，提倡全民利用正当渠道解决医疗纠纷，按法律程序依法维权。五是医疗卫生机构要加强自身建设，提高医务人员业务素质和服务质量，防范医疗事故发生，构建和谐医患关系。在采访中，司富春教授特别强调了他的第六条建议："最重要的是，相关部门要联合组织专家在全国范围内不同医院层面调研'医闹'问题的严重程度。以第一手资料、事实和依据，详细了解'医闹'的起因、背景、核心矛盾点、现有的问题等，找出这一社会问题的根源，从根本上提出有效的、具体的解决方案……"

记者在采访中还获悉，此前司富春委员提交的编号为"第3876号"的《关于加强基层中医药服务能力建设的提案》，已经得到国家中医药管理局的回复。回复中说："加强基层中医药服务能力建设是国家中医药管理局去年的重点工作。基层中医药服务能力提升工程被列入国务院办公厅深化医药卫生体制改革2013年主要工作安排。"目前，全国绝大部分省份印发了实施意见和实施方案，大部分省份发改委、财政等部门参与联合发文，以省政府名义召开了工作会议，将提升工程列为政府工作目标，在许多方面制定了具体政策措施。进一步加大投入力度，重点加强基层医疗卫生机构中医药科室建设、中医药设备配置、中医药人员配备和培训、中医药适宜技术推广等。

对此答复，司富春委员比较满意。作为一名参政议政12年的老政协委员，他在采访结束时说："提案得到及时、满意的回复，自然是件令人欣慰的事儿。每年进京参加'两会'，我都会精心把一年来调研到的问题，尽可能地提交上去。比如说今年的这15份提案，我在深入调研之余，有些甚至几易其稿，才能成文。因为参政议政、忠实履职，不仅是政协委员的'本分'，更是神圣的责任……"

（原载于《中国医药导报》2014年）

一名老委员的五年提案和一批中医学院的更名历程

刘志学

河南省会郑州东北有一个公交站点的站名为“河南中医药大学”，这个公交车站是郑州交通网络的重要站点之一。经过“河南中医药大学”站的有166路、170路、232路、326路等至少8条公交线。自2012年开始，这个站名就被确立下来了，但细心的人发现，这个站牌所指的学校，仍挂着“河南中医学院”的牌子，那是该校最大的新校区——龙子湖校区。

在百度贴吧的“河南中医学院吧”，有一个自2012年至今仍很热门的帖子——《关于河南中医学院更名为河南中医药大学》。来这个贴吧讨论问题的，大多是河南中医学院的学生。这个帖子历时3年，跟帖已超过5页，学生们跟到最后，大多在重复一句话：“结果不出，此帖不沉！”

这两个信息从某个方面昭示着校方和学生们的强烈诉求：把“河南中医学院”更名为“河南中医药大学”，但很多人不知道，关于我国中医学院更名为大学的问题，自2009年开始，连任三届的全国政协委员、河南中医学院科技成果推广中心主任司富春教授已在背后坚持不懈地努力了五六年时间，自2010年开始，他每年提交全国“两会”的提案中，总有一项和“中医院校更名为大学”相关，并且均获得了教育部等相关部门的明确答复，由此推动了福建、湖北、广西、安徽、江西等多个省份的中医学院被教育部批准更名为中医药大学的历史进程。

2015年3月2日下午，全国政协十二届三次会议开幕前夕，在司富春教授下榻的政协委员驻地建银饭店，本刊记者就他五六年来致力于我国中医学院更名为大学的历程，做了一下午的采访……

六年前萌生更名动议

据记者了解，现任河南中医学院科技成果推广中心主任的司富春教授，是河南省特聘教授、国家中医药管理局重点学科中医基础理论学科带头人、国家百千万人才工程国家级人选，是国家有突出贡献中青年专家，是享受国务院政府特殊津贴的中医药专家。自2003年至今已连续担任十届、十一届、十二届三届全国政协委员，是一位全国政协的“老委员”了。

长期在中医院校工作的履历，促使他无时无刻不在关心着我国中医药事业的发展问题，尤其是近些年来甚嚣尘上的“取缔中医”“废医存药”等的浊音，更使他对我国中医药教育事业时时牵系于心，因而，作为教育界的全国政协委员、作为中医教育和医疗工作者，他每年经常走访学校、医院、社区、农村、诊所、养老机构、企业等进行深入调研，广泛征求意见和建议，高度关注中医药高等教育发展，认真撰写提案。

在此过程中，司富春教授逐渐认识到，中医院校更名为“大学”，是提升和保障人民健康水平的需要，对发展好、发展强中医药高等教育，吸纳优秀学生，培养高水平中医药人才，保障人民的健康至关重要；同时还是努力满足人民日益增长的医疗需求和健康的迫切需要。是推动中医药产业发展和区域发展的需要；并有利于促进中药产业发展、有利于推进学科建设和人才培养，更有利于推动区域经济发展；是弘扬民族文化的需要，将有力促进中医药文化的弘扬和传承，推动文化建设的发展。在世界各国对中医药认识的不断加深和提高、中医药对外交流和合作日趋活跃的国际潮流下，更是中医药走向世界的需要。

在采访中司富春教授说：“自2009年上半年开始，我就逐渐认识到，中医院校更名为大学，有利于助推中医药更好、更快地走向世界。是完善中医高等教育结构，促进中医教育发展的需要。更名后中医药大学的发展空间更为广阔，有利于学科的交叉融合，能充分发挥大学学科综合，人才荟萃，教学与科研密切结合的优势，扩大办学影响，能为建设创新型国家、实现中医药现代化做出更大的贡献。”

在这些理念的推动下，司富春教授利用职业的便利，经过广泛深入的调研，又征求了中医药界、教育界以及中医院校学生等的意见和建议后，于2010

年至2014年，5年间就中医院校更名为大学的主题，在“两会”上向全国政协提交了四次提案，其建议得到教育部的高度重视和采纳，并分别给予了肯定和答复。

履职五年坚持不懈“建言更名”

在2003年至今的十多年间，司富春教授作为第一提案人向全国“两会”提交提案100余项，书面发言30余篇，所提建议均得到国家有关部委的重视和采用，其中关于中医院校更名为“大学”的提案和发言，历年都获得了相关部门的肯定性答复。

据司富春教授回忆，2010年，他在广泛调研的基础上，在全国“两会”期间首次提出《建议国家优先考虑中医学院更名大学以促进中医高等教育发展》的提案。他在提案中建议：首先，国家应加大对中医院校的投入力度，完善其软件和硬件建设，增强师资队伍建设，提高中医药人才的培养质量，为中医药的发展奠定基础；其次，鉴于中医院校的特殊性，建议在大学更名上给予政策倾斜，优先考虑符合条件的中医药学院，促使我们的国粹更好地传承和发展。

对此提案，教育部作出了“对提出制定符合中医药高等院校的大学标准，在大学更名上给予政策上的倾斜的建议，我们是有共同认识的。近年来先后批准7所中医学院更名为中医药大学，其中2010年批准更名2所”的提案答复。

“2011年，我在上一年的提案基础上，又提出了《建议国家在中医药高校更名大学中重视专业优势》的提案。”司富春教授继续回忆说，“在这份提案中我建议：一是鉴于中医院校的特殊性，制定符合中医药高等院校的大学标准，应有别于其他特色不强的院校，在大学更名上给予政策上的倾斜，增加中医药高校的招生生源数量，提高生源质量，有利于高等中医药院校的发展，促进中医药更好地传承和发展。二是考虑到中医院校专业的特殊性，国家仍应继续加大对中医院校的投入力度，有效发挥中医院校特色专业优势，完善其硬件建设，加强师资队伍建设，提高中医药人才的培养质量，提高软件水平。为中医药的传承发展打下坚实的基础。”

据记者了解，对此提案，教育部也作出了肯定性答复和意见采纳：“关于对中医院校在大学更名上给予政策倾斜的建议很好，这也是教育部已经考虑并正在完成的重要工作，此举对促进中医药高等教育事业的健康发展发挥了重要作用。”

2012年，司富春教授又提出《关于建议国家优先考虑中医院校更名大学促进中医高等教育发展的提案》。在这份提案中他继续提出：国家仍需要加大对中医院校的投入力度，完善其软件和硬件建设，增强师资队伍建设，提高中医药人才的培养质量，为中医药的发展奠定基础。其次是鉴于中医院校的特殊性及中医药专业的特殊性，建议国家在大学更名上考虑有利于中医药教育发展的标准和条件，给予政策上倾斜，优先考虑符合条件的中医药院校，促使我们的国粹更好地传承和发展。

对此份提案，教育部作出了“提出的对中医院校更名大学给予政策倾斜的建议，我们是有共同认识的，2012年又批准更名1所中医院校”的提案答复，司富春教授认为，尽管教育部等相关部门对他的提案内容给予了充分肯定，但河南中医学院等其他中医院校的更名问题，仍未能得到彻底落实，因此，2014年全国“两会”期间，司富春教授坚持不懈地提出了《关于建议国家优先考虑中医院校更名大学、促进中医药高等教育快速发展》的提案，他在前三年提案的基础上更进一步地提出：一、建议教育部适当增加高校更名大学的指标。二、加大对中医高等院校的投入力度，在教学、科研上给予大力支持，充分发挥中医院校特色专业优势，完善其软件和硬件建设，增强师资队伍建设，提高中医药人才的培养质量，使其在高校发展中更具竞争力。三、鉴于中医院校的特殊性及中医药专业的特殊性，建议国家制定符合中医药高等院校的大学标准，应有别于其他理工、文管等性质的院校，在大学更名上给予政策上的倾斜，优先考虑符合条件的中医药院校，促使我国传统中医学更好地传承和发展。教育部再次对司富春委员提出的建议作出了肯定和意见答复，并提出：“教育部将继续对中医院校更名大学给予积极的政策倾斜和扶持。鉴于中医院校的特殊性，在更名大学标准上，教育部将继续采取不同于一般本科院校更名大学的特殊政策和设置标准，保障中医药高等教育事业的健康发展。”

司富春教授一连串关于中医院校更名大学的提案，也收到了令他相对满意的效果：自2010年以来，相继有福建、湖北、广西、安徽、江西5所中医学院被教育部批准，更名为中医药大学；与此同时，他在中医院校更名大学的问题上“紧盯不放”、坚持不懈地提案和建议的举动，也得到了诸多媒体的关注，近年来国家中医药管理局门户网站、《中国中医药报》《中国医药导报》等期刊、报纸、网站相继刊发、播报了司富春委员力推中医院校更名大学的消息。

最令司富春委员感到欣慰的是，近5年来，由于他坚持不懈地提出的“优先考虑中医院校更名大学”的建议得到了国家教育部门的高度重视、共识和采纳，为中医教育发展提供了有力的政策支持。除上述5家中医院校更名为大学的问题已经得到落实之外，陕西中医学院、甘肃中医学院等中医院校也已被教育部批准于2015年更名为中医药大学；而且，河南中医学院、云南中医学院也已于2014年向教育部申请2015年更名为中医药大学。

至此，全国24所中医高等院校中，仅剩山西中医学院和新近成立的河北中医学院有待完成大学更名。

谈到这一事实，司富春委员谦逊地说：“我不能说这些院校更名为大学都是我的功劳，因为最为重要的是，这些中医院校如愿更名为大学，离不开全国政协、教育部等有关部门的鼎力支持，更离不开相关院校自己的努力；而且除了我之外，还有其他的有识之士在关注这一问题，比如说在刚闭幕的河南省政协十一届三次会议上，河南省政协委员、河南中医学院党委书记孙建中，怀着对中医药事业发展的高度责任感和求真务实精神，认真履行职责，针对中医院校更名大学、中医药文化建设等关乎民生、关系社会发展的重要问题，向大会提交了《关于河南中医学院更名为中医药大学的建议》《关于加强我省中医药文化建设的建议》等多项提案。”

无论司富春委员如何谦虚，记者相信，上述多所院校在更名为大学的过程中，是与司富春委员坚持不懈的“两会”提案、发言后得到教育部等的重视和落实，有着最为必然的联系的……

今年关注中医药人才的培养问题

在中医院校更名为大学的问题上，尽管司富春教授连续几年的努力已经获得了令他倍感欣慰的收获，但毕竟他所供职的河南中医学院的更名问题，仍未尘埃落定，因此，记者问及他在今年的“两会”期间是否仍会就此问题继续向全国“两会”提建议时，司富春教授沉吟了一下说：“河南中医学院更名为大学的问题，估计今年会有一个明晰的结果。毕竟，河南是文化大省，是包括中医药文化在内的中华文化的发祥地，从这一点上来讲，其他省份的中医院校大部分已经完成了更名工作，河南中医学院的更名问题，在学校领导和全体教职工的努力下，已经成为水到渠成的事情。我相信剩下的山西、河北的中医学院更名为大学，也会在不远的将来成为现实，因此，今年在中医药事业的发展领域，我更关注的是‘突出中医教育特色，加强中医药人才培养’问题。在没来京之前，我就已经把提案起草好了……”

此后，司富春教授解释说：“中医学既作为一门医学科学又作为我国优秀传统文化的瑰宝，具有不同于其他大众学科的独特的思维方式和价值理念，更有着自身的发展规律和医学范式，因此赋予了中医药人才培养独特的培养方式和培育过程。尽管当前中医药高等教育初步实现了中医药人才培养的规模化、标准化和教育管理的规范化、制度化，但以院校教育为主体的高等中医教育存在着中医药传统特色优势突出不明显，中医药人才对传统中医诊疗方法不擅长，中医临床思维能力及动手操作能力偏差，人才培养质量受到质疑等问题。同时，与其他领域的高等教育相比，中医学教育更体现出培养周期长、教育成本高、文化功底深、临证实践要求高、感悟能力强的特点，因此我国高等中医药教育亟待根据中医自身发展规律和社会人才需求，在教育理念、人才培养模式、课程体系、教学内容、教材方法与教学手段、教学质量保证与运行机制方面进行改革和创新发展，不能照搬其他培养模式，要突出中医特色优势，普及发展精英教育，培养更多的铁杆名中医和卓越医生。”

针对上述问题，司富春委员提出了几项建议：一是我国亟需加强中医药高等院校的专业结构调整；二是我国需要继续探索建立中医药特色突出、三阶段有机衔接的人才培养机制；三是我国需要增加中医教育经费投入，提高中医专业教育学费；第四，我国更需要重视传统中医药人才的培养，普及中医精英教育。总之，政府应该加大中医药方面的人才培养成本投入，构建深化医学教育教学改革的激励机制，切实在提高医学人才培养质量上下功夫，培养卓越的中医人才。采访前记者了解到，几十年来，司富春教授为我国的中医药事业发展建言献策做出了突出贡献，自2003年担任全国政协委员以来，他于2007年获得全国政协优秀提案奖，2006年被中央统战部评为“为全面建设小康社会作贡献全国先进个人”；担任中央统战部党外知识分子信息联络员期间表现突出，2010年4月受到中央统战部通报表扬。2012年9月被评为致公党社会服务先进个人并获致公党社会服务工作优秀成果。同时，他积极为中医药事业发展建言献策的忠实履职过程，也得到了国家卫生计生委副主任、国家中医药管理局局长王国强的多次表扬。王国强赞誉他说：“司富春委员多年来一直为中医药事业发展建言献策，每年提交的系列提案，数量多、质量高，参政议政，成绩突出。”

采访结束时已是华灯初上，司富春委员向记者挥手告别的身影渐渐淹没在首都北京的夜幕里。在返回的路上，记者似乎看到了远在河南郑州的那个“河南中医药大学”的站名牌子，已经与河南中医学院新校区统一成名称一样的牌子；而网络上“河南中医学院吧”的那个帖子，也终于没有中医学生再去“结果不出，此帖不沉”地顶帖了……

（原载于《中国当代医药》2015年）

司富春：为民建言　生生不息

刘志学

2015年10月，河南中医学院正式更名为“河南中医药大学”。

但很多人不知道，包括这所学校在内，我国多所中医学院部已陆续更名为大学。这些变化，离不开全国政协委员司富春五年的努力与付出。自2010年开始，他每年提交全国“两会”的提案中，总有一项和“中医院校更名为大学”相关。

现任河南中医学院科技成果推广中心主任的司富春，是河南省特聘教授、国家中医药管理局重点学科中医基础理论学科带头人，也是享受国务院政府特殊津贴的中医药专家。自2003年至今，他已连续担任三届全国政协委员，是一位“老委员”了。

长期在中医院校工作的履历，促使他无时无刻不在关心着我国中医药事业的发展问题，尤其是近些年来甚嚣尘上的“取缔中医”“废医存药”等问题，更使他对我国中医药教育事业时时牵系于心。因而，作为教育界别的全国政协委员，他每年经常走访学校、医院、社区、农村、诊所、养老机构、企业等，进行深入调研、广泛征求意见和建议，高度关注中医药高等教育发展，认真撰写提案。其中，为中医院校更名，是他最近五年来的一条履职“主线”。

“自2009年上半年开始，我就逐渐认识到，中医院校更名为大学，有利于助推中医药更好更快地走向世界，是完善中医高等教育结构，促进中医教育发展的需要，更名后中医药大学的发展空间更为广阔，有利于学科的交叉融合，能充分发挥大学学科综合，人才荟萃，教学与科研密切结合的优势，扩大了办学影响，为建设创新型国家、实现中医药现代化做出了更大的贡献。”

在此理念的推动下，司富春经过广泛深入的调研，又征求了中医药界、教育界以及中医院校学生等的意见和建议后，于2010年至2014年，5年间就中医院校更名为大学的主题，在“两会”上向全国政协提交了四次提案。

据司富春回忆，2010年，他在广泛调研的基础上，在全国“两会”期间首次提出《建议国家优先考虑中医学院更名大学以促进中医高等教育发展》的提案。他在提案中建议：首先，国家应加大对中医院校的投入力度，完善其软件和硬件建设，增强师资队伍建设，提高中医药人才的培养质量，为中医药的发展奠定基础。其次，鉴于中医院校的特殊性，建议在大学更名上给予政策上倾斜，优先考虑符合条件的中医药学院，促使我们的国粹更好地传承和发展。

“2011年，我在上一年的提案基础上，又提出了《建议国家在中医药高校更名大学中重视专业优势》的提案。”司富春继续说道，“在这份提案中我建议：一是鉴于中医院校的特殊性，制定符合中医药高等院校的大学标准，应有别于其他特色不强的院校，在大学更名上给予政策上的倾斜，增加中医药高校的招生生源数量，提高生源质量，有利于高等中医药院校的发展，促进中医药更好地传承和发展。二是考虑到中医院校专业的特殊性，国家仍应继续加大对中医院校的投入力度，有效发挥中医院校特色专业优势，完善其硬件建设，加强师资队伍建设，提高中医药人才的培养质量，提高软件水平，为中医药的传承发展打下坚实的基础。”

2012年，司富春又提出《关于建议国家优先考虑中医院校更名大学促进中医高等教育发展的提案》。尽管教育部等相关部门对他的提案内容给予了充分肯定，但河南中医学院等其他中医院校的更名问题，仍未能得到彻底落实。因此，2014年全国“两会”期间，司富春又提出了《关于建议国家优先考虑中医院校更名大学，促进中医药高等教育快速发展》的提案。在前三年提案的基础上，他更进一步指出：建议教育部适当增加高校更名大学的指标；加大对中医高等院校的投入力度，在教学、科研上给予大力支持，充分发挥中医院校特色专业优势，完善其软件和硬件建设，增强师资队伍建设，提高中医药人才的培养质量，使其在高校发展中更具竞争力；鉴于中医院校的特殊性及中医药专业的特殊性，建议国家制定符合中医药高等院校的大学标准，应有别于其他理工、文管等性质的院校，在大学更名上给予政策上的倾斜，优先考虑符合条件的中医药院校，促使我国传统中医学更好地传承和发展。

这一连串关于中医院校更名大学的提案，收到了相对满意的效果：自2010年以来，相继有福建、湖北、广西、安徽、江西5所中医学院被教育部批准，更名为中医药大学。与此同时，他在中医院校更名大学的问题上“紧盯不放”、坚持不懈地提案和建议的举动，也得到了诸多媒体的关注，近年来国家中医药管理局门户网站、《中国中医药报》《中国医药导报》等期刊、报纸、网站相继刊发、播报了司富春力推中医院校更名大学的消息。

更令他感到欣慰的是，他的建议得到了国家教育部门的高度重视、共识和采纳，为中医教育发展提供了有力的政策支持。除上述5家中医院校更名为大学的问题已经得到落实之外，陕西中医学院、甘肃中医学院等中院校也已被教育部批准于2015年更名为中医药大学；而且，河南中医学院、云南中医学院也已于2014年向教育部申请2015年更名为中医药大学。至此，全国24所中医高等院校中，仅剩山西中医学院和新近成立的河北中医学院有待完成大学更名。

司富春积极为中医药事业发展建言献策的履职过程，得到了国家卫生计生委副主任、国家中医药管理局局长王国强的赞扬：“司富春委员多年来一直为中医药事业发展建言献策，每年提交的系列提案，数量多、质量高，参政议政，成绩突出。”

谈到这一事实，司富春谦逊地说：“我不能说这些院校更名为大学，都是我的功劳，因为最为重要的是，这些中医院校如愿更名为大学，离不开全国政协、教育部等有关部门的鼎力支持，更离不开相关院校自己的努力；而且除了我之外，还有其他的有识之士在关注这一问题。比如说在河南省政协十一届三次会议上，河南省政协委员、河南中医学院党委书记孙建中，怀着对中医药事业发展的高度责任感和求真务实精神，针对中医院校更名大学、中医药文化建设等关乎民生、关系社会发展的重要问题，向大会提交了《关于河南中医学院更名为中医药大学的建议》《关于加强我省中医药文化建设的建议》等多项提案。”

2016年全国“两会”即将到来，是否仍会就“建言中医院校更名”继续向相关部门提建议？

面对记者抛来的问题，司富春沉吟片刻后说：“河南中医学院的更名问题，在学校领导和全体教职工的努力下，已经成为水到渠成的事情。我相信剩下的山西、河北的中医学院更名为大学，也会在不远的将来成为现实。因此，在中医药事业的发展领域，我会对‘突出中医教育特色，加强中医药人才培养’问题加以关注。”

中医学既作为一门医学科学又作为我国优秀传统文化的瑰宝，具有不同于其他大众学科的独特的思维方式和价值理念，更有着自身的发展规律和医学范式，因此赋予了中医药人才培养独特的培养方式和培育过程。尽管当前中医药高等教育初步实现了中医药人才培养的规模化、标准化和教育管理的规范化、制度化，但以院校教育为主体的高等中医教育存在着中医药传统特色优势突出不明显，中医药人才对传统中医诊疗方法不擅长，中医临床思维能力及动手操作能力偏差，人才培养质量受到质疑等问题。同时，与其他领域的高等教育相比，中医学教育更体现出培养周期长，教育成本高、文化功底深、临证实践要求高、感悟能力强的特点。因此我国高等中医药教育亟待根据中医自身发展规律和社会人才需求，在教育理念、人才培养模式、课程体系、教学内容、教材方法、教学手段、教学质量保证与运行机制方面进行改革和创新发展，不能照搬其他培养模式，要突出中医特色优势，普及发展精英教育，培养更多的铁杆名中医和卓越医生。针对上述问题，司富春提出了独到建议：“我国需要继续探索建立中医药特色突出、三阶段有机衔接的人才培养机制，更需要重视传统中医药人才的培养，普及中医精英教育。总之，政府应该加大中医药方面的人才培养成本投入，构建深化医学教育教学改革的激励机制，切实在提高医学人才培养质量上下功夫，培养卓越中医人才。”

采访结束时已是华灯初上，司富春委员向笔者挥手告别，他的身影渐渐淹没在夜幕里，但是他的话却如同寒冬里的火光一样，在笔者心中留下久久的温暖：“当一个人将专业与国家的发展紧密联系在一起的时候，那么这个人的价值就能得到最大的体现。为民建言，生生不息。”

（原载于《中国政协》2016年）

他将“学生提案”带上全国“两会”

杨　佩

3月1日，刚刚抵京的全国政协委员、致公党河南省筹委会副主委、河南中医药大学科技成果推广中心主任司富春在驻地放好行李后，便匆匆出门了。

司富春是赶去参加由致公党中央宣传部、致公党中央教育委员会主办的“2017学生提案提交全国政协大会新闻说明会”。会上，他收到了一份特殊的“礼物”，这是来自6位郑州中学生模拟的提案。

以往，司富春的提案多数集中在医学教育领域。而今年“两会”上，他将这份特殊的《关于推广口袋书的提案》带上了“两会”——这是一份来自郑州外国语学校学生历经半年的基层调研。

扎实调研后“学生提案”出炉

1日下午，由致公党中央宣传部、中国致公党中央教育委员会主办的“2017学生提案提交全国政协大会新闻说明会”在北京召开。人大附中、衡水中学、郑州外国语学校等全国13所学校的学生代表共带来6份提案。会上，司富春和受邀出席的其他5位全国政协委员接收了这6份学生提案，司富春接收的是河南学生带来的《关于推广口袋书的提案》。

这是一份什么样的“提案”？记者了解到，郑州外国语学校学生提交的《关于推广口袋书的提案》，由该校模拟政协社团的王君源、蔡逢春、韩怡霄、孔晓宇、李嘉鑫、陶怡和等6位学生，在指导老师祝敏杰的带领下完成。

据悉，郑州外国语学校模拟政协社团成立于2015年，是河南省唯一的模拟政协社团，旨在通过“模拟政协”活动，让中学生能够跳出政治课本，参与式地、多层面地感受我国的政治制度，唤起他们的社会责任感，让学生们创造性地去关心政治、了解时事，并参与到建设祖国的行列中来。

《关于推广口袋书的提案》提出初期，为确保反映的问题真实可信、提出的措施切实可行，模拟政协小组成员在老师指导下，先后深入河南省图书馆、中原图书大厦、郑州购书中心进行口袋书搜集走访，并深入印刷厂和出版社对相关专业人士实地采访，调查内容包括口袋书的目前市场状况、普通民众对口袋书的了解程度、口袋书的印刷技术要求、口袋书编辑排版要求等多方面。在此基础上，模拟政协小组召开多次总结性会议，对整个调研过程进行了总结分析，并对问卷进行多角度对比，将有关资料整合后最终形成了“提案”。

委员称赞建言具有现实意义

3月4日，记者在委员驻地华北宾馆见到司富春时，他正在逐字逐句地斟酌修改这份“提案”。看得认真，改得仔细，司富春格外珍视这份特别的“提案”。他评价说，这是郑州外国语学校6名学生历经半年的“心血之作”，所提的建议很标准，操作性也强，这两天正在咨询专家意见，做进一步的修改完善。

什么是口袋书？很多人恐怕都会想起青少年时期看的连环画。出版意义上，口袋书指开本大小为32开或小于32开的平装出版物，以异形开本为主，这6名高中生历经半年时间进行了7次实地调研，发现目前国内的口袋书多为速记手册、说明书、漫画等类型的图书，目标读者范围小；与此同时，受众广泛的优质文艺作品和通俗文学却少有以口袋书形式出版，人们的阅读需求无法得到有效满足。学生们经过多次总结和分析，形成推广口袋书的建议，包括增设适合于剪裁异形32开图书用纸的纸张尺寸规格，给口袋书的装帧印刷提供便利；政府通过优惠政策鼓励出版机构印发内容更加丰富多样的口袋书，使口袋书与大众阅读的联系更加密切等。

“我仔细看了这份模拟提案，学生们很下功夫，进行了较为科学的调研，关注的也是社会热点。”司富春介绍，目前，国家层面正在助推“书香社会”建设，呼吁全民阅读，因此这份“学生提案”具有现实意义，很值得提交到全国政协会上。“中医药进校园，用口袋书的形式也未尝不可！”他补充说。

提交“两会”学生提案不再“模拟”

2016年8月，郑州外国语中学派出模拟政协小组携《关于推广口袋书的提案》赴京参加全国青少年模拟政协大赛，获奖后被推荐至2017年全国“两会”。从2015年以来，每年3月份，模拟政协最佳提案递交给全国政协委员，继而被带到全国政协大会已经成为传统。

“这些提案稿的形成过程中，我们都对学生进行过指导。”司富春告诉本刊记者，之所以要带着这些材料上“两会”，是因为它们来源于中学生熟悉的生活，反映的是切实需要解决的民生问题。“通过我们这个渠道提交上去，可以引起相关部门的重视，有利于问题的跟进解决。”

至于这份特殊的模拟提案，最终能否有希望以全国政协委员的名义提交全国“两会”？司富春表示，为了保证每一份提案的严谨，他会就此问题再进行重复调研，征求一些意见，做出一些必要修改，然后确定是否提交。

其实，在司富春接收的一刻，这份“学生提案”就从纸上谈兵的模拟进入“实战”阶段。第一次离全国“两会”这么近，学生们纷纷表示“以前从未想过”。模拟政协小组成员蔡逢春同学说，全国“两会”“以前很远，在课本上”，现在自己作为中学生能参与进来，既能增强理论联系实际的能力，更能培养和提高自己的公民素养。

3月10日，再次见到司富春时，他告诉本刊记者，这份“学生提案”已经正式提交，未来将在国家层面对推广口袋书发挥积极作用。

（原载于《协商论坛》2017年）

图书在版编目（CIP）数据

为中医药发展鼓与呼 / 司富春著. —北京：中国文史出版社，2018.7
（政协委员履职风采）
ISBN 978-7-5205-0459-1

Ⅰ. ①为… Ⅱ. ①司… Ⅲ. ①政协委员—生平事迹—中国
②司富春—生平事迹 Ⅳ. ① K820.7

中国版本图书馆 CIP 数据核字（2018）第 182334 号

责任编辑：梁　洁

出版发行：中国文史出版社
社　　址：北京市西城区太平桥大街 23 号　邮编：100811
电　　话：010—66173572　66168268　66192736（发行部）
传　　真：010—66192703
印　　装：北京地大彩印有限公司
经　　销：全国新华书店
开　　本：787 × 1092　1/16
印　　张：26.5　插页：6
字　　数：407 千字
版　　次：2018 年 8 月北京第 1 版
印　　次：2018 年 8 月第 1 次印刷
定　　价：86.00 元